Tom Alby

Data Science in der Praxis

Eine verständliche Einführung in alle wichtigen Verfahren

Liebe Leserin, lieber Leser,

Data Science ist ein recht junges Fachgebiet. Zurzeit werden Studiengänge eingerichtet und Curricula geschrieben, und neue Methoden der Datenanalyse verbreiten sich in der Industrie.

Die Verfahren basieren auf der Mathematik, insbesondere der Statistik, die nicht nur sehr viel älter ist als Data Science, sondern auch nicht immer leicht zugänglich. Brauchen Sie deshalb eine Mathematikvorlesung, bevor Sie mit Data Science loslegen?

Nein, denn Tom Alby hat einen Zugang entwickelt, der mit wenigen, ausgewählten mathematischen Erklärungen auskommt. In vielen Lehrveranstaltungen mit Studierenden erprobt, liegt er auch diesem Buch zugrunde.

Es ist wie bei einer Mikrowelle: Dahinter steckt Physik, die Sie nicht zu kennen brauchen, um das Gerät zu benutzen. Sie sollten aber z. B. wissen, dass kein Metall hineindarf oder dass eine doppelte Menge Wasser sich entsprechend langsamer erwärmt. Auch das ist Physik, aber viel leichter zu erfassen.

So ist auch die Mathematik in diesem Buch: Überschaubar, aber wichtig. Egal, ob Sie sich mit Mathematik nun eher wohlfühlen oder eher schwertun – was Sie brauchen, um die verschiedenen Verfahren richtig auszuwählen und anzuwenden, lernen Sie hier.

Das Buch wurde mit großer Sorgfalt geschrieben, geprüft und produziert. Sollte dennoch einmal etwas nicht so funktionieren wie erwartet, wenden Sie sich an mich. Auch Fragen, Anregungen und konstruktive Kritik sind uns herzlich willkommen.

Viel Erfolg mit der Datenanalyse wünscht Ihnen

Ihre Almut Poll
Lektorat Rheinwerk Computing

almut.poll@rheinwerk-verlag.de
www.rheinwerk-verlag.de
Rheinwerk Verlag · Rheinwerkallee 4 · 53227 Bonn

Auf einen Blick

Wir hoffen, dass Sie Freude an diesem Buch haben und sich Ihre Erwartungen erfüllen. Ihre Anregungen und Kommentare sind uns jederzeit willkommen. Bitte bewerten Sie doch das Buch auf unserer Website unter **www.rheinwerk-verlag.de/feedback**.

An diesem Buch haben viele mitgewirkt, insbesondere:

Lektorat Almut Poll
Korrektorat Petra Biedermann, Reken
Fachgutachten Joachim Steinwendner
Herstellung Norbert Englert
Typografie und Layout Vera Brauner
Einbandgestaltung Julia Schuster
Titelbild iStock: 925283678 © GrapeImages; Shutterstock: 1198396264 © Tavarius
Satz SatzPro, Krefeld
Druck Beltz Grafische Betriebe, Bad Langensalza

Dieses Buch wurde gesetzt aus der TheAntiquaB (9,35/13,7 pt) in FrameMaker.
Gedruckt wurde es auf chlorfrei gebleichtem Offsetpapier (90 g/m²).
Hergestellt in Deutschland.

Bibliografische Information der Deutschen Nationalbibliothek:
Die Deutsche Nationalbibliothek verzeichnet diese Publikation in der Deutschen Nationalbibliografie; detaillierte bibliografische Daten sind im Internet über *http://dnb.dnb.de* abrufbar.

ISBN 978-3-8362-8462-2

1. Auflage 2022

Informationen zu unserem Verlag und Kontaktmöglichkeiten finden Sie auf unserer Verlagswebsite **www.rheinwerk-verlag.de**. Dort können Sie sich auch umfassend über unser aktuelles Programm informieren und unsere Bücher und E-Books bestellen.

Inhalt

3 Ablauf eines Data-Science-Projekts 39

7 Clustering 185

8 Klassifikation 207

Materialien zum Buch

Auf der Webseite zu diesem Buch stehen folgende Materialien für Sie zum Download bereit:

- **alle Beispielprogramme aus dem Buch**

Gehen Sie auf *www.rheinwerk-verlag.de/5341*. Klicken Sie auf den Reiter MATERIALIEN. Sie sehen die herunterladbaren Dateien samt einer Kurzbeschreibung des Dateiinhalts. Klicken Sie auf den Button HERUNTERLADEN, um den Download zu starten. Je nach Größe der Datei (und Ihrer Internetverbindung) kann es einige Zeit dauern, bis der Download abgeschlossen ist.

Kapitel 1
Einleitung

»Wir ertrinken in Daten, hungern aber nach Erkenntnissen.«
(Urheber unbekannt[1])

Dieses Buch ist das Ergebnis einer Vielzahl von Data-Science-Projekten und einigen Semestern mit dem Seminar »Data Science« am Department Information der Hamburger Hochschule für Angewandte Wissenschaften. Es ist das Beste aus beiden Welten, der Praxis und der Wissensvermittlung. Hinzu kommt meine Leidenschaft für R, die Anfang der 2000er-Jahre begann, als ich nach einer kostenlosen Software für Datenanalyse und -visualisierung suchte. Es war Liebe auf den ersten Blick, auch wenn ich seitdem neben unzähligen R-Programmen auch jede Menge Python-Code geschrieben habe. R entspricht mehr der Art, wie ich denke. Ich bin mir sicher, dass auch Sie sich in R verlieben werden.

1.1 Warum dieses Buch?

Bücher, Kurse und auch Online-Tutorials über Data Science gibt es zuhauf, aber meistens liegt der Fokus darauf, wie ein Algorithmus mit einer bestimmten Programmiersprache angewendet wird, oder es ist eine so allgemeine Einführung, dass der erste Schritt zur eigenen Anwendung nur schwer möglich ist. In diesem Buch geht es darum, dass Sie die Algorithmen wirklich durchdringen und daher auch beurteilen können, wo ein Algorithmus richtig eingesetzt und seine Verwendung überhaupt sinnvoll ist.

Ein erfolgreiches Data-Science-Projekt hängt aber von sehr viel mehr ab als einem Basisverständnis einer Programmiersprache oder der Auswahl eines passenden Algorithmus. »Sag mir, wie dein Projekt anfängt, und ich sage dir, wie es aufhört« lautet eine Weisheit aus dem Projektmanagement, und sie gilt auch für Data Science. Denn wenn das Problem, das es zu lösen gilt, nicht von Beginn an sauber definiert ist, dann ändern auch die besten Algorithmen nichts daran, dass das Ergebnis nicht zu gebrau-

1 Ein ähnlicher Satz mit »Informationen« statt »Daten« und »Wissen« statt »Erkenntnissen« wurde 1982 von John Naisbitt formuliert: »We are drowning in information but starved for knowledge.«

chen sein wird. Für das Verständnis des tatsächlichen Bedarfs, aber auch für die effektive Kommunikation mit Stakeholdern werden Qualifikationen benötigt, die über das reine Programmieren hinausgehen. Data-Science-Projekte sind meistens Businessprojekte, und ein Großteil der Arbeit muss abseits der Analyse und der Modellierung investiert werden.

Diese Bandbreite von Data Science soll dieses Buch abbilden und Ihnen helfen, das herauszuziehen, was Sie benötigen, egal, ob Sie Entscheiderin, angehender Data Scientist oder einfach nur an dem Thema interessiert sind. Mit diesem Buch haben Sie hoffentlich alles in der Hand, was Sie für ein erfolgreiches Data-Science-Projekt benötigen, von der Idee bis hin zur Entwicklung einer Anwendung, die in den produktiven Einsatz für Endnutzer und Endnutzerinnen geht.

1.2 Das Zeitalter der Daten – alles nur ein Hype?

Daten sind das neue Öl, so steht es heute auf vielen PowerPoint-Folien, und manch einer kann diesen Satz schon nicht mehr hören beziehungsweise lesen, so abgedroschen mag er wirken. Ob die Analogie von Daten zu Öl richtig ist, darüber lässt sich vortrefflich streiten. Denn anders als Öl sind Daten nicht verbraucht, wenn man sie nutzt. Sie können durch ihre Nutzung und die damit entstehenden neuen Daten sogar noch besser werden. Ein berühmtes Beispiel dafür ist die Suchmaschine Google: Dadurch, dass Milliarden von Menschen jeden Tag die Suchmaschine nutzen, lernen die Google-Systeme, welche Suchtreffer anscheinend als relevanter wahrgenommen werden und dementsprechend höher in der Fundstellenliste angezeigt werden sollten.

Wahrscheinlich darf man den Vergleich zwischen Öl und Daten auch nicht zu wörtlich nehmen, sondern muss ihn in Bezug auf das interpretieren, was Öl für die Industrialisierung getan hat und Daten nun im digitalen Zeitalter tun können.

Gleichzeitig ist nicht zu leugnen, dass so manche neue Technologie oder auch nur ein Technologiebegriff in der Vergangenheit am Anfang stark überbewertet war und es danach zu einem tiefen Fall in das »Tal der Enttäuschung« kam, wie es im Gartner Hype Cycle bezeichnet wird (siehe Abbildung 1.1). Legt man über den Hype-Zyklus die Aktienkurse der Technologiewerte zwischen 1995 und 2010, dann sieht man mit dem Dotcom-Boom den Gipfel der überzogenen Erwartungen. Das gerade erst durch das World Wide Web populär gewordene Internet beflügelte die Fantasie der Investoren, so dass auch Geld in Ideen investiert wurde, für die die damalige Infrastruktur noch nicht ausgereift war.[2] Darauf folgte der Dotcom-Crash, die Aktien gingen tief nach unten. Mittlerweile

2 Siehe hierzu Alby 2008.

haben sich die Werte aber erholt, denn das Internet wurde wegen des Crashs nicht abgeschaltet. Heute ist es nicht mehr wegzudenken.

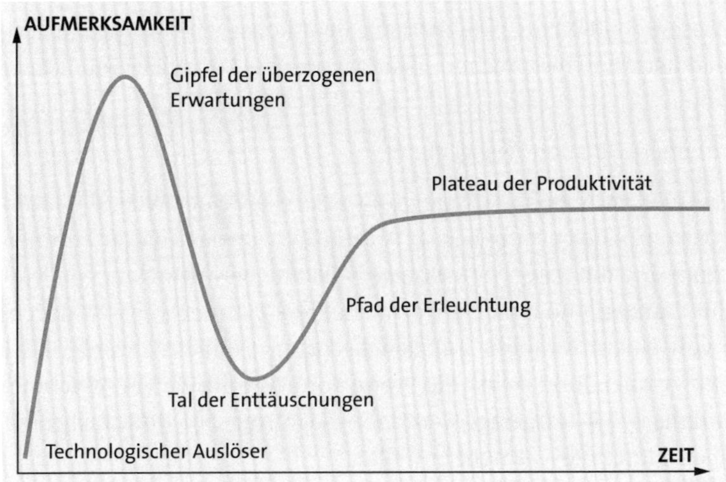

Abbildung 1.1 Der Hype-Zyklus nach Gartner, Quelle: Gartner (siehe www.gartner.com/en/documents/3887767)

Das Thema künstliche Intelligenz hat schon zwei Gipfelphasen durchlaufen, wie Sie in Kapitel 2, »Machine Learning, Data Science und künstliche Intelligenz«, erfahren werden, und auf beide Phasen folgte ein eiskalter Winter, in denen Forschungsgelder entzogen wurden. In beiden Fällen wurde kein »Pfad der Erleuchtung« gefunden und auch kein »Plateau der Produktivität« erreicht. Warum soll es nun dieses Mal anders sein?

1.3 Warum nun Data Science?

Die Möglichkeiten, Daten zu erfassen und zu verarbeiten, haben sich seit den ersten Tagen der elektronischen Datenverarbeitung rasant verändert. Das liegt nicht nur an der stetig wachsenden Rechen- und Speicherkapazität, sondern auch an der zunehmenden Vernetzung von Computern, Handys, Sensoren und vielen anderen Geräten, die einen Zugang zum Internet haben. Heute kann ich sogar meinen Staubsaugerroboter mit einer App über das Internet steuern, und meine Küchenmaschine »funkt« Daten über mein Kochverhalten zum Hersteller. Die Konvergenz von diesen Entwicklungen führt zu einer neuen Ausgangsbasis für Anwendungen in der *künstlichen Intelligenz*. Tatsächlich mag ich diesen Begriff nicht so sehr, da er häufig überstrapaziert wird.

Der Begriff Data Science aber passt für mich sehr gut, denn die vielen Daten sorgen für neue Herausforderungen: Kein Mensch kann mit diesen riesigen Datenmengen umgehen und darin Muster erkennen wie eine Maschine. Wenn Daten das neue Öl sind, dann ist Data Science die Wissenschaft davon, wie man aus dem Rohstoff etwas produziert, was einen Mehrwert erzeugt. Manche sprechen sogar davon, dass künstliche Intelligenz der neue Strom sei.

Das hat neuen Geschäftsmodellen den Weg geebnet:

- Airbnb hat mehr Zimmer im Angebot als die größte Hotelkette der Welt, die InterContinental Hotels Group.[3] Gleichzeitig besitzt Airbnb kein einziges dieser Zimmer. Airbnbs größter Schatz sind die Daten, von Nutzern erstellte Bewertungen, von Nutzern erstellte Beschreibungen und eine Plattform, die freie Zimmer weltweit durchsucht. Jeder kann von einem Moment auf den nächsten Vermieter werden, die Einstiegshürden sind gefallen, und selbst die Preise können mithilfe von Machine-Learning-Modellen dynamisch festgelegt werden, je nach Angebot und Nachfrage. Eine Rezeption und ein Hotelmanagement entfallen.
- Die Firma Kobalt ist den meisten Menschen kein Begriff, aber für professionelle Musiker ist dieser Service eine populäre Plattform, um Transparenz über die Nutzung ihrer Werke zu bekommen. Anstatt wie früher Monate oder sogar Jahre zu warten, bis die Plattenfirma eine kaum nachvollziehbare Abrechnung erstellt und den Künstler ausbezahlt hat, sehen Musiker über Kobalt in Echtzeit, wie viele ihrer Werke gerade als CD verkauft, in einem Werbespot genutzt oder über Spotify gestreamt werden. Auch werden unrechtmäßige Nutzungen automatisiert identifiziert und Geld dafür eingefordert. Und statt einen komplexen bürokratischen Prozess durchlaufen zu müssen, können Interessierte über die Plattform Rechte für ein Musikstück anfragen, zum Beispiel um es in einer Veranstaltung einzusetzen, und der Künstler kann die Rechte über einen Mausklick freigeben. Eine Plattenfirma wird hier kaum noch benötigt, wobei Kobalt sogar selbst ein Label anbietet.[4] Hier werden verschiedene Machine-Learning-Technologien eingesetzt, um zum einen die großen Datenmengen verarbeiten zu können (angeblich erstellt Kobalt zu jedem Song mehr als 1000 Datenpunkte), aber auch um unerlaubte Nutzungen zu identifizieren.
- Google erreicht einen Großteil des Umsatzes durch Google Ads, früher AdWords, eine Plattform, über die Werbung verkauft wird. Anstatt Verkäufer einzustellen, die die Werbeplätze verkaufen, erledigt ein selbstoptimierendes System die Arbeit, denn Google hat nur für Großkunden eine eigene Verkaufsabteilung. Die Werbetreibenden melden sich auf der Plattform an, erstellen Anzeigen und spezifizieren, für wel-

3 *https://alby.link/airbnb*
4 *https://alby.link/kobalt*

che Suchbegriffe sie erscheinen wollen. Dann legen sie ein Gebot fest für einen Klick auf diese Anzeige. Angebot und Nachfrage erledigen den Rest. Je mehr Werbetreibende für einen Suchbegriff gefunden werden wollen, desto höher gehen die Preise in der Auktion, und desto mehr verdient Google. Und ist eine Anzeige anscheinend nicht so relevant für eine Suchanfrage und wird deshalb kaum angeklickt, so erhält der Werbetreibende automatisch einen Malus für die Suchbegriff-Anzeige-Kombination und muss mehr zahlen. Tausende dieser Auktionen finden jede Sekunde statt. Ohne Menschen, die mit dem Verkauf befasst sind. Ohne manuelle Preisfindung.

Diese Erfolgsgeschichten sollen aber nicht darüber hinwegtäuschen, dass es auch heute Enttäuschungen gibt, und auch darüber werde ich in diesem Buch sprechen. Bezogen auf Data Science sind im Hype Cycle für Analytics und Business Intelligence 2019 *Data Lakes* schon kurz vor dem Tal der Enttäuschung, wohingegen *Data Literacy* gerade auf dem Weg zum Gipfel der überzogenen Erwartungen ist. Dies kann daran liegen, dass zum Teil »Overselling« betrieben wird (wie im Beispiel von IBM in Kapitel 2), vielleicht aber auch daran, dass die Voraussetzungen für ein erfolgreiches Data-Science-Projekt nicht gegeben sind. Dazu mehr in Kapitel 3, »Ablauf eines Data-Science-Projekts«.

1.4 Warum Data Science mit R?

In der Lehrpraxis hat sich gezeigt, dass die Einführung in R um einiges schneller geht als die Einführung in Python und man somit schneller zu dem eigentlichen Thema des Kurses, Data Science, kommen kann. Datenanalyse ist schon schwer genug für manche, und dann noch eine Einführung in die Programmierung zu bekommen ... In der Verbindung mit R merken die meisten Studierenden gar nicht, dass Sie gerade neben Statistik auch noch Programmierung lernen.

In der Regel benötige ich einen halben Tag für die Einführung in R (Kapitel 4), die im Datenanalyse-Bereich populäre Softwarebibliothek Tidyverse und Notebooks (Kapitel 5, »Explorative Datenanalyse«), am Nachmittag geht es dann schon zu der Einführung in die Datenanalyse (auch Kapitel 5). Mit RStudio steht zudem eine wunderbare integrierte Entwicklungsumgebung zur Verfügung, die die Analyse von Daten stark vereinfacht. Ein solches Werkzeug, speziell auf Datenanalyse ausgelegt, findet sich in der Python-Welt bisher nur in Ansätzen (zum Beispiel in PyCharm). Auch die Installation von R ist deutlich einfacher als die von Python, wobei *kaggle.com* und andere Plattformen für beide Sprachen einen Schnellstart via Notebooks bieten.

Das soll aber nicht heißen, dass Python schlechter geeignet wäre für Data Science. Nicht selten wird R genutzt, um zunächst die Daten zu analysieren und erste Modelle zu bauen. Genau das tun wir in den Kapiteln 6 bis 9. Für den Einsatz in einer Produktivumgebung wird häufig Python verwendet, wobei auch dies mit R möglich wäre. Es ist also kein Entweder-oder, sondern ein Sowohl-als-auch. Und wer R gelernt hat, kann umso schneller Python lernen.

1.5 Für wen ist dieses Buch?

Ich habe dieses Buch weniger für angehende Informatiker und Informatikerinnen geschrieben, sondern vor allem für diejenigen, die sich ohne vorher absolvierten Mathe-Leistungskurs an das Thema Data Science heranwagen wollen, selbst wenn sie keine Karriere als Data Scientist planen. Data Science wird uns mit hoher Wahrscheinlichkeit noch einige Jahre begleiten, und daher ist es immens wichtig, dass nicht nur Data Scientists verstehen, was die Möglichkeiten, aber auch Auswirkungen von Data Science sind.

Für diejenigen, die tiefer in Data Science einsteigen möchten, bietet dieses Buch eine kompakte Einführung mit Beispielen und Tipps für weitere Übungen und nächsten Schritten auf dem Weg zum professionellen Data Scientist. Die Kapitel 10 bis 12 bieten Ihnen zusätzliche Inhalte abseits der Einführung in R und der reinen Algorithmen.

Für Entscheiderinnen und Entscheider, die einen gesamtheitlichen Blick auf Data Science haben wollen, bietet dieses Buch viele »Best Practices«, die Sie für den Start eigener Data-Science-Projekte beachten sollten. Die Lektüre hilft auch, geeignete Kandidaten oder Kandidatinnen zu finden (nutzen Sie zum Beispiel das Glossar, um herauszufinden, ob jemand weiß, was *Heteroskedastizität* bedeutet, oder ob er nur schnackt und vorher ein paar Tutorials auf YouTube oder einen mittelprächtigen Kurs auf Coursera geguckt hat).

1.6 Kann man Data Science ohne Mathe lernen?

Hier scheiden sich die Geister. Die einen denken, dass Data Science nicht ohne ein Mathematik- oder zumindest mathematiknahes Studium funktionieren kann. Die anderen sagen, dass die Mathematikkenntnisse nur für sehr komplexe Sachverhalte notwendig ist und man mit den Standardmethoden schon sehr weit kommen kann.

Meiner Meinung nach haben beide Seiten recht, allerdings kann auch bei den Standardmethoden schon viel falsch machen, wenn man nicht die Grundprinzipien des jeweiligen Algorithmus verstanden hat, und dafür wird nun mal etwas Mathematik benötigt.

Auch dieses Buch kommt nicht ganz ohne Mathe aus. Aber die Erfahrung aus vielen Semestern hat gezeigt, dass man Mathe auch so rüberbringen kann, dass es nicht weh tut. Nicht wenige Teilnehmende kommen mit der Überzeugung in meine Veranstaltung, dass sie keine Mathematik können und auch niemals können werden. Allein der Gedanke an eine Formel frustriert sie und führt dazu, dass sie komplett abschalten. Mitunter sind schlechte Erfahrungen aus der Schulzeit verantwortlich für diese unnötige Phobie. Der Grund, warum Studierende trotzdem in meine Veranstaltung kommen, ist, dass ich verspreche, dass es so wenig Mathematik wie nur möglich geben wird. Und dann führe ich die notwendigen Prinzipien so ein, dass sie kaum merken, dass sie gerade etwas mit Mathe gemacht haben. Es ist ein wenig so wie beim Zahnarzt: Wenn ich schon beim Reinkommen die Folter-Utensilien sehe, dann kommt zumindest bei mir ein ungutes Gefühl auf. Sehe ich nur das »übliche« Besteck, dann geht mein Puls erst gar nicht hoch. Sollte Mathematik bei Ihnen also auch grundsätzlich eher negative Gefühle hervorrufen, dann bitte ich Sie um Ihr Vertrauen, dass ich Ihnen helfen kann, zumindest die Grundlagen zu verstehen, die Sie für ein elementares Verständnis der gängigen Data-Science-Ansätze benötigen.

Angeblich sei der Job des Data Scientists »the sexiest job of the 21st century«, so stand es in der Harvard Business Review.[5] Denn in dem Zeitalter der Datenmengen sind es die Datenwissenschaftler und -wissenschaftlerinnen, die mit den großen Datenmassen umgehen können, darin Muster finden und dem Senior Management raten, was nun zu tun ist. Diese eierlegende Wollmilchsau ist allerdings schwer zu finden, denn wie wir noch in der Definition der einzelnen Bereiche der künstlichen Intelligenz sehen werden, erfordert ein erfolgreiches Data-Science-Projekt nicht allein eine hervorragende Note in Mathe. Und genau deswegen ergeben sich im Data-Science-Bereich auch Chancen für diejenigen, die nicht Mathe als Leistungskurs hatten. Vielleicht werden Sie nicht der Top Data Scientist werden ohne ein Mathematik-Studium. Aber zumindest werden Sie nach der Lektüre dieses Buchs nicht blind irgendwelche Daten auf einen Algorithmus werfen, nur weil es in einem YouTube-Tutorial nicht besser erklärt wurde. Und vielleicht haben Sie ein besonderes Talent zum Storytelling, das vielen Data Scientists schwerfällt.

5 Davenport und Patil 2012

1.7 Wie Sie dieses Buch verwenden können

Sollten Sie lediglich verstehen wollen, was Data Science genau ist und wie und wo Data Science angewendet werden kann, so ist es nicht notwendig, dass Sie jede Programmieraufgabe in diesem Buch selbst nachbauen oder den Programmcode komplett lesen und verstehen. Das Buch ist so aufgebaut, dass Sie jede Zeile Code überspringen können, aber trotzdem noch genug zu lesen haben. Ich möchte Sie aber dennoch dazu ermutigen, zu versuchen, die Codebeispiele auszuprobieren, denn ich verspreche Ihnen, dass allein durch das Verstehen nicht nur Glücksgefühle entstehen können, sondern auch ein tieferes Verständnis davon, wie Data Science funktioniert.

Sie können das Buch von vorn bis hinten durchlesen oder auch einfach nur die Kapitel lesen, die Sie interessieren. Sofern ich Wissen aus einem anderen Kapitel voraussetze, erwähne ich dies mit einem Verweis auf die jeweilige Stelle.

1.8 Materialien und Kontakt

Alle Materialien zu diesem Buch finden Sie auf meiner Website in dem eigens für dieses Buch eingerichteten Bereich *https://alby.link/datascience*. Hier finden Sie Notebooks (eine wunderbare Kombination von Text, Daten und Code), aber auch weiterführende Informationen, die ich kontinuierlich aktualisiere. Auf der Seite werde ich auch Korrekturen zu Fehlern sammeln, die eventuell nach dem Druck auftauchen sollten. Meine Website ist übrigens komplett in R geschrieben. Wie das geht, erfahren Sie in Kapitel 5, »Explorative Datenanalyse«.

Ich freue mich über Feedback, am besten via E-Mail an *tom@alby.de*. Besonders interessiert mich, was Ihnen weitergeholfen hat, aber auch was nicht, wo Sie zum Beispiel Verständnisschwierigkeiten hatten. Ich antworte nicht immer schnell, aber irgendwann schon. Außerdem würde ich mich freuen, wenn ich Sie auf meiner Mailingliste begrüßen dürfte, auf der ich ab und zu Tipps und Tricks zur Datenanalyse veröffentliche. Melden Sie sich unter *https://alby.link/mailingliste* an – keine Sorge, ich spamme Sie nicht zu ☺.

1.9 Danksagungen

Zu danken habe ich zunächst wieder einmal meiner Familie, Anke, David, Emilia und Glenn, die viele Stunden auf mich verzichten musste, in denen ich an diesem Manuskript saß. Ein Buch wie dieses zu schreiben, ist kein beziehungsfördernder »Move«.

Dank gilt auch den Studierenden, die mir Feedback zu meinem Vorlesungsskript gegeben haben oder auch einfach nur als »Versuchskaninchen« dienten, wenn ich ausprobiert habe, ob eine Erklärung komplexer Sachverhalte besser funktioniert als eine andere. Ich unterrichte vor allem Studierende außerhalb der MINT-Fächer, und ich weiß, dass sehr viel Mut dazu gehört, zu meiner Veranstaltung zu kommen. Trotzdem haben Sie, liebe Studierende, es gewagt, dafür möchte ich allen bisherigen und auch den zukünftigen Studierenden und Teilnehmenden meiner Seminare danken.

Danken möchte ich auch meinen Testlesern Dr. Meltem Akyilmaz-Yabaci, Vincent Domanski, Dr. Christian Messerschmidt und Dr. Gerrit Vorjans. Sie haben sich durch frühe Versionen des Manuskripts gearbeitet und dabei viele Fehler und Ungereimtheiten entdeckt. Alle Fehler, die in diesem Buch noch vorhanden sind, kommen allein von mir.

Kapitel 2
Machine Learning, Data Science und künstliche Intelligenz

»I believe that at the end of the century the use of words and general educated opinion will have altered so much that one will be able to speak of machines thinking without expecting to be contradicted.«
(Alan Turing 1950)

Der Begriff *Data Science* wurde zwar schon in den 1960er-Jahren geprägt, hatte aber zunächst nichts mit künstlicher Intelligenz zu tun, die wenige Jahre zuvor zumindest konzeptionell erste Popularität erfuhr. Die Grundlagen für Machine Learning entstanden schon viel früher und legten den Grundstein für viele Konzepte der künstlichen Intelligenz, basierten zunächst aber einfach auf statistischen Modellen. Wie sich die Bereiche genau unterscheiden, das ist das Thema dieses Kapitels.

2.1 Aus der Geschichte lernen – alles nur ein Hype?

Wer den Begriff »künstliche Intelligenz« (KI) in den Mund nimmt, riskiert schon den Vorwurf, sich eines Buzz Words zu bedienen. Kein Wunder, denn die Geschichte der künstlichen Intelligenz ist bis heute von vielen Enttäuschungen gezeichnet. Wir untersuchen in diesem Kapitel, ob es dieses Mal anders sein wird.

2.1.1 Daten und Maschinen vor den Anfängen der KI

Daten sind kein neuzeitliches Phänomen. Schon vor Tausenden von Jahren wurden Daten gesammelt, und sei es nur, um etwas zu zählen und das Ergebnis zu speichern. Bauern, die ihr Vieh zählen wollten, nutzten Steine, für jedes Tier einen, und legten diese in einen Beutel, um zu einem späteren Zeitpunkt nachzählen zu können. Auch Menschen wurden gezählt: Die berühmteste aller Volkszählungen im christlichen Abendland wird schon in der Bibel erwähnt, und alle hatten das gleiche Ziel, nämlich das Volk zu schätzen, um die potenziellen Steuereinnahmen berechnen zu können. Man könnte also behaupten, dass Volkszählungen schon früh einen negativen Beigeschmack für die Betroffenen hatten. Zu dieser Zeit war der Abakus bereits als Rechenmaschine verbreitet.

Im 17. Jahrhundert begannen an verschiedenen Orten Arbeiten an mechanischen Rechenmaschinen, hier seien Schickard, Pascal und Leibnitz erwähnt. 1646 wurde der Begriff *Data* zum ersten Mal im Englischen für gegebene Quantitäten in mathematischen Problemen genutzt.[1]

Was bedeutet das Wort »Daten« überhaupt?

Data ist von dem lateinischen Wort *dare* (geben) abgeleitet, die Konnotation änderte sich im Laufe des 18. Jahrhunderts von dem *Gegebenen*, also einem Fakt, in das Ergebnis eines Experiments oder einer Kalkulation. Das Wort *Datei* ist ein Kofferwort aus den Wörtern *Daten* und *Kartei*. Auch das Wort *Datum* stammt von *dare* ab.

Der Traum von einer Maschine, die selbstständig denken kann, befeuerte schon früh die Menschen und sorgte auch für den Erfolg des *Schachtürken*, einer 1769 erbauten Maschine, die wie ein Schachroboter zu funktionieren schien. Tatsächlich steckte in der Maschine aber ein kleinwüchsiger Mensch. Amazon ließ sich von dem Schachtürken dazu inspirieren, den Crowdsourcing-Dienst von Amazon *Mechanical Turk* zu nennen.

Das Arithmomètre von Charles Xavier Thomas von 1820 war die erste in Serienproduktion hergestellte und weitverbreitete Rechenmaschine, sie basierte auf der Leibnitzschen Maschine. Wenige Jahre zuvor waren die ersten Maschinen entstanden, die automatisch Aufgaben ausführen konnten. Der Jacquard-Webstuhl funktionierte mit dem Prinzip einer Lochkarte, auf der ein Muster »vorprogrammiert« war. Man könnte das Muster auf den Lochkarten auch als Datensatz verstehen, zumindest aber wurden Software und Hardware sozusagen voneinander getrennt. Durch den Jacquard-Webstuhl konnte schneller, aber auch mit weniger Personal produziert werden, was dazu führte, dass die bisher traditionell arbeitenden Weber und Weberinnen um ihre Existenz fürchteten. Es ist also nicht das erste Mal, dass Arbeitsplätze durch Maschinen bedroht sind oder sogar wegfallen. Denn genau dies wird auch durch die Einführung von KI-Systemen befürchtet.

Die Volkszählung in den USA um 1890 markierte einen Wendepunkt in der Geschichte der Datenverarbeitung, da das Prinzip der Lochkarten das erste Mal verwendet wurde, um die Datenauszählung zu beschleunigen. Ein Beispiel für eine Lochkarte können Sie in Abbildung 2.1 bewundern.

1 Siehe hierzu vor allem Rosenberg 2013.

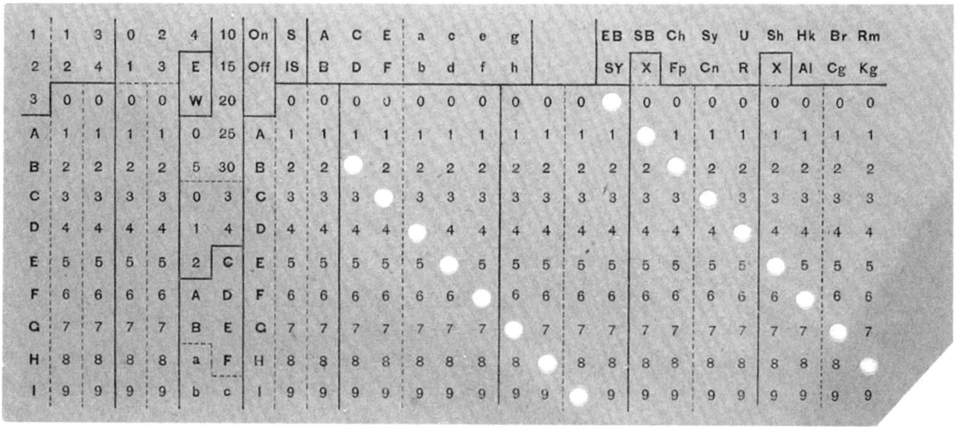

Abbildung 2.1 Eine Hollerith-Lochkarte aus dem 19. Jahrhundert

Der Ursprung von IBM

Der deutschstämmige Hermann Hollerith hatte seine Tabelliermaschine so entwickelt, dass die Auswertung der Daten innerhalb von Wochen möglich war, anstatt mehrerer Jahre, die es zuvor gedauert hatte. Aus der Firma Hollerith entstand später IBM, eine Abkürzung für *International Business Machines*. Neben Tabelliermaschinen, die Lochkarten auswerten konnten, waren Bürogeräte wie zum Beispiel Locher im Angebot.

Thomas Watson Senior, der CEO, soll angeblich gesagt haben, dass es auf der ganzen Welt nur einen Bedarf an fünf Computern geben soll. Tatsächlich konnte aber nicht nachgewiesen werden, dass er das tatsächlich gesagt hat. Sein Sohn Thomas Watson Jr. schien allerdings stärker von dem Potenzial der Computer überzeugt zu sein und veränderte IBM damit nachhaltig. Sein Buch »Der Vater, der Sohn und die Firma« beschreibt, wie hoch das Risiko war, das der Junior damals mit der Firma einging.

Tabelliermaschinen wurden bis zum Anfang der 1960er-Jahre eingesetzt; zu diesem Zeitpunkt waren Lochbänder bereits schneller, die wiederum von der magnetischen Datenaufzeichnung überholt wurden.

In den folgenden Jahrzehnten nach Hollerith beschleunigte sich die Entwicklung. Konrad Zuse baute in der zweiten Hälfte der 1930er-Jahre die Z1, das erste »elektronische Gehirn« basierend auf Relais, die im Jahr 1943 folgende Z3 gilt als der erste funktionsfähige Computer der Welt. Auf Basis der Arbeiten von Turing während des Zweiten Weltkriegs, die zum Entschlüsseln der deutschen Wehrmacht-Nachrichten führten, entstand 1946 der ENIAC, der erste digitale programmierbare Röhrencomputer (siehe Abbildung 2.2).

Abbildung 2.2 Der ENIAC, Quelle: US Army (Public Domain)

In den 1950er-Jahren kamen die ersten kommerziellen Computer auf den Markt, unter anderem der UNIVAC I und der TRADIC; Letzterer war der erste Computer, der komplett mit Transistoren bestückt war anstatt mit Röhren. Ebenfalls in diesem Jahrzehnt wurde die IBM 1401 vorgestellt, die als Urvater der modernen EDV gilt. Die monatliche Miete für so einen Rechner lag inflationsbereinigt bei 23500 Dollar, ein saftiger Preis, der aber trotzdem vielen Firmen Produktivitätsgewinne bescherte. DEC stellte in den 60er-Jahren die PDP-8 für weniger als 20000 Dollar vor. Inflationsbereinigt sind das heute immer noch knapp 180000 Dollar, aber dennoch war die Maschine so erschwinglich, dass immer mehr Forschungseinrichtungen sich Computer leisten konnten.

2.1.2 Der erste Frühling der künstlichen Intelligenz

Diese Entwicklung der Hardware beflügelte die Fantasie der Wissenschaftler und der Öffentlichkeit. In den 1950er-Jahren glaubte man, dass es nur noch eine Dekade dauern würde, bis ein Computer einen Menschen im Schach schlagen könnte. Diese im Nachhinein als »Frühling« bezeichnete Phase war voller Euphorie. Tatsächlich dauerte es aber bis 1997, dass IBMs Deep Blue den damaligen Schachweltmeister Garri Kasparov schlagen konnte.

Viele Forschungsprojekte waren vom amerikanischen Militär getrieben, so wollte man zum Beispiel russische Dokumente automatisch übersetzen können. Zwar sehen wir heute bereits gute Programme wie Deepl.com oder Google Translate, zu dieser Zeit war man aber noch weit davon entfernt. Auch entstanden zu dieser Zeit die Konzepte für neuronale Netzwerke.

Ein anderer Ansatz war der General Problem Solver von Simon und Newell, der bereits 1957 entstand. Diese Software sollte ein Problem in kleinere Teilprobleme unterteilen, die dann einfacher zu lösen waren. So allgemein nutzbar war diese Software allerdings nicht.

Außerhalb der Labore entstanden außerdem romantische Vorstellungen davon, was ein Computer leisten könne. 1968 sang zum Beispiel France Gall, dass der Computer Nr. 3 ihr den richtigen »Boy« finden würde; diese Hoffnungen und Träume, die in die künstliche Intelligenz investiert wurden, waren nicht untypisch für die damalige Zeit.

2.1.3 Der erste KI-Winter

Anfang der 1970er-Jahre brach der erste KI-Winter ein. Als *KI-Winter* bezeichnet man Phasen, in denen KI-Projekten die Forschungsgelder entzogen oder stark gekürzt werden, weil die erhofften Ergebnisse ausblieben. Ausgelöst wurde dieser erste KI-Winter durch mehrere Veröffentlichungen, unter anderem ein Buch über Perzeptronen von Minsky und Papert, der die Grenzen des Ansatzes aufzeigte. Der General Problem Solver war bereits vorher eingestellt worden. Die DARPA kürzte daraufhin die Gelder, so dass es in den 70er-Jahren schwer bis unmöglich war, Forschungsgelder für Projekte im Bereich der künstlichen Intelligenz zu erhalten. Als Bonmot aus dieser Zeit gilt die Übersetzung eines der damaligen Systeme von Englisch in Russisch und wieder zurück. Aus »Der Geist ist willig, aber das Fleisch ist schwach« wurde »Der Wodka ist gut, aber das Fleisch ist verdorben«. Nach vielen Jahren hoher Ausgaben ist die Enttäuschung der damaligen Geldgeber nachvollziehbar.

2.1.4 Der zweite KI-Frühling: Expertensysteme

Nach dem Scheitern des General-Problem-Solver-Ansatzes wurde der Fokus Ende der 1970er-Jahre auf Systeme gelegt, die zumindest in einem Wissensgebiet mit so viel Wissen gefüttert werden sollten, dass sie befähigt waren, selbständig Schlussfolgerungen zu treffen. Diese sogenannten *Expertensysteme* wurden dann in den 1980er-Jahren populär und konnten auch wieder Forschungsgelder einstreichen.

Eine der dafür verwendeten Sprachen war Lisp, die auf speziell dafür gebauten Lisp-Maschinen lief. Diese Computer wurden nach wenigen Jahren von günstigeren General-Purpose-Computern wie denen von Sun ersetzt, so dass zunächst diese Industrie zusammenbrach, der Hype um die Expertensysteme sich aber noch fortsetzte. Neben Lisp war Prolog populär. Der Name ist zusammengesetzt aus *PROgramming in LOGic* (siehe Abbildung 2.3).

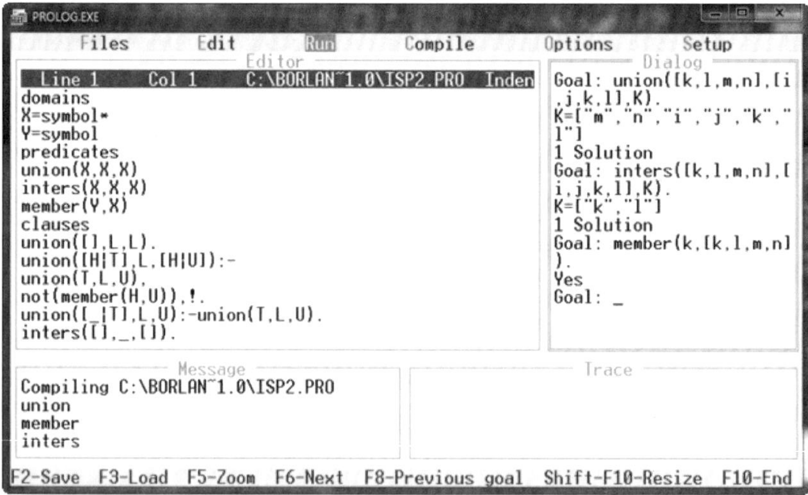

Abbildung 2.3 Ein Beispiel für Prolog-Programmierung

Beide Sprachen existieren noch heute, wenngleich sie nicht mehr die Popularität erfahren wie heute R, Python oder Julia.

2.1.5 Der zweite KI-Winter

Aber auch die Expertensysteme kamen über einen Frühling nicht hinaus, da sie die Erwartungen nicht erfüllten. Ein großer Kritikpunkt war, dass die Systeme nicht selbständig lernten und daher teuer in der Pflege waren. Ein anderer Kritikpunkt war, dass es zu zum Teil grotesken Antworten kam, wenn die Expertensysteme nicht genau so befragt wurden, wie es vorgesehen war. So begann gegen Ende der 1980er-Jahre der zweite KI-Winter, der dieses Mal länger anhielt als der erste.

2.1.6 Kommt nun der dritte KI-Frühling?

2011 gewann IBM Watson, der Nachfolger von IBM Deep Blue, Jeopardy!, ein Spiel, von der man bis dahin dachte, dass es nur von Menschen gewonnen werden könnte. Denn bei Jeopardy! werden keine Antworten auf Fragen gesucht, sondern es werden Antworten gegeben, für die die Fragen gesucht werden. Diese Sensation gab den Hoffnungen weiter Auftrieb, dass nun endlich der Code zur künstlichen Intelligenz geknackt worden sei. 2016 stellte Google AlphaGo vor, eine künstliche Intelligenz, die Menschen im Spiel Go schlagen konnte. Go ist um einiges komplexer als Schach, und bisherige Programme waren maximal auf dem Level eines Anfängers. Auf AlphaGo folgte AlphaGo Zero, dem nur noch die Spielregeln gegeben wurden und der dann gegen sich selbst trainierte. Nach AlphaGo Zero entstand Alpha Zero, eine weitere KI, die nicht speziell für das Spiel Go konzipiert wurde, sondern verschiedene Spiele anhand der Regeln und Partien gegen sich selbst erlernen konnte und alle anderen bisherigen Systeme sowie menschliche Spieler besiegen konnte.

Nicht nur Googles DeepMind-Produkte sprechen dafür, dass der dritte KI-Frühling nicht nur begonnen hat, sondern auch, dass es keinen so harten Winter mehr geben wird. Während zum Beispiel während der ersten KI-Frühlingsphasen die Software vor allem in Laboren geschrieben und ansonsten geheim gehalten wurde, existieren heute viele kostenlose Softwarebibliotheken. 2015 veröffentlichte Google das Framework *TensorFlow* als Open-Source-Software, so dass es praktisch jedem Interessierten offensteht, sich mit den Bibliotheken zu beschäftigen, die bei Google für die Spracherkennung und die Suche zum Einsatz kommen.

Gleichzeitig haben wir heute Zugriff auf viel stärkere Computer als jemals zuvor. Jedes iPhone hat mehr Rechenkapazität als der Rechner, der die ersten Menschen zum Mond flog. Für wenige Hundert Euro können Sie sich ein eigenes Computercluster anschaffen. Die Demokratisierung von Software sowie das Vorhandensein von Computerpower quasi für jeden werden dafür sorgen, dass die Themen Machine Learning und künstliche Intelligenz nicht so einfach wieder verschwinden werden.

2.1.7 Rückschläge

Trotzdem gab es auch in diesem dritten Frühling Rückschläge. Dass dieses Mal die Erwartungen durch Werbung etwas überzogen waren, zeigt sich daran, dass zum Beispiel IBM mit Watson empfindliche Rückschläge einstecken musste. Nach dem Sieg von Watson bei Jeopardy! waren selbst im Fernsehen Werbespots für Watson zu sehen, die zeigten, wie es alle möglichen Probleme löste. In der Realität sah dies aber nicht ganz so einfach aus. So wurde Watson unter anderem in einer Klinik für Krebsbehandlungen abgeschaltet, nachdem die KI »unsichere und inkorrekte Behandlungsempfehlungen« gegeben hatte.[2] Gleichzeitig kommen gerade im Gesundheitsbereich immer mehr Programme auf den Markt von anderen Anbietern.

2.1.8 Technologische Singularität: Haben Maschinen ein Bewusstsein?

Der Begriff der *Singularität* wurde durch Ray Kurzweils Buch »The Singularity Is Near: When Humans Transcend Biology« populär, das 2005 erschien. Seine Hypothese ist, dass es einen Punkt geben wird, an dem Maschinen genau so intelligent sein werden wie wir und uns dann überholen werden. Dadurch können die Maschinen sich selbst verbessern, womit gleichzeitig die Zukunft der Menschheit ungewiss wäre. Die Angst, dass eine künstliche Intelligenz die Menschheit beherrschen könnte, ist Teil vieler Romane und Filme, unter anderem dem sehr sehenswerten Film *Ex Machina* von Alex Garland oder auch *Blade Runner* von Ridley Scott und seinem zweiten Teil von Denis Villeneuve.

Wer ist Ray Kurzweil?

Ray Kurzweil ist ein Computerpionier, dessen Erfindungen heute überall verwendet werden, sie sind aber nicht immer mit seinem Namen verknüpft. Kurzweil wird häufig auch als Erfinder der Optical Character Recognition genannt (OCR, optische Texterkennung), tatsächlich existierten schon früher Systeme, die Text erkennen konnten. Kurzweils Verdienst ist hier, dass er ein System baute, das Blinden Text vorlesen konnte. Einer der ersten Kunden war Stevie Wonder, wodurch ein persönlicher Kontakt entstand. Gemeinsam entwickelten sie den Kurzweil-Synthesizer, der in den 80er-Jahren Instrumente wie ein Klavier so getreu nachahmen konnte, dass Musiker Probleme hatten, den Synthesizer von dem echten Instrument zu unterscheiden.

Seit 2012 arbeitet Kurzweil bei Google, wo ich ihn während meiner Google-Zeit in Mountain View traf und auch einem seiner Vorträge lauschen durfte. Seine Aufgabe bei Google ist das Verständnis natürlicher Sprache durch Maschinen.

Die Fiktion hat zweifelsfrei auch Einfluss auf die Realität. In sozialen Netzwerken entstand so vor einigen Jahren das Gerücht, dass Facebook zwei mit künstlicher Intelligenz versehene Bots abschalten musste, weil diese eine eigene Sprache erfunden hatten. Dies ist zwar nie so geschehen, zeigt aber auch die Ängste der Menschen.[3] Dennoch wird davon ausgegangen, dass der Zeitpunkt der technologischen Singularität überraschend

2 Siehe vor allem *https://alby.link/ibmwatson*.

3 Siehe *https://alby.link/facebookbots*.

kommen wird, selbst wenn er bereits mehrmals in die Zukunft verschoben wurde (siehe vor allem Yudkowsky 2008).

Eine andere spannende Frage ist, ob eine künstliche Intelligenz dann auch ein Bewusstsein haben könnte. Ein interessantes Gedankenexperiment hierzu wurde von dem Philosophen John Searle im Jahr 1980 vorgeschlagen: In einem Raum ist ein Mensch, der Anweisungen auf Chinesisch erhält, die er zwar nicht versteht, aber mithilfe von Regeln befolgen und damit eine Antwort auf Chinesisch formulieren kann. Die Personen außerhalb des »Chinese Room« denken, dass die Person in dem Raum Chinesisch spricht, obwohl dies nicht der Fall ist. Searle wollte damit belegen, dass eine Maschine nicht tatsächlich intelligent sein muss, nur weil sie den Turing-Test (siehe nächsten Abschnitt) besteht, denn sie könne das tun, ohne die Bedeutung dessen zu verstehen, was sie tut.

Searles Gedankenexperiment ist nicht kritiklos aufgenommen worden. Denn eine Frage ist, ob es für eine künstliche Intelligenz überhaupt notwendig ist, ein Bewusstsein zu haben.

2.1.9 Alan Turing und der Turing-Test

Alan Turing, dessen Name bereits mehrmals gefallen ist, entwickelte nicht nur die theoretischen Grundlagen der heutigen Computer, sondern stellte schon 1950 einen Test zur Verfügung, der bis heute als sinnvoll erachtet wird, um die Existenz einer künstlichen Intelligenz zu überprüfen. Dieser Test funktioniert so: Eine Testperson hat zwei Gesprächspartner, mit denen sie über eine Tastatur kommuniziert. Einer der beiden Gesprächspartner ist ein Mensch, der andere eine Maschine. Kann die Testperson nicht feststellen, wer von den beiden Gesprächspartnern die Maschine ist, ist der Turing-Test bestanden. Turing selbst glaube, dass dieser Test bis zum Jahr 2000 so ausfallen werde, dass Testpersonen nur mit einer Wahrscheinlichkeit von 70 Prozent den Menschen von der Maschine werden unterscheiden können.

Wer war Alan Turing?

Dass Alan Turings Arbeit dazu verhalf, die geheimen Codes der deutschen Wehrmacht zu entschlüsseln, und seine Überlegungen die Grundlage der heutigen theoretischen Informatik sind, haben ihn nicht davor geschützt, wegen seiner Homosexualität verfolgt zu werden. So wurde er 1952 zu einer Therapie verurteilt, da Homosexualität damals noch ein Verbrechen war. Durch die Therapie erkrankte Turing an einer Depression, die zu seinem Selbstmord im Jahr 1954 führte. 2009 entschuldigte sich der damalige Premier Minister Gordon Brown für den Umgang mit Turing, aber es dauerte noch bis 2013, dass Queen Elisabeth 2013 ihn posthum begnadigte.

Bis heute wurde der Turing-Test nicht gewonnen. Es existieren aber abgeschwächte Varianten des Turing-Tests, die durchaus Gewinner hervorbrachten. Ginge es aber rein nach der Definition des Turing-Tests, so existiert heute noch keine künstliche Intelligenz in Bezug auf Turings Vorhersage.

2.2 Begriffsdefinitionen

Machine Learning, künstliche Intelligenz, Statistik – was hat das alles mit Data Science zu tun? Die unterschiedlichen Interpretationen und Ausprägungen der Begriffe beschreibe ich in diesem Abschnitt.

2.2.1 Machine Learning

Kelleher und Tierney (2018) beschreiben, dass sich Machine Learning

> *[...]auf die Entwicklung und Bewertung von Algorithmen zur Extraktion von Mustern aus Daten fokussiert. Data Mining befasst sich in der Regel mit der Analyse strukturierter Daten und hat oft einen Schwerpunkt auf kommerzielle Anwendungen. (Eigene Übersetzung)*

Der Unterschied zu Data Mining wird hier also daran festgemacht, dass Data Mining strukturierte Daten zum Gegenstand hat, Machine Learning aber nicht. Müller und Guido (2017) definieren Machine Learning wie folgt (eigene Übersetzung):

> *Beim maschinellen Lernen geht es um das Extrahieren von Wissen aus Daten. Es ist ein Forschungsgebiet an der Schnittstelle von Statistik, künstlicher Intelligenz und Informatik und wird auch als predictive Analytics oder statistisches Lernen bezeichnet.*

Diese Definition beinhaltet die Überschneidung mit Statistik, wenngleich das Vokabular der Statistik sich zum Teil von dem des Machine Learnings unterscheidet. So wird z. B. in der Statistik von *unabhängigen Variablen* oder *Prädiktoren* gesprochen, im Machine Learning hingegen von *Features*. Die Nähe zur Statistik ist trotz der Sprachunterschiede nicht von der Hand zu weisen und auch ein häufiges Thema von Memes, die darauf abzielen, dass Machine Learning nur ein alter Wein in neuen Schläuchen sei. Allerdings ist im Machine Learning ein größerer Einfluss der Informatik zu beobachten. Gleichzeitig sieht die Definition Machine Learning nicht als Teil der künstlichen Intelligenz, sondern attestiert lediglich eine Schnittmenge.

2.2.2 Künstliche Intelligenz

Das Gebiet der künstlichen Intelligenz ist schon etwas älter, wie Sie im vorherigen Abschnitt gelernt haben. Gleichwohl gibt es unterschiedliche Akzentuierungen. Auf der einen Seite gibt es die Hoffnung oder auch Befürchtung, dass eine *starke künstliche Intelligenz* uns einholen oder sogar überholen wird. HAL 9000 aus dem Film »Odyssee im Weltraum« von Stanley Kubrick ist ein Beispiel für eine solche starke KI. Auf der anderen Seite sehen wir heute die Ergebnisse der sogenannten *schwachen künstlichen Intelligenz* wie Alexa, Apple Siri oder den Google Assistant: Systeme, die für einen bestimmten Zweck trainiert wurden und diesen mehr oder weniger gut beherrschen. Wir können damit sagen, dass Machine Learning ein Teil des Gebiets künstliche Intelligenz ist.

2.2.3 Data Science

Zunächst einmal: Eine allgemeingültig anerkannte Definition von Data Science existiert nicht. Das mag seltsam anmuten, aber dieser Bereich ist noch sehr jung, so dass auch noch nicht alle Einzelheiten definiert sind. Tatsächlich gibt es sehr unterschiedliche Ansichten darüber, was Data Science nun ist und was nicht.

Fast alle der folgenden Definitionen beinhalten, dass mit Data Science komplexe Muster in Daten erkannt und genutzt werden können. Daher gleich vorab: Natürlich können auch einfache Muster aus Daten gewonnen werden, aber wenn ein Mensch solche Muster identifizieren kann, dann ist es nicht mehr notwendig, eine Maschine damit zu beschäftigen. Es geht also um Fälle, in denen die Muster in den Daten nicht unbedingt offensichtlich sind. Dies kann entweder bedeuten, dass es einen Menschen zu viel Zeit kosten würde, eine gewisse Menge an Daten durchzuarbeiten, aber auch, dass die Muster zu einfach sind. Menschen können gut mit ein paar *Attributen* umgehen (Attribute werden in diesem Buch synonym mit *Features* oder *Variablen* verwendet), aber sobald mehr davon vorhanden sind, wird es für einen Menschen schwierig, Zusammenhänge zu erkennen.

In Davenports und Patils legendärem Harvard-Business-Review-Artikel »Data Scientist: The Sexiest Job of the 21st Century«, wird Data Science selbst nicht definiert, aber die Tätigkeit eines Data Scientists beschrieben (eigene Übersetzung):

> *Data Scientists sind der Schlüssel zur Nutzung der Möglichkeiten, die sich durch Big Data ergeben. Sie bringen Struktur in Daten, finden überzeugende Muster in ihnen und beraten Führungskräfte über die Auswirkungen auf Produkte, Prozesse und Entscheidungen. Sie finden die Storyline, die sich in den Daten verbirgt, und vermitteln sie.*

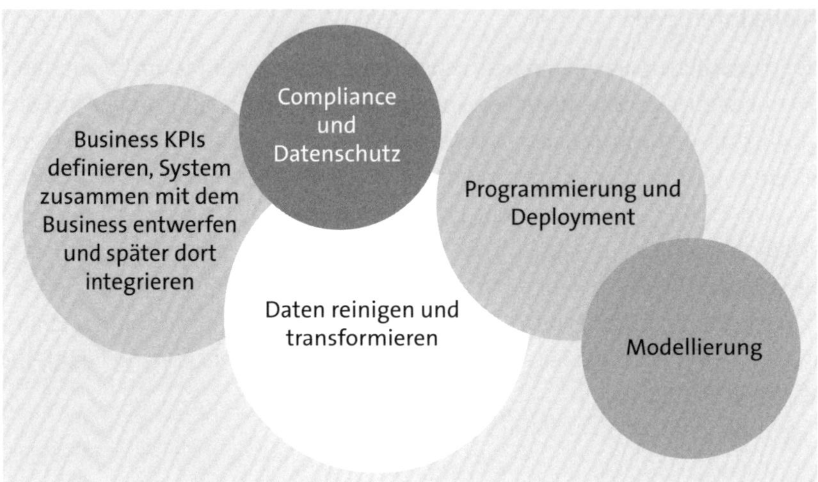

Abbildung 2.4 Anteile der verschiedenen Aufgaben innerhalb eines Data-Science-Projekts

Foster Provost und Tom Fawcett definieren Data Science in ihrem grandiosen Buch »Data Science for Business« (2013) wie folgt (eigene Übersetzung):

> *Data Science umfasst Prinzipien, Prozesse und Techniken für das Verständnis von Phänomenen durch die automatisierte Datenanalyse.*

Kelleher und Tierney (2018) hingegen differenzieren, dass Data Science sich zwar anderer Bereiche wie dem maschinellen Lernen bedient, insgesamt aber »breiter angelegt« ist, da sie sich anderen Herausforderungen stellt. Diese umfassen die Erfassung, Reinigung und Transformation von unstrukturierten Daten aus dem Internet, die Nutzung von Big-Data-Technologien sowie die ethische Reflektion der Datennutzung.

Eine andere Definition ergibt sich aus Abbildung 2.4: Hier steht der *Business Value*, wie es auf Neudeutsch heißt, im Vordergrund, es existiert aber auch ein Feld für eher juristische Themen, vor denen sich kein Data Scientist wegducken kann (siehe hierzu vor allem Kapitel 11, »Ethischer Umgang mit Daten und Algorithmen«). Die Größe der Kreise in der Abbildung weist außerdem darauf hin, dass das Thema Coding nur einen Teil der eigentlichen Arbeit ausmacht.

Meine Definition lautet wie folgt:

> *Data Science ist derzeit ein sich noch festigendes Anwendungsgebiet der künstlichen Intelligenz, in dem interdisziplinäres Wissen aus der Statistik, Informatik und Expertenwissen aus anderen Fachbereichen konvergiert werden, um damit Methoden zur Erschließung von Datenmustern in diesen Gebieten weiterzuentwickeln.*

Ich nutze bewusst nicht den Begriff »Wissenschaft«, auch wenn dieser im eigentlichen Namen auftaucht. Data Science bedient sich verschiedener Wissenschaften, ist aber (noch) keine Wissenschaft für sich. Dies mag sich in Zukunft ändern.

2.2.4 Datenanalyse und Statistik

Datenanalyse und Statistik sind nicht dasselbe, ganz im Gegenteil. Sauer (2019) formuliert den Unterschied so, dass in der Statistik der Fokus auf mathematische Ableitungen fällt, Datenanalyse aber einen stärkeren Anwendungsfokus hat. Das bedeutet nicht, dass in der Datenanalyse kein Gebrauch von statistischen Methoden gemacht wird, ganz im Gegenteil. Fragen Sie einen Statistiker, ob ein Rangkorrelations- oder ein Produkt-Moment-Korrelationskoeffizient verwendet wird, und er wird Ihnen den mathematischen Hintergrund erläutern. In der Datenanalyse werden Ihnen wahrscheinlich eher die Anwendungsfälle erklärt werden.

Datenanalyse (mit Kenntnis der statistischen Methoden) ist eine Teilaufgabe im Machine Learning und somit auch in Data-Science-Projekten. Sie können also nicht gleich zu den ML-Algorithmen durchmarschieren, denn erst müssen Sie Ihre Daten anhand einer Analyse verstehen.

2.2.5 Big Data

Auch wenn viel von *Big Data* geredet und geschrieben wird, so ist davon in der freien Wildbahn nicht viel zu sehen, wenn es nach der Definition geht, dass dafür drei Kriterien erfüllt sein müssen (die drei V):

- Volumen – also wie viele Daten bearbeitet werden müssen
- Vielfalt – zum Beispiel, ob verschiedene Datentypen, strukturiert und unstrukturiert, zusammengeführt werden müssen
- Velozität – die Geschwindigkeit der Veränderung

Auf dem Hype-Zyklus ist das Konzept von Big Data bereits über dem Höhepunkt hinaus.

Googles Suchmaschine ist ein gutes Beispiel für Big Data: Riesige Datenmengen werden von Crawlern erfasst, HTML-Dateien, Bilder, Videos, Links innerhalb der Dokumente, die zum Aufbau eines Webgraphen notwendig sind, Spam-Abwehr, und da sich das Netz ständig ändert, ist eine hohe Verarbeitungsgeschwindigkeit notwendig, damit die wichtigsten Änderungen auch schnell im Index sichtbar sind.

Als Gegenbeispiel zu Big Data führe ich gerne Wikipedia an. Die deutsche Version von Wikipedia kann als XML-Dump heruntergeladen werden, ca. 20 Gigabyte Festplattenplatz belegt diese Datei. Ich kann diese Datei auf meinem kleinen MacBook Air verarbeiten. Sie enthält mehr oder weniger gut strukturierte Daten, mit Verweisen auf Multimedia-Dateien, und würde ich die Änderungen der Wikipedia in Echtzeit erhalten, so wären immer noch nicht alle drei V erfüllt. Die Geschwindigkeit könnte dennoch ein Thema werden, je nachdem, was ich mit den Daten vorhabe, aber innerhalb von ein paar Stunden kann ich mithilfe von R einen Klassifikator auf Basis von Wikipedia-Daten erstellen.

Trotzdem haben heutige Datenmengen, selbst wenn sie nicht alle drei V erfüllen, dazu geführt, dass einige Frameworks entstanden sind, die bei der Bewältigung helfen. So muss nicht mehr ein eigenes Cluster erworben werden, bei Bedarf kann es bei einem Cloud-Anbieter nur für die Zeit der Nutzung gemietet werden. Hier werden Programmiermodelle wie *MapReduce* für die Verarbeitung verteilter Daten genutzt. In Kapitel 10, »Workflows und Werkzeuge«, schauen wir uns *Apache Spark* an, eine Erweiterung von MapReduce.

Auch werden mehr Anwendungen kommen, die Big Data verarbeiten müssen. Wenn wir an all die Sensoren denken, die mittlerweile internetfähig sind, zum Beispiel in selbstfahrenden Autos, dann werden bereits jetzt Unmengen an Daten gesammelt, die zu neuen Anwendungen führen können.

Kapitel 3
Ablauf eines Data-Science-Projekts

3

»Sag mir, wie Dein Projekt anfängt, und ich sage Dir, wie es aufhört.«
(Weisheit aus der Projektmanagement-Welt, Urheber unbekannt)

In diesem Kapitel werden Sie alles lernen, was zum Managen eines Data-Science-Projekts notwendig ist. Fast jedes Data-Science-Projekt versucht, ein in der realen Welt vorhandenes Problem zu lösen, und damit dieser Ambition zum Erfolg verholfen wird, haben sich einige Projektphasen und »Best Practices« etabliert. Dies beginnt mit der Anforderungsanalyse, führt über die Akquise und Reinigung der Daten sowie die weichen Faktoren der Auswirkungen eines Modells bis zum Testen und Ausrollen eines Projekts.

3.1 Der allgemeine Ablauf eines Data-Science-Projekts

Auch wenn Data Science noch ein junges Feld ist, haben sich bereits einige Best Practices durchgesetzt. Sie stammen zum Teil aus verwandten Gebieten wie dem Data Mining. Wir schauen uns zunächst Prozesse an, die in der (zum Teil noch jungen) Literatur erwähnt werden, und schauen uns dann in den weiteren Abschnitten grundsätzliche Muster genauer an.

3.1.1 Die CRISP-DM Stages

Das Akronym CRISP-DM steht für *CRoss-Industry Standard Process for Data Mining*, das ab 1996 von einem Konsortium im Rahmen eines EU-Förderprojekts entwickelt wurde.[1] Dieser Prozess umfasst eine granulare Übersicht der einzelnen Schritte, die ich hier ergänze mit Hinweisen, wo Sie diese Schritte in diesem Buch finden):

1. Verständnis des Geschäfts und seiner Abläufe (dieses Kapitel)
   - Bestimmen der Geschäftsziele für dieses Projekt
   - Bewertung der gegenwärtigen Situation

1 Siehe Shearer 2000.

   - Festlegen der Ziele für das Data Mining (beziehungsweise des Data-Science-Projekts)
   - Erstellen eines Projektplans
2. Verständnis der Daten (siehe Kapitel 5 über die explorative Datenanalyse)
   - erste Daten sammeln
   - Daten beschreiben
   - Daten erforschen
   - Überprüfen der Datenqualität
3. Vorbereitung der Daten (ebenso Kapitel 5)
   - Daten auswählen
   - Daten reinigen
   - Daten transformieren (im Englischen *construct*, hier interpretiere ich das aber als Transformation)
   - Daten integrieren
   - Daten formatieren
4. Modeling (Kapitel 6 bis 9)
   - Modelltechnik auswählen (hier ist übertragen auf Data Science der Algorithmus gemeint, wobei meistens mehrere Algorithmen und Modelle gegeneinander getestet werden)
   - Testentwurf generieren
   - Modell erstellen
   - Modell bewerten
5. Evaluation (dieses Kapitel sowie Kapitel 6 bis 9)
   - Ergebnisse auswerten
   - Prozess überprüfen
   - nächste Schritte bestimmen
6. Deployment (Einsatz des Systems in Produktion, siehe dieses Kapitel sowie Kapitel 10)
   - Planen des Deployments
   - Planen des Monitorings und der Maintenance des Modells
   - Erstellen eines finalen Reports
   - Projekt-Review (zum Beispiel Post Mortem, Lessons learned)

Auch wenn dies aussieht wie ein linearer Prozess, so zeigt Abbildung 3.1, dass die Schritte im CRISP-DM nicht wie in einem Wasserfallmodell abgearbeitet werden, sondern dass Iterationen notwendig sein können. So kann es sein, dass man nach der Evaluation noch mal ganz zurück muss zum Verstehen des Geschäfts, weil sich aus den Daten ganz neue Sachverhalte ergeben haben. Ist das selten? Eher nein, allerdings hängt es ganz klar davon ab, wie viel Zeit man in diese erste Phase gesteckt hat.

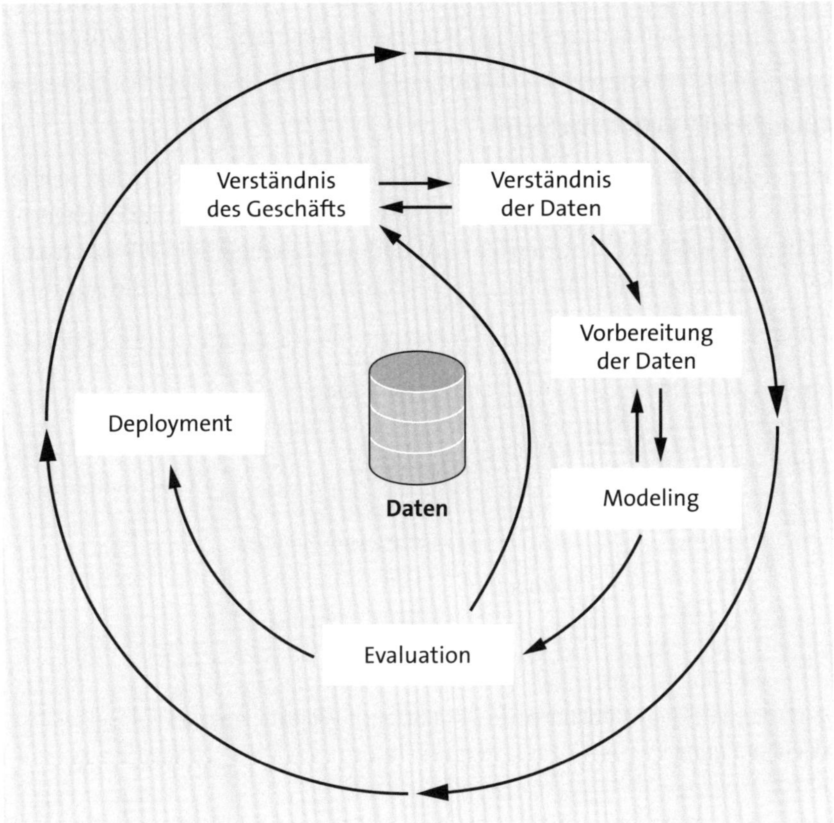

Abbildung 3.1 Das CRISP-DM-Modell (nach dem IBM SPSS Modeler CRISP-DM Guide)

3.1.2 ASUM-DM

ASUM-DM steht für *Analytics Solution Unified Method for Data Mining* und wurde von IBM 2015 als Weiterentwicklung des CRISP-DM von IBM veröffentlicht. Es umfasst fünf Phasen:

1. Analyse
2. Design
3. Konfiguration und Herstellung (Configure & Build)
4. Inbetriebnahme (Deploy)
5. Betrieb und Optimierung (Operate & Optimize)

Auch hier lassen sich die Phasen mehrmals durchlaufen. Parallel läuft ein Projektmanagement-Stream. Eine genaue Beschreibung findet sich unter *https://alby.link/asum*.

3.1.3 Der Ablauf nach Hadley Wickham

Hadley Wickham, Chief Data Scientist bei RStudio (Kapitel 4, »Einführung in R«), Schöpfer des Tidyverse (Kapitel 5, »Explorative Datenanalyse«) sowie mehrfacher Buchautor, hat einen eigenen Ablauf entwickelt, den Sie in Abbildung 3.2 sehen. Sein Prozess fokussiert sich eher auf die Analysetätigkeit des Data Scientists und klammert die Business-Sicht komplett aus.

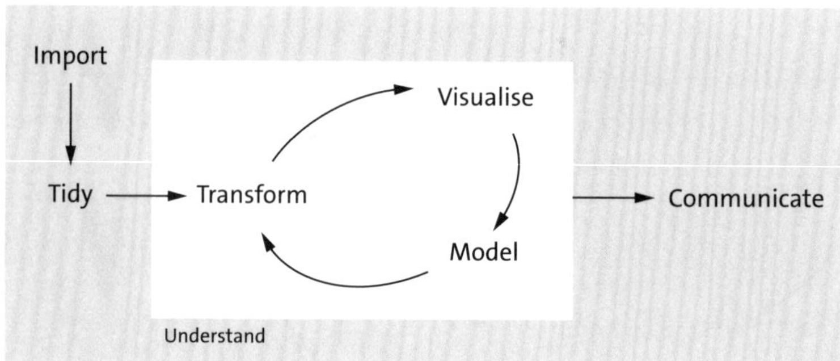

Abbildung 3.2 Hadley Wickhams Ablauf eines Data-Science-Projekts, Abdruck mit seiner freundlichen Genehmigung

Seine etwas andere Sicht bedeutet nicht, dass sein Ansatz schlechter ist, er hat einfach eine andere Perspektive, sozusagen eine andere Brennweite in seinem Objektiv, durch das er einen bestimmten Ausschnitt aus einem Data-Science-Projekt genauer sieht. Diese Sicht ist durch sein R-Package Tidyverse untermauert, das Sie in Kapitel 5 kennenlernen werden.

Wickhams Prozess besteht aus:

- Importieren der Daten
- Säubern der Daten

- Transformation der Daten
- Visualisierung der Daten
- Modellierung
- Kommunikation

Die Schritte Transformation, Visualisierung und Modellierung hat er zusätzlich als Prozess des Verstehens gekennzeichnet. Während der Ansatz des CRISP-DM erst das Verständnis der Daten voraussetzt, geht Wickham davon aus, dass ein genaueres Verständnis erst während der Transformation, Visualisierung und Modellierung entstehen kann. Diese Sichtweise kann ich nur unterstreichen, da sich erst bei genauerem Hinsehen weitere Fragen ergeben. Allerdings ist dies eher die Sichtweise des Data Scientists. Das Businessproblem schließt Wickham komplett aus.

3.1.4 Welcher Ansatz ist für mich der richtige?

Die Antwort auf diese Frage hängt vom Projekt, aber auch vom Unternehmen ab. Wie im vorherigen Abschnitt besprochen, eignet sich der Ansatz von Wickham vor allem für Data Scientists selbst, doch auch ein Data Scientist kann nicht die Augen vor den Bedürfnissen der Organisation verschließen. Der CRISP-DM-Ansatz hat das ganze Unternehmen im Blick sowie die Schritte außerhalb des Gewerks der Data Scientists. Meine Empfehlung ist eine Mischung aus beiden Ansätzen, wobei ich Wickhams Ansatz vor allem für die explorative Datenanalyse und die Modellbildung empfehle, also alles, was Sie hier in den Kapiteln 5 bis 9 finden.

3.2 Business Understanding: Welches Problem soll gelöst werden?

Bevor es an das Entwickeln von Modellen geht, müssen Sie zunächst verstehen, was das Problem ist, das gelöst werden soll, und was die Erwartungen der Anwender sind.

3.2.1 Senior-Management-Unterstützung und Einbeziehung der Fachabteilung

Data-Science-Projekte scheitern meistens aus zwei Gründen:

- Die Anforderungen wurden nicht richtig verstanden, oder das Problem wurde nicht richtig gelöst
- Es fehlte die Unterstützung des Managements und der Fachabteilung.

Für das englische Wort *commitment* gibt es meiner Meinung nach keine gute deutsche Übersetzung, es ist mehr als eine Zusage oder sich verpflichtet zu fühlen. Genau das wird benötigt von den Stakeholdern, die ein Data-Science-Projekt zum Fallen bringen können, dem Senior Management (Vorstandsebene, Geschäftsführung und -leitung) und der Fachabteilung. Die Fachabteilung kann aus unterschiedlichsten Gründen ihr Interesse verlieren, sei es, weil alles komplizierter ist als gedacht und man auch noch mehr mitarbeiten muss als erwartet (siehe Abschnitt 3.7.5), sei es, weil es latente Störgefühle gibt, da sich etwas ändert (siehe Abschnitt 3.2.3).

Mit fehlender Unterstützung ist allerdings nicht nur das Involviertsein während des Projekts gemeint, sondern auch die Zeit, nachdem eine Data-Science-Anwendung den Anwendern zur Verfügung gestellt wurde. Es können die besten Systeme der Welt erstellt werden, die aber nichts bringen, wenn sie nicht genutzt werden. Auch das muss von Beginn an besprochen werden: Wie kann sichergestellt werden, dass das zu erstellende System auch eine angemessene Nutzung haben wird? Dies geht nur, wenn der erhoffte Nutzen dann auch tatsächlich vorhanden ist. Zu verstehen, worin dieser Nutzen genau besteht, darum geht es im nächsten Abschnitt.

3.2.2 Anforderungen verstehen

Die größte Herausforderung in einem Data-Science-Projekt ist häufig nicht das Trainieren und Optimieren eines Modells, sondern vielmehr, zu verstehen, worum es eigentlich geht und wie tatsächlich ein Mehrwert generiert werden kann (ganz abgesehen davon, die richtigen Daten zu bekommen und sie zu reinigen). Dazu gehört auch, dass man das Geschäftsmodell versteht, in dem die Nutzer arbeiten, wozu auch ein Verständnis der Ziele der jeweiligen Abteilung gehört.

Beispiel: Zu Beginn der Corona-Krise arbeitete ich an einem Data-Science-Projekt für ein Inkassounternehmen. Ich hatte keinerlei Vorwissen über Inkasso, und tatsächlich funktioniert Inkasso ganz anders, als es sich die meisten wahrscheinlich vorstellen. Wer denkt bei Inkasso nicht an ein paar muskelbepackte Männer, die schlagkräftige Argumente hervorbringen, um an das Geld zu kommen? Die Welt des Inkassos ist aber viel komplexer und spannender als erwartet, aber es hat mehrere Wochen gekostet, diese Welt zu verstehen (die Menschen, die Schuldner besuchen, haben übrigens Verhandlungserfahrung und keine Muskelpakete). Es ist notwendig, genau nachzuvollziehen, wie die Nutzer arbeiten und wie das geplante Werkzeug sie unterstützen soll. Dies kann häufig erfordern, vor Ort den Mitarbeitern bei ihrer Arbeit zuzusehen, sie zu beobachten und Fragen zu stellen.

Aber es sind nicht nur wir Data Scientists, die lernen müssen. Die Erfahrung zeigt, dass sich die Nutzerinnen und Nutzer häufig Funktionen wünschen, die sie nachher nicht verwenden, oder dass sie sich Funktionen wünschen, die sie gar nicht nutzen können, weil sie keinen Sinn ergeben. Es mag nicht intuitiv wirken, aber manchmal sollte etwas komplett anderes getan werden als das, was sich die Nutzerinnen und Nutzer wünschen. Mein Lieblingsbeispiel hierfür ist der erste Apple iMac. Als er 1998 vorgestellt wurde, prophezeiten viele das Ende von Apple, denn dem iMac fehlte ein Diskettenlaufwerk. Zu dieser Zeit arbeitete man noch mit 3,5-Zoll-Disketten, auf die 1,44 Megabyte passten. Hätte Steve Jobs Team die Nutzer gefragt, so hätten sie sich wahrscheinlich größere Diskettenlaufwerke gewünscht (selbstbrennbare CDs gab es schon, aber sie waren noch extrem teuer, sowohl die Rohlinge als auch die CD-Brenner selbst). Stattdessen hatte Apple ein Modem in den Rechner eingebaut, schließlich könne man auch damit Daten austauschen.

Ein Beispiel aus der Data-Science-Welt: Ein Autohersteller wünscht sich auf der Website eine Personalisierung, so, wie es andere Unternehmen auch schon haben. Tatsächlich ist dies schwer zu realisieren, denn für Spotify ist es einfach, Songempfehlungen zu personalisieren, da genügend Daten vorliegen. Bei Besuchern einer Website eines Autoherstellers ist das nicht unbedingt der Fall (auch wenn die Folien von Unternehmensberatern etwas anderes behaupten). Können Daten dennoch helfen, die Website relevanter zu gestalten? Absolut, allerdings nicht so, wie sich die Marketing-Mitarbeiter das vorgestellt haben.

Aber auch Data Scientists können sich schnell in etwas verlieren, was keinen Wert erzeugt (und hiermit meine ich keinen Data Scientist, den ich persönlich kenne, sondern kann das aus eigener Erfahrung berichten). So wie man sich und das Ziel in einer explorativen Datenanalyse verlieren kann, funktioniert es auch bei vielen anderen Data-Science-Tätigkeiten. Einen neuen Algorithmus ausprobieren? Eine neue Entwicklungsumgebung? Selbstverständlich muss auch hierfür Zeit vorhanden sein, aber schnell ist ein System erstellt, das zwar akademisch sehr interessant ist, aber überhaupt nichts zur Lösung der eigentlichen Fragestellung beiträgt.

3.2.3 Widerstände überwinden: Wer hat Angst vor der bösen KI?

Dem Einsatz von KI oder auch nur von Machine-Learning-Modellen wird nicht nur mit Jubelstürmen begegnet. Menschen fürchten um ihre Jobs, wenn eine Maschine in Zukunft Daten automatisiert auswerten und darauf basierend Entscheidungen treffen soll. Hier treten existenzielle Ängste auf, die nicht mit »Corporate Blabla« besänftigt werden können. Medien befeuern diese Befürchtungen noch, indem sie Dystopien skizzieren, in denen selbst hochqualifizierte Mitarbeiter keine Chance mehr gegen die künstliche Intelligenz haben (siehe Abbildung 3.3). Gleichzeitig haben Meldungen wie die, dass Zalando Marketing-Mitarbeiter entlässt und künstliche Intelligenz die Steuerung übernimmt, natürlich für Ängste gesorgt.[2] Selbst wenn viele Studien von Unternehmensberatern, wie viele Menschen in Zukunft ihren Job verlieren werden, nur deswegen geschrieben werden, weil damit die Aufmerksamkeit von CEOs gewonnen werden soll, so ist nicht von der Hand zu weisen, dass es Veränderungen geben wird.

Abbildung 3.3 Titelseite der ZEIT Nr. 29 aus dem Jahr 2014

Die emotionalen Widerstände, die dadurch entstehen, sollten auf keinen Fall ignoriert werden. Es ist wichtig, dass die Mitarbeiter auch auf dieser Ebene mitgenommen werden auf der Reise zu einer Automatisierung durch KI. Eher rational orientierte Menschen mögen das als lästig empfinden, aber entfällt dieser Schritt, so ist mit Widerstand zu rechnen, der in Sabotage des neuen Systems enden kann. Und dann hätte man nichts erreicht, außer viel Zeit zu verlieren.

Doch wie macht man das? Das *House of Change* von Claes F. Janssen, basierend auf der Trauerkurve von Elisabeth Kübler-Ross, skizziert die Phasen, die Mitarbeiter durchleben:

- 1. Zimmer, Zufriedenheit: Alles soll so bleiben, wie es ist.
- 2. Zimmer, Ablehnung: Diese Änderung ist schlecht, sie kann nicht funktionieren.

2 Siehe *https://www.heise.de/newsticker/meldung/KI-gesteuertes-Marketing-Zalando-streicht-250-Arbeitsplaetze-3990425.html*.

- 3. Zimmer, Verwirrung: Ich komme nicht zurecht mit dieser Situation; hier kommt auch die rationale und eventuell auch emotionale Einsicht.
- 4. Zimmer, Akzeptanz: Ich lerne etwas Neues, und jetzt verstehe ich erst, warum das gut ist.

Es kann nicht erwartet werden, dass die Mitarbeiter gleich von Zimmer 1 in Zimmer 4 gelangen, sie müssen in der Regel die Zimmer 2 und 3 auch durchlaufen. Dabei können sie unterstützt werden, allerdings werden sie ihre eigene Zeit dafür benötigen. In der Regel ist es nicht der Data Scientist, der diese Transformationsaufgabe leitet, aber er muss sie verstehen. Da er selbst Teil der Erneuerung ist, kann er die Probleme der Mitarbeiter nicht immer adäquat nachvollziehen. Das Management ist hier gefordert, geeignete Maßnahmen zu finden, die die Transformationsbemühungen so gestalten, dass möglichst viele Mitarbeiter mitgenommen werden können bis in das 4. Zimmer.

3.3 Grundsätzliche Ansätze im Machine Learning

In diesem Abschnitt geht es darum, das Grundgerüst für die Aufgaben im Machine Learning zu erwerben. Auch wenn es nun etwas mathematischer wird (ohne Formeln, nun ja, fast), sollten Sie diesen Abschnitt dennoch lesen, da Sie hier alles lernen, was Sie in einem Gespräch mit einem Data Scientist benötigen.

3.3.1 Supervised versus Unsupervised versus Reinforcement Learning

Stellen wir uns eine Kundendatenbank vor, die Informationen wie Alter, Geschlecht, bisherige Käufe und Adresse enthält, die für den Geschäftsbetrieb notwendig sind. Viele Unternehmen behaupten, dass sie viele Daten haben, sie aber nicht nutzen, und meistens hängt das damit zusammen, dass nicht die richtigen Fragen an die Daten gestellt werden. Was könnten Fragen an die Daten in der Kundendatenbank sein?

Eine erste Frage könnte lauten, ob es Gruppen gibt innerhalb der Kundschaft, die so bisher nicht offensichtlich sind. Das Ziel ist, die Kundengruppen besser zu verstehen, aber es gibt keine *Zielvariable* oder *Target*, anhand dessen ein Algorithmus lernen könnte. Dies bezeichnet man als *Unsupervised Learning*. Der Algorithmus versucht, ohne eine Anleitung herauszufinden, welche Gruppen sich bilden lassen. Wir werden uns solche Algorithmen in Kapitel 7, »Clustering«, ansehen.

Eine andere Frage könnte lauten, welche Kundinnen und Kunden eine höhere Wahrscheinlichkeit haben, dass sie zum Beispiel ihren Vertrag kündigen werden. Hier gibt es eine Zielvariable, nämlich Kündigung oder keine Kündigung. Es wird in diesem Fall in historischen Daten geschaut nach Kund*innen, die gekündigt haben, und Kund*innen, die nicht gekündigt haben, und diese Daten werden entsprechend *gelabelt*, zum Beispiel 1 für Kündigung und 0 für keine Kündigung. Das *Label* enthält dann die Zielvariable. Dieser Ansatz fällt unter das *Supervised Learning* und wird in Kapitel 8, »Klassifikation«, besprochen. Supervision kann mit »Betreuung« übersetzt werden, und das ist auch das Bild, das Sie in Ihrem Kopf haben können für diesen Ansatz: Der Algorithmus wird betreut, das heißt, ihm wird mit den Labels vorgegeben, wie bisherige Fälle ausgesehen haben, damit er das erworbene Wissen auf neue Fälle anwenden kann. Im Fall des *Clusterings* (Kapitel 7) fehlt eine solche Betreuung, und der Algorithmus ist auf sich allein gestellt. Nun ja, nicht ganz, denn etwas tut der Mensch hier schon, indem geeignete Variablen ausgewählt werden.

Neben diesen beiden Machine-Learning-Paradigmen existiert ein drittes, das *Reinforcement Learning*, seltener auch *bestärkendes* oder *verstärkendes Lernen* genannt. Dabei werden beide Welten gewissermaßen kombiniert, denn der Algorithmus entwickelt eine eigene Strategie und erhält Feedback, sozusagen eine Belohnung, so dass der Algorithmus versucht, die Anzahl der Belohnungen zu erhöhen. Häufig wird der Begriff *Agent* in diesem Zusammenhang verwendet, und tatsächlich kann man sich das vorstellen wie ein virtuelles Wesen, das auf Basis von Lob und Tadel seine eigene Strategie entwickelt, um eine Aufgabe zu lösen.

3.3.2 Feature Engineering

Als *Feature Engineering* bezeichnet man das Selektieren und Aufbereiten von *Variablen* beziehungsweise *Features*, die einen hohen Informationsgehalt für die Fragestellung haben und später einem Machine-Learning-Modell zugeführt werden. Beispiel: Wir wollen prognostizieren, ob ein Kredit von einem potenziellen Kreditnehmer zurückgezahlt werden kann. Die folgenden Features stehen zur Verfügung:

- Höhe des Kredits
- bisherige Kredithistorie
- Sternzeichen des Kreditnehmers
- Kontostand

Offensichtlich sind einige dieser Variablen sehr interessant, das Sternzeichen jedoch wird sehr wenig dazu beitragen. Dies ist ein offensichtliches Beispiel, aber in der Realität ist das nicht immer so klar. Wir werden in den nächsten Kapiteln mehrere Datensätze kennenlernen und auch hier die Variablen daraufhin untersuchen, ob sie uns bei der Lösung einer Frage helfen oder nicht.

3.4 Performancemessung

Nachdem die Features und die Parameter eines Modells gewählt wurden, wird das Modell angewendet. Danach wird gemessen, wie gut das Modell funktioniert.

3.4.1 Test- und Trainingsdaten

Zur Überprüfung eines Modells werden für das Training nicht alle Daten verwendet (die sogenannten *Trainingsdaten*), sondern nur ein Teil. Der andere Teil wird zum Testen genutzt (*Testdaten*), und die Ergebnisse des Modells werden mit dem tatsächlichen Ergebnis verglichen. Das Testset wird dann auch als *Holdout Data* bezeichnet. Auf keinen Fall dürfen die Trainingsdaten auch für das Testen verwendet werden. Im Unsupervised Learning werden keine Trainingsdaten benötigt, da wir ja keine Zielvariablen haben, anhand derer der Algorithmus lernen könnte.

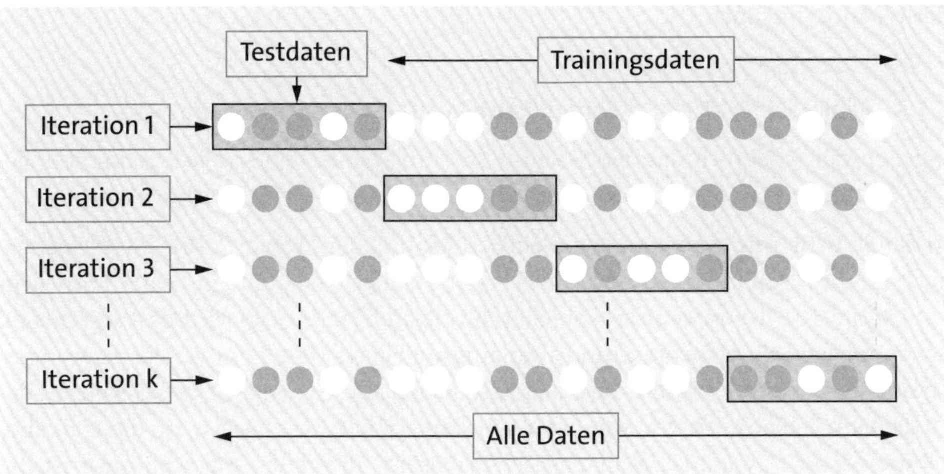

Abbildung 3.4 Ansicht einer k-fold Cross Validation

Eine besondere Form des Testens ist die sogenannte *Cross Validation*, seltener auch *Kreuzvalidierung* genannt. Sie ist in Abbildung 3.4 visualisiert. In der ersten Iteration wird ein Teil der Daten als Trainingsset genutzt, der andere Teil als Testset. Danach werden die Daten neu aufgeteilt, und zwei andere Teilmengen werden als Trainings- und als Testset genutzt. Dies wird mehrmals wiederholt, in der Abbildung steht k für die Zahl der Iterationen. Keine Validierung ist allerdings so gut wie die mit neuen, frischen Daten.

In der Literatur wird mitunter unterschieden zwischen Testdaten und *Validierungsdaten*, allerdings werden die Begriffe auch häufig synonym verwendet, was zu Verwirrung führen kann.[3] Tatsächlich gibt es aber einen guten Grund, zu unterscheiden. Denn angenommen, dass ein Modell zu Beginn nicht so gute Ergebnisse liefert anhand der Testdaten, dann wird anhand dieser Ergebnisse das Modell optimiert (zum Beispiel, indem Parameter justiert werden). Das bedeutet dann aber auch, dass diese Optimierung genau für diese Testdaten funktioniert. Daher wird häufig vorgeschlagen, dass die Trainingsdaten noch einmal unterteilt werden in zwei Teile, Trainingsdaten und Validierungsdaten. Das eigentliche Testset aber, das wir zu Beginn abgetrennt hatten, wird aus diesem Prozess herausgehalten bis zum Schluss, wenn ein Modell fertig optimiert wird. Erst dann wird dieses Testset genutzt, um das fertig optimierte Modell zu testen und auszuschließen, dass die Optimierung nur für die Validierungsdaten gut funktioniert.

In diesem Buch werden wir vor allem mit der simplen Form der Validierung arbeiten und nur ein Holdout Set verwenden. Ein Beispiel für die Cross Validation finden Sie auf der Website zum Buch.

3.4.2 Fehler ist nicht gleich Fehler: False Positives und False Negatives

Es ist unwahrscheinlich, dass ein Machine-Learning-Modell fehlerfreie Ergebnisse abliefert. Sie müssen mit Fehlern rechnen. Aber nicht alle Fehler sind gleich schlimm.

In der Statistik wird zwischen dem Fehler 1. Art und dem Fehler 2. Art unterschieden, auch *α-Fehler* (Alpha-Fehler) und *β-Fehler* (Beta-Fehler) genannt. Ein Fehler 1. Art liegt zum Beispiel dann vor, wenn einer nicht schwangeren Frau gesagt wird, dass sie schwanger sei, obwohl sie es nicht ist, und zwar aufgrund eines *False Positive*. Der Schwangerschaftstest ist positiv, obwohl die Frau tatsächlich nicht schwanger ist. Im Gegensatz dazu liegt ein Fehler 2. Art vor, wenn der Schwangerschaftstest negativ ist, die Frau aber schwanger (*False Negative*). Man mag sich in diesem Fall streiten, was schlimmer ist. Besteht ein starker Wunsch nach einem Kind, dann kann die Enttäuschung, dass trotz positivem Test keine Schwangerschaft vorliegt, emotional herausfordernd sein. Verhält sich eine schwangere Frau ungesund, weil sie einen negativen Schwangerschaftstest hatte, bedroht sie die Gesundheit ihres ungeborenen Kindes.

Ähnlich verhält es sich, wenn eine Krankheit diagnostiziert wird, die tatsächlich nicht vorhanden ist, und die den vermeintlich schwer kranken Patienten zu Handlungen veranlasst, die er normalerweise nicht tun würde. Umgekehrt hätte ein schwer kranker Patient eventuell einen anderen Fokus in seinem Leben, wenn er von seiner Krankheit

3 Siehe zum Beispiel Provost und Fawcett 2013.

wüsste. Ein anderes Beispiel ist ein Brandmelder: Geht der Alarm los, obwohl es kein Feuer gibt, dann ist das zwar nervig, aber insgesamt nicht so schlimm. Geht kein Alarm los, obwohl es brennt, dann kann das desaströse Folgen haben.

Auch im Geschäftsleben haben die beiden Fehlerarten Auswirkungen. Geht ein Machine-Learning-System davon aus, dass ein Kreditantrag zu einem Ausfall kommen würde, obwohl der Antragsteller solvent genug ist, den Kredit zu bedienen, dann geht dem Kredithaus ein Geschäft verloren. Wird ein Kredit genehmigt, obwohl der Antragsteller ihn nicht bedienen können wird, so erleidet das Kredithaus einen Schaden. Zwar ist immer mit Schäden zu rechnen, aber diese können nur dadurch in Kauf genommen werden, dass auch genug Geschäft stattfindet. Ist also ein Algorithmus zu konservativ und lehnt zu viele Anträge ab, dann hätte das Kredithaus zwar weniger Schäden, aber zugleich auch weniger Geschäft. Hat das Kredithaus zu großen Risikoappetit, dann macht es zwar mehr Geschäft, wird aber auch mehr Schäden haben. Die Schäden könnten dann die Gewinne durch mehr Geschäft auffressen, denn wenn nur 1 % Zinsen auf einen Kredit gezahlt wird bei einem durchschnittlichen Kreditvolumen von 10000 €, dann werden 100 solcher Kredite benötigt, um einen Kreditausfall in dieser Höhe zu kompensieren!

Es ist die Aufgabe des Projektteams, zusammen mit dem Business zu bestimmen, welcher Fehler akzeptabler ist. Unterschiedliche Algorithmen können auch unterschiedliche Tendenzen in die eine oder andere Richtungen haben, ebenso können auch Parameter in der Modellbildung modifiziert werden, um das Ergebnis zu beeinflussen. Auch kann ein Schwellenwert anders gesetzt werden, zum Beispiel wenn es darum geht, eine Wahrscheinlichkeitsprognose für die Vorhersage zu nutzen. Um bei dem Beispiel des Kreditinstituts zu bleiben, wenn der Schwellenwert für die Ablehnung eines Kreditantrags bei einer Wahrscheinlichkeit für den Ausfall bei 70 % liegt, wie viel Schaden würde das bedeuten und wie viel Gewinn? Hier kommen weitere interessante Fragen hinzu, zum Beispiel welche Rolle die Höhe eines Kredits spielt. Eventuell existiert im Modell bereits ein Einfluss der Kredithöhe auf die Wahrscheinlichkeit, ob der Kredit bedient werden kann.

Aber, es wäre fatal, wenn sich das Machine-Learning-Modell nur dann irrt, wenn es um hohe Summen geht, aber immer bei den niedrigen Krediten richtig liegt. Auch hier bedarf es einer gründlichen Analyse, um die Auswirkungen des Modells zu testen. Jedes Unternehmen wird versuchen wollen, beide Fehler zu minimieren, und eventuell sogar fordern, dass das Modell beide Fehler auf 0 optimieren muss. Dies ist aber in der Regel nicht möglich, da die False-Positive-Rate und die False-Negative-Rate negativ miteinander korrelieren können.

3.4.3 Confusion Matrix

Eine *Confusion Matrix*, seltener *Konfusionsmatrix*, *Entscheidungstabelle* oder *Wahrheitsmatrix* genannt, wird zur Beurteilung eines *binären Klassifikators* verwendet. Ein solcher Klassifikator entscheidet, ob etwas in die eine oder in die andere Klasse gehört: schwanger oder nicht schwanger, kreditwürdig oder nicht kreditwürdig, Spam-E-Mail oder legitime E-Mail. Es existieren auch Klassifikatoren und Konfusionsmatrizen mit mehr als zwei Klassen. Hier ein Beispiel mit zwei Klassen:

	Kredit zurückgezahlt	Kredit ausgefallen
Tatsächlich zurückgezahlt	2839	232
Tatsächlich ausgefallen	23	3212

In diesem Zusammenhang sollen zwei weitere Konzepte und ihre Begriffe eingeführt werden, und zwar *Spezifität* (*Specificity*) und *Sensitivität* (*Sensitivity*), manchmal auch *Empfindlichkeit* genannt. Ein Klassifikator trifft nicht nur falsche Entscheidungen, um die es in dem vorherigen Abschnitt ging, sondern auch korrekte. In der Confusion Matrix werden zusätzlich die True Positives und die True Negatives aufgeführt. Die Sensitivität gibt an, mit welcher Wahrscheinlichkeit ein Klassifikator ein positives Ereignis korrekterweise als positiv klassifiziert, daher wird sie manchmal auch als *True Positive Rate* bezeichnet. Die Spezifizität gibt an, mit welcher Wahrscheinlichkeit ein Klassifikator ein negatives Ereignis korrekt als negativ klassifiziert, daher auch der alternative Begriff *True Negative Rate*. Mit einem Blick auf die Tabelle ist es also möglich, zu sehen, wie gut ein Modell in jeder Klasse abschneidet.

Sensitivität und Spezifizität sind nicht nur im Machine Learning bekannt, sie finden zum Beispiel auch bei medizinischen Tests Verwendung. Wenn ein COVID-Schnelltest eine Sensitivität von 97,56 % und eine Spezifität von >99,9 % erreicht, dann bedeutet dies, dass der Test bei 97,56 % der tatsächlich an COVID erkrankten Patienten dies auch festgestellt hat und bei mehr als 99,9 % ein tatsächlich gesunder Mensch auch als solcher erkannt wurde. In einer Confusion Matrix sieht das so aus:

	Test positiv	Test negativ
Tatsächlich positiv	9976	24
Tatsächlich negativ	5	9995

Offensichtlich würde man sich hier wünschen, dass die Sensitivität besser wäre, die Anzahl der False Negatives also geringer wäre.

Ein »Nachteil« der Confusion Matrix ist, dass sie nicht einen einzigen Wert liefert, mit dem die Performance zwischen verschiedenen Modellen verglichen werden kann. Das ist auch gleichzeitig ihr Vorteil, denn hier können die Stärken und Schwächen eines Modells einfacher nachvollzogen werden, insbesondere wenn es darum geht, dass die Stakeholder eingebunden werden. Dazu mehr im kommenden Abschnitt.

3.4.4 ROC AUC

Das Akronym *ROC* steht für *Receiver Operating Characteristics* und stammt aus einer Zeit, in der Machine Learning noch nicht mal am Anfang stand und der Begriff genau genommen auch nichts damit zu tun hatte. Während des Zweiten Weltkrieges wurde die ROC-Kurve für die Analyse von Radarsignalen verwendet. Erst später hielt das Konzept der Receiver Operating Characteristics im Machine Learning Einzug. Das Akronym *AUC* steht für *Area Under the Curve* und bezeichnet genau das: Die Fläche unterhalb des Receiver-Operator-Characteristics-Graphen.

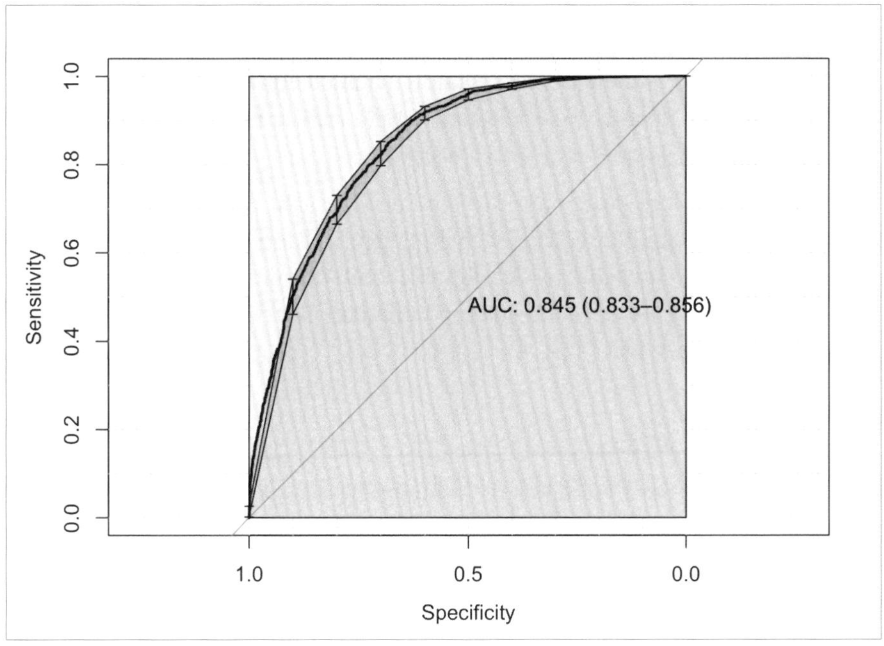

Abbildung 3.5 Ein ROC-AUC-Graph

Ein Beispiel für einen ROC-AUC-Graphen zeigt Abbildung 3.5. Wir sehen zwei Bekannte aus dem vorherigen Abschnitt, nämlich die *Spezifität* und die *Sensitivität*. Gleichzeitig sollte auffallen, dass die Skalen der Achsen sich unterscheiden: Die der Spezifizität beginnt links bei 1 und endet rechts bei 0, wohingegen die der Sensitivität unten links bei 0 beginnt und mit 1 oben endet. Liegt die Spezifizität bei 1, dann liegt die Sensitivität bei 0, was logisch ist, denn wenn alle Fälle als negativ eingestuft werden, dann werden auf jeden Fall alle negativen Fälle erwischt. Es hat nur die Nebenwirkung, dass damit gleichzeitig alle Fälle, die eigentlich positiv sind, nun auch als negativ klassifiziert werden. Umgekehrt, wenn alle Fälle einfach als positiv klassifiziert werden, dann ist die Sensitivität bei 1, denn schließlich hat man alle positiven Fälle korrekt klassifiziert. Hier ist die Nebenwirkung, dass alle Ereignisse, die eigentlich negativ sind, auch als positiv klassifiziert wurden und somit die Spezifizität bei 0 liegt.

Je mehr der Graph sich in die linke obere Ecke orientiert, desto besser, denn schließlich kommt er dann in die Nähe der 1 für beide Dimensionen, Sensitivität und Spezifität. Dadurch wird die Fläche unterhalb des Graphen größer, und genau das ist die Area Under the Curve. Bei einem idealen Modell würde die Linie des Graphen auf der X-Achse bei 1 gerade hochgehen und dann auf der Y-Achse bei 1 gerade parallel zur X-Achse verkaufen.

Die gerade Linie in dem Graphen, die die Punkte (0|1) und (1|0) verbindet, bedeutet eine ROC AUC von 0,5 und steht für einen Klassifikator, der auch einfach zufällig unterscheiden könnte. Er würde in ungefähr der Hälfte der Fälle richtig entscheiden und in der anderen Hälfte falsch.

Der Vorteil der ROC AUC ist, dass man nun eine einzige Zahl hat, mit der die Performance des Modells mit der anderer Modelle verglichen werden kann. Allerdings reicht die Zahl allein dennoch nicht, denn der Graph selbst enthält weitere Informationen, wie Sie in dem Beispiel oben sehen. So kann an dem Verlauf der Kurve sehen, wo das Modell besser und wo es schlechter ist.

3.4.5 Precision Recall Curve

Die Begriffe *Precision* und *Recall* sind vor allem im *Information Retrieval* bekannt, wo sie für die Evaluation zum Beispiel von Suchmaschinen verwendet werden. Ganz vereinfacht gesagt ist der Recall die Menge der relevanten Dokumente, die gefunden wurde, in Bezug auf alle Dokumente im Index, die relevant sind. Precision ist eine Maßzahl für die Genauigkeit des Rankings (sind die relevantesten Dokumente oben?).

Im Machine Learning ist Recall dasselbe wie *Sensitivität*. Precision ist die Ratio der True Positives geteilt durch die Summe der True und Negative Positives. Ein Beispiel für eine solche *Precision-Recall-Kurve* sehen Sie in Abbildung 3.6.

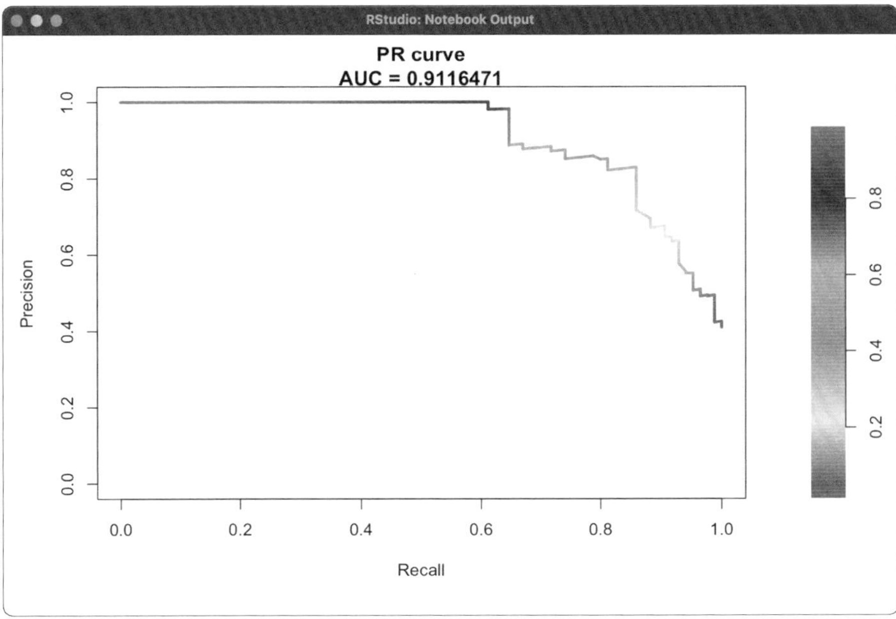

Abbildung 3.6 Eine Precision Recall-Kurve

Hilfreich ist die *Precision Recall Curve*, manchmal auch nur *PR Curve* genannt, vor allem dann, wenn es eine *Class Imbalance* gibt (siehe Kapitel 5, »Explorative Datenanalyse«). Damit ist gemeint, dass von einer Klasse nur wenige Fälle vorhanden sind, zum Beispiel wenige nachgewiesene Versicherungsbetrugsfälle im Vergleich zu vielen legitimen Versicherungsschadensmeldungen. Durch die Kurve kann man das Verhalten für eine Klasse genauer nachvollziehen.

3.4.6 Wirkung des Modells

Ein Modell kann einen enorm guten ROC AUC haben oder in einer anderen Performancemetrik ganz vorn liegen, das heißt aber nicht, dass das Modell im realen Leben auch wirklich gut funktioniert. Da das Training mit historischen Daten stattfindet, kann zum einen *Overfitting* ein Problem sein. Sehr selten ist die Performance eines Modells in der Realität genauso gut wie im Labor. Aber auch sich ändernde Bedingungen, die zu anderen Daten führen, können einen Einfluss haben. Die Corona-Pandemie ist leider ein gutes Beispiel dafür.

Alle diese Data-Science-Metriken sind für die Stakeholder aber nicht spannend; sie interessieren sich nicht für den ROC AUC. Stattdessen gibt es für das Business oder die Organisation andere Metriken, zum Beispiel:

- Umsatz
- Anzahl der Kunden, die neu gewonnen werden können
- Anzahl der Kunden, die ihren Vertrag doch nicht gekündigt haben
- Geschwindigkeit, in der Geld eingeholt werden kann
- Anzahl der Kredite, die nicht mehr ausfallen
- Anzahl der Melanome, die erkannt werden

Die ROC AUC oder welche andere Metrik auch verwendet wird, sollte idealerweise mit den KPIs des Business korrelieren. Je besser das Modell, desto mehr Geschäfts- oder Behandlungserfolg sollte auch messbar sein.

Um die Wirkung eines Modells zu testen, werden üblicherweise *A/B-Tests* beziehungsweise *Split-Tests* durchgeführt. Das bedeutet, dass ein Teil der Kunden oder Nutzer oder Patienten die bisherige Anwendung erfährt, der andere Teil die Ergebnisse des Systems. So kann überprüft werden, ob die Ergebnisse des Modells statistisch signifikant besser sind.

3.4.7 Data Science ROI

Ein Data Scientist kostet Geld, die Infrastruktur für die Durchführung eines Data-Science-Projekts kostet Geld, und alle Einheiten, die das Data-Science-Projekt unterstützen, werden Geld verbrauchen. Und wenn das Ergebnis des Projekts zu einem späteren Zeitpunkt in Produktion geht, so werden auch dann noch Kosten anfallen, für den Betrieb der Maschinen und die weitere Pflege des Modells. Data Science ist keine günstige Angelegenheit.

Ein Data-Science-Projekt darf also nicht allein aus der Brille der Modellgüte gesehen werden, sondern muss in Bezug zu den Kosten gesetzt werden. Dies ist der *Return on Investment*, kurz ROI.

3.5 Kommunikation mit Stakeholdern

Was ist ein *Stakeholder*? Laut der Definition des Project Management Body of Knowledge (PMBOK) ist ein Stakeholder

> *eine Einzelperson, Gruppe oder Organisation, die auf ein Projekt, Programm oder Portfolio einwirken oder von dessen Auswirkungen betroffen sind oder der Ansicht sind [... davon ...] betroffen zu sein oder zu werden.*

Die Erfahrung zeigt, dass sich nie alle Stakeholder ausreichend informiert fühlen. Die goldene Regel ist: Man kann nie genug kommunizieren.

3.5.1 Reporting

Regelmäßiges Reporting ist ein wichtiger Baustein für den Erfolg eines Projekts. Zum einen kann bei einem regelmäßigen Reporting kein Stakeholder hinterher sagen, man habe nichts gewusst, zum andern zwingt es einen auch, sich immer wieder zu überlegen, was man eigentlich an »Business Value« geschaffen hat mit dem Projekt bisher. Die Frequenz hängt vom Projekt ab, ein monatliches Reporting sollte aber das Minimum sein. In einem solchen Reporting ist es wichtig, schon konkrete Zahlen zu liefern. Also nicht »Wir haben gutes Feedback erhalten« (das liest sich für Manager wie »Wir haben bei einer Tasse Kaffee nett geplaudert«), sondern eher »7 der 9 Datenquellen wurden angeschlossen«. Vorsicht vor Prozentzahlen wie »Wir sind zu 80 % fertig«, denn häufig dauern die letzten 20 % genauso lange, wie die ersten 80 % benötigten. Idealerweise enthält ein Report die folgenden Punkte, frei inspiriert durch Scrum:

- Was wurde erreicht (in Zahlen)?
- Was steht an?
- Was sind Blocker?

In Kapitel 5 werde ich auf Visualisierungen eingehen, die sich hervorragend dazu eignen, Stakeholder über den Fortschritt eines Data-Science-Projekts zu informieren, aber auch, um sie in Details einzuführen.

3.5.2 Storytelling

Auch wenn es nicht zu den Persönlichkeitspräferenzen mancher Menschen gehört, Kommunikation ist alles in einem Data-Science-Projekt. Manche bösen Zungen behaupten, dass es für einen Data Scientist wichtiger sei, gute PowerPoint-Folien erstellen zu können, als tolle Analysen und Modelle zu generieren. Das ist natürlich übertrieben, aber es ist auch nicht von der Hand zu weisen, dass ein bisschen Verkaufen auch zu dem Profil eines Data Scientists gehört.

Storytelling kann unterschiedliche Formen annehmen. So können Muster bekannter Geschichten verwendet werden, was den großen Vorteil hat, dass Menschen gleich besser zuhören, denn sie kennen die Grundform einer solchen Geschichte bereits und wollen unbedingt hören, ob sie auch das bekannte Ende nimmt. Beispiel: Sie hatten große Probleme, ein Feature zu finden, das bei einer Klassifikation hilft. Alle bisherigen Versuche waren mit wenig Erfolg gekrönt. Nun haben sie ein Feature identifiziert, das bisher wenig beachtet wurde, aber das hat einen enormen Unterschied ausgemacht. Das klingt doch eindeutig nach Aschenputtel! Nicht nur können Sie so die bisherigen erfolglosen Aufwände gut verpacken, Sie zeigen gleichzeitig, dass es nicht einfach war, dieses Feature zu finden.

Sie müssen sich aber auch nicht gleich eines Märchens bedienen. So kann eine Story auch auf Basis der folgenden Bestandteile funktionieren:

- Setting the Stage: Was ist das Problem? Wie groß ist es? Warum sollte es gelöst werden?
- Was wurde bereits versucht? Warum war es nicht erfolgreich?
- Was wird jetzt unternommen? Was sind die bisherigen Erfolgszahlen?
- Was kann jetzt noch dazwischenkommen?
- Ab wann kann man mit dem Happy End rechnen?

Berücksichtigen sollten Sie, dass die Empfänger meistens nicht so tief in einem Projekt drinstecken wie Sie selbst. Sie benötigen mehr Kontext (»Was war das noch mal für ein Projekt? Warum machen wir das?«), was für den Data Scientist selbst nervig sein kann (»Hab ich schon mal alles erklärt«). Hier ist Verständnis notwendig, dass das eigene Projekt nun einmal nicht das Zentrum der Welt ist.

Vermeiden Sie Fachbegriffe, die unverständlich sein könnten. Es reicht z. B., von einem Modell und von Ergebnissen zu sprechen. Dass XG Boost ausgereizt wurde und die Werte der Confusion Matrix toll aussehen, können Sie im Normalfall für sich behalten.

3.6 Aus dem Labor in die Welt: Data-Science-Applikationen in Produktion

Ist ein passendes Modell erstellt worden, soll es in der Regel auch in den produktiven Einsatz kommen. Die goldene Regel ist, dass schon zu Beginn an das Ende gedacht wird, um einen Projekterfolg zu sichern.

3.6.1 Von Data Pipelines und Data Lakes

Die Daten für eine Data-Science-Applikation werden nur selten, wenn überhaupt von einem Nutzer in Echtzeit eingegeben. Daten können eher statisch sein oder sich selten ändern, wie zum Beispiel historische Daten aus Bestellvorgängen, es können aber auch absolut »frische Daten« sein, zum Beispiel Daten, die über eine Website oder eine Kundendatenbank hereinfließen. Solche Daten kommen zum Beispiel in einen *Data Lake*, von wo aus sie mittels *ETL*-Prozessen (*Extract, Transform und Load*, meistens aus verschiedenen Systemen) über eine *Data Pipeline* in das Zielsystem gelangen. Das Aufsetzen solcher Architekturen ist in der Regel nicht Teil des Aufgabengebiets eines Data Scientists, aber es muss von vornherein geplant werden.

Ein weiterer Punkt, den Sie schon von Beginn an bedenken müssen, ist, zu prüfen, wie festgestellt werden kann, dass ein Modell aktualisiert werden muss. Dies kann über ein Monitoring geschehen, aber auch über Überprüfungen in definierten Intervallen. Gleichzeitig sollten Sie bereits zu Beginn definieren, welche KPIs genutzt werden sollen, um die Notwendigkeit einer Aktualisierung feststellen zu können.

3.6.2 Integration in andere Systeme

Häufig soll ein ML-System in ein anderes System integriert werden, zum Beispiel über eine *API* (*Application Programming Interface*). Dadurch können Daten in ein Modell einfließen und die Ergebnisse wieder aus dem Modell in ein anderes System kommen. Ältere Systeme verfügen oft nicht über die APIs, die notwendig sind, und müssen deswegen kostspielig angepasst werden. Zu überprüfen, dass die notwendigen APIs vorhanden sind, ist daher Bestandteil der frühen Projektphase. Kann eine API zu einem späteren Zeitpunkt zur Verfügung gestellt werden, so ist kontinuierlich zu überprüfen, dass diese API auch die Erwartungen erfüllt. Nichts ist schlimmer als ein Data-Science-Projekt, das zwar tolle Ergebnisse liefert, dem Anwender aber nichts nutzt, weil es nicht integriert werden kann.

3.7 Die verschiedenen Rollen in einem Data-Science-Projekt

Data Science besteht nicht nur aus dem Erarbeiten von Modellen, sondern erfordert meistens auch Expertise im Bereich Engineering und vor allem Anwendungswissen für den Bereich, in dem ein Data-Science-Projekt durchgeführt werden soll. Kleine Teams können sich aber häufig nicht den Luxus leisten, entsprechende Experten für alle Aufgaben einzustellen, so dass auch Zeit für die weiteren Aufgaben eingeplant und Expertise aufgebaut werden muss.

3.7.1 Data Scientist

Wie aus den verschiedenen Definitionen von Data Science deutlich wird, könnte man einen Data Scientist auch als eierlegende Wollmilchsau bezeichnen. Wahrscheinlich existieren nur wenige Menschen auf diesem Planeten, die all die Anforderungen erfüllen können, die an einen idealen Data Scientist gesetzt werden:

- ein fortgeschrittenes Wissen in Statistik und wie Daten effektiv visualisiert werden
- Beherrschen von mehreren Programmiersprachen, die für Data Science wichtig sind
- Business Knowledge
- sehr gute Kommunikations- und Präsentationsfähigkeiten

Es ist eher wahrscheinlich, dass ein Data Scientist in einigen dieser Bereiche gut ist, aber nicht in allen, und sich die Teammitglieder gegenseitig ergänzen.

Wie wird man eigentlich Data Scientist? Manche Universitäten bieten einzelne Veranstaltungen an (so wie meine an der HAW Hamburg), andere haben sogar ganze Studiengänge eingerichtet. Die meisten Data Scientists sind aber Quereinsteiger, wobei das wahrscheinlich nicht das richtige Wort ist, denn da es den Beruf »Data Scientist« bis vor wenigen Jahren nicht gab, sind die Data Scientists ohne einen gleichnamigen Studiengang eher diejenigen, die durch ihr Wissen und ihre Expertise aus anderen Domänen das Berufsbild eines Data Scientists geprägt haben. Eine Ausbildung in Statistik, Informatik, Mathematik oder Physik ist auf jeden Fall sinnvoll, aber auch andere Studiengänge können dazu befähigen, einen Zugang zu Data Science zu finden. Ganz ohne Mathe wird es aber nicht funktionieren.

Was hat Tom eigentlich studiert?

Ich habe 2000 ein Studium in den Fächern Anglistik, Germanistik und Informatik mit dem Schwerpunkt Computerlinguistik abgeschlossen. Hier beschäftigt man sich mit großen Datenmengen, Natural Language Processing und zum Teil auch schon Klassifikation mithilfe von Machine Learning, zum Beispiel für Suchmaschinen. Seitdem habe ich immer wieder neue Bereiche kennengelernt, sei es Online-Marketing oder Data Mining in CRMs. Heute beschäftige ich mich unter anderem mit Modellen zur Prognose der Erfolgswahrscheinlichkeit von Inkassofällen. Mein Beispiel zeigt, dass ein Studium nur der Anfang eines Wegs ist, der sich kontinuierlich verändert und dazu führt, dass man stets neu dazulernen muss.

Was ein Data Scientist genau können muss, hängt aber auch von der Umgebung ab, in der sie oder er arbeitet. Insbesondere kleine Teams haben nicht genug Ressourcen, um einen Data Engineer oder einen Data Science Architect in Vollzeit zu beschäftigen. In solchen Fällen muss dies auch vom Data Scientist übernommen werden. Ganz abgesehen davon sind nicht alle Methoden im Data-Science-Bereich bereits so ausgereift, dass sie ausreichend formalisiert an andere Bereiche übergeben werden können, wie Provost und Fawcett (2013) es formulieren (eigene Übersetzung):

> *Wir müssen darauf hinweisen, dass die Data Science, ebenso wie die Informatik, ein junges Gebiet ist. Die besonderen Belange der Datenwissenschaft sind relativ neu, und die allgemeinen Grundsätze beginnen sich gerade erst herauszubilden. Der Zustand des Data-Science-Gebiets kann mit dem der Chemie in der Mitte des 19. Jahrhunderts verglichen werden, als Theorien und allgemeine Grundsätze formuliert wurden und das Gebiet weitgehend experimentell war. Jeder gute Chemiker musste ein kompetenter Labortechniker sein. In ähnlicher Weise ist es schwer vorstellbar, dass es einen Data Scientist gibt, der nicht mit bestimmten Softwaretools vertraut ist.*

Auch wenn diese Aussage schon vor einigen Jahren getroffen wurde, so ist sie heute immer noch zutreffend, wenngleich sich schon einige Prinzipien entwickelt haben.

3.7.2 Data Engineer

Das Berufsfeld des *Data Engineers* ist noch relativ jung und ergibt sich aus dem Zitat aus dem vorherigen Abschnitt. So wie ein Chemikerin in den frühen Tagen auch eine gute Labortechnikerin sein musste, sind die Data Engineers im übertragenen Sinne die Labortechniker in der Data Science. Sie stellen Data Pipelines zur Verfügung, zum Beispiel damit Daten aus einem Data Warehouse für ein Modell bereitgestellt werden können. Diese Daten können eventuell auch unterschiedliche Strukturen haben und werden dann vom Data Engineer in ein einheitliches Format gebracht. Ebenso gehört es zu den Aufgaben eines Data Engineers, die erstellten Anwendungen zu überwachen und bei Ausfällen wieder zum Laufen zu bringen.

3.7.3 Data Science Architect

Ebenso wie der Data Engineer ist der *Data Science Architect* ein neues Berufsbild. Er entwirft Architekturen auf Cloud-Services wie AWS, Microsoft Azure oder der Google Cloud Platform, hat aber gleichzeitig die Businessanforderungen im Blick in Hinsicht auf Kosten und zeitliche Einschränkungen.

3.7.4 Business Intelligence Analyst

Ein *Business Intelligence Analyst* wird nicht selten mit einem Data Scientist verwechselt, da sie oder er bereits über erweiterte Fähigkeiten verfügt, die einen kompetenten

Umgang mit einem *Data Warehouse* ermöglichen. Auch ein Business Intelligence Analyst kann und soll Erkenntnisse aus Daten ziehen, um Verbesserungsmöglichkeiten innerhalb einer Firma aufzuzeigen, allerdings in der Regel nicht mit Data-Science-Modellen. Auch wenn die Grenzen zum Data Scientist fließend sind, so sind Business Intelligence Analysts näher am Business dran, präsentieren häufiger ihre Erkenntnisse und nutzen eher Tableau und andere BI-Tools zur Visualisierung. Sie programmieren in der Regel weniger als Data Scientists, und Prognosemodelle liegen eher beim Data Scientist als beim Business Intelligence Analyst. Aber dies kann von Firma zu Firma unterschiedlich sein.

3.7.5 Der Subject Matter Expert

In der Regel ist es notwendig, dass sich der Data Scientist in die Zusammenhänge einer Aufgabe einarbeitet. Dabei hilft der *Subject Matter Expert*, ganz trivial auch Fachexperte, der dem Data Scientist alle notwendigen Informationen zur Verfügung stellt. Idealerweise sitzt der Data Scientist sogar neben den Mitarbeitern, die an Aufgaben arbeiten, die mit dem zu erstellenden System zu tun haben. Gleichzeitig kann der Data Scientist den Subject Matter Expert früh einbeziehen, um Prototypen zu zeigen und Feedback einzuholen, ob die Zusammenhänge auch richtig verstanden wurden. PowerPoint-Folien sind das eine, existierende Software das andere.

Das ist nicht immer gern gesehen. Meistens haben Kollegen schon genug Arbeit auf dem Tisch, und sie sind es auch nicht unbedingt gewohnt, stark in die Entwicklung einbezogen zu werden. So kann es sein, dass die Erwartung vorherrscht, dass Anforderungen einfach über den Zaun geworfen werden und das Entwicklungsteam dann später mit dem fertigen Ergebnis zurückkommt. Ganz abgesehen davon, dass diese Art der Softwareentwicklung für viele Bereiche überholt ist, wird sie dem Endergebnis nicht zum Vorteil gereichen. Stattdessen sollte gleich von Beginn an ein Commitment eingeholt werden, dass Subject Matter Experts ausreichend einbezogen werden können.

3.7.6 Projektmanagement

Auch wenn manche Data Scientists nicht an die Notwendigkeit von Projektmanagement glauben oder sogar der Überzeugung sind, dass Projektmanagement für Data Science nicht möglich sei, so ist dies eher dem fehlenden Wissen über Projektmanagement zuzuschreiben, so dass die Möglichkeiten hier verkannt werden. In manchen Data-Science-Büchern wird Projektmanagement gar nicht erst erwähnt, so zum Beispiel bei Papp et al. 2019.

Ein häufig gehörter Einwand ist, dass man bei Data-Science-Projekten nicht absehen könne, wie lange etwas dauert, denn es sei ja alles neu, was man erarbeitet. Tatsächlich aber geht es genau darum bei Projekten, wie die 6. Ausgabe des Project Management Body Of Knowledge Guide (PMBOK) des Project Management Institutes (PMI) aus dem Jahr 2017 es definiert:

> *Ein Projekt ist ein zeitlich begrenztes Vorhaben mit dem Ziel, ein einmaliges Produkt, eine einmalige Dienstleistung oder ein einmaliges Ergebnis zu schaffen.*

So wird im PMBOK auch die Entwicklung eines neuen pharmazeutischen Präparats als Beispiel für ein Projekt genannt, und die Vergangenheit zeigt, dass nicht jedes dieser Projekte von Erfolg gekrönt ist.

Der Projektmanager oder die Projektmanagerin hat mehrere Aufgaben innerhalb eines Projekts. In der klassischen Sicht des PMBOK ist sie oder er für »die Erreichung der Zielvorgaben des Projekts verantwortlich«.

- Der Projektmanager oder die Projektmanagerin muss nicht der direkte Vorgesetzte der Teammitglieder sein, ist aber dafür verantwortlich, was das Team produziert.
- Zu den Aufgaben des Projektmanagements gehört die Erstellung und Überwachung der Einhaltung der Zeit- und Budgetpläne.
- Umfangsmanagement
- Vom Projektmanager oder der Projektmanagerin wird die Kommunikation mit dem Sponsor des Projekts sowie mit anderen Stakeholdern und den Teammitgliedern geleitet. Vor allem ist die Koordination verschiedener und manchmal auch sich widersprechenden Ziele der Stakeholder zu nennen, die ein Projektmanager oder die Projektmanagerin ins Gleichgewicht bringen muss.
- Der Projektmanager oder die Projektmanagerin muss selbst kein Data Scientist sein. Im PMBOK wird die Rolle mit dem Dirigieren eines Orchesters verglichen, wofür man nicht jedes Instrument beherrschen muss, aber ausreichend Wissen, Verständnis und Erfahrung in der Materie braucht.
- Häufig konkurrieren Projekte um Ressourcen. Die Projektmanagerin oder der Projektmanager muss dabei sicherstellen, dass das Projekt, für das sie oder er verantwortlich ist, ausreichend Ressourcen zur Verfügung hat.
- Festlegen und Überprüfen des Einhaltens von Qualitätskriterien
- Procurement, häufig auch einfach »Einkauf« genannt

Auch wenn die Rolle des Projektmanagers oder der Projektmanagerin manchmal als »alles, was die anderen nicht wollen oder können« missverstanden wird, so ist gutes Projektmanagement ein wesentlicher Faktor für den Erfolg eines Data-Science-Projekts.

Oder, um es mit einem weiteren Sprichwort aus dem Projektmanagement zu sagen: *If you fail to plan, you plan to fail.*

Der klassische Projektmanagement-Prozess, der im PMBOK definiert ist, sieht die folgenden Schritte vor:

- Initiierung
- Planung
- Ausführung
- Überwachung und Steuerung
- Abschluss

Diese Schritte sehen gar nicht so anders aus als die eines Data-Science-Projekts, die ich zu Beginn dieses Kapitels genauer vorgestellt habe:[4]

- Business Understanding
- Data Understanding
- Data Preparation
- Modeling
- Evaluation
- Deployment

Das bedeutet nicht, dass die Schritte ohne Iterationen ablaufen können; so wie das Project Management Institute sich den agilen Methoden geöffnet hat, können auch Data-Science-Projekte nicht nur mit dem Wasserfallmodell geplant werden.

3.7.7 Citizen Data Scientist

Die Rolle des *Citizen Data Scientist* ist eine neue Entwicklung und auch noch nicht gesetzt. Ein Citizen Data Scientist ist (noch) kein richtiger Data Scientist, aber besitzt ein Wissen, das für mehr als einfache Datenanalyse-Tätigkeiten geeignet ist. Tatsächlich aber werden auch nicht immer perfekt ausgebildete Data Scientists für Projekte benötigt. Unter den Tätigkeiten, die in Abschnitt 3.7.1 genannt sind, finden sich genug, die nicht unbedingt von einem Data Scientist durchgeführt werden müssen. Darunter fallen unter anderem:

- Datenbeschaffung
- Datenreinigung

4 Siehe hierzu auch Alby 2017.

- explorative Datenanalysen, wobei es hier vor allem um »Actionable Insights« geht
- das Erstellen von Dashboards und Reports

Citizen Data Scientists bringen einen ganz großen Vorteil für Unternehmen: Anstatt dass bei jedem Projekt, das Daten enthält, ein Data Scientist dabei sein muss, kann erst einmal ein Citizen Data Scientist die Vorarbeit übernehmen und einen Data Scientist dann einbeziehen, wenn komplexere Probleme bearbeitet werden müssen. Häufig sind Citizen Data Scientists auch Subject Matter Experts, so dass kein Informationsverlust beim Transfer von geschäftlichen Anforderungen in das Data-Science-Vokabular entsteht.

3.7.8 Weitere Rollen

Ein *Security Advisor* unterstützt ein Projektteam dabei, die für ein Projekt notwendigen Sicherheitsanforderungen zu erfüllen. Dies kann die Verbindung zu APIs betreffen, die Sicherheit des Netzwerkes, in dem die Data-Science-Server stehen, aber auch die Datenflüsse innerhalb einer Anwendung. Data Leaks gibt es jede Woche neue, und niemand möchte, dass der eigene Arbeitgeber oder die eigene Firma in die Zeitung kommt, weil Daten plötzlich herunterladbar waren. Für kleinere Firmen, die keinen eigenen Security Advisor haben, empfiehlt sich zumindest das Buchen eines Beraters, der diese Aufgabe übernehmen kann.

Vor allem in größeren Unternehmen spielt auch die Rechtsabteilung eine gewichtige Rolle in Data-Science-Projekten, zum Beispiel wenn es darum geht, welche Daten überhaupt verarbeitet werden dürfen. In der Regel sind Rechtsanwälte nicht für Data-Science-Themen geschult und benötigen zusätzliche Informationen, um zu einer Einschätzung zu gelangen. Hinzu kommt, dass zu vielen Themen innerhalb von Data-Science-Themen noch überhaupt keine Rechtsprechung existiert. So fällt es Juristen natürlich schwer, zu einer Einschätzung zu gelangen, denn woran sollen sie sich orientieren? Häufig ist es die Aufgabe der Hausjuristen, das Unternehmen vor Schaden zu bewahren, und so ist es manchmal besser, neue und schwer einzuschätzende Sachverhalte genau zu prüfen oder ihnen zumindest ein Risiko zu bescheinigen. Die bedeutet für beide Seiten ein Frustrationspotenzial, dabei erfüllen beide Seiten lediglich ihre Aufgaben.

In manchen Firmen gibt es einen *Data Steward*, der die Aufgabe hat, die Qualität der Daten und ihrer Quellen sicherzustellen. Er sorgt dafür, dass die strategische Ausrichtung der sogenannten *Data Governance* fachlich korrekt umgesetzt wird. Unter einer Data Governance werden die Prozesse, Regeln und Standards innerhalb einer Organisation verstanden. Ein ganz einfaches Beispiel: Wer darf eigentlich Daten in einem Customer-Relationship-Management-System ändern, wenn Daten offensichtlich falsch sind? Die Kundenbetreuer? Die Kundschaft selbst? Angenommen, dass eine Namensänderung durch Heirat erfolgt ist, muss dafür eine Urkunde vorgelegt werden im Rahmen eines *Know-Your-Customer*-Prozesses? Wer überprüft diese Urkunde? Wie wird das dokumentiert? Hier geht es um einen einzigen Datenpunkt, aber jede Firma hat viele Datenpunkte, die unterschiedlich behandelt werden. In Kapitel 11, »Ethischer Umgang mit Daten und Algorithmen«, werden Sie mehr über Datenschutz lernen, aber sicherlich (hoffentlich!) ist jedem klar, dass bestimmte Daten besonders geschützt werden müssen und zum Beispiel nicht jeder Mitarbeiter darauf Zugriff haben darf.

Die vorherigen Abschnitte haben die Vielfalt der verschiedenen Aufgaben innerhalb der Data-Science-Welt beschrieben, und es ist nicht auszuschließen, dass weitere Tätigkeitsfelder hinzukommen werden.

Kapitel 4
Einführung in R

»Menschen, die Statistik lieben, sind für alle Ewigkeit zur Hölle verdammt, Menschen, die R mögen, erst recht.« (Andy Field)

R ist eine Programmiersprache und gleichzeitig eine Umgebung für statistische Datenverarbeitung. Neben der Spezialisierung auf Statistik ist R berühmt für die Möglichkeiten der Grafikerzeugung zur Visualisierung von Daten. R gehört zum GNU-Projekt und ist als freie Software verfügbar. Das Programmierparadigma von R, also die Prinzipen, die dem Design der Programmiersprache zugrunde liegen, sind in der funktionalen, objektorientierten und dynamischen Programmierung zu verorten. Was das genau bedeutet, werde ich in den folgenden Abschnitten detailliert erläutern. Vorab kann ich aber sagen, dass dadurch Programmierer aus anderen Programmiersprachen meistens zunächst eine kurze Umgewöhnung benötigen.

4.1 R: kostenlos, portierbar und interaktiv

Programme, die in R geschrieben sind, werden nicht kompiliert, also nicht in eine Computersprache übersetzt. Die Anweisungen werden in Echtzeit von einem *Interpreter* ausgeführt. Daher ist der Code in der Regel einfach portierbar auf andere Systeme, das heißt, dass ein R-Skript, das auf dem Mac geschrieben wurde, auch auf einem Windows-System läuft (siehe aber auch den folgenden Kasten). Hinzu kommt, dass Sie einfach einen Befehl in die Konsole eingeben können und er sofort ausgeführt wird, ohne einen mehr oder weniger langen Kompilierungsvorgang.

Ausnahmen bestätigen die Regel

Werden Packages genutzt (siehe Abschnitt 4.1.2), die nicht für alle Plattformen verfügbar sind, dann ist ein Skript nicht ohne Weiteres portierbar.

Im Gegensatz zu SPSS, das in den 70er- bis 90er-Jahren des letzten Jahrhunderts und an manchen Unis noch heute eine Standardsoftware für Statistik ist und seit 2009 zu IBM gehört, ist R eine komplett kostenlose Lösung. Fairerweise muss ich erwähnen, dass es auch eine Open-Source-Variante von SPSS gibt, die sich PSPP nennt. Allerdings bietet sie derzeit nur einen Teil der Funktionen, die SPSS bietet.[1] R sieht im Gegensatz zu SPSS zunächst eher »nackt« aus, denn es kommt nicht mit einer graphischen Benutzeroberfläche wie SPSS, bei der man sich mit Eingaben in Masken und Klicks durch Menüs zum Ergebnis bewegen kann. Stattdessen steht in der R-Umgebung zunächst lediglich eine Eingabeaufforderung zur Verfügung (siehe Abbildung 4.1), die die Älteren an MS-DOS erinnert und die Jüngeren vor die Frage stellt, was man denn hier nun eingeben kann.

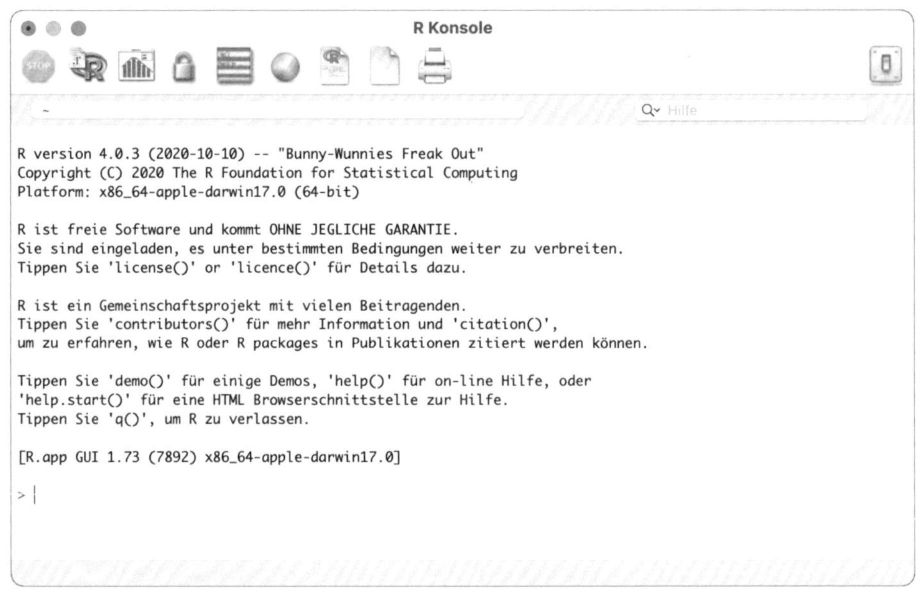

Abbildung 4.1 R »pur«

Auch SPSS begann als Programmiersprache (anfangs stand SPSS für *Statistical Package for the Social Sciences*, später für *Superior Performing Software System*), die Programmierer mussten ihre Programme und Daten noch mit Lochkarten eingeben. Heute ist es immer noch möglich, Programme in einer eigenen Programmiersprache innerhalb von SPSS zu schreiben. Mittlerweile wird R immer mehr zum Standard für statistische Problemstellungen, und das nicht nur in der Statistik, sondern in der Wissenschaft generell, aber auch in der Wirtschaft.[2] Das liegt nicht allein an dem Sparzwang an Universitäten und in der Wirtschaft (wo nicht kommerzielle Software zum Teil auf wenig Gegenliebe stößt, wenn es dazu keinen kommerziellen Support gibt), sondern vor allem daran, dass R den Nutzern die komplette Kontrolle über die Analyse bietet.

1 Mehr Informationen zu PSPP finden sich unter *https://www.gnu.org/software/pspp*.

2 Siehe hierzu vor allem den Artikel in der »Nature« unter *https://alby.link/nature*.

R ist für viele Plattformen verfügbar. Da es nicht in Java programmiert ist (wie zum Beispiel die letzten Versionen von SPSS), benötigt R auch keine virtuelle Maschine.

4.1.1 Geschichte

R ist eine Open-Source-Implementierung der kommerziellen Statistik-Programmiersprache S und wurde 1993 veröffentlicht. Die Statistiker Ross Ihaka und Robert Gentleman begannen 1991 mit der Entwicklung von R, um eine Alternative zu S zu haben, und nutzten den ersten Buchstaben ihrer Vornamen als Namen für diese neue Sprache. Gleichzeitig wollten Sie damit die Verwandtschaft zu der Sprache S verdeutlichen. In R finden sich immer wieder Referenzen zu S, so wird manchmal von S3- und S4-Objekten gesprochen, was die Kompatibilität mit Versionen der Sprache S beschreibt.

Kurz nach der Veröffentlichung entstand eine Community, die Entwicklern und Entwicklerinnen Feedback gab. 1997 entstand das R Development Core Team, das bis heute die Verantwortung für die Weiterentwicklung trägt. In demselben Jahr wurde das *Comprehensive R Archive Network* geboren, kurz *CRAN* genannt, in dem Dokumentation und Pakete zum Download zur Verfügung stehen.[3] Mehr zu Paketen in Abschnitt 4.1.2.

Zusätzlich zu dem R Development Core Team kümmern sich die R Foundation und das R Consortium um die Sprache. Die R Foundation ist eine gemeinnützige Organisation mit Sitz in Österreich, die das Urheberrecht und auch die Dokumentation von R verwaltet.[4] Das R Consortium wird von Unternehmen finanziert, die R einsetzen.[5] Zu den Unternehmen, die das Konsortium durch Beiträge finanzieren, gehören Google, Microsoft, RStudio PBC, GSK und Merck. Die Aufgabe des Konsortiums ist die Unterstützung der R Foundation durch die Förderung von Projekten, die den Zugang zur Sprache und Hilfsmittel erleichtern.

Seit dem Jahr 2000 existiert R in der Version 1.0, da das Entwicklungsteam davon ausging, dass dies die erste stabile Version war. Im Jahr 2020 wurde die Version 4.0 freigegeben.

Was haben Charlie Brown und die Peanuts mit R zu tun?

Die Versionen tragen zusätzlich zu der Versionsnummer Namen, die manchmal aus dem Kontext von Charlie Brown und den Peanuts stammen. Die Version 4.0.3, die aktuell ist, während ich das erste Manuskript dieses Buches verfasse, heißt »Bunny-Wunnies

3 Siehe *https://cran.r-project.org*.

4 Siehe *https://www.r-project.org/foundation*.

5 Siehe *https://www.r-consortium.org*.

Freak Out«, angelehnt an das fiktive Buch »The Six Bunny-Wunnies Freak Out«. Das Buch wird in einem Comic-Strip aus dem Jahr 1972 aus der Schulbücherei verbannt, was Linus, Sally und Charly Brown dazu bringt, eine Kampagne gegen die Verbannung des Buches zu starten.

4.1.2 Erweiterung mit Paketen

R bietet mit Bordmitteln viele Funktionen, aber natürlich kann das Entwicklungsteam nicht jede Funktionalität im Voraus bedenken. Wie in fast jeder anderen Programmiersprache können die Funktionen von R mit zusätzlichen Softwarebibliotheken erweitert werden. Diese Bibliotheken werden *packages* genannt, auf Deutsch *Pakete*. Die Wortwahl in R ist hier nicht immer konsequent, da Pakete zwar mit `install.packages("PACKAGE-NAME")` installiert, später aber mit dem Befehl `library(PACKAGE-NAME)` eingebunden werden. Synonym zu *Paket* werde ich in diesem Buch gelegentlich *Bibliothek* verwenden, wenn es weniger auf das Einbinden und mehr auf die Entwicklung ankommt. Auf Englisch finden Sie den Begriff *libraries*.

Bevor Sie aber ein Packet installieren, sollten Sie prüfen, ob es nicht doch einen Weg gibt, das Vorhaben mit den Basisfunktionen und den darin bereits enthaltenen Paketen, auch *Base R* genannt, durchzuführen. Manchmal vereinfachen Pakete etwas, was auch mit Base R funktionieren würde, aber ungleich komplizierter wäre. Als Beispiel sei das Package `tidyverse` genannt, das Thema von Kapitel 5, »Explorative Datenanalyse«, sein wird: Die Transformation und Reinigung von Daten werden um einiges vereinfacht. Fast alles, was im Tidyverse enthalten ist, kann auch irgendwie mit Base R gelöst werden. Es ist in manchen Fällen nur viel einfacher mit dem Tidyverse. Andererseits ist es zum Beispiel nicht notwendig, eine Grafik mit dem Paket `ggplot2` zu erstellen, wenn es mit dem einfachen Plot-Befehl in Base R auch ohne Probleme funktioniert und das Ergebnis genauso gut aussieht.

Viele Pakete können wie im vorherigen Abschnitt erwähnt vom CRAN geladen werden, weitere Pakete sind über andere Quellen verfügbar, zum Beispiel über GitHub. Im Dezember 2020 existierten über 16000 verschiedene Packages auf dem CRAN-Server.

Was auch immer man sich vorstellen kann, irgendjemand wird wahrscheinlich schon eine Bibliothek dazu entwickelt haben. Vor allem, wenn etwas immer wieder benötigt wird – dann lohnt es sich in der Regel, eine Bibliothek dafür zu entwickeln. Nicht alle Pakete sind gut, auch wenn sie zuvor auf CRAN einen harten Prozess durchlaufen, bevor sie akzeptiert werden. Es lohnt sich daher, sich den Autor eines Pakets und seine Reputation genauer anzusehen.

Wie R und RStudio sollten auch Pakete aktualisiert werden, allerdings nicht nur einfach deswegen, weil eine neue Version freigegeben wurde. Aktualisierungen geschehen nicht automatisch, sondern werden über TOOLS • CHECK FOR PACKAGE UPDATES manuell angestoßen. Dann werden die Versionsnummern der installierten Packages mit denen auf den CRAN-Servern verglichen. Mitunter enthalten diese Aktualisierungen Änderungen, die dazu führen, dass bestehende Skripte nicht mehr laufen. Dies kommt selten vor, da Entwicklungsteams in der Regel versuchen, eine Rückwärtskompatibilität zu gewährleisten, was aber nicht immer möglich ist. Die Bibliotheken, die in Produktivskripten verwendet werden, also Programmen, die zum Beispiel automatisiert oder in einer für Benutzer verfügbaren Anwendung laufen, sollten vorher auf Veränderungen bei Aktualisierungen untersucht werden. Bei einer Vielzahl von Packages, die die meisten R-Entwickler und -Entwicklerinnen installiert haben, ist dies kein leichtes Unterfangen. Dann kann es hilfreich sein, eine zweite Umgebung zum Testen zu nutzen.

4.1.3 Die IDE RStudio

RStudio ist eine *integrierte Entwicklungsumgebung* (oder *IDE* für *Integrated Development Environment*) für R. Zwar ist R auch in RStudio immer noch rudimentärer in der Oberfläche als SPSS, aber schon um einiges komfortabler als das komplett »nackte« R. Alle wichtigen Funktionen und Programme für die Entwicklung von Software oder das Handling von Daten sind über eine grafische Benutzerschnittstelle bedienbar. Es findet kein »Medienbruch« statt, da man nicht zwischendurch zum Dateibrowser oder zum Terminal wechseln muss.

RStudio wird von der Firma RStudio PBC entwickelt und wurde 2011 angekündigt. 2016 erschien die Version 1.0. RStudio kann nicht ohne R laufen. Sie müssen zunächst R installieren, dann RStudio. Letzteres ist also eine Art »Aufsatz« auf R. In den Abschnitten 4.2.2 bis 4.2.5 erläutere ich die Installation, Konfiguration und Nutzung von RStudio im Detail.

4.1.4 R versus Python

Python ist der andere große Platzhirsch auf dem Terrain der Data-Science-Programmiersprachen. 1994 erschien die erste Vollversion, und anders als mancher Anhänger glaubt, hat der Name der Programmiersprache nichts mit der Schlange zu tun, sondern mit der britischen Comedy-Gruppe Monty Python.

In der Data-Science-Community gibt es zum Teil Diskussionen, welche von beiden Sprachen die bessere Sprache ist, um Data Science zu lernen. Die Antwort ist einfach: Es gilt, zunächst die Grundzüge der Statistik zu lernen, bevor man sich Gedanken über die Sprache macht. Und auch danach ist es kein Entweder-oder. Zunächst einmal die Fakten:

- R ist Open Source (wie Python auch).
- Es funktioniert auf mehreren Plattformen (wie Python auch).
- Es ist eine Statistik-Programmiersprache (ist Python nicht, aber kann erweitert werden).
- Es können wunderschöne Grafiken damit produziert werden (das kann Python auch).
- R kann mit anderen Sprachen verbunden werden (das kann Python auch, leicht aufwendiger).
- Es ist flexibel und erweiterbar (wie Python auch).

Python ist eine mächtige allgemeine Programmiersprache – wie begeisterte Anwender gerne betonen –, allerdings keine Sprache, die sich auf Statistik fokussiert. Natürlich existieren viele Erweiterungen für Python, die weitere Statistikfunktionen hinzufügen, aber genau das ist der Punkt: Es sind Erweiterungen und keine grundsätzlichen Bestandteile wie bei R. Demgegenüber ist bei R so gut wie alles in der Standardinstallation enthalten, was man für die einfache Arbeit in der Statistik benötigt, es ist halt genau dafür ausgelegt. Aber auch R kann erweitert werden. Und auch für R existieren viele Bibliotheken, die Funktionen nachrüsten, die Python eventuell schon mit Bordmitteln beherrscht.

Manches kann Python mit seinen Erweiterungen besser, zum Beispiel ist *BeautifulSoup* momentan noch ein viel besserer Web Scraper, als *Rvest* es ist. Das Gute ist, dass sich beide Sprachen in RStudio wunderbar kombinieren lassen (dazu später mehr). Manche sagen, dass es ein großer Vorteil ist, dass R von Statistikern für Statistiker entwickelt wurde und das Entwicklerteam genau die Bedürfnisse von Statistikern im Blick hatte. Das zählt aber eventuell auch zu den Nachteilen der Sprache.

Wenn es um die Popularität von Programmiersprachen geht, so werden häufig Statistiken von *Stack Overflow*, der Frage-und-Antwort-Plattform für Entwickler und Entwicklerinnen, angeführt, in denen die Anzahl der Fragen/Antworten als Indikator für die Häufigkeit der Anwendung einer Programmiersprache genommen wird. Das klingt auf den ersten Blick plausibel, aber wenn man genauer darüber nachdenkt, dann könnte die Anzahl der Fragen auch ein Indikator dafür sein, dass zwar mehr Nutzer eine Programmiersprache ausprobieren, aber deswegen auch mehr Probleme haben.

Die gute Nachricht ist: Wenn Sie R als erste Programmiersprache gelernt haben, dann wird Ihnen das Lernen von Python sehr leichtfallen. Und ich kann Ihnen versichern, dass beide Programmiersprachen viel Freude bereiten können.

4.1.5 Andere Sprachen

SPSS habe ich schon in Abschnitt 4.1.1 behandelt, andere Begleiter von R sind zum Beispiel SAS, Julia und MATLAB. In diesem Abschnitt werden einige Prinzipien der jeweiligen Sprachen vorgestellt.

Der Name der kommerziellen Statistiksoftware SAS stand ursprünglich für Statistical Analysis System, heute wird sie aber nur noch als SAS bezeichnet. Es bietet ähnlich wie RStudio eine Entwicklungsumgebung. Von Anwendern wird SAS gerne genutzt, weil für einfache Analysen keine Programmierung notwendig ist.

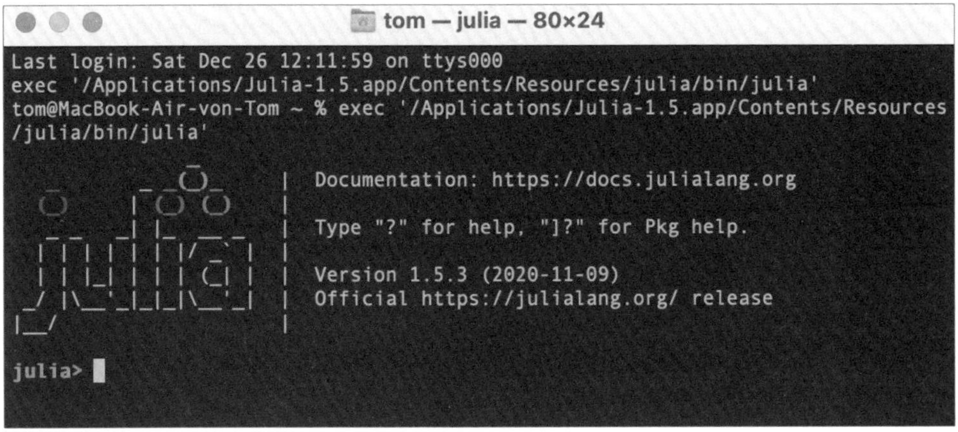

tom — julia — 80×24

```
Last login: Sat Dec 26 12:11:59 on ttys000
exec '/Applications/Julia-1.5.app/Contents/Resources/julia/bin/julia'
tom@MacBook-Air-von-Tom ~ % exec '/Applications/Julia-1.5.app/Contents/Resources
/julia/bin/julia'

    Documentation: https://docs.julialang.org

    Type "?" for help, "]?" for Pkg help.

    Version 1.5.3 (2020-11-09)
    Official https://julialang.org/ release

julia>
```

Abbildung 4.2 Julia im macOS Terminal sieht etwas so aus wie R »pur«.

Die mathematische Programmiersprache Julia wurde am Massachusetts Institute of Technology (das berühmte MIT) entwickelt und erschien 2012. Sie hat eine hohe Ausführungsgeschwindigkeit, hat aufgrund ihres geringen Alters aber noch nicht den Funktionsumfang anderer Sprachen. Julia ist vor allem auf das Lösen numerischer Probleme ausgelegt. Wie R kann Julia in einer Konsole interaktiv genutzt werden. Weitere Informationen finden sich unter *https://julialang.org*. Julia ist vor allem dann interessant, wenn Geschwindigkeit essenziell ist und nicht mit anderen Ansätzen zufriedenstellend gewährleistet werden kann.

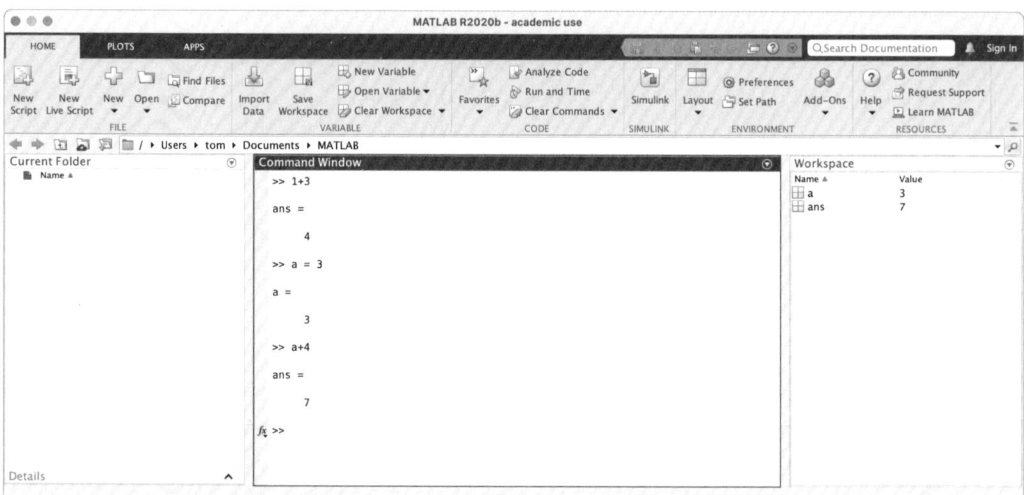

Abbildung 4.3 Das MATLAB-Interface. Ähnlich wie bei RStudio existieren eine interaktive Konsole und ein Workspace.

MATLAB ist wie SAS eine kommerzielle Software, herausgegeben von MathWorks. 1994 erschienen, ist sie vor allem auf die Lösung mathematischer Probleme und Visualisierung ausgelegt. Modelle können hier über eine grafische Benutzeroberfläche trainiert und verglichen werden. Das Besondere an MATLAB ist, dass aus den erstellten Modellen C/C++-Code automatisch erzeugt werden kann. MATLAB ist im Ingenieurswesen verbreitet, zum Beispiel im Maschinenbau.

4.2 Installation und Konfiguration von R und RStudio

In diesem Kapitel geht es um die optimale Installation und Konfiguration unserer Werkzeuge. Selbst wenn Sie R und RStudio bereits installiert haben sollten, werden Sie hier Tipps finden, die Ihre Arbeit mit R beschleunigen können.

4.2.1 Installation von R und kurzer Funktionstest

R können Sie von der offiziellen R-Project-Website unter *https://www.r-project.org* herunterladen. Wählen Sie dazu die Version für Ihr Betriebssystem, und suchen Sie sich dann den Spiegelserver aus, der Ihrem Standort am nächsten ist.

Spiegelserver

Mirror- oder im Deutschen auch *Spiegelserver* mögen etwas altmodisch anmuten, aber sie helfen dabei, das große Datenpakete nicht durch das halbe Netz transportiert werden müssen, sondern von dem nächstgelegenen Server kommen. Theoretisch müsste die Software dann auch eher bei Ihnen sein.

Nach der Installation und dem Start begrüßt R Sie mit einer Eingabeaufforderung oder *Prompt*, wie ein UNIX/Linux-Terminal oder die altehrwürdige DOS-Benutzeroberfläche. Der Prompt sagt Ihnen, dass R gerade nichts zu tun hat:

```
>
```

In diesem Buch wird der Prompt immer in den Listings mit angegeben, damit Sie die Eingabe von Befehlen von der Ausgabe unterscheiden können. Tippen Sie den Prompt aber nicht mit ein.

R können Sie in seiner einfachsten Form so verwenden, dass Sie einen Ausdruck in die Konsole eingeben und dann auf [↵] drücken. Das Ergebnis erscheint dann unterhalb des eingegebenen Befehls (siehe Abbildung 4.4). Einige Befehle können auch mit dem Menü ausgeführt werden, aber die meiste Zeit verbringen Analysten hier mit der sogenannten *Konsole*, wenn nicht gerade an einem Programm geschrieben wird.

R auf dem Mac

Für macOS existiert eine zusätzliche Website des R-Projekts unter *https://mac.r-project.org*. Interessant ist in diesem Kontext, dass R nach der Veröffentlichung der Apple-Silicon-Prozessoren erst einmal nur mit der Rosetta-Emulation laufen konnte, da der notwendige Fortran-Compiler noch nicht auf die neue Plattform portiert war. Ebenso wie viele Machine-Learning-Bibliotheken hängt auch R stark von FORTRAN ab. Das ist insofern erstaunlich, als FORTRAN eine der ältesten Programmiersprachen überhaupt ist. 1957 von IBM entwickelt, liegt ihr Fokus auf numerischen Berechnungen, und sie hat damit den Sprung von Lochkarten in das moderne Zeitalter geschafft.

Probieren Sie es selbst einmal aus. Geben Sie (ohne den Prompt >)

```
> print("hello world")
```

ein, und drücken Sie [↵]. Das Ergebnis erscheint dann unterhalb des Befehls:

```
[1] "hello world"
>
```

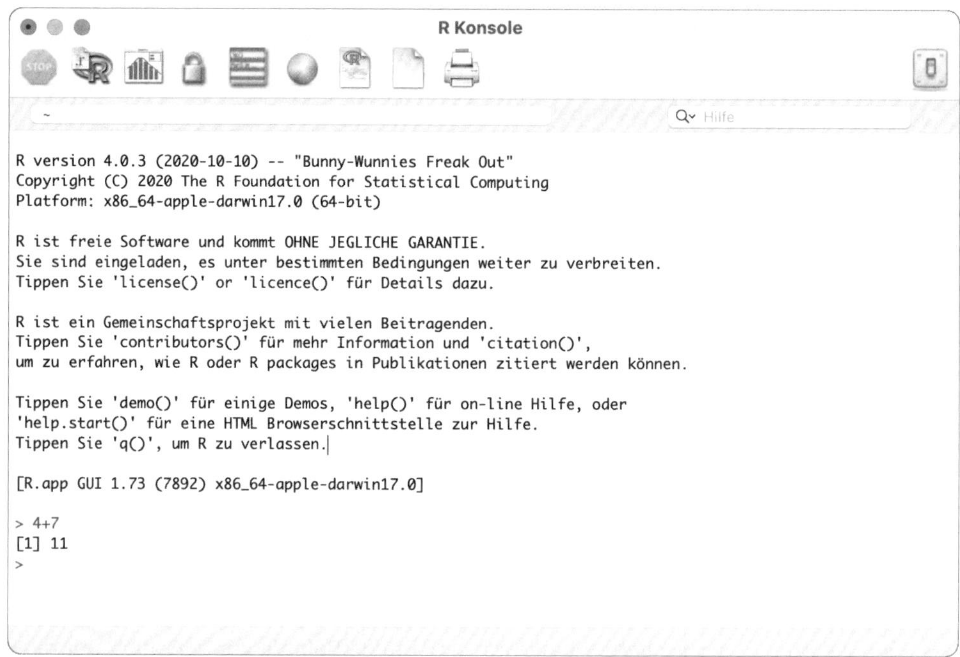

Abbildung 4.4 Einen Befehl in R ausführen

Sie sollten festgestellt haben, dass R Sie bei der Eingabe unterstützt hat: Sobald Sie die erste Klammer eingegeben haben, fügt R den anderen Teil der Klammer rechts neben dem Cursor dazu. Geben Sie dann ein Anführungszeichen ein, ergänzt R auch das. Sie haben also eigentlich nur

```
> print("hello world
```

eingegeben, den Rest sollte R für Sie erledigt haben. Programmierer sind faul, und wenn es eine Möglichkeit gibt, Prozesse zu automatisieren, so werden sie automatisiert.

Möchte man ein längeres Programm schreiben, so ergibt es wenig Sinn, den Programm-Code jedes Mal neu einzugeben. Daher werden Programme meistens in Dateien geschrieben, zum Beispiel *hello_world.R*, und diese Dateien dann in der R-Konsole ausgeführt, nachdem sie geladen wurden. R bietet einen sehr einfachen Editor an; es empfiehlt sich eventuell, eine Alternative zu suchen, sofern Sie nicht gleich zu RStudio wechseln möchten. Viele bekannte Editoren bieten Erweiterungen für R an, zum Beispiel der altehrwürdige Emacs. In der integrierten Entwicklungsumgebung, in RStudio, dessen Installation ich im nächsten Abschnitt behandele, befindet sich ebenso ein passabler Editor, den ich für die weitere Verwendung in diesem Buch empfehle.

4.2.2 Installation von RStudio

Das Downloadpaket von RStudio findet sich auf der RStudio-Website unter *https://rstudio.com*. Auch RStudio ist in der »Community-Version« kostenlos, auf der Website werden zusätzliche kostenpflichtige Lizenzoptionen angeboten. Sie können RStudio entweder als Desktop-Applikation installieren oder auf einem Server. In diesem Buch beschreibe ich vorrangig die Desktop-Variante. Für die Installation verwenden Sie den jeweiligen Installer für Ihr Betriebssystem.

Nachdem R und RStudio installiert und RStudio gestartet ist (R muss nur vor RStudio installiert werden, braucht aber nicht gestartet zu werden, um RStudio zu starten), erscheint RStudio mit drei beziehungsweise vier Fenstern, deren Funktionen Sie unterschiedlich konfigurieren können (siehe Abbildung 4.5). Einen ausführlichen Rundgang durch RStudio gibt es in Abschnitt 4.2.4. Um zu prüfen, ob R auch in RStudio einwandfrei funktioniert, geben Sie wie bei der »puren« Version R einen Befehl in die Konsole ein.

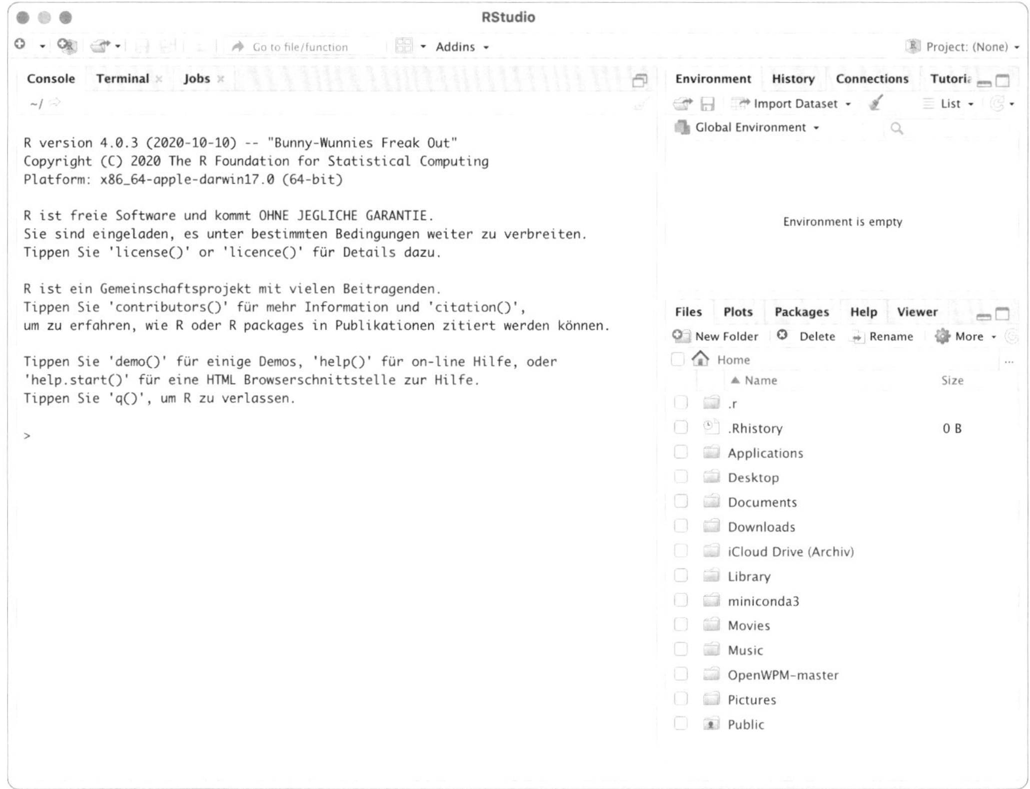

Abbildung 4.5 Das RStudio-Interface nach dem ersten Starten

4.2.3 Konfiguration von R und RStudio

Sie können jetzt sofort loslegen, denn für einfache Projekte sind die Voreinstellungen meist passend. Sobald Sie aber mit etwas größeren Datensätzen arbeiten, je nach vorhandenem Arbeitsspeicher und Komplexität des Projekts, ist eine Anpassung der Konfiguration notwendig. Dies liegt an einer Eigenart von R, nämlich wie R mit Speicher umgeht, was ich in einem knappen Exkurs erläutern werde.

R lädt alle Daten in den Arbeitsspeicher, so dass man auf einem normalen Desktop-Rechner schnell an die Grenzen stößt. Hat ein Rechner zum Beispiel 8 GB Arbeitsspeicher, so benötigen das Betriebssystem und alle offenen Programme bereits einen Teil davon. Haben Sie noch 4 GB von den 8 GB über, so wäre es also theoretisch möglich, einen Datensatz von 4 GB zu verwenden.

In der Realität aber ist das alles ein wenig komplizierter. Denn manche UNIX-basierte Betriebssysteme wie zum Beispiel macOS lagern einen Teil des Arbeitsspeichers auf die Festplatte aus (*Swapping*), so dass im Prinzip die Grenze von 8 GB nicht ganz so hart sein muss. Das passiert sogar schon dann, wenn eigentlich noch ausreichend physischer Arbeitsspeicher vorhanden ist.

Allerdings bleibt es selten dabei, dass man nur mit dem einen Datensatz von 4 GB arbeitet, denn für die in Kapitel 3, »Ablauf eines Data-Science-Projekts«, behandelte Datenreinigung und -transformation wird häufig zusätzlicher Speicher benötigt. Das Swapping des Betriebssystems ist leider nicht so schnell wie die Nutzung des echten Arbeitsspeichers, da zunächst einmal Daten aus dem Arbeitsspeicher auf die Festplatte ausgelagert und dann wieder darin eingelesen werden müssen. Festplatten sind in der Regel auch nicht so schnell wie Arbeitsspeicher, selbst wenn es sich um Solid State Disks handelt. Auch ist nicht gesagt, dass das Swappen überhaupt funktionieren kann, falls nicht genug Festplattenspeicher übrig ist.

Zurück zu R: Bei der Arbeit in der R-Umgebung wird für verschiedene Prozesse Arbeitsspeicher benötigt, zum Beispiel für jedes *Objekt*, das angelegt wird (Objekte werde ich in Abschnitt 4.3.1 genauer beleuchten). Die Umgebung, in der man während einer Sitzung arbeitet, wird auch als *Workspace* oder *Arbeitsbereich* bezeichnet. Ein Objekt kann unter anderem eine Liste sein, die ein Dutzend, aber auch mehrere Millionen von Werten enthalten kann. Diese Liste wird komplett in den Arbeitsspeicher geladen, egal, ob sie aus einer externen Datei eingelesen oder während der Sitzung durch ein Skript generiert wird. Wird die Liste dann manipuliert, werden zum Beispiel Dubletten aussortiert, dann geschieht auch das im Arbeitsspeicher. Da manche Operationen an einer Kopie des eigentlichen Datensatzes durchgeführt werden, zum Beispiel um bei einem Fehler nicht noch einmal alle Daten laden und die vorher durchgeführten Operationen wieder durchführen zu müssen, kann es schnell dazu kommen, dass sich verschiedene Kopien, mehr oder weniger stark verändert, im Arbeitsspeicher befinden. Es empfiehlt sich daher zunächst einmal, den Workspace immer aufzuräumen und nicht mehr benötigte Objekte zu löschen. Dies geht zum Beispiel mit dem Befehl `rm()`, der wie unter UNIX für *remove* steht, nur halt mit Klammern, in denen der Name des zu löschenden Objekts genannt wird. Dazu mehr im Abschnitt 4.3.

Wie funktioniert das mit dem Swapping?

Das Swapping ist manchmal der Grund dafür, dass viel weniger Festplattenplatz verfügbar ist, als eigentlich vorhanden ist, da das Betriebssystem Arbeitsspeicher in Swap-Dateien ausgelagert hat. Das Buch »Moderne Betriebssysteme« von Andrew S. Tanenbaum erklärt das Prinzip des Swappings, Pagings und des virtuellen Speichers sehr gut und ist in der Informatik ein Standardwerk. Tanenbaum war übrigens auch derjenige, der 1992 in der Usenet-Gruppe *comp.us.minix* sagte, dass das gerade erst entwickelte Linux obsolet sei, was zu einem Flame War zwischen dem Professor Tanenbaum und dem damaligen Studenten und Linux-Entwickler Linus Torvalds führte. Trotz seiner Fehleinschätzung ist Tanenbaum dennoch eine Koryphäe.

R speichert einen Arbeitsbereich in die Datei *.RData* und lädt ihn wieder, sobald R neu gestartet wird. Zwar werden Sie beim Beenden von R gefragt, ob Sie den Arbeitsbereich speichern möchten oder nicht (Abbildung 4.6), aber das Standardvorgehen ist dann das Speichern. Dadurch kann es zu Problemen kommen, wenn R oder RStudio neu gestartet wird und ein Arbeitsbereich oder ein Projekt geladen wird, das viel Arbeitsspeicher benötigt. R und RStudio sollten also so konfiguriert werden, dass dies nicht passiert, denn R beziehungsweise RStudio haben die unschöne Angewohnheit, einfach nicht mehr zu reagieren, wenn das Laden etwas länger dauert. Und manchmal weiß man nicht, ob da noch etwas passiert oder nicht. Im schlimmsten Fall ist R fleißig, aber der Nutzer oder die Nutzerin sieht es nicht und beendet das Programm dann über `Strg`+`Alt`+`Entf` oder einen anderen Kill-Befehl. R und RStudio können manchmal etwas zickig sein, was das Antwortverhalten betrifft.

In R können Sie leider nicht konfigurieren, dass R beim Start den vorherigen Arbeitsbereich nicht lädt. Es ist nur möglich, das Fragen danach zu deaktivieren und den Arbeitsbereich beim Beenden nicht zu speichern.

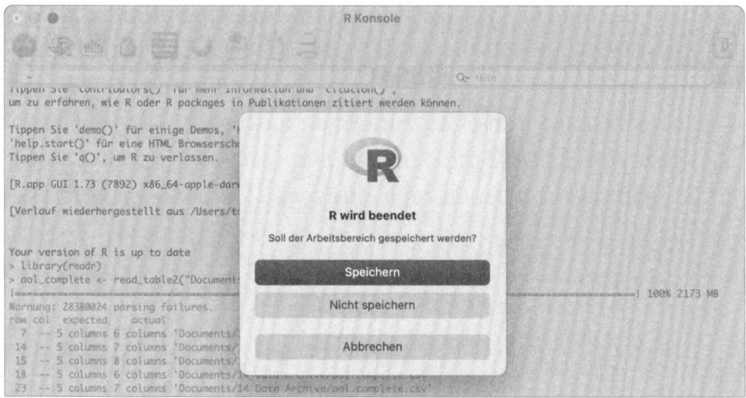

Abbildung 4.6 Dialog beim Beenden von R. Ich empfehle, den Arbeitsbereich nicht zu speichern, auch wenn R dies als Standardprozess vorsieht. Gerade bei größeren Datensätzen im Arbeitsbereich kann dies zu Problemen führen, wenn der Arbeitsbereich wieder eingelesen wird.

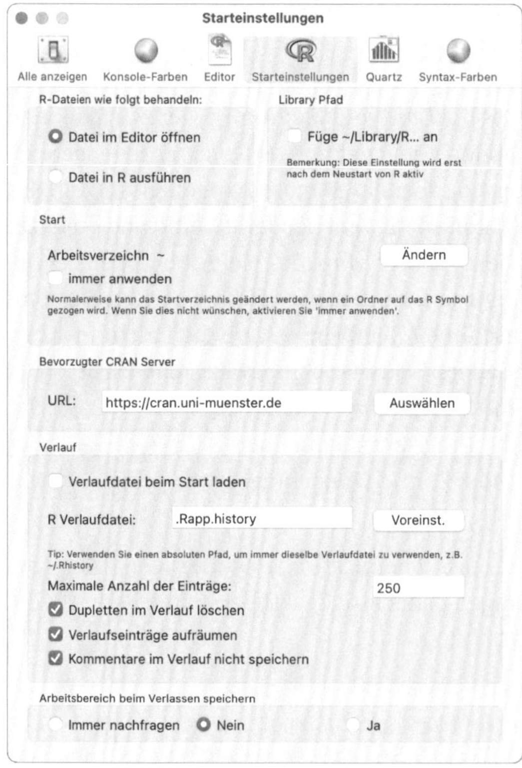

Abbildung 4.7 Die Einstellungen von R

In den in Abbildung 4.7 dargestellten Einstellungen für R (MENÜ • EINSTELLUNGEN • STARTEINSTELLUNGEN) ist zudem das Laden der Verlaufsdatei beim Start deaktiviert, dafür aber aktiviert, dass während einer Session Dubletten im Verlauf gelöscht werden. Die Verlaufsdatei speichert die eingegebenen Befehle, so dass diese komfortabel wieder aufgerufen werden können (hierzu mehr in Abschnitt 4.3.6). Zudem ist ein präferierter CRAN-Server eingestellt, von dem Packages geladen werden. Ebenso wie bei dem zuvor erläuterten Konzept der Spiegelserver geht es darum, dass das Internet nicht unnötig belastet wird, indem Sie sich die Software von dem Server holen, der am nächsten zu Ihrem eigenen Standort ist.

In den globalen Einstellungen von RStudio ist es dagegen möglich, das Laden des Arbeitsbereichs aus *.RData* beim Starten zu unterbinden. Zusätzlich ist in dem Beispiel in Abbildung 4.8 deaktiviert, dass das zuletzt geladene Projekt sowie zuvor geöffnete Quelldateien wieder geladen werden. Auch diese Einstellungen sorgen dafür, dass RStudio nicht einfach den Dienst zu verweigern scheint, weil irgendetwas im Hintergrund noch geladen wird.

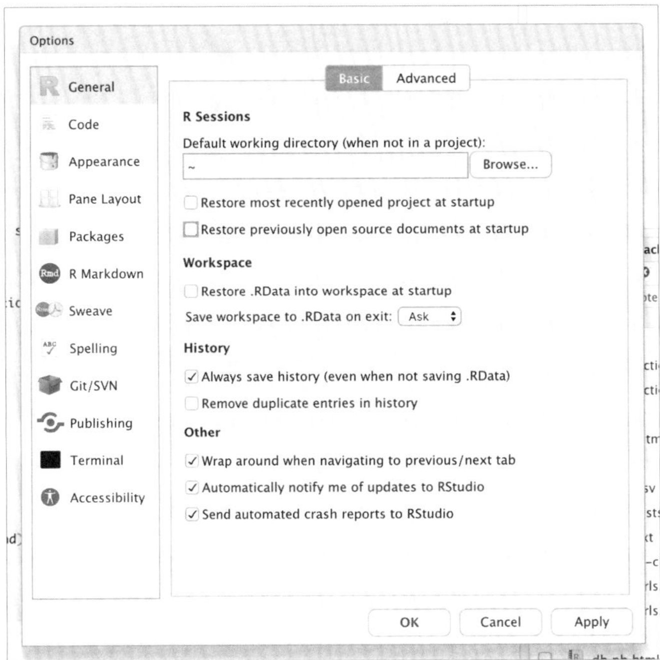

Abbildung 4.8 Globale Optionen in RStudio

Manche Programmierer und Programmiererinnen möchten ihr Interface an ihre persönlichen Vorlieben anpassen. Dazu können Sie in RStudio nicht nur die Reihenfolge der

Fenster verändern, sondern auch ihr Aussehen. So verwenden viele beim Programmieren lieber einen dunklen Hintergrund, damit die Augen nicht zu sehr ermüden.[6]

4.2.4 Ein Rundgang durch RStudio

Die einzelnen Bereiche von RStudio betrachten wir nun einmal detaillierter. Ein komplettes Handbuch für RStudio würde den Rahmen dieses Buches sprengen, daher erläutere ich nur die wichtigsten Funktionen.

Wenn Sie RStudio öffnen, ohne vorher damit gearbeitet zu haben, dann sollte es aussehen wie in Abbildung 4.5. Auf der linken Seite sehen Sie genau das, was Sie auch in der R-Applikation sehen, die Konsole. Rechts oben sehen Sie Ihre Arbeitsumgebung mit weiteren Tabs und rechts unten Ihre Dateien und weitere Tabs.

Geben Sie nun einmal

```
> View(cars)
>
```

ein. Das große »V« ist wichtig, denn ansonsten erhalten Sie eine Fehlermeldung. Nun sollte die Konsole nach unten »gerutscht« sein, und RStudio sieht in etwa so aus wie in Abbildung 4.9. Im oberen linken Teil (SOURCE genannt, auch wenn das nirgendwo steht) sollte der Data Frame des Datensatzes *cars* zu sehen sein, der mit R geliefert wird. Der Datensatz besteht aus zwei Variablen: der Geschwindigkeit von Autos in Meilen pro Stunde und die Distanz, die zum Bremsen benötigt wird. Die Daten wurden im Jahr 1920 gesammelt. Mehr Informationen erhalten Sie, wenn Sie in der Konsole `?cars` eingeben.

In der Regel arbeitet man nicht nur mit einem Tab, sondern hat durch das Erstellen von Skripten und Notebooks sowie das Öffnen von mehreren Datensätzen viele Tabs offen. Nicht selten sind dann so viele Tabs geöffnet, dass das, was Sie gerade suchen, nicht sofort sichtbar ist. Etwas unscheinbar links unter den Tabs sind Pfeile, mit denen Sie durch die Tabs navigieren können.

Neue Dateien können Sie in RStudio über zwei Wege erstellen: Entweder erzeugen Sie eine neue Datei über das Menü (siehe Abbildung 4.10) oder über das kleine Pluszeichen im jeweiligen Arbeitsbereich (siehe Abbildung 4.11). Als erstes Beispiel verwende ich hier einmal den integrierten Editor.

6 Um ein möglichst vorteilhaftes Druckbild zu erzielen, habe ich meine Präferenz für einen dunklen Hintergrund für dieses Buch auf den Standard zurückgestellt.

Abbildung 4.9 Die vier Hauptbereiche von RStudio

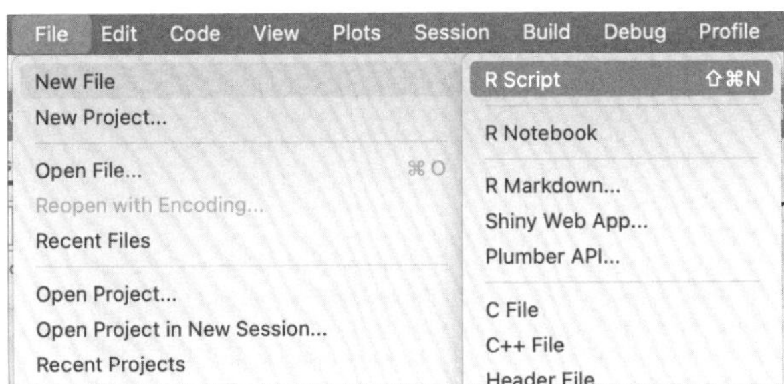

Abbildung 4.10 Erstellen einer neuen Datei über das Menü

Darin stehen mehrere verschiedene Möglichkeiten zur Verfügung; bitte wählen Sie für das erste Beispiel die erste Option, R SCRIPT, egal, ob über das Menü oder über den Arbeitsbereich. Nun sollte sich ein viertes Fenster innerhalb von RStudio öffnen, oberhalb der Konsole.

In diesem Editor wird ein einfaches R-Skript erstellt. Geben Sie nun den bereits zuvor verwendeten Code ein:

```
print("hello world")
```

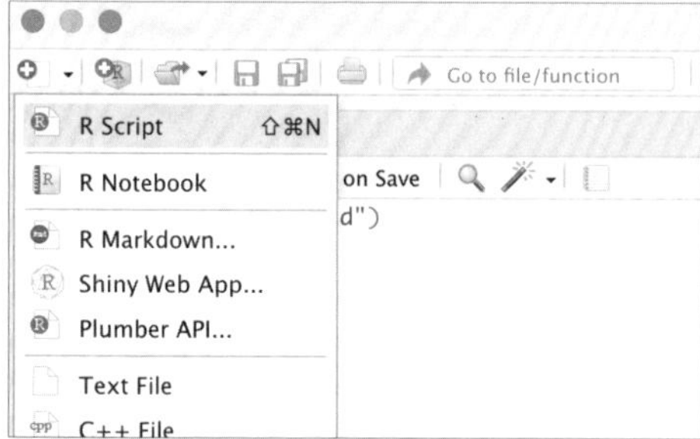

Abbildung 4.11 Erstellen einer neuen Datei innerhalb der jeweiligen Arbeitsumgebung

Auch hier unterstützt R Sie wieder bei der Eingabe, so dass Sie nur einen Teil des Befehls eingeben müssen. Klicken Sie nun oben rechts im Fenster auf den grünen Pfeil mit dem Befehl RUN daneben, dann wird der Code ausgeführt und das Ergebnis im unteren Konsole-Fenster ausgegeben (siehe Abbildung 4.12). Lassen Sie den Tab bitte geöffnet, Sie können ihn in Abschnitt 4.2.4 wiederverwenden.

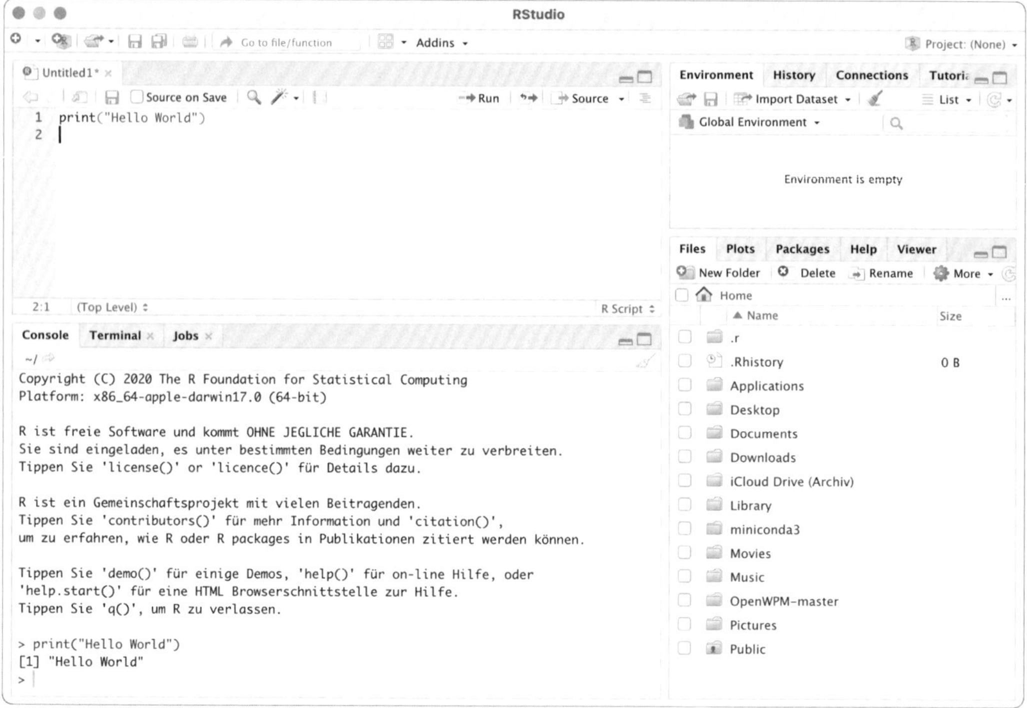

Abbildung 4.12 Das RStudio-Interface mit einem geöffneten Skript, dessen Ausführungsergebnis unten in der Konsole angezeigt wird.

Je nachdem, welcher Tab geöffnet ist, sind unterschiedliche Schaltknöpfe innerhalb des Tabs zu sehen. Nur zwei Schaltflächengruppen sind beiden gemein:

- Das Blättern zwischen den vorherigen Aktionen; Pfeil nach links geht zurück, Pfeil nach rechts geht vorwärts.
- SHOW IN A NEW WINDOW – Öffnen des Datensatzes oder des Skripts in einem neuen Fenster. Der Tab wird dann geschlossen und auch nicht wieder geöffnet, wenn das zusätzliche Fenster wieder geschlossen wird.

Außerdem haben Sie bei Data Frames zum einen die Möglichkeit, den Data Frame zu filtern, zum andern können Sie darin suchen. Daten können Sie hier allerdings nicht verändern! Das geht in zwar in R, indem Sie `edit(cars)` eingeben, in RStudio funktioniert der Befehl nicht.

Ist ein Editor geöffnet, sind dort zusätzlich Schaltflächen zu sehen für das Speichern des Codes, Suchen und Ersetzen sowie, je nach Dokumentenart, weitere Optionen. Bei einem Markdown-Dokument (siehe Abschnitt 5.3.1, »Warum das Tidyverse nutzen?«) sind es zum Beispiel:

- eine Rechtschreibprüfung
- eine Schaltfläche für das Erzeugen einer Vorschau für ge»knittete« Dokumente sowie verschiedene Knit-Optionen (siehe Abschnitt 5.3.2, »Die Grundverben«)
- verschiedene Dokumentoptionen

Ist ein einfaches R-Skript geladen, so besteht neben Codetools beim Zauberstab-Icon auch die Möglichkeit, einen Report zu generieren, der den Code sowie dessen Ausgabe speichert.

Im Bereich links unten sind mindestens drei Tabs zu sehen:

- die Konsole, die genau das Interface bietet wie R ohne RStudio
- ein Terminalfenster, das je nach Betriebssystem verschiedene *Shells* anbietet
- Jobs, in welchem Prozesse zu sehen sind, die nicht über die Konsole laufen

Es können weitere Tabs vorhanden sein, zum Beispiel für R Markdown.

In Bereich rechts oben ist der erste Tab das ENVIRONMENT, ein Teil der Arbeitsumgebung, in dem alle Objekte aufgelistet sind, die in den Arbeitsspeicher geladen wurden. Packages, die auch im Arbeitsspeicher sind, werden hier allerdings nicht aufgeführt, darum ist es auch nur ein Teil der Arbeitsumgebung. Sofern Sie `view(cars)` ausgeführt haben, sollten Sie hier auch diesen Data Frame sehen. Schließen Sie einmal den Data Frame in Bereich 1, und klicken Sie dann auf den Namen des Data Frames in der Liste, so dass er sich wieder in Bereich 1 öffnet. Das Environment ist ein äußerst nützliches Feature von RStudio, da man sich andernfalls merken müsste, was bereits im Arbeitsspeicher ist und was nicht.

Der zweite Tab listet die Historie der eingegebenen Befehle auf. Der dritte Tab zeigt Verbindungen, zum Beispiel wenn Sie eine solche zu einem Spark-Cluster aufgebaut haben (siehe Abschnitt 10.2.2). Im vierten Tab finden Sie verschiedene Git-Optionen, auf die ich in Abschnitt 10.1 eingehen werde. Der letzte Tab ist für Tutorials vorgesehen.

Der Bereich rechts unten enthält die folgenden Tabs:

- FILES: eine Art Windows Explorer für das Dateisystem des Rechners
- PLOTS: Hier werden Plots ausgegeben, die über Befehle in der Konsole oder im Code-Editor generiert werden.
- PACKAGES: Alle installierten Packages; diejenigen, die geladen sind, sind markiert. Hier können Sie auch neue Packages laden.
- HELP: alle Hilfedokumente
- VIEWER: Hier werden zum Beispiel lokale HTML-Dokumente angezeigt, die von Skripten generiert werden.

Auf YouTube habe ich einen kurzen Rundgang durch RStudio hochgeladen, den Sie unter *https://alby.link/rstudio* ansehen können.

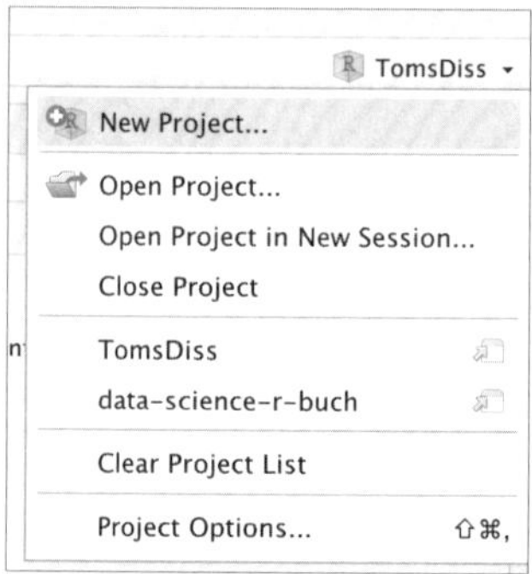

Abbildung 4.13 Das Projektmenü in RStudio, oben rechts im Interface

4.2.5 Projekte in RStudio

Eine Besonderheit bei RStudio sind die *Projekte*. Wird ein Projekt angelegt, so wird beim Wechsel von einem Projekt zum nächsten auch der jeweilige Workspace geladen, inklusive Arbeitsverzeichnis. Die Projekte finden sich ganz oben rechts in der RStudio-Oberfläche. Wenn Sie sich für ein Projekt entscheiden, dann können Sie auch aus einer Vielzahl von Vorlagen auswählen, zum Beispiel Shiny-Apps, Markdown-Webseiten, R Packages und vieles mehr.

Projekte und ihre Vorteile

Ich empfehle immer die Verwendung eines Projekts, es sei denn, Sie wollen nur ganz schnell mal etwas ausprobieren. Denn ein häufiges Problem, mit dem zum Beispiel meine Studierenden zu kämpfen haben, sind die Arbeitsverzeichnisse eines Rechners. Dateien werden gespeichert und später nicht wiedergefunden, oder es sollen Daten eingelesen werden, aber es ist nicht bekannt, wie ein Pfad unter Windows (*C:\Benutzer*) oder dem Mac (*/Users/NAME/*) angegeben wird, so dass es zu Fehlermeldungen kommt. All diese Probleme hat man mit Projekten nicht. Natürlich ist es auch von Vorteil, den eigenen Rechner und seine Funktionsweise besser kennenzulernen, aber wenn Sie etwas organisierter an die eigenen Projekte herangehen möchten, dann sind die Projekte in RStudio empfehlenswert, insbesondere in Verbindung mit GitLab oder GitHub (siehe Kapitel 10, »Workflows und Werkzeuge«).

Wenn Sie ein neues Projekt erstellen, bietet Ihnen RStudio verschiedene Optionen wie in Abbildung 4.14 dargestellt. Für Ihre ersten Versuche sollten Sie einfach ein frisches Projekt erstellen, in einem neuen Verzeichnis. Auf »Version Control« werde ich in Kapitel 10 eingehen.

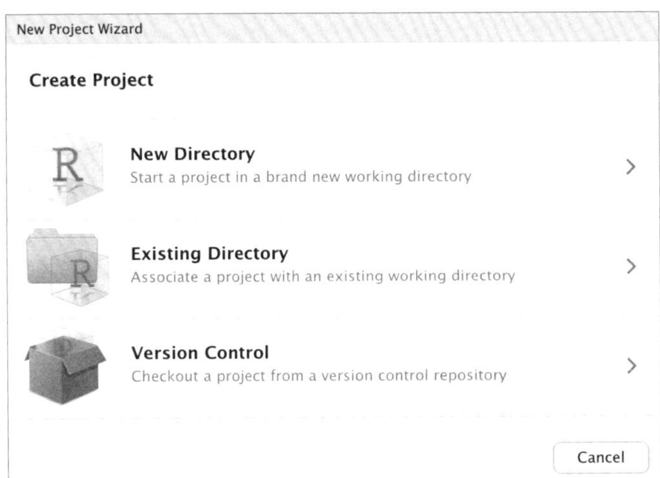

Abbildung 4.14 Verschiedene Optionen beim Erstellen eines neuen Projekts

Ein neues Projekt sollten Sie immer in einer neuen Session öffnen, damit die Objekte aus einer anderen Session nicht mit denen des neuen Projekts kollidieren.

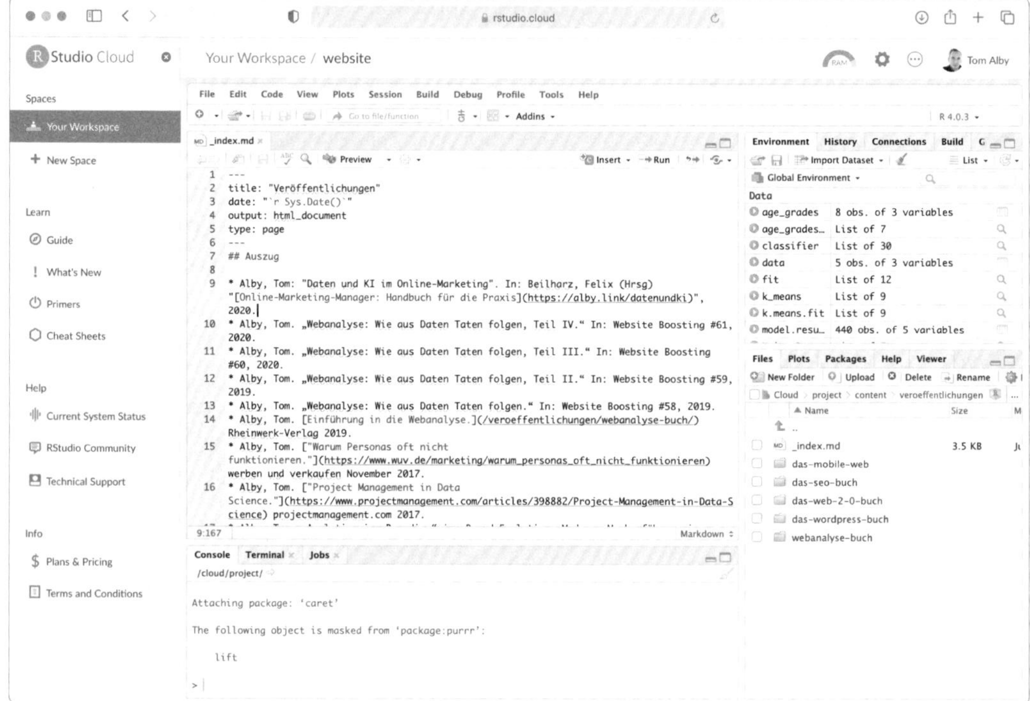

Abbildung 4.15 RStudio Cloud, R und RStudio einfach im Browser nutzen

4.2.6 Die Cloud-Alternative: RStudio Cloud

RStudio bietet auch eine Cloud-Lösung an, für Studierende und Lehrende sind vergünstigte leistungsfähige Pakete erhältlich. Auch eine kostenlose Version mit einer limitierten Anzahl von Projektstunden ist im Angebot. Wie bei dem Serverpaket können Sie auch hier unabhängig vom eigenen Rechner arbeiten.

RStudio Cloud (*rstudio.cloud*) strukturiert alles in Projekten, deren Desktop-Variante ich in Abschnitt 4.2.5 beschrieben habe. Auch hier können Sie Projekte mit einem Version-Control-Repository starten.

Die Pakete enthalten eine jeweils unterschiedliche Anzahl von Projektstunden, die sich aus Nutzung, Anzahl CPUs und Arbeitsspeicher zusammensetzen. Das Gute ist, dass Sie je nach Projekt unterschiedliche Konfigurationen nutzen können. Allerdings ist die Anzahl der CPUs im Winter 2021/2022 noch auf vier beschränkt und der RAM auf 16 GB. Wer mehr benötigt, sollte eher auf die Servervariante zurückgreifen, die auf AWS oder bei einem anderen Cloud-Anbieter läuft.

4.3 Erste Schritte mit R

Nachdem wir R und RStudio installiert und konfiguriert haben, folgt nun die Einführung in R. Sollten Sie schon einmal programmiert haben, so werden Sie hier viele Elemente wiederfinden, die sich in den meisten Programmiersprachen ähneln. Dennoch hat R manchmal eine eigene Sicht auf die Dinge, was Sie gleich im nächsten Abschnitt lernen werden.

4.3.1 Alles in R ist ein Objekt

In der R-Welt ist alles, was existiert, ein *Objekt*, und alles, was passiert, ein Funktionsaufruf. Aber in R sind selbst Funktionen Objekte, und auch die Variablen, die ein Objekt referenzieren, sind selbst ein Objekt und können manipuliert werden.

Dies zu verstehen, dass alles ein Objekt ist, ist für das weitere Verständnis von R elementar. In den nächsten Abschnitten stelle ich Ihnen die Grundlagen vor.

4.3.2 Grundlegende Befehle

Sie können R, wie oben beschrieben, wie einen Taschenrechner nutzen, indem Sie Operationen direkt in die Konsole eingeben:

```
> 7+4
[1] 11
>
```

Das Ergebnis einer solchen Operation kann in einer Variablen gespeichert werden. Eine Variable ist eines der einfachsten *Objekte* in R. Eine Variable ist wie ein Container, in dem ein Wert abgespeichert werden kann. Weisen Sie der Variablen einen neuen Wert zu, so ist der alte Wert nicht mehr abrufbar. In dem folgenden Beispiel wird der Variablen `ergebnis` das Ergebnis einer Rechenoperation zugewiesen:

```
> ergebnis <- 7 + 4
>
```

Der Ausdruck könnte umgangssprachlich so formuliert werden: `ergebnis` sei das Resultat von 7 + 4. Der Pfeil kann übrigens auch in die andere Richtung zeigen, aber das sollten Sie möglichst nicht tun. Man kann auch als Geisterfahrer auf der Autobahn fahren, aber nur weil es geht, heißt es nicht, dass es sinnvoll oder gefahrlos möglich ist. Und da Sie Ihren Code eventuell auch einem Kollegen zeigen wollen, sollten Sie sich an die üblichen Gebräuche halten.

Der Unterschied zwischen <- und =

Für Anfänger kann es verwirrend sein, dass es sowohl den Pfeil <- in R gibt als auch das Gleichzeichen =. Grundsätzlich können Sie sich merken, dass der Pfeil verwendet wird, um Objekte zu erstellen, so wie wir das gerade getan haben, während das Gleichheitszeichen in Funktionen verwendet wird. Ich werde Sie an den relevanten Stellen noch einmal darauf hinweisen.

Wird das Ergebnis einer Rechenoperation in einer Variablen gespeichert, so ist das Ergebnis nicht sofort zu sehen. Der Variablenname muss erneut eingegeben werden, um das Ergebnis sehen zu können:

```
> ergebnis
[1] 11
>
```

Sie können sich das Ergebnis aber auch sofort ansehen, indem Sie den Ausdruck in Klammern setzen:

```
> (ergebnis <- 7 + 4)
[1] 11
>
```

Groß- und Kleinschreibung müssen beachtet werden:

```
> Ergebnis
Fehler: Objekt 'Ergebnis' nicht gefunden
>
```

Nicht erlaubt ist ein Leerzeichen in Variablennamen:

```
> zweites ergebnis <- 7-2
Fehler: unerwartetes Symbol in "zweites ergebnis"
>
```

Auch ein Bindestrich im Ergebnis ist wenig sinnvoll, denn er wird als Minus interpretiert:

```
> ergebnis-2 <- 3
Fehler in ergebnis - 2 <- 3 : konnte Funktion "-<-" nicht finden
> ergebnis-2
[1] 9
>
```

Umlaute in Variablennamen sind zwar möglich, Ihr Code funktioniert dann aber nicht unbedingt auf jedem System, was nachteilig ist, wenn Sie ihn an andere Nutzer weitergeben wollen.

4.3.3 Datentypen

Auch wenn das Thema Datentypen zunächst einmal nicht so spannend klingt, ist es immens wichtig. Denn der Datentyp eines Objekts bestimmt, was wir mit dem Objekt anfangen können. In unseren bisherigen Beispielen haben wir den Variablen ausschließlich Zahlen zugeordnet. Natürlich gibt es noch weitere Datentypen, und auch Zahlen werden weiter differenziert:

- Character, jede Art von Zeichen oder Zeichenfolge (`character`)
- Numeric (zum Beispiel 2 oder 2,1, `numeric`)
- Integer (eine ganze Zahl, also auch 2, dazu gleich mehr, `integer`)
- Logical (wahr oder falsch, `logical`)
- Complex (wird im Buch nicht weiter behandelt)
- Raw (wird im Buch nicht weiter behandelt)

In der Sprache R kann eine Variable jederzeit einen anderen Typ annehmen.

```
> ergebnis <- 2 + 4
> ergebnis
[1] 6
> ergebnis <- "4"
> ergebnis
[1] "4"
>
```

Text, egal, ob ein einzelner Buchstabe oder eine Zeichenkette, hat den Typ `character`. Text muss in Anführungszeichen gesetzt werden. Diese dynamische Typisierung, bei der der Variablentyp nicht vorab deklariert werden muss und die Variable jede Art von Typ annehmen kann, auch innerhalb eines Programms, hat Vor- und Nachteile. Der Vorteil ist, dass man schnell mal etwas ändern kann, und der Nachteil ist, dass dieses »schnell mal etwas ändern« auch schnell zu Fehlern führt.

Mit `typeof()` kann der R-interne Typ eines Objekts angezeigt werden:

```
> meine_variable <- 2
> typeof(meine_variable)
[1] "double"
```

```
> meine_variable <- "2"
> typeof(meine_variable)
[1] "character"
> meine_variable <- 2L
> typeof(meine_variable)
[1] "integer"
```

Hier ist auch die Lösung zu sehen, wie eine Zahl den Datentyp Integer annehmen kann: Es muss ein `L` hinter der Zahl stehen. Gleichzeitig sehen Sie hier zum ersten Mal den Einsatz einer *Funktion*. Funktionen erkennen Sie daran, dass sie immer eine öffnende und eine schließende Klammer hinter dem Befehl haben, wie eben `typeof()`. In den Klammern werden *Argumente* aufgelistet, auch *Parameter* genannt. Eine Funktion kann eine oder mehrere Argumente erwarten, es gibt auch Funktionen, die kein Argument benötigen, wie zum Beispiel:

```
> date()
[1] "Thu Aug 26 21:04:56 2021"
```

Die größte Herausforderung ist häufig, sich zu erinnern, welche Parameter eine Funktion benötigt. Sie werden auf den nächsten Seiten noch weitere elementare Funktionen kennenlernen, mit denen Sie wahrscheinlich häufig arbeiten werden.

Eine typische Fehlerquelle ist, dass der Datentyp eines Objekts ein anderer ist, als man denkt:

```
> ergebnis * 3
Fehler in ergebnis * 3 : nicht-numerisches Argument für binären Operator
>
```

Da wir `ergebnis` einen String zugeordnet hatten, kann die Variable nicht mehr mit einer Zahl multipliziert werden.

Der Datentyp kann jederzeit durch `as.`, gefolgt vom gewünschten Datentyp, geändert werden, sofern die Operation unterstützt werden kann, zum Beispiel:

```
as.charachter(ergebnis)
```

Ein Datum ist ein spezieller Datentyp und kann verschiedene Formen annehmen, zum Beispiel 1. Mai 2019 oder 01/05/2019. In dem letzten Fall ist allerdings nicht unbedingt klar, ob es sich um den 1.5. oder den 5.1. handelt, denn in den USA wird erst der Monat genannt, dann der Tag. Ein solches Datumsformat hat außerdem den Nachteil, dass man es erst umwandeln muss, um damit Rechenoperationen durchzuführen, zum Beispiel wenn man wissen will, wie viele Tage zwischen dem 1. Mai und dem 27. Juli liegen.

Eine Möglichkeit, bequemer mit Daten zu arbeiten, ist der *UNIX- Timestamp*, bei dem die Anzahl der Sekunden seit dem 01.01.1970 verwendet wird. Diese Zahl lässt sich relativ einfach in ein richtiges Datum umwandeln.

Das Jahr-2038-Problem

Vielleicht erinnern Sie sich an das Jahr-2000-Problem: Manche Programme hatten anstatt einer vierstelligen Jahreszahl einfach nur die letzten beiden Ziffern verwendet, und genau das sollte beim Sprung auf das Jahr 2000 ein Problem darstellen. Überraschung: Das Jahr 2038 wird eine ähnliche Herausforderung für uns bereithalten, denn dann können manche UNIX-Systeme nicht mehr weiterzählen, vereinfacht gesagt, und springen dann auf die 0 zurück.

Das Wissen über Datentypen ist auch deswegen wichtig, weil R beim Importieren ohne zusätzliche Spezifikation selbst entscheidet, welchen Datentyp eine Variable hat. Mitunter führt dies zu Problemen, wenn die Daten nach dem Import dadurch nicht mehr richtig ausgewertet werden können. Siehe hierzu auch den Abschnitt 4.3.4, »Daten einlesen«.

R bietet mehrere Datenstrukturen an, die auch aus anderen Programmiersprachen bekannt sind, allerdings zum Teil etwas anders funktionieren. Hier die wichtigsten Datenstrukturen:

- Vektor
- Liste
- Matrix
- Data Frame
- Factor

Vektoren sind das einfachste Objekt in R. Sie sind eine eindimensionale Sammlung von Datenpunkten. Mit der Funktion `c()` (für *concatenate* oder *combine*) sagen Sie R, dass ein Vektor angelegt werden soll.

```
> x <- c(1,2,3,4)
> x
[1] 1 2 3 4
>
```

Bei der Ausgabe verwundert eventuell die Zahl vor der Ausgabe. Sie gibt den Indexwert des ersten Werts an. Jeder Wert erhält seine eigene Indexnummer. Anders als viele anderen Programmiersprachen wird in R bei 1 angefangen zu zählen, nicht bei 0.

Wie bereits erwähnt sind Programmierer faule Menschen – sie versuchen, alles zu vereinfachen, was öfter getan werden muss, sodass dieser Vektor auch einfacher erstellt werden kann:

```
x <- c(1:4)
```

Vektoren können nur Daten des gleichen Typs enthalten:

```
> x <- c(1,3, "4")
> x
[1] "1"          "3"          "4"
>
```

Aus den Zahlen sind auf einmal Zeichenketten geworden, allein dadurch, dass die letzte Zahl in Anführungszeichen gesetzt wurde. Dies ist eine häufige Fehlerquelle, denn wenn wir keine Zahlen haben, obwohl wir sie eigentlich erwarten, dann kann mit ihnen auch nicht gerechnet werden, wie Sie oben schon gesehen haben.

Listen sind eine Datenstruktur in R, die, anders als man sich üblicherweise eine Liste vorstellt, nicht nur aus einer Reihe von Werten bestehen können, sondern aus mehreren Reihen, die auch noch unterschiedliche Längen haben können.

```
> x <- c(1:4)
> y <- c("1","2","3","4","5")
> my_list <- list(x,y)
> my_list
[[1]]
[1] 1 2 3 4

[[2]]
[1] "1" "2" "3" "4" "5"
```

Soll ein einzelner Wert aufgerufen werden, so müssen Sie zwei Indexwerte angeben:

```
> my_list[[2]][2]
[1] "2"
>
```

Data Frames sind ein essenzielles Konzept in R (und übrigens auch in Python). Ein Data Frame ist wie eine Art Excel-Tabelle mit Beobachtungen in den Zeilen und Variablen in den Spalten. Jede Spalte ist ein Vektor.

Zeilen oder Spalten: Nicht egal!

Das Konzept der Data Frames ist so wichtig, dass es noch etwas genauer erläutert werden soll. Wenn Sie alle Menschen, die Sie in der Fußgängerzone treffen, nach ihrer Größe und ihrem Gewicht fragen, dann wird in einem Data Frame für jeden Fußgänger eine Zeile erstellt mit mindestens zwei Spalten, Größe und Gewicht (und vielleicht noch die fortlaufende Zählnummer des Passanten in der ersten Spalte). Jeder Fußgänger hat eine eigene Zeile und ist eine *statistische Einheit* oder *Beobachtung*, jede Spalte eine *Variable* (die wie oben beschrieben aus einem Vektor besteht) oder ein *Merkmal*. Die Einträge in den jeweiligen Zellen werden auch als *Merkmalsausprägung* bezeichnet. Kurz gesagt: Beobachtungen in den Zeilen, Variablen in den Spalten, so ist die ideale Tabelle für die Datenanalyse aufgebaut. Häufig wird dieses Format auch als *Rectangular Data* bezeichnet, auch die Übersetzung »rechteckige Daten« ist schon gesichtet worden. Manchmal wird dieses Format auch als *Wide Format* (für »breites Format«) bezeichnet.

Nicht alle Daten liegen in dieser Form vor, und häufig genug müssen Daten dann in dieses Format überführt werden, damit sie für Machine-Learning-Modelle verwendet werden können. Manche Modelle benötigen aber auch einen anderen Input.

Schauen wir uns einen der Data Frames an, die in R bereits mitgeliefert werden. Durch die Eingabe der Funktion head() werden die ersten Zeilen des Data Frames angezeigt:

```
> head(mtcars)
                   mpg cyl disp  hp drat    wt  qsec vs am gear carb
Mazda RX4         21.0   6  160 110 3.90 2.620 16.46  0  1    4    4
Mazda RX4 Wag     21.0   6  160 110 3.90 2.875 17.02  0  1    4    4
Datsun 710        22.8   4  108  93 3.85 2.320 18.61  1  1    4    1
Hornet 4 Drive    21.4   6  258 110 3.08 3.215 19.44  1  0    3    1
Hornet Sportabout 18.7   8  360 175 3.15 3.440 17.02  0  0    3    2
Valiant           18.1   6  225 105 2.76 3.460 20.22  1  0    3    1
>
```

Mit der Funktion str() können wir wieder die Struktur anzeigen lassen:

```
> str(mtcars)
'data.frame': 32 obs. of  11 variables:
 $ mpg : num  21 21 22.8 21.4 18.7 18.1 14.3 24.4 22.8 19.2 ...
 $ cyl : num  6 6 4 6 8 6 8 4 4 6 ...
 $ disp: num  160 160 108 258 360 ...
 $ hp  : num  110 110 93 110 175 105 245 62 95 123 ...
 $ drat: num  3.9 3.9 3.85 3.08 3.15 2.76 3.21 3.69 3.92 3.92 ...
```

```
 $ wt  : num  2.62 2.88 2.32 3.21 3.44 ...
 $ qsec: num  16.5 17 18.6 19.4 17 ...
 $ vs  : num  0 0 1 1 0 1 0 1 1 1 ...
 $ am  : num  1 1 1 0 0 0 0 0 0 0 ...
 $ gear: num  4 4 4 3 3 3 3 4 4 4 ...
 $ carb: num  4 4 1 1 2 1 4 2 2 4 ...
>
```

Die Funktion `summary()` gibt mehrere Statistiken aus. Auf die Bedeutung der einzelnen Statistiken werde ich in den jeweiligen Kapiteln eingehen (aus Platzgründen wird hier der kleine Bruder des Datensatzes `mtcars` verwendet, `cars`:

```
> summary(cars)
     speed           dist       
 Min.   : 4.0   Min.   :  2.00  
 1st Qu.:12.0   1st Qu.: 26.00  
 Median :15.0   Median : 36.00  
 Mean   :15.4   Mean   : 42.98  
 3rd Qu.:19.0   3rd Qu.: 56.00  
 Max.   :25.0   Max.   :120.00  
```

Mit diesem Data Frame können wir nun die ersten Analysen starten. Um nur eine Spalte zu untersuchen, nennen Sie den Data Frame, ein Dollar-Zeichen und dann die Spalte, die untersucht werden soll.

```
> summary(cars$speed)
   Min. 1st Qu.  Median    Mean 3rd Qu.    Max. 
    4.0    12.0    15.0    15.4    19.0    25.0 
>
```

Hier ist Vorsicht geboten, denn wenn Sie nur eine Spalte eines Data Frames auswählen, dann bekommen Sie als Ergebnis nicht unbedingt auch einen Data Frame. Eine häufige Fehlerquelle!

Eine *Matrix* ist wie ein Data Frame, nur müssen alle Zellen einer Matrix denselben Datentyp haben, und zwar eine Zahl. Manche Machine-Learning-Algorithmen benötigen eine Matrix als Input.

Ein *Factor* ist ein spezieller Vektor, bei dem die Merkmalsausprägungen vorab festgelegt sind. Nehmen wir zum Beispiel einen Data Frame, in dem eine Spalte das Geschlecht der Befragten enthält. Die Ausprägungen können zum Beispiel »männlich«, »weiblich«

oder »divers« sein. Nun könnte man diese Ausprägungen in jeder Zelle als `character` speichern. Aber da es eine begrenzte Anzahl an Ausprägungen gibt, könnte man diese Kategorien auch einfach als solche festlegen und damit Speicher sparen. Intern bestehen Vektoren vom Typ Factor aus Integerwerten, die jeweils eine Kategorie repräsentieren. Diese Kategorien werden als *Levels* bezeichnet, ihre Namen als *Labels*. Dieser Begriff wird im Machine Learning auch anders interpretiert, worauf ich dann jeweils hinweisen werde. Ein Beispiel aus der Hilfe, zunächst wird ein Vektor erstellt:


```
> x <- c("Man", "Male", "Man", "Lady", "Female")
```

Dann wird ein Factor aus Basis dieses Vektors erstellt:

```
> (xf <- factor(x, levels = c("Male", "Man" , "Lady", "Female"),
+               labels = c("Male", "Male", "Female", "Female")))
[1] Male   Male   Male   Female Female
Levels: Male Female
>
> str(xf)
 Factor w/ 2 levels "Male","Female": 1 1 1 2 2
```

Und hier der Beweis, dass intern Integerwerte genutzt werden:

```
> typeof(xf)
[1] "integer"
>
```

Auch ein Factor kann von manchen ML-Algorithmen als Input erwartet werden.

4.3.4 Daten einlesen

Daten werden meistens nicht mitgeliefert, auch wenn R einige spannende Datensätze bereits »an Bord« hat, sondern müssen von extern eingelesen werden. Der häufigste Fall ist das Einlesen aus einer CSV-Datei. CSV steht für *Comma-Separated Values*, also *durch Komma getrennte Werte*, wobei »Komma« etwas irreführend sein kann: Es kann ebenso gut ein Semikolon sein oder ein Tab. Das Gute an CSV-Dateien ist, dass sie meistens ziemlich genau dem entsprechen, was wir zuvor bei der Definition eines Data Frames gesehen haben: jede Beobachtung in einer Zeile, jede Spalte eine Variable. Dabei kann der Spaltenname bereits in der Datei enthalten sein.

Manchmal ist es sinnvoll, sich eine Datei erst einmal anzusehen, um den Separator zu identifizieren. Kleinere Dateien können Sie problemlos über den Dateibrowser von

RStudio öffnen und inspizieren. Bei größeren Dateien ab 5 Megabyte ist dies nicht möglich. Dann hilft das eingebaute Terminal in RStudio. Wechseln Sie mit dem Befehl

```
cd <VERZEICHNISNAME>
```

für *change directory* in das Verzeichnis, das die Datei enthält, und schon können Sie mit

```
head <DATEINAME>
```

den Kopf der Datei sehen, ähnlich wie bei dem `head()`-Befehl in R (siehe Abbildung 4.16).

Console | Terminal × | Jobs ×

Terminal 1 ▾ | ~/Documents/14 Data Archive

```
Mini-von-Tom:~ tom$ cd /Users/tom/Documents/14\ Data\ Archive/
Mini-von-Tom:14 Data Archive tom$ head aol.complete.csv
AnonID  Query   QueryTime       ItemRank        ClickURL
142     rentdirect.com  2006-03-01 07:17:12
142     www.prescriptionfortime.com     2006-03-12 12:31:06
142     staple.com      2006-03-17 21:19:29
142     staple.com      2006-03-17 21:19:45
142     www.newyorklawyersite.com       2006-03-18 08:02:58
142     www.newyorklawyersite.com       2006-03-18 08:03:09
142     westchester.gov 2006-03-20 03:55:57     1       http://www.westchestergov.com
142     space.comhttp   2006-03-24 20:51:24
142     dfdf    2006-03-24 22:23:07
Mini-von-Tom:14 Data Archive tom$
```

Abbildung 4.16 In dem Terminal von RStudio können Sie mit regulären UNIX-Befehlen die Struktur einer Datei mit dem Befehl »head« ansehen und den Separator identifizieren. In diesem Beispiel ist es ein Tab.

RStudio erleichtert das Einlesen von Dateien ungemein, aber auch hier ist das Verständnis von Separatoren wichtig. Hierzu können Sie im Dateibrowser von RStudio auf eine Datei klicken, um zu entscheiden, ob Sie sich die Datei ansehen möchten oder ob sie importiert werden soll (siehe Abbildung 4.17). Das funktioniert allerdings nur, wenn die gewählte Datei die Endung *.csv* oder eine andere von RStudio importierbare Endung hat. Wählen Sie IMPORT DATASET, dann nutzt RStudio das Package *Reader*, das zum Tidyverse gehört (siehe Kapitel 5, »Explorative Datenanalyse«). Sollten Sie eine Excel-Datei importieren wollen, so wählt RStudio automatisch ein anderes, passendes Paket.

RStudio bietet zudem über das ENVIRONMENT rechts oben zwei Möglichkeiten, CSV-Daten einzulesen:

- mit Base R
- mit der Library `readr`

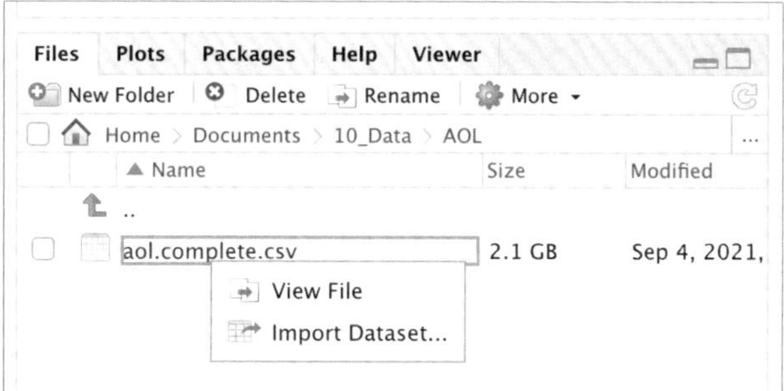

Abbildung 4.17 Das Importieren von Daten innerhalb des Dateibrowsers von RStudio

Darüber hinaus werden Datenimporte von Excel, SPSS, SAS und Stata angeboten (siehe Abbildung 4.18).

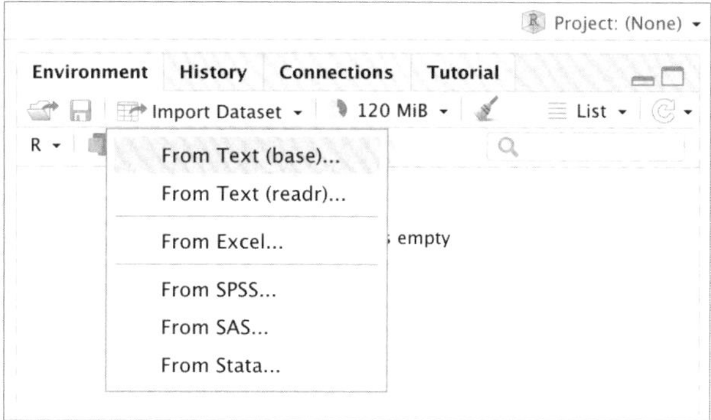

Abbildung 4.18 Daten über das Environment einlesen

Wählen Sie den Import über `readr`, so öffnet sich ein Dialogfenster wie in Abbildung 4.19. Dieses Dialogfenster bietet mehrere Funktionen:

- Mit der Eingabe einer Zahl bei SKIP können Sie die Anzahl der am Anfang der Datei zu ignorierenden Zeilen spezifizieren.
- Manche Dateien haben keinen »Kopf«, der die Spalte beschreibt. Dann müssen Sie FIRST ROW AS NAMES deaktivieren.
- Unter DELIMITER wählen Sie den Separator aus; in dem Beispiel aus Abbildung 4.19 muss der Separator geändert werden, das Ergebnis sehen Sie in Abbildung 4.20.
- Außerdem können Sie für jede Spalte einzeln bestimmen, um welchen Datentypen es sich handelt.

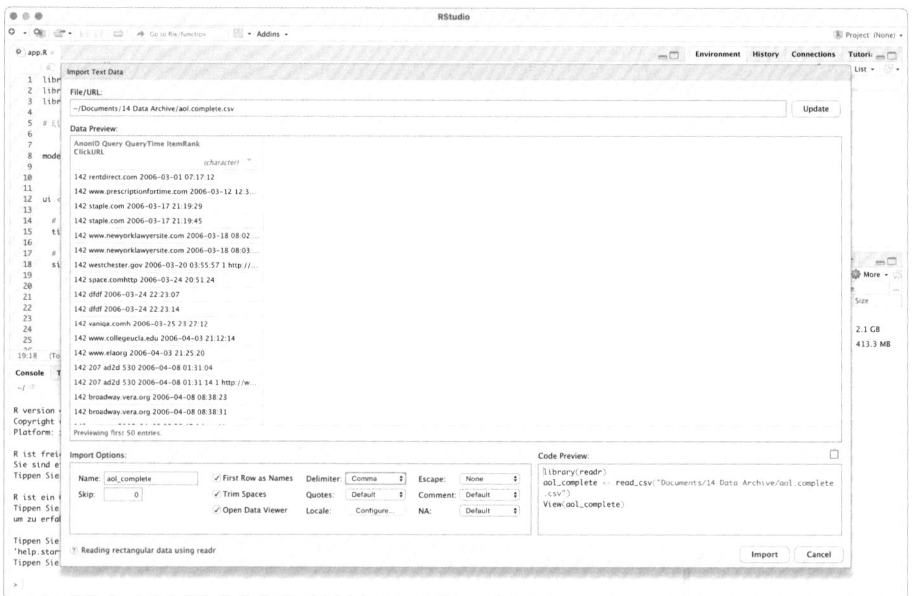

Abbildung 4.19 Das Dialogfenster zum Einlesen von Dateien in RStudio; in diesem Beispiel scheint die Datei einen anderen Separator zu verwenden als von RStudio erwartet.

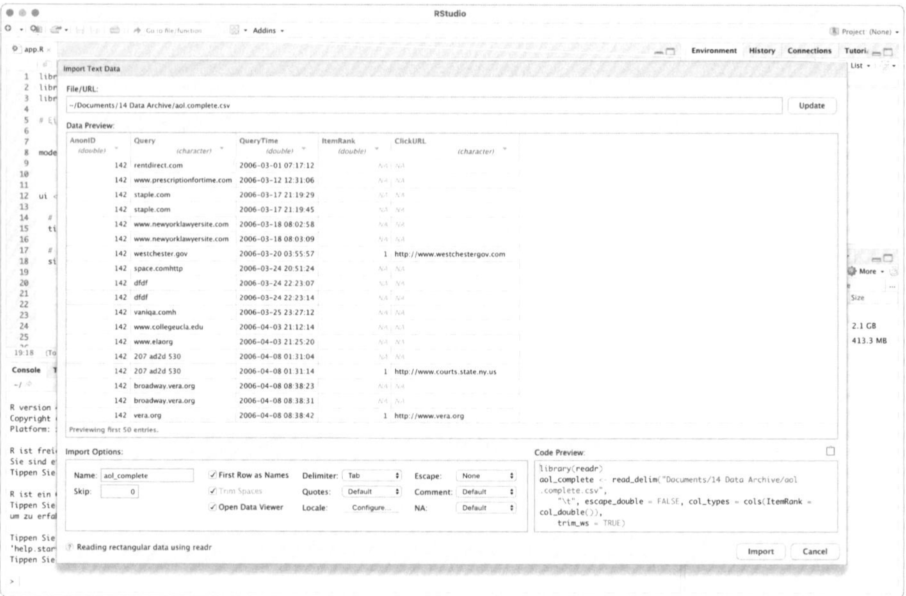

Abbildung 4.20 Das Dialogfenster zum Einlesen von Dateien in RStudio. Hier habe ich den Separator verändert, und das Format scheint nun korrekt zu sein.

Diesen letzten Punkt wollen wir uns einmal genauer ansehen, denn er führt regelmäßig zu Herausforderungen. In unserem Beispiel ist die dritte Spalte ein Datum mit einer Zeitangabe, RStudio will diese Spalte aber als `double` importieren. Idealerweise erklären wir RStudio gleich, wie das Format zu lesen ist. Hierzu klicken Sie auf das kleine Dreieck neben dem erratenen Datentyp und wählen dann in der Auswahlliste (siehe Abbildung 4.21) das passende Datenformat aus. In diesem Beispiel ist es `DateTime`. Leider benötigt RStudio nun noch etwas Hilfe – kein Wunder, denn Datumsformate sorgen jederzeit für eine große Verwirrung.

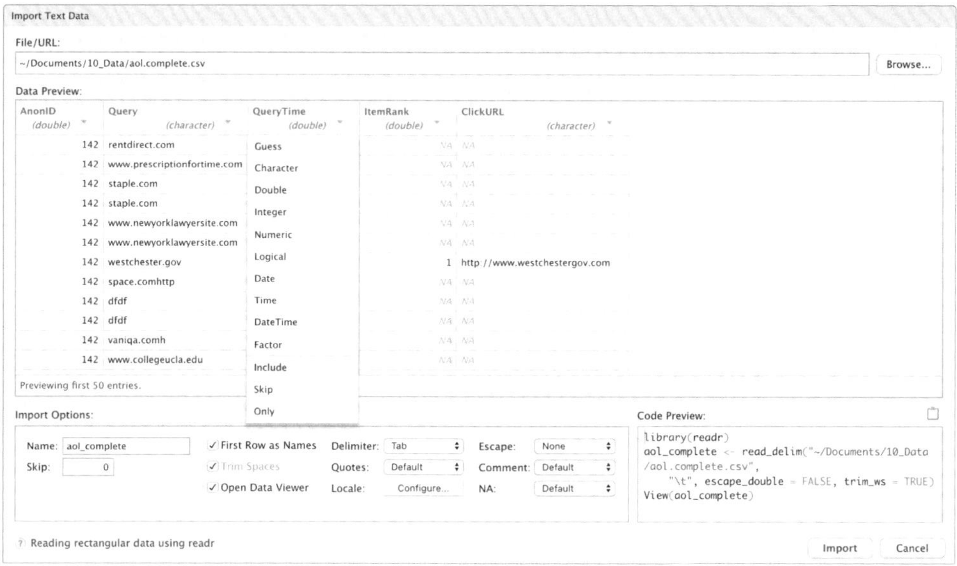

Abbildung 4.21 Konfiguration des Datentyps im RStudio-Datenimport

Wir müssen nun spezifizieren, wie das Datumsformat genau aufgebaut ist; in diesem Fall kommt erst das Jahr, dann der Monat, dann der Tag, alles mit Bindestrichen verbunden, und dann, nur mit einem Leerzeichen getrennt, die Uhrzeit mit einem Doppelpunkt als Separator. In Abbildung 4.22 sehen Sie, wie ich das Format hier spezifiziere. Was übrigens suboptimal ist: Sie sehen nicht, wie die Daten eigentlich aussehen, wenn Sie dieses Format spezifizieren; Sie müssen sich also merken, was Sie hier vorhaben. Spezifizieren Sie falsch, so bleibt die Spalte leer oder hat nur ein paar Zeilen richtig erkannt. In diesem Fall sollte aber alles funktionieren.

Der AOL-Datensatz

Falls Sie sich fragen sollten, was das für ein Datensatz ist, den Sie in diesem Abschnitt sehen: Es handelt sich um die berühmten anonymisierten Suchanfragen, die AOL 2006 veröffentlichte und kurz darauf wieder vom Server entfernte. Denn bei der Anonymisierung lief etwas schief, sodass einige AOL-Nutzer anhand ihrer Suchanfragen identifiziert werden konnten. Mehr als 36 Millionen Suchanfragen sind in dem Datensatz enthalten, mehr als 2 Gigabyte ist der entpackte Datensatz groß. Sie finden den Datensatz im Netz, aus rechtlichen Gründen kann ich ihn leider nicht auf meiner Website zum Download zur Verfügung stellen. Ein wunderbarer Datensatz für Datenenthusiasten! Schauen Sie sich zum Beispiel die Suchen des Nutzers 4417749 an. Diese Nutzerin wurde anhand ihrer Suchanfragen von Journalisten identifiziert und interviewt, wobei sie noch zu den Nutzern mit harmlosen Suchanfragen gehörte: *https://alby.link/aolnyt*.

Als Purist können Sie das natürlich auch einfach so regeln:

```
library(readr)
aol_complete <- read_delim("aol.complete.csv", "\t", escape_double = FALSE,
col_types = cols(QueryTime = col_datetime(format = "%Y-%m-%d %H:%M:%S")),
    trim_ws = TRUE)
```

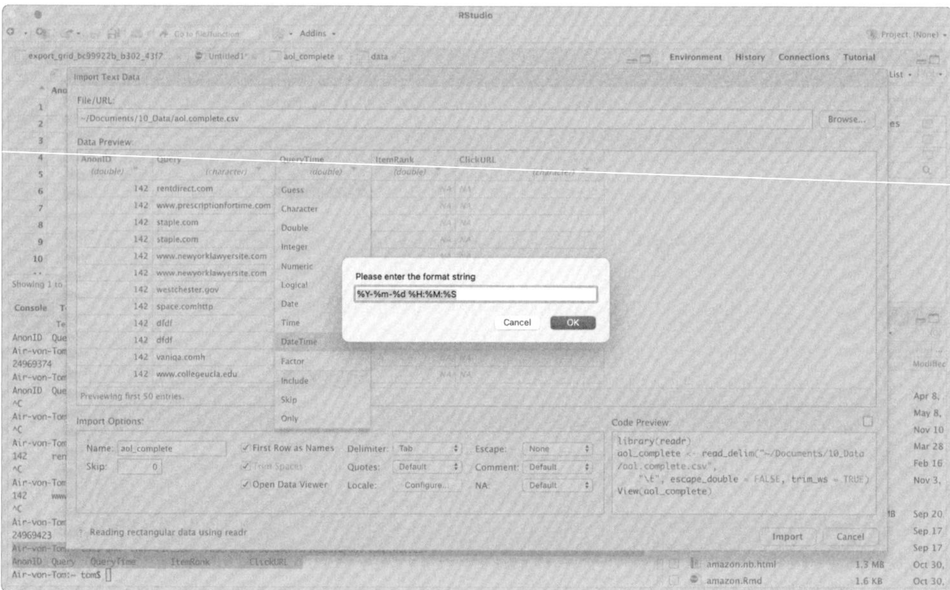

Abbildung 4.22 Spezifikation des Formats

Die zweite Möglichkeit, Daten zu importieren, ist, eine URL einzulesen. Das funktioniert eigentlich genau wie das Einlesen einer lokalen Datei, nur dass Sie anstelle eines Dateipfades eine URL angeben. Es ist allerdings nicht empfehlenswert, die Dateien jedes Mal aufs Neue über das Internet zu laden. Legen Sie stattdessen besser nach dem ersten Laden eine lokale Kopie an, die Sie dann für nachfolgende Sitzungen verwenden können. Wie Sie Daten auf Ihre Festplatte schreiben, wird in Abschnitt 4.3.5 beschrieben.

Alternativ zu dem CSV-Format gibt es weitere Formate, von denen JSON eine gewisse Popularität erreicht hat. JSON steht für *JavaScript Object Notation* und kann auch mit Daten umgehen, die verschachtelt sind; die Daten müssen nicht wie eine Tabelle aufgebaut sein. Ein Beispiel zeigt, wie eine einfache JSON-Datei aussehen kann:

```
{
  "firstName": "Jonathan",
  "lastName": "Freeman",
  "loginCount": 4,
  "isWriter": true,
  "worksWith": ["Spantree Technology Group", "InfoWorld"],
  "haustiere": [
    {
      "name": "Tom",
      "type": "Maus"
    },
    {
      "name": "Jerry",
      "type": "Katze"
    }

  ]
}
```

Im CSV-Format wäre dies etwas komplizierter darzustellen, denn bei den Haustieren gibt es gleich zwei Einträge. Da die Anzahl der Haustiere bei jedem Eintrag variieren kann, ergibt es wenig Sinn, vorab bereits Spalten nur für die Haustiere bereitzustellen (`haustier1_name`, `haustier1_typ`, `haustier2_name`, `haustier2_typ`). Es gibt immer wieder Ausreißer, die mehr Haustiere als üblich haben. Eine Lösung könnte sein, alle Haustiere einfach in einer Spalte zu nennen, mit Kommata getrennt, und diese Spalte noch gesondert zu interpretieren, aber das führt zu zusätzlicher Komplexität. JSON kann also seine Vorteile haben.

Die Verwendung von JSON ist aber bei vielen Datensätzen, die einfach im CSV-Format abgespeichert werden könnten, zu hinterfragen. JSON benötigt zum einen zusätzlichen Speicher, sowohl auf der Festplatte als auch im Arbeitsspeicher, und ist dann auch noch auf einen Interpreter angewiesen. Zum andern muss eine JSON-Datei in der Regel komplett geladen werden, damit sie interpretiert werden kann. R kann JSON-Dateien nicht ohne ein Package lesen, hierfür wird vom Tidyverse im Package `readr` zurzeit zusätzlich das Package `jsonlite` verwendet. Leider gibt es auch nicht nur ein JSON-Format, sondern auch das NDJSON-Format (*Newline-Delimited JSON*), was dazu führt, dass wir auch bei korrektem Code zu Fehlermeldungen kommen können. Da dies ein Spezialfall ist, verweise ich auf mein Blog für Explorationen mit JSON in R.

Für besondere Anwendungen wie Spark (siehe Kapitel 10, »Workflows und Werkzeuge«) können andere Dateiformate vorteilhafter sein. Ansonsten installiert `readr` weitere Packages, darunter

- *DBI* für Datenbanken
- *haven* für SAS, SPSS und Stata
- *httr* für APIs, die über das Web zu erreichen sind
- *readxl* für das Lesen und Schreiben von Excel-Tabellen
- *rvest* zum Scrapen von Daten aus dem Web (hier wird also auch HTML-Code interpretiert)
- *xml2* für XML-Dateien

PowerPoint-Präsentationen mit R erstellen

Es gibt auch Packages für das Schreiben von Word- und PowerPoint-Dateien. Tatsächlich habe ich schon einmal PowerPoint-Präsentationen komplett automatisiert in R geschrieben, um die monatliche Arbeit für einen Bericht zu verringern, den der Kunde unbedingt im PowerPoint-Format haben wollte. Es erfordert allerdings etwas Zeit, die Formatierung auch ästhetisch unfallfrei hinzubekommen. Mehr dazu erfahren Sie auf der Website zum Buch.

Egal, in welchem Format, Daten sind häufig nicht sauber. Auch wenn der Import, zum Beispiel über das RStudio-Import-Menü, zunächst zu funktionieren scheint, so kann es sein, dass es trotzdem Probleme gibt. So kann ein solches Problem aussehen:

```
> library(readr)
> aol_complete <- read_delim("aol.complete.csv",
+     "\t", escape_double = FALSE, trim_ws = TRUE)

-- Column specification -----------------------------------------------------------
cols(
  AnonID = col_double(),
  Query = col_character(),
  QueryTime = col_datetime(format = ""),
```

```
  ItemRank = col_double(),
  ClickURL = col_character()
)

|=================================================================| 100% 2173 MB
Warning: 29 parsing failures.
    row       col   expected    actual                                     file
3558412 AnonID    a double   AnonID    'aol.complete.csv'
3558412 QueryTime date like  QueryTime 'aol.complete.csv'
3558412 ItemRank  a double   ItemRank  'aol.complete.csv'
7172919 AnonID    a double   AnonID    'aol.complete.csv'
7172919 QueryTime date like  QueryTime 'aol.complete.csv'
....... ......... .......... ......... ..................................
See problems(...) for more details.
```

Häufig sind in manchen Zeilen Zeichen vorhanden, die dafür sorgen, dass ein Eintrag in einer Spalte auf zwei Spalten aufgeteilt wird und somit mehr Spalten vorhanden sind, als eigentlich erwartet wurden. In diesem Fall scheinen auch Daten irgendwie vertauscht zu sein. Es wird angeboten, mit `problems(...)` alle Details zu bekommen. In die Klammer gehört nun das Objekt, in das das Ergebnis des Imports geschrieben wurde:

```
> problems(aol_complete)
# A tibble: 29 × 5
        row col       expected     actual    file
      <int> <chr>     <chr>        <chr>     <chr>
 1  3558412 AnonID    "a double"   AnonID    'aol.complete.csv'
 2  3558412 QueryTime "date like " QueryTime 'aol.complete.csv'
 3  3558412 ItemRank  "a double"   ItemRank  'aol.complete.csv'
 4  7172919 AnonID    "a double"   AnonID    'aol.complete.csv'
 5  7172919 QueryTime "date like " QueryTime 'aol.complete.csv'
 6  7172919 ItemRank  "a double"   ItemRank  'aol.complete.csv'
 7 10853833 AnonID    "a double"   AnonID    'aol.complete.csv'
 8 10853833 QueryTime "date like " QueryTime 'aol.complete.csv'
 9 10853833 ItemRank  "a double"   ItemRank  'aol.complete.csv'
10 14504524 AnonID    "a double"   AnonID    'aol.complete.csv'
# ... with 19 more rows
>
```

Das Problem ist hier nicht komplett zu erkennen, auch werden nicht alle Zeilen angezeigt, sodass es empfehlenswert ist, sich die Zeilen genauer anzusehen. Das erreichen Sie in diesem Fall mit dem Befehl `print(problems(aol_complete), n=29)`. Eine andere

Möglichkeit ist, sich die Zeilen in RStudio im Viewer anzusehen. Gehen Sie mit dem Cursor auf eine Zelle in dem Datensatz, so erscheint ein Pop-up, das die ganze Zeile zeigt, da in dem Viewer selbst die angezeigte Länge begrenzt ist (siehe Abbildung 4.23). Das ist aber nicht immer einfach, denn wenn Sie Millionen von Zeilen haben, dann kann es dauern, bis Sie zu der geeigneten Zeile gescrollt haben. Sie können auch R selbst nutzen, um zu der Zeile zu gelangen, zum Beispiel so:

```
> aol_complete[3558412,]
# A tibble: 1 × 5
  AnonID Query QueryTime           ItemRank ClickURL
   <dbl> <chr> <dttm>                 <dbl> <chr>
1     NA Query NA                        NA ClickURL
```

Filter

	ISBN	Book-Title	Book-Author	Year-Of-Publication	Publisher	Image
6447	0751516678	Hester Dark	Emma Blair	2002	Warner Futura	http:/
6448	0297828991	Mr Foreigner	Matthew Kneale	2003	Trafalgar Square	http:/
6449	0061013722	The Clairvoyant	Marian Thurm	1999	HarperTorch	http:/
6450	0451163540	Triple	Ken Follett	1991	Signet Book	http:/
6451	0735201994	"Peterman Rides Again: Adventures Continue with the...	the Catalog Business"	NA	2000	Prentic
6452	1414011458	No More Bobs	…orris	2003	Authorhouse	http:/
6453	1564029654	Owl Babies	…addell	1996	Candlewick Press (MA)	http:/
6454	0307121259	I Am a Bunny (Golden Sturdy Book)		1963	Golden Books	http:/
6455	0671493183	Doggies (Boynton Board Books (Simon & Schuster))	Sandra Boynton	1984	Little Simon	http:/
6456	0679882812	Dr. Seuss's ABC: An Amazing Alphabet Book! (Bright a...	DR SEUSS	1996	Random House Books for Young Readers	http:/
6457	067144901X	Moo Baa La La La	Sandra Boynton	1982	Little Simon	http:/
6458	0399215921	The Very Busy Spider	Eric Carle	1989	Philomel Books	http:/
6459	0394900189	Are You My Mother (Beginner Books)	P. D. Eastman	1966	Random House Books for Young Readers	http:/
6460	0394800206	Go, Dog, Go (I Can Read It All by Myself Beginner Boo...	Philip D. Eastman	1961	Random House Children's Books	http:/

"Peterman Rides Again: Adventures Continue with the Real \"J. Peterman\" Through Life &

Abbildung 4.23 Problematische Zeile nach einem Import, hier mit dem Cursor auf der Zelle und einem Pop-up

Alternativ können Sie die Zeile in einem guten Texteditor, der mit großen Dateien umgehen kann, ganz einfach im Terminal untersuchen. Das ist häufig empfehlenswerter, da Sie nicht sicherstellen können, dass RStudio überhaupt alles importiert hat. Außerdem ist es schnell: Anstatt nach Zeile 7172919 zu suchen, müssen Sie die Anzahl der Header-Zeilen addieren, in diesem Fall eine, sodass wir bei Zeile 7172920 landen:

```
Air-von-Tom:~ tom$ awk 'FNR==7172920'  /Users/tom/Documents/10_Data/
aol.complete.csv
AnonID  Query   QueryTime       ItemRank        ClickURL
```

Ein einfacher Fall: Hier ist anscheinend die erste Zeile wiederholt worden, weil die Originaldateien aus mehreren CSV-Dateien stammte und diese einfach nur aneinandergereiht wurden.

Was genau ist ein Texteditor?

Microsoft Word und LibreOffice sind keine Texteditoren, sondern Textverarbeitungsprogramme. Diese zeigen Ihnen nicht die Rohdaten an, sondern bereits eine Formatierung. Texteditoren dagegen zeigen die rohen Daten an. Wenn Sie nicht mit den Klassikern vi, nano oder Emacs arbeiten wollen, so ist Microsofts Visual Studio Code eine gute Option.

Nicht selten sind die Probleme aber schwieriger zu lösen. Zum Beispiel wenn jeder Wert einer Spalte in Anführungszeichen gesetzt ist, doch ein Eintrag auch Anführungszeichen in einer Spalte hat, die mit einem Backslash (das ist dieses Zeichen: \) *escaped* werden. RStudio weiß das aber zunächst nicht und importiert die Zeilen damit falsch. Glücklicherweise kann auch das geregelt werden, indem bei ESCAPE im Importmenü der Backslash als Option angegeben wird.

Leider ist das nicht immer so einfach. Mitunter sind Daten so unsauber, dass alle Kniffe nichts nutzen und einzelne Zeilen unsauber bleiben. Natürlich kann dann die Original-Datei manuell gesäubert werden. Für einen einmaligen Import mag das eine Option sein. Sobald aber ein Modell gebaut werden soll, das häufig oder sogar kontinuierlich neue Daten importiert, ist dieser Weg nicht gangbar. Sie müssen dann entweder andere Routinen schreiben, die die Daten auf Fehler prüfen und diese ausgleichen oder – und das kann auch eine überlegenswerte Option sein – Sie können die Fehler akzeptieren, weil sie das Modell nicht beeinflussen und nur ein kleiner Anteil der Daten betroffen ist. Diese Entscheidung sollte aber auf Basis von Daten gefällt und dokumentiert werden. Zu beachten ist auch, dass vielleicht nur in dem jetzt vorhandenen Datensatz die Anzahl der betroffenen Daten gering ist, dies in der nächsten Datenlieferung aber schon anders sein kann.

Ein sauberer Datenimport ist die Grundlage für eine erfolgreiche Analyse und die Anwendung von Machine-Learning-Modellen. Auch wenn Werkzeuge wie RStudio den Import von Daten erleichtert, heißt das nicht, dass das eigene Gehirn ausgeschaltet werden kann. In Kapitel 5, »Explorative Datenanalyse«, werde ich das Thema Datenqualität noch ausführlicher behandeln.

4.3.5 Daten schreiben

Eine einfache CSV-Datei können Sie mit Base R so schreiben:

```
write.csv(books,file="books.csv")
```

Ein häufiger Fehler ist, dass nicht beachtet wird, in welchem *Arbeitsverzeichnis* man sich gerade befindet, und dann die gerade erstellte Datei nicht wiederfindet. Mit dem Befehl `getwd()` (*get working directory*) sehen Sie, wo Sie sich gerade befinden. Mit `setwd()` (*set working directory*) definieren Sie ein anderes Arbeitsverzeichnis. Arbeiten Sie in einem Projekt in RStudio, so wird bereits ein anderes Arbeitsverzeichnis als das Standardverzeichnis von RStudio gewählt.

4.3.6 Tipps zum professionellen und schnellen Arbeiten

Code sollte immer kommentiert sein, auch wenn man beim Programmieren gerne glaubt, dass der Code selbsterklärend sei. Spätestens aber, wenn Sie nach ein paar Monaten oder Jahren Ihren Code noch einmal öffnen, rächt sich das Fehlen von Kommentaren. Kommentare werden mit einem Hash gekennzeichnet; Code darin wird nicht ausgeführt, wie in diesem Beispiel:

```
> print("Hallo Welt") # Das ist eine ganz tolle Zeile Code
```

Objektnamen sollten Sie so wählen, dass man verstehen kann, worum es bei ihnen geht. Eine Variable mit dem Namen `a` ist meistens wenig hilfreich, und spätestens nach ein paar Wochen hat man vergessen, wofür sie eigentlich stand. Es ist eine weitverbreitete Verzerrung der eigenen Wahrnehmung während des Programmierens, dass man glaubt, dass der eigene Code sehr verständlich ist und keinerlei weiterer Erläuterung bedarf. Ich habe das in den vergangenen Jahrzehnten mehrmals ausprobiert und kann berichten, dass dieser Ansatz nicht funktioniert.

Es gibt einige Style Guides, innerhalb einer Organisation sollte ein gemeinsamer Style Guide befolgt werden. Hadley Wickham, der Schöpfer des Tidyverse, hat einen wunderbaren Style Guide unter *https://style.tidyverse.org* veröffentlicht. Die wichtigsten Punkte hieraus:

- Variablen- und Funktionsnamen sollten durchgehend kleingeschrieben werden und Teile ggf. mit einem Unterstrich verbunden sein (der sogenannte *Snake Case*): `ergebnis_transformation` ist ein Beispiel.
- Variablennamen sollten Substantive sein, Funktionsnamen sollten Verben sein.

Snake versus Camel Case

Neben dem *Snake Case* (`tolle_variable`) gibt es auch den *Camel Case* (`tolleVariable`) sowie die Möglichkeit, alles mit Punkten zu trennen (`tolle.variable`). Letztere Variante wird von R für Funktions- und Klassennamen genutzt, daher sollten Sie beim Programmieren davon eher Abstand nehmen.

Wie in Abschnitt 4.2.1 beschrieben, ergänzt R Befehle. Dies geht sogar so weit, dass nicht nur Klammern und Gänsefüßchen ergänzt werden. Geben Sie zum Beispiel nur `sum` ein und drücken dann die [Tab]-Taste, so bieten sowohl R als auch RStudio Vorschläge. Als besondere Serviceleistung zeigt R dann auch, mit welchen Parametern der jeweilige Befehl abgesetzt werden kann, so wie in Abbildung 4.24 zu sehen.

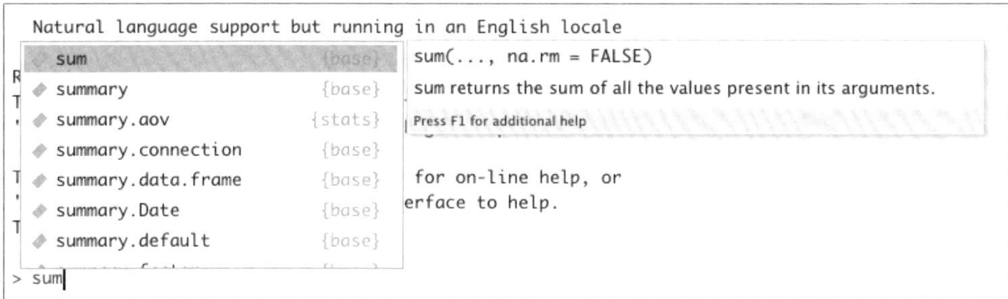

Abbildung 4.24 Ein von R generierter Vorschlag, welcher Befehl hier mit welchen Parametern genutzt werden kann

Häufig verwendet man einen Befehl mehr als einmal während einer Analyse. Nutzen Sie die Pfeiltasten nach oben und unten, so sehen Sie in der Konsole die Befehle, die Sie bereits eingegeben haben. Mit etwas Übung können Sie die Arbeit in R mit diesen Tipps erheblich beschleunigen.

Ist ein Befehl nicht vollständig, dann wirft R netterweise keine Fehlermeldung aus, sondern zeigt durch das Zeichen +, dass man doch bitte noch etwas hinzufügen soll:

```
> 2+
+
```

Nun können Sie den noch fehlenden Teil eines Befehls eingeben. Drückt man [↵], so wartet R immer noch auf eine Eingabe. Die einzige Möglichkeit, hier herauszukommen, ist die Tastenkombination [Strg]+[C].

Benötigen Sie Hilfe, so hilft ein ? vor dem jeweiligen Befehl:

```
?summary
```

Dadurch öffnet sich entweder ein neues Fenster oder, in RStudio, wird der Tab mit der Hilfe und der passenden Hilfeseite geöffnet.

Ich empfehle ausdrücklich die Verwendung von Leerzeichen im Code, zum Beispiel:

```
> a + b
```

Denn vor allem bei längeren Codezeilen ist das besser lesbar als

```
> a+b
```

Wie oben schon geschrieben dürfen Sie Leerzeichen allerdings nicht in Variablen verwenden, auch innerhalb des Zuweisungszeichens `<-` ist ein Leerzeichen nicht erlaubt. Ausnahmen bestätigen auch hier die Regel, denn sobald Sie eine Variable in Anführungszeichen setzen, geht auch das: `` `tolle Variable` ``. Empfehlenswert ist das allerdings nicht!

Kapitel 5
Explorative Datenanalyse

»Und dann war da noch der Statistiker, der in einem Fluss ertrank, der im Durchschnitt nur einen Meter tief war.« (Alter Statistiker-Witz, Urheber unbekannt)

Eine explorative Datenanalyse ist ein Ansatz aus der Statistik, der von Fahrmeir et al. wie folgt beschrieben wird (Fahrmeir 2011):

> *Über die Darstellung von Daten hinaus ist [die explorative Datenanalyse] konzipiert zur Suche nach Strukturen und Besonderheiten in den Daten und kann so oft zu neuen Fragestellungen oder Hypothesen in den jeweiligen Anwendungen führen. Sie wird daher typischerweise eingesetzt, wenn die Fragestellung nicht genau definiert ist oder auch die Wahl eines geeigneten statistischen Modells unklar ist.*

Bevor wir uns an die Machine-Learning-Modelle wagen, müssen die vorliegenden Daten erst einmal gesäubert, untersucht und gegebenenfalls auch transformiert werden. Das geschieht meistens im Rahmen einer *explorativen Datenanalyse*, auch kurz *EDA* genannt. Auch wenn Fahrmeir et al. sagen, dass die Fragestellung nicht genau definiert sein muss, ist es dennoch empfehlenswert, zu Beginn einer Analyse mindestens eine Ausgangsfragestellung zunächst so klar wie möglich zu definieren und immer wieder zu dieser Ausgangsfragestellung zurückzukehren, bevor man sich in einer Analyse »verliert«.

Gleichzeitig ist eine EDA eine Art »State of Mind«, wie es Hadley Wickham bezeichnet: Jeder Idee, die einem kommt, soll nachgegangen werden im Analyseprozess. Es ist ein kreativer Prozess, so dass es auch okay ist, viele Fragen zu generieren. Denn das Schwierigste ist häufig, die richtigen Fragen an die Daten zu stellen (Wickham 2017, eigene Übersetzung):

> *Datenexploration ist die Kunst, Daten zu betrachten, daraus schnell Hypothesen aufzustellen, diese schnell zu testen und dann wieder und wieder zu wiederholen. Das Ziel der Datenexploration ist es, viele vielversprechende Hinweise zu generieren, die später eingehender untersucht werden können.*

»Erfunden« wurde die explorative Datenanalyse von John W. Tukey in seinem Artikel »The Future of Data Analysis«; sein Buch »Exploratory Data Analysis« gilt als Klassiker und Grundlage für das Thema Data Science.

Explorative Datenanalyse oder Feature Engineering?

Während das Konzept der *explorativen Datenanalyse* aus der Statistik stammt, kommt der Begriff *Feature Engineering* aus dem Machine Learning. Die Grenzen sind fließend, denn in beiden Ansätzen werden Daten explorativ untersucht, um die Daten zu verstehen, zu reinigen und zu transformieren und die Variablen zu identifizieren, die später in einem Modell verwendet werden können. Bei der explorativen Datenanalyse sehe ich den Schwerpunkt allerdings auf den ersten Schritten, beim Feature Engineering auf den letzten.

Besonders geeignet für eine EDA sind Notebooks, die ich Ihnen in Abschnitt 5.2 vorstelle. Hier können Sie Gedanken, Code und Ergebnisse in einem Dokument vereinen.

Wir werden uns dem Thema in mehreren Schritten nähern:

- Was ist bei der Sammlung, der Reinigung und Transformation von Daten zu beachten?
- Dann schauen wir uns Notebooks an, die wir für die explorative Datenanalyse verwenden werden.
- Sie lernen ein R-Package kennen, das eine explorative Datenanalyse immens vereinfacht, das Tidyverse.
- Dann visualisieren wir Daten.
- Zum Schluss analysieren wir Daten einmal als Beispiel und führen dabei einige wichtige Begriffe der Statistik ein.

Dieses Kapitel könnte ein eigenes Buch sein; da, wo ich mich kürzer fassen muss, werde ich auf die jeweilige weiterführende Literatur verweisen.

5.1 Daten: Sammlung, Reinigung und Transformation

Stehen die Anforderungen und Fragestellungen an ein Data-Science-Projekt einigermaßen fest, kommt der erste große Aufwand, der in der Regel viel Zeit erfordert. Daten sind nicht immer so vorhanden, wie man sie braucht, noch seltener sind sie »sauber«. Denken wir kurz an den AOL-Datensatz aus dem vorherigen Kapitel zurück: Wenn wir wissen wollen, ob die Länge einer Suchanfrage einen Einfluss auf den Sucherfolg hat, so ist diese Information in der Spalte mit den Suchanfragen versteckt. Wir müssen diese Information erst aus der Variablen extrahieren. Gleichzeitig stellen wir dann fest, dass manche Nutzer extrem lange Suchanfragen mit zig Wörtern haben. Sollten diese Anfragen tatsächlich in eine solche Betrachtung einfließen?

Die Aufbereitung der Daten für die Nutzung in einem Modell wird häufig unterschätzt. Nicht selten liegt der Aufwand bei 80 % der Zeit, die insgesamt für ein Projekt aufgewendet werden muss.

5.1.1 Datenakquise

Daten stehen außerdem nicht immer zur Verfügung, obwohl sie vorhanden sind, zum Beispiel aus Datenschutzgründen (siehe Kapitel 11, »Ethischer Umgang mit Daten und Algorithmen«) oder auch weil Daten früher ohne spezielle Einwilligungen gesammelt wurden. Unterschieden wird zunächst zwischen *qualitativen* und *quantitativen Daten*. Daten aus Interviews sind qualitativer Art, Daten aus Messungen oder Umfragen sind quantitativer Art. Wenn zum Beispiel gefragt wird, welche Partei Sie wählen würden, wenn am nächsten Sonntag Bundestagswahlen wären, dann wären die möglichen Antworten auszählbar und somit quantitativ. Würde aber die Frage gestellt, warum Sie eine bestimmte Partei wählen wollen, ohne Ihnen Antwortmöglichkeiten vorherzugeben, dann könnte der Auswertende zwar die Antworten paraphrasieren und kategorisieren und somit auszählbar machen, aber Programme könnten dies nicht ohne Weiteres tun. Offensichtlich ist es schwierig, solche Daten aus Interviews zu analysieren, es sei denn, es geht um eine Textanalyse mithilfe computerlinguistischer Methoden. Anders ist es bei quantitativen Daten, die in der Regel so vorliegen, dass sie ohne eine Textanalyse maschinell ausgewertet werden können. Daten sind also nicht gleich Daten, was vor allem für Außenstehende nicht immer einfach zu begreifen ist.

Durch die Selektion einer Datenquelle kann bereits eine (hoffentlich unbeabsichtigte) Verzerrung stattfinden. Wenn ich zum Beispiel eine Befragung zur Parteipräferenz in Hamburg Blankenese durchführe, dann werden die Antworten vermutlich anders aussehen als in Hamburg Altona. Mitunter werden Daten auch so gesammelt, dass man gar nicht mitbekommt, dass die Daten verzerrt sind. Beispiel: Sie schauen sich an, wie viele Nutzer auf Ihre Website kommen, und stellen fest, dass so gut wie niemand dafür ein Mobiltelefon nutzt. Sie schließen daraus, dass Ihr Thema für Mobilnutzer nicht spannend ist, und optimieren Ihre Seite nicht mehr für Mobilgeräte. Es könnte aber genauso gut sein, dass Ihre Website auf Mobilgeräten einfach nicht gut zu lesen ist und Google sie deshalb nicht auf der ersten Suchergebnisseite anzeigt. Diese *Überlebenden-Verzerrung*, wie sie genannt wird, führt dazu, dass nur die Fälle angesehen werden, die es irgendwie geschafft haben, in die Untersuchung zu kommen, so dass falsche Schlussfolgerungen getroffen werden.

Die Datenakquise ist ein eigener Bereich, der je nach Industrie und Thema sehr unterschiedlich ausfallen kann. Ich verweise auf die jeweils spezifische Fachliteratur.

5.1.2 Wie viel Daten sind genug?

Dies ist eine der häufigsten Fragen zu Beginn eines Data-Science-Projekts. Sie ist nicht einfach zu beantworten, denn je nach Algorithmus kann die Antwort eine andere sein. Es wäre daher auch unprofessionell, eine »Hausnummer« zu nennen. Allgemein gilt: je mehr, desto besser. Manche Algorithmen wie *Deep Learning* benötigen eher große Datenmengen, wohingegen Naive Bayes bereits mit wenigen Daten robuste Ergebnisse erzielen kann, aber auch nicht muss. Wenn Sie an Kapitel 3, »Ablauf eines Data-Science-Projekts«, zurückdenken und das darin vorgestellte Verfahren der Test-, Trainings- und Validierungsdaten, dann wird auch klar, dass es mit ein paar Dutzend Datensätzen nicht getan ist. Populäre Tutorials wie die Prognose, welcher Titanic-Passagier überleben wird, basieren auf etwas mehr als 1000 Datensätzen, auch ein Clustering mit den 150 Datenzeilen des Iris-Datensatzes findet man häufig im Internet. Das ist aber eher die Ausnahme. Ein paar Tausend Beobachtungen sind immer ein guter Anfang.

In diesem Zusammenhang ist auch das Problem der *Class Imbalance* zu erwähnen. Eine sogenannte Class Imbalance entsteht dann, wenn die einzelnen Klassen eine stark unterschiedliche Größe haben. Helfen kann *Oversampling*, also mehrmaliges Ziehen einer Stichprobe aus der kleineren Klasse, um mehr Daten zu generieren. Ebenso könnte die größere Klasse *undersampled* werden, also ein Sample aus der großen Klasse genommen werden anstatt des ganzen Datensatzes. Bei einer Stichprobe ist wichtig, dass die Elemente zufällig gewählt werden, also zum Beispiel nicht die ersten 20 Zeilen eines Datensatzes, sondern zufällig ausgewählte Zeilen.

Es existieren auch komplexere Verfahren wie synthetische Samples, für die aus den Attributen der kleineren Klasse neue Daten generiert werden. Dies alles muss aber mit Vorsicht genossen werden. Als Beispiel soll hier der sogenannte Fraud dienen, also betrügerische geschäftliche Transaktionen, sei es, weil einem etwas verkauft wird, was entweder fehlerhaft oder gar nicht geliefert wird, oder weil man etwas verkauft, das zwar geliefert, aber nie bezahlt wird. Zum Glück ist nur ein kleiner Teil geschäftlicher Transaktionen Betrug. Und genau das kann ein Problem sein für das maschinelle Lernen. Denn wenn im Supervised Learning eine Klasse nur sehr selten vorhanden ist, dann ist die Wahrscheinlichkeit gering, dass die Maschine diese Fälle gut erkennen kann. All das zeigt sich bereits in der explorativen Datenanalyse und kann gegebenenfalls durch die beschriebenen Methoden behoben werden.

5.1.3 Datenreinigung: Die verschiedenen Dimensionen der Datenqualität

Je nach Autor wird eine unterschiedliche Anzahl von Dimensionen der Datenqualität unterschieden (siehe zum Beispiel Loshin 2009), von denen ich einige vorstellen möchte:

- **Gültigkeit/Validity**: Entsprechen die Werte den notwendigen Standards? Wird zum Beispiel ein Datum- und Zeitwert benötigt, aber der Zeitwert enthält nur Stunden von 0 bis 11, dann wird der Standard einer internationalen Zeitangabe nicht eingehalten.
- **Genauigkeit/Richtigkeit/Accuracy**: Sind die Daten inhaltlich richtig? Beispiel: In einem Datensatz ist eine Person über 200 Jahre alt. Dies ist nicht nur unwahrscheinlich, sondern zumindest momentan noch unmöglich.
- **Konsistenz/Consistency**: Sind die Daten über mehrere Systeme konsistent? Beispiel: Es existiert eine Kundendatenbank und eine weitere Datenbank mit den Zahlungserfahrungen mit diesen Kunden. Sind Daten wie Name und Adresse nicht konsistent, so werden sich die Daten nicht synchronisieren lassen.
- **Relevanz**: Spiegeln die Daten die Interessen der Anwender wider? Zwar gibt es viele Daten, aber nicht immer enthalten sie das, was uns wirklich interessiert.
- **Integrität/Integrity**: Strukturelle oder relationale Qualität, z. B. De-Duplizierung, so dass keine Datenpunkte doppelt vorhanden sind.
- **Zugänglichkeit/Accessibility**: Wie einfach kommt man an die Daten, wenn sie benötigt werden?
- **Aktualität/Currency/Timelessness**: Inwieweit spiegeln die Daten die gegenwärtige Datenlage wider? Beispiel: Kreditausfall-Daten aus der Zeit vor der Finanzkrise 2008/2009 sind nur mit viel Vorsicht noch zu späteren Zeitpunkten verwendbar, weil sich einfach die Welt seitdem stark verändert hat. Der Abstand zwischen Entstehung und Verfügbarkeit von Daten kann aber auch insofern kritisch sein, als Echtzeitanwendungen darauf angewiesen sind, dass Daten möglichst schnell im System vorhanden sind.
- **Einzigartigkeit/Uniqueness**: Jede Entity ist nur einmal in den Daten vorhanden, zumindest mit den jeweiligen Attributen.
- **Vollständigkeit/Completeness**: Für die notwendige Untersuchung sind alle Daten oder zumindest ein repräsentatives Sample vorhanden.

Nicht immer ist es aber so einfach, gerade bei dem Punkt Richtigkeit. So wird in der Literatur öfter der Fall Hadlum vs. Hadlum erwähnt. Frau Hadlum gebar 349 Tage, nachdem ihr Ehemann in den Krieg gezogen war, ein Kind. Die typische Schwangerschaft dauert 266 Tage. Bei solchen Ausreißern sollten die folgenden Fragen gestellt werden:

- Ist diese Zahl typisch?
- Ist sie ungewöhnlich?
- Ist sie unmöglich?

In dem Beispiel oben hatte ich argumentiert, dass es heutzutage noch unmöglich ist, dass jemand älter als 200 Jahre wird. Eine Schwangerschaft kann länger als 38 Wochen gehen, aber mehr als 10 Wochen drüber? Frau Hadlum gewann vor Gericht, das sagte, dass eine solch lange Schwangerschaft zwar sehr unwahrscheinlich, aber immer noch möglich sei. Offensichtlich ist Fachwissen notwendig, um in solchen Fällen eine Entscheidung zu treffen, wie richtig die Daten tatsächlich sind.

5.1.4 Datentransformation: Der unterschätzte Aufwand

Der ideale Datensatz sieht für die meisten Analysen und Machine-Learning-Algorithmen wie bereits zuvor erwähnt so aus, dass sich jede Beobachtung in einer Zeile und jede Variable in einer Spalte befindet. Das ist nicht immer der Fall. Und manchmal befinden sich die Daten auch in mehreren Dateien, die dann zu einer Datei zusammengeführt werden müssen.

Einige Machine-Learning-Algorithmen benötigen Zahlen als Eingabe, denn häufig wird in diesen Algorithmen mit Distanzen gearbeitet. Beispiele dafür sind k-Means und Support Vector Machines. Allerdings liegen nicht immer alle Daten in Form von Zahlen vor. So könnte eine Spalte in einem Datensatz das Geschlecht von Personen enthalten, und das kann divers, männlich oder weiblich sein. Dies ist eine sogenannte *kategoriale Variable*. Auf den ersten Blick könnte man in Versuchung geraten, jedem Geschlecht eine Zahl zuzuordnen, zum Beispiel divers eine 1, männlich eine 2 und weiblich eine 3. Aber auf den zweiten Blick ergibt das keinen Sinn. Denn wenn es um Distanzen geht, dann stellt sich die Frage, ob das weibliche Geschlecht tatsächlich weiter entfernt vom Geschlecht »divers« ist als das männliche Geschlecht. Entfernungen sind hier nicht sinnvoll, und somit ist es auch nicht zielführend, jedem Geschlecht eine Zahl zuzuordnen.

Data Scientists haben hierfür eine andere Lösung gefunden, die ich in Abschnitt 7.1.4 detailliert erläutern werde. Jedes Geschlecht bekommt seine eigene Spalte, und sofern das Geschlecht zutrifft, ist in der jeweiligen Zelle eine 1 zu finden, ansonsten nicht. Genau genommen bekommt allerdings nicht jedes Geschlecht seine eigene Spalte, denn die dritte Spalte ergibt sich ja aus den beiden Spalten zuvor. Wenn jemand nicht divers oder männlich ist, dann kann diese Person nur weiblich sein.

Eine solche Transformation ist nur ein Beispiel für viele andere notwendige Transformationen. Denn nicht alle Algorithmen benötigen Zahlen, Naive Bayes zum Beispiel bevorzugt Kategorien. Wie aber macht man aus Zahlen Kategorien, zum Beispiel, wenn es um Einkommen geht? Man könnte Einkommenskategorien bilden, aber wie sollen die Grenzen für jede Kategorie gebildet werden? Keine einfache Entscheidung, und zunächst ist eine Analyse notwendig, um sinnvolle Gruppen zu bilden.

Übrigens sollten Sie sich davor hüten, Daten erst einmal in Excel zu säubern, sofern Ihre Daten nicht ohnehin viel zu groß dafür sind. Denn waren Daten einmal in Excel geöffnet und wurden wieder gespeichert, so ist das Datenformat ein anderes, selbst wenn aus Excel eine CSV-Datei exportiert wird. Und das betrifft nicht nur die manchmal ungewollte Umwandlung in ein Datumsformat.

5.2 Notebooks

Nachdem Sie nun zumindest theoretisch etwas über die Datensäuberung und -transformation gelernt haben, möchte ich Ihnen nun ein weiteres Werkzeug vorstellen, das die Arbeit der explorativen Datenanalyse ungemein vereinfacht: die Notebooks.

5.2.1 EDAs mit Notebooks und Markdown

Notebooks sind eine großartige Erfindung für die professionelle Datenanalyse. Sie existieren auch für andere Sprachen. Das Jupyter-Projekt zum Beispiel wurde für Julia, Python und R erschaffen, daher der Name. In einem Notebook werden Text, der eigentliche Softwarecode sowie Daten und Ergebnisse in einem Dokument zusammengeführt. Der Analyst schreibt zum Beispiel zunächst auf, was das Ziel der Analyse ist, dann wird der passende Code geschrieben, das Ergebnis in dem Dokument berechnet und eventuell auch noch in einem Text interpretiert (siehe das Standard-Notebook in RStudio in Abbildung 5.1).

Dadurch, dass alles zusammen in einem Dokument ist, können Vorgehensweise und Software von anderen Analysten nachvollzogen und Analysen einfacher ausgetauscht werden. Reproduzierbarkeit von Ergebnissen ist ein großes Thema in der wissenschaftlichen Welt, aber auch immer mehr in der Data-Science-Szene. Sofern datenschutzrechtlich oder aufgrund anderer Einschränkungen nicht ausgeschlossen, können Daten, Software und Dokumentation auf diese Weise einfach untereinander ausgetauscht werden.

Um das Geniale an den Notebooks noch stärker zu verdeutlichen: Stellen Sie sich vor, dass Sie einen großen Datensatz in Excel untersucht haben. In Ihren Tabellenblättern finden sich viele Formeln, vielleicht auch etwas Text. Aber zum Teil haben Sie die Daten modifizieren müssen, zum Beispiel einen Datumswert, damit die Analyse funktioniert.

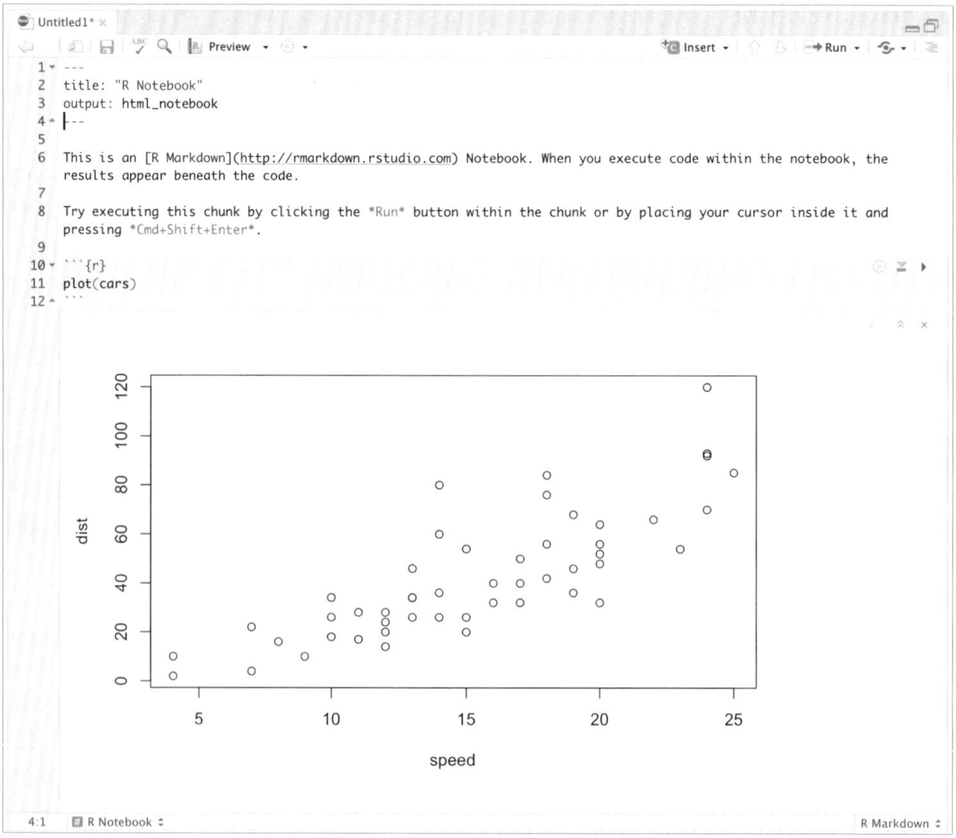

Abbildung 5.1 Beispiel des Standard-Notebooks in RStudio

Würden Sie nach drei Monaten noch genau wissen, was Sie da getan haben? Und wenn Sie jemandem aus Ihrem Team die Analyse schicken, wäre derjenige imstande, jeden Ihrer Gedankengänge nachzuvollziehen? Sehr wahrscheinlich nicht.

Mit einem Notebook ist das anders. Sie beginnen mit einem leeren Notebook, importieren dann die Daten (und dokumentieren damit gleichzeitig, wie Sie das getan haben), säubern und transformieren sie, analysieren sie und wenden abschließend Modelle an. Alles in einem Dokument, der ganze Workflow zum Nachlesen für Sie selbst und Ihre Kollegen. Schauen Sie sich ein Beispiel unter *https://tom.alby.de/analysis/nycflights.html* an.

Ein Notebook wird in RStudio erstellt, indem Sie wie in Kapitel 4, »Einführung in R«, erläutert das Menü öffnen und dort R NOTEBOOK auswählen. Wird ein neues Notebook erstellt, so ist immer bereits ein Stück Code in einem Codeblock, der in RStudio *Chunk* genannt wird, vorhanden:

```
plot(cars)
```

Führen Sie den Befehl aus, so entsteht dann direkt unter dem Codeblock der Plot, der dann im weiteren Fließtext weiter beschrieben werden kann. Ausgeführt wird der Code, indem Sie entweder auf das kleine Dreieck oben rechts im Codeblock klicken oder einfach je nach Betriebssystem Strg/⌘+↵ drückt (siehe Abbildung 5.2). So folgt ein Teil der Analyse dem anderen, und es ergibt sich ein nachvollziehbarer Gang durch die Gedanken des Autors des Notebooks.

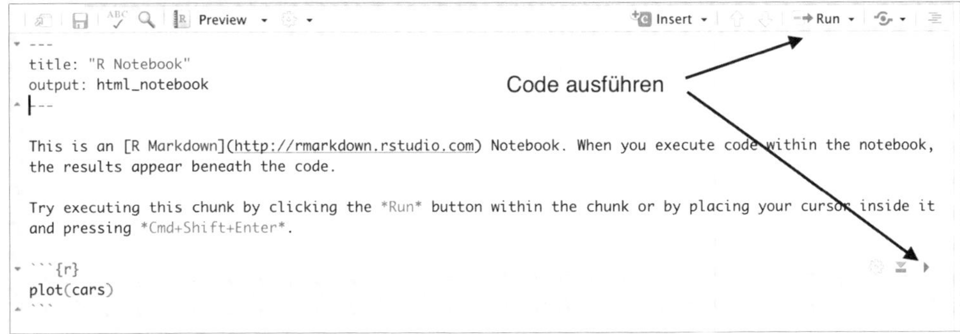

Abbildung 5.2 Ausführen von Code in einem Codeblock

Einen neuen Codeblock fügen Sie ein, indem Sie entweder im Interface auf INSERT klicken und dann auf die jeweilige Sprache, oder indem Sie eine Tastenkombination drücken, die vom jeweiligen Betriebssystem abhängig ist (siehe Abbildung 5.3). Netterweise erlaubt RStudio nicht nur das Einfügen von R-Code, sondern auch die Nutzung anderer Sprachen wie Python. In einem Dokument können also Codestücke verschiedener Sprachen genutzt werden und diese untereinander Daten austauschen. In einem Codeblock kann mehr als eine Zeile Code geschrieben werden, allerdings nur in derselben Sprache. Die Tastenkombination zum Ausführen des Codes gilt dann nur noch für die jeweilige Zeile, nicht für den ganzen Codeblock.

Hier liegt auch eine häufige Fehlerquelle: Ein Codeblock beginnt mit drei Gänsefüßchen und einem `r` in geschweiften Klammern und endet wieder mit drei Gänsefüßchen:

````
```{r}
plot(cars)
```
````

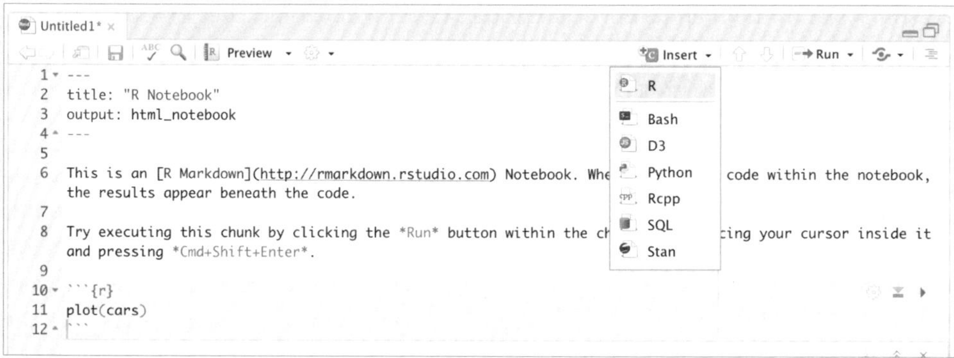

Abbildung 5.3 Einen neuen Codeblock einfügen

Durch fehlerhaftes Kopieren oder Unvorsichtigkeit kann es passieren, dass ein Teil des Anfangs oder Endes eines Blocks fehlt. Dann verschwindet der grüne Pfeil rechts oben im Codeblock, so dass der Code nicht mehr ausführbar ist. Es passiert einfach gar nichts.

Notebooks basieren auf *Markdown*, einer leichtgewichtigen Markup-Sprache zur Formatierung von Text. Anstatt wie in Word einen Textabschnitt zu markieren, um ihn dann über einen Menübefehl kursiv zu setzen, werden im Markdown einfache Befehle vor beziehungsweise um einen Textabschnitt herum gesetzt. Über Markdown kann man allein ein ganzes Buch schreiben, hier sollen nur die wichtigsten Befehle erläutert werden.

Markup versus Markdown

Markup werden Sie sicherlich schon einmal gehört haben, zum Beispiel bei HTML, der *Hyper-Text Markup Language*. Was genau ist nun Markdown? Markdown ist tatsächlich nur eine weitere Markup-Sprache.

Wie in Kapitel 4, »Einführung in R«, erwähnt, ist das Hash-Zeichen eigentlich für Kommentare vorgesehen, in Notebooks bekommt es aber eine andere Bedeutung:

```
# Ich bin eine große Überschrift
## Ich bin eine etwas kleinere Überschrift
### Und ich bin eine noch kleinere Überschrift
```

Eine unnummerierte Aufzählung wird so generiert:

```
* Der erste Punkt
* Der zweite Punkt
```

In dem sogenannten *Front Matter* eines Markdown-Dokuments wird beschrieben, wie mit einzelnen Elementen des Dokuments umgegangen werden soll:

```
---
title: "Beispiel-Notebook"
output:
  html_document:
    toc: true
    df_print: paged
---
```

In diesem Beispiel wird definiert, wie der Titel des Dokuments ist, dass ein Inhaltsverzeichnis aus den Überschriften generiert werden soll und dass die Data Frames innerhalb eines Dokuments nicht komplett auf einer Seite ausgegeben werden sollen, sondern mit Pagination. Wichtig: Machen Sie im Front Matter einen Fehler, dann kann es sein, dass das ganze Notebook hinterher nicht mehr funktioniert oder nicht in ein anderes Dokument konvertiert werden kann (siehe den nächsten Abschnitt).

Das Ergebnis sieht nach dem Export nach HTML (genannt *Knitting*, siehe den nächsten Abschnitt) dann zum Beispiel aus wie in Abbildung 5.4:

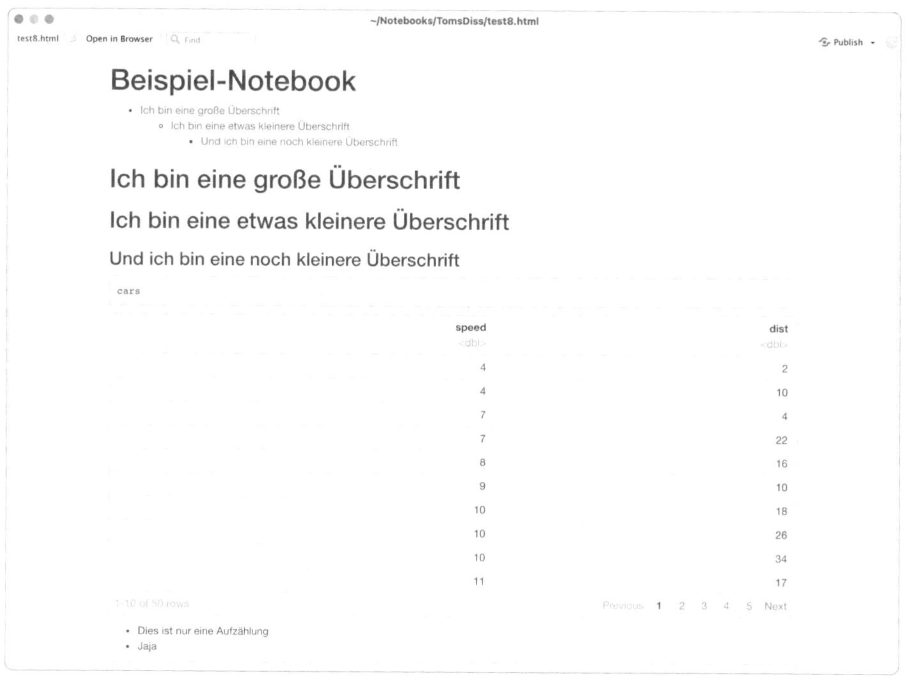

Abbildung 5.4 Die Ausgabe des Notebooks nach dem Knitting

Es wird übrigens jedes Mal eine HTML-Datei erzeugt, wenn Sie Ihr Notebook speichern. Das kann etwas nervig sein, denn eigentlich benötigen Sie diese HTML-Dateien nicht immer. Sie können dieses Verhalten verhindern, indem Sie im Front Matter den Ausdruck

```
output: html_notebook
```

einfach löschen.

RStudio hat in der Version, die zum Zeitpunkt des Verfassens dieses Buchs vorliegt (1.3.1093), einen etwas verwirrenden Umgang mit den Notebooks. Denn wenn Sie ein neues Dokument erstellen, finden Sie im Menü sowohl den Punkt R NOTEBOOK als auch R MARKDOWN DOCUMENT. In beiden Fällen entsteht ein Dokument mit der Endung *.Rmd*. Der einzige Unterschied: Beim Auswählen von R MARKDOWN DOCUMENT hilft ein Dialogfenster dabei, bestimmte Eigenschaften des Zieldokuments zu definieren, und dabei wird schon ein Teil des Front Matters festgelegt.

Unter *https://alby.link/notebook* finden Sie ein Video mit einem Rundgang durch ein Notebook in RStudio.

5.2.2 Knitting

Notebooks können wie im vorherigen Abschnitt gezeigt in andere Formate exportiert werden, zum Beispiel in HTML-Seiten oder in ein PDF-Dokument. Mit Markdown können spezifische Befehle verwendet werden, um die Formatierung zu verändern, HTML-Links einzufügen und so weiter. Hier sind die Daten, sofern in das Notebook eingebunden, auch in dem Ergebnisdokument zu sehen. Dies kann dazu führen, dass diese Dokumente sehr groß werden, es ist also etwas Gehirnschmalz vorab zu investieren, welche Daten für den Austausch wirklich unbedingt notwendig sind. Ein Beispiel für eine explorative Datenanalyse, die mit einem Notebook und Markdown entstanden ist, findet sich unter *https://alby.link/eda*.

Aber nicht nur einzelne HTML-Seiten können erstellt werden, sondern auch ganze Websites. So ist meine Website komplett in R geschrieben, jede Seite ist ein Markdown-Dokument. (Siehe Abbildung 5.5.) Mit dem Hugo-Framework überführe ich diese Markdown-Dokumente dann in statische HTML-Seiten.

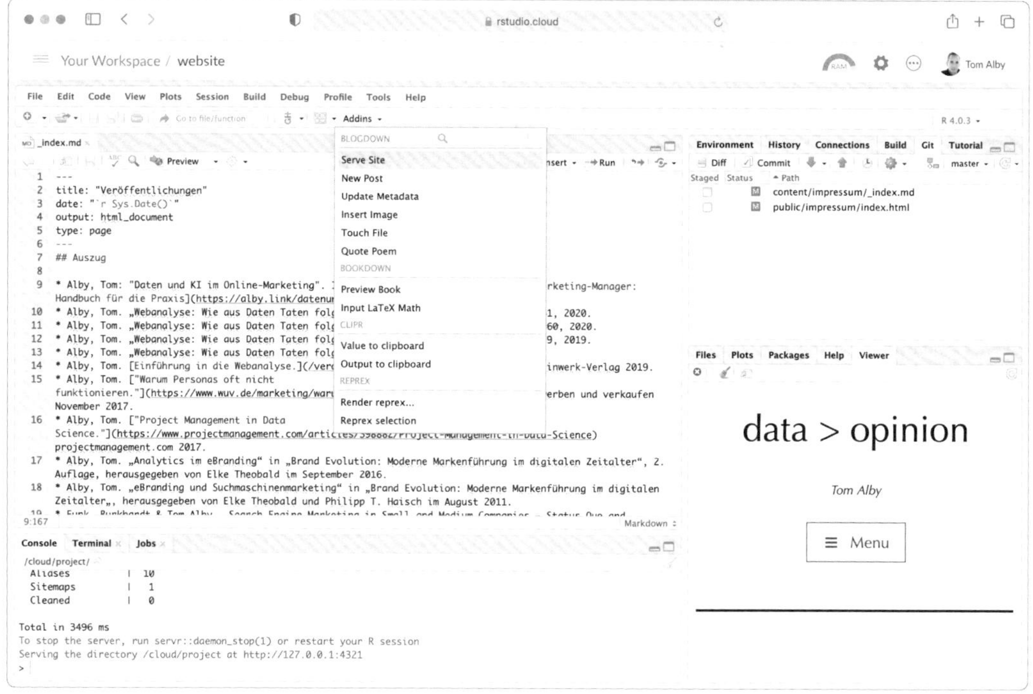

Abbildung 5.5 Die eigene Website mit Markdown und Hugo in R erstellen

5.3 Das Tidyverse

Nachdem Sie gerade ein Werkzeug kennengelernt haben, in dem Sie Ihre explorative Datenanalyse gut dokumentieren können, stelle ich Ihnen nun einen Dialekt von R vor, der Ihre Arbeit stark vereinfachen wird.

5.3.1 Warum das Tidyverse nutzen?

Das Tidyverse ist ein Package für R aus der Feder von Hadley Wickham, dem Chief Data Scientist von RStudio, der auch viele andere Packages für R geschrieben hat. Scherzhafterweise wird das Tidyverse von Hadleys Anhängern auch manchmal als »Hadleyverse« bezeichnet. Tatsächlich ist das Tidyverse nicht nur ein einzelnes Package, sondern eine Ansammlung von Packages.

Neben dem Tidyverse existieren auch andere Erweiterungen zur Datentransformation, vor allem *data.table* sei hier genannt. Mitunter wird zwischen den Anhängern der beiden Dialekte emotional diskutiert, was die bessere Wahl ist. Im Unterricht hat sich Tidyverse aber als einfacher erwiesen, denn im Prinzip kann man sich mit dem Tidyverse so ausdrücken, wie man selber denkt. Dies soll in den nächsten Abschnitten genauer beleuchtet werden.

Das Tidyverse enthält mehrere Libraries:

- `ggplot2`: erweiterte Plotting-Möglichkeiten (siehe Abschnitt 5.4.4)
- `dplyr`:[1] eine beliebte Bibliothek zur Daten-Manipulation
- `tidyr`: zum »Aufräumen« von Daten
- `readr`: zum Einlesen von Daten
- `purrr`: Erweiterung der Funktionalen Programmierung in R
- `tibble`: Eine moderne Version der Data Frames; wird das Tidyverse geladen, dann werden aus Data Frames automatisch Tibbles.
- `stringr`: Library zur Bearbeitung von Strings
- `forcats`: Library zur Lösung von Problemen mit Factors

Es ist möglich, dass auch nur einzelne Libraries installiert werden; mit

```
install.packages(tidyverse)
```

werden alle Libraries auf einmal installiert und mit

```
library(tidyverse)
```

auch geladen. Leider zeigt das Tidyverse direkt nach dem Laden mehrere Meldungen an, die insbesondere Anfänger stark verwirren (siehe Abbildung 5.6).

```
> library(tidyverse)
Registered S3 methods overwritten by 'dbplyr':
  method         from
  print.tbl_lazy
  print.tbl_sql
— Attaching packages ——————————————————————————————————— tidyverse 1.3.1 —
✓ ggplot2 3.3.3     ✓ purrr   0.3.4
✓ tibble  3.1.2     ✓ dplyr   1.0.6
✓ tidyr   1.1.3     ✓ stringr 1.4.0
✓ readr   1.4.0     ✓ forcats 0.5.1
— Conflicts —————————————————————————————————— tidyverse_conflicts() —
x dplyr::filter() masks stats::filter()
x dplyr::lag()    masks stats::lag()
>
```

Abbildung 5.6 Verwirrende Meldungen nach dem Laden der Tidyverse-Library

1 Das wird auf Deutsch »die-plai-er« ausgesprochen.

So sind einige Zeilen in Rot, was viele Teilnehmer in meinen Kursen dazu veranlasst, nicht mehr weiterzuarbeiten, da sie davon ausgehen, dass es sich hier um eine Fehlermeldung handelt. Dann steht da noch etwas von »Conflicts«, was noch mehr zur Verwirrung beiträgt.

Tatsächlich ist hier nichts Schlimmes passiert. Seltsamerweise zeigt das Tidyverse in der Signalfarbe Rot an, welche Methoden »überschrieben« werden. Bei den Konflikten wird lediglich gesagt, dass, wenn man nun zum Beispiel `filter()` eingibt, sich diese Funktion nun anders verhalten wird als zuvor.

Eine häufige Fehlerquelle entsteht dadurch, dass manche Pakete einen Befehl anbieten, den es bereits in Base R oder in einem anderen Paket gibt. Wird also erst R gestartet, dann funktioniert zum Beispiel die Funktion `filter()` so, wie sie von den Erschaffern von R vorgesehen wurde. Wird dann zum Beispiel das Tidyverse geladen mitsamt dem darin enthaltenen Paket `dplyr` (ja, es gibt Pakete in Paketen), dann verhält sich `filter()` plötzlich ganz anders, nämlich so, wie es in `dplyr` vorgesehen ist. Zwar warnt das Tidyverse nach dem Laden davor, aber im Laufe eines Projekts kann man so etwas auch mal vergessen. Wenn Sie zum Beispiel normalerweise die Funktion `filter()` so, wie sie ist, verwenden wollen und dann nur für einen einzigen Befehl die Tidyverse-Variante nutzen wollen, so lohnt es nicht, erst das Tidyverse-Paket zu laden, die andere Variante von `filter()` zu nutzen und dann das Paket wieder zu entladen. Eine Möglichkeit, die Tidyverse-Variante zu verwenden, ohne das Paket zu laden, besteht darin, den Befehl folgendermaßen einzugeben:

```
> dplyr::filter(mtcars, cyl==6)

                mpg cyl  disp  hp drat    wt  qsec vs am gear carb
Mazda RX4      21.0   6 160.0 110 3.90 2.620 16.46  0  1    4    4
Mazda RX4 Wag  21.0   6 160.0 110 3.90 2.875 17.02  0  1    4    4
Hornet 4 Drive 21.4   6 258.0 110 3.08 3.215 19.44  1  0    3    1
Valiant        18.1   6 225.0 105 2.76 3.460 20.22  1  0    3    1
Merc 280       19.2   6 167.6 123 3.92 3.440 18.30  1  0    4    4
Merc 280C      17.8   6 167.6 123 3.92 3.440 18.90  1  0    4    4
Ferrari Dino   19.7   6 145.0 175 3.62 2.770 15.50  0  1    5    6
>
```

Hier rufen Sie den Befehl aus `dplyr` auf, laden aber die Bibliothek nicht. Das ist eine sehr nützliche Methode, wie Sie in zukünftigen Projekten sicherlich feststellen werden.

5.3.2 Die Grundverben

`dplyr` verwendet fünf Hauptverben, mit denen Sie grundlegende Befehle ausführen können:

- `select()`: zum Auswählen von Variablen beziehungsweise Spalten
- `filter()`: zum Auswählen von Zeilen
- `mutate()`: zum Erzeugen von neuen Variablen/Spalten oder auch zum Verändern bestehender Spalten
- `summarise()`: Ergebnisse berechnen[2]
- `arrange()`: zum Sortieren von Zeilen

Ein elementarer Ansatz im Tidyverse ist die sogenannte *Pipe*. Unter UNIX sind Pipes ein beliebtes Mittel, um die Ausgabe aus einer Funktion als Eingabe für eine andere Funktion zu nutzen, z. B.

```
grep "2018" bericht.csv | wc -l
```

In diesem Beispiel unter UNIX wird in der Datei *bericht.csv* nach allen Zeilen gesucht, in denen die Zeichenkette `2018` vorkommt. Die Ausgabe wären dann genau diese Zeilen. Mit dem Operator | wird diese Ausgabe in den nächsten Befehl geleitet. `wc -l` zählt die Zeilen (`wc` steht für *word count*, mit dem Parameter `l` für `lines` werden Zeilen und nicht Wörter gezählt). Wir erfahren also mit diesem Befehl, wie viele Zeilen den String `2018` enthalten. Pipes sind ein sehr effizientes Mittel unter UNIX.

Sie können sich das wie ein Kochrezept vorstellen:

```
Eier %>%
    Zerschlage(Eier) %>%
    GießeInPfanne() %>%
    RühreUm() %>%
    ServiereRührei()
```

Eigentlich ganz einfach, oder? Das Ergebnis des ersten Kochschritts wird dem nächsten Schritt übergeben. Genau diesen Mechanismus verwendet das Tidyverse, wobei der Fokus auf der Lesbarkeit liegt, nicht, wie in UNIX-Systemen, auf Effizienz.

2 Hadley Wickham sagte dazu einmal, dass mit `summarize()` zu einer Zeile reduziert wird, aber man kann auch mehrere Zeilen als Ergebnis haben.

In dplyr wird anstatt des »|« das Pipe-Symbol %>% verwendet.[3] Angenommen, *bericht.csv* wäre bereits geladen und der dazugehörige Data Frame hieße »bericht« und sähe so aus:

```
> bericht
# A tibble: 4 x 2
   jahr name
  <dbl> <chr>
1  2017 Anna
2  2018 Berta
3  2018 Carla
4  2016 Dieter
>
```

Dann sähe der Befehl zum Finden und Zählen aller Einträge mit dem Jahr 2018 im Tidyverse so aus:[4]

```
bericht %>%
    filter(jahr == 2018) %>%
    summarise(anzahl = n())
```

Diese Codezeilen verdienen eine detaillierte Erläuterung, da sie wunderbar in das Konzept von dplyr einführen. Jede Zeile enthält genau eine Anweisung, wie in einem Kochrezept wird also mit jeder Zeile durch die Abfolge geführt. Man könnte diese drei Zeilen in natürlicher Sprache etwa wie folgt ausdrücken:

1. Zeige mir den Datensatz Bericht.
2. Zeige mir daraus nur die Zeilen, die in der Spalte »Jahr« den Wert »2018« haben.
3. Zähle die daraus resultierenden Zeilen, und zeige sie mir in einer neuen Variablen anzahl.

Die ersten beiden Zeilen sind wahrscheinlich selbsterklärend, Zeile 3 hingegen ist etwas erklärungsbedürftig. Der Befehl summarise() benötigt Parameter, die definieren, wie zusammengefasst werden muss. n() ist eine Funktion, die einfach nur die Anzahl der Zeilen zählt. Sie können übrigens sowohl summarise() als auch summarize() schreiben.

---

3 Früher hatte das Symbol die Form %.%, das sich auch noch in manchen Artikeln, Büchern oder zum Beispiel Vorträgen von Hadley Wickham auf YouTube findet.

4 Der Vergleich ist ein bisschen unfair, denn bei dem UNIX-Befehl wurde grep genutzt, beim Tidyverse-Beispiel nicht, obwohl grep auch in R existiert.

n = n()? Und wann nutze ich = und wann ==?

In vielen Tutorials im Netz wird als Beispiel `summarise(n = n())` verwendet, wo das erste `n` die Variable ist und das zweite `n()` die Funktion, die beiden `n` also nichts miteinander zu tun haben. Das führt in Kursen erfahrungsgemäß nicht gerade zur Vereinfachung des Verständnisses, so dass ich hier ein anderes Beispiel gewählt habe, dennoch aber die häufige Notation auch erwähnen will, da Sie früher oder später darauf stoßen werden.

Im Kapitel 4, »Einführung in R«, hatte ich den Unterschied zwischen `<-` und `=` angeschnitten. In dem vorherigen Beispiel sehen Sie nun zwei verschiedene Arten, Gleichheitszeichen einzusetzen. Im ersten Beispiel wird der Inhalt der Variablen `jahr` mit dem Wert `2018` verglichen. Bei einem Vergleich wird immer ein doppeltes Gleichheitszeichen verwendet. Im zweiten Beispiel, `anzahl = n()`, wird kein `<-` verwendet, obwohl ein neues Objekt erstellt wird. Das liegt daran, dass dies innerhalb einer Funktion passiert (`summarise`) und dann das Gleichheitszeichen genutzt wird. Ich weiß, was Sie jetzt denken, aber bitte denken Sie daran, ich habe mir das nicht ausgedacht. ☺

Andere Funktionen sind zum Beispiel `mean()` für den Mittelwert, `sd()` für die Standardabweichung oder `min()` und `max()` für die Range.

Aus diesem Beispiel wird deutlich, worin die Stärke von `dplyr` besteht: Programmierer müssen sich die Schritte überlegen, die dazu notwendig sind, zu einem bestimmten Ergebnis zu kommen. Diese Vorgehensweise, die normalerweise im Kopf stattfindet, kann nun sehr einfach im Code heruntergebrochen werden. Das meinte Hadley, als er sagte, dass man sich in R ausdrücken kann.[5]

Es ist nicht notwendig, dass ab der zweiten Zeile eingerückt wird wie in dem Beispiel. Zwar passiert dies automatisch, wenn Sie nach dem Schreiben einer Zeile [↵] drücken, aber tatsächlich könnte dies auch so geschrieben werden:

```
bericht %>% filter(jahr == 2018) %>% summarise(anzahl = n())
```

Offensichtlich wird der Charme des Codens in `dplyr`, nämlich die Lesbarkeit und die dadurch verbesserte Nachvollziehbarkeit des Codes, teilweise geopfert, wenn die Formatierung entfernt wird.

Natürlich wäre es auch ohne `dplyr` möglich gewesen, zu dem Ergebnis zu kommen. Der R-Code hätte zum Beispiel so aussehen können:

```
nrow(bericht[bericht$jahr==2018,])
```

5 Auf YouTube existiert ein sehenswerter Vortrag von Hadley Wickham mit dem Titel »Express yourself in R«.

Der Ausdruck kann wie folgt in natürlicher Sprache ausgedrückt werden: Zähle die Anzahl der Zeilen im Data Frame »bericht«, bei denen die Spalte »jahr« im Data Frame »bericht« den Wert `2018` hat. Die einzelnen Schritte in diesem Beispiel, die notwendig sind, um zu demselben Ergebnis zu kommen, sind verschachtelt und insbesondere für R-Anfänger nicht einfach zu verstehen. `dplyr` vereinfacht das Programmieren enorm.

Noch ein Gedanke zum Befehl `filter()`: Auch hier können wir, wenn wir genauer darüber nachdenken, eine Ungenauigkeit feststellen: Wenn man etwas filtert, filtert man das »raus«, was spezifiziert ist, so dass es nicht mehr drin ist, oder filtert man es sozusagen »rein«, sodass nur noch das Spezifizierte drinbleibt, wie in dem Beispiel? Tatsächlich filtert `filter()` nicht heraus, sondern hinein. Wenn also `filter(jahr==2018)` ausgeführt wird, dann wird nur nach den Einträgen mit »2018« gesucht, nicht alle Einträge ohne »2018«. Auch das kann zu Beginn missverständlich sein.

5.3.3 Von Data Frames zu Tibbles

Eine Besonderheit des Tidyverse sind die *Tibbles*. Wer genau aufgepasst hat, der wird diesen Begriff schon vorher gesehen haben, als wir den Data-Frame-Bericht ausgegeben hatten. Es war kein Data Frame mehr, sondern ein Tibble, das, was Hadley Wickham als moderne Form der Data Frames bezeichnet. Unter *https://tibble.tidyverse.org* finden Sie weitere Informationen. Für unsere Arbeit hier haben die Tibbles aber erst einmal keinen bedeutenden Einfluss. Wenn Sie das Tidyverse geladen haben, wird jeder Data Frame automatisch zum Tibble.

5.3.4 Transformation von Daten

Als Beispiel nutzen wir den Datensatz `nycflights13` aus dem gleichnamigen Package. Er enthält alle ausgehenden Flüge von New Yorker Flughäfen aus dem Jahr 2013 sowie weitere Daten zu den Airlines, den Flugzeugen und dem Wetter, das zu dem Zeitpunkt der Flüge an dem jeweiligen Flughafen vorherrschte. Dieser Datensatz muss zunächst installiert und geladen werden:

```
install.packages("nycflights13")
library(nycflights13)
```

Er besteht aus mehreren Tabellen bzw. Data Frames bzw. Tibbles:

- `flights`
- `planes`
- `airlines`
- `weather`
- `airports`

Wir lassen uns flights einmal ausgeben:

```
> flights
# A tibble: 336,776 x 19
    year month   day dep_time sched_dep_time dep_delay arr_time
   <int> <int> <int>    <int>          <int>     <dbl>    <int>
 1  2013     1     1      517            515         2      830
 2  2013     1     1      533            529         4      850
 3  2013     1     1      542            540         2      923
 4  2013     1     1      544            545        -1     1004
 5  2013     1     1      554            600        -6      812
 6  2013     1     1      554            558        -4      740
 7  2013     1     1      555            600        -5      913
 8  2013     1     1      557            600        -3      709
 9  2013     1     1      557            600        -3      838
10  2013     1     1      558            600        -2      753
# … with 336,766 more rows, and 12 more variables: sched_arr_time <int>,
#   arr_delay <dbl>, carrier <chr>, flight <int>, tailnum <chr>,
#   origin <chr>, dest <chr>, air_time <dbl>, distance <dbl>, hour <dbl>,
#   minute <dbl>, time_hour <dttm>
>
```

Bei den Zielflughäfen haben Sie in diesem Tibble lediglich die Codes der Flughäfen, also IAH, MIA, BQN. Lassen Sie uns einmal schauen, wie häufig welcher Flughafen angeflogen wurde (das group_by() erläutere ich ein wenig später, achten Sie zunächst einmal nur auf das Ergebnis):

```
flights %>%
 group_by(dest) %>%
 summarize(Number_of_Flights = n())
# A tibble: 105 x 2
   dest  Number_of_Flights
   <chr>             <int>
 1 ABQ                 254
 2 ACK                 265
 3 ALB                 439
 4 ANC                   8
 5 ATL               17215
 6 AUS                2439
 7 AVL                 275
 8 BDL                 443
```

```
 9 BGR                 375
10 BHM                 297
# … with 95 more rows
>
```

Auch wenn ich mich sehr für die Luftfahrt interessiere, ich kenne nicht jeden Flughafen. Im Datensatz airports sind die Namen aber ausgeschrieben:

```
> airports
# A tibble: 1,458 x 8
   faa   name                  lat    lon   alt    tz dst   tzone
   <chr> <chr>               <dbl>  <dbl> <dbl> <dbl> <chr> <chr>
 1 04G   Lansdowne Airport    41.1  -80.6  1044    -5 A     America/New…
 2 06A   Moton Field Munic…   32.5  -85.7   264    -6 A     America/Chi…
 3 06C   Schaumburg Region…   42.0  -88.1   801    -6 A     America/Chi…
 4 06N   Randall Airport      41.4  -74.4   523    -5 A     America/New…
 5 09J   Jekyll Island Air…   31.1  -81.4    11    -5 A     America/New…
 6 0A9   Elizabethton Muni…   36.4  -82.2  1593    -5 A     America/New…
 7 0G6   Williams County A…   41.5  -84.5   730    -5 A     America/New…
 8 0G7   Finger Lakes Regi…   42.9  -76.8   492    -5 A     America/New…
 9 0P2   Shoestring Aviati…   39.8  -76.6  1000    -5 U     America/New…
10 0S9   Jefferson County …   48.1 -123.    108    -8 A     America/Los…
# … with 1,448 more rows
>
```

Wie bekomme ich nun diese beiden Datensätze zusammen? Wir können einen Join verwenden. Ich führe den Befehl einmal aus und erkläre danach die Details:

```
flights %>%
  left_join(airports, by = c("dest" = "faa"))
```

Das Ergebnis sehen Sie in Abbildung 5.7: Wir haben die beiden Tabellen zusammengeführt, und zwar anhand verschiedener Variablen. Tatsächlich können die join-Befehle auch automatisch »joinen« – also die Tabellen verbinden –, wenn in beiden Tabellen dieselben Variablennamen vorhanden sind.

Allerdings müssen Sie dabei auch sehr vorsichtig sein, denn nicht immer erreicht man damit, was man will. In diesem Beispiel existieren allerdings keine gemeinsamen Variablennamen. Der flights-Datensatz hat eine Spalte »Dest«, in dem anderen Datensatz heißt sie »FAA«. Anhand dieser beiden Spalten können Sie die beiden Datensätze verknüpfen, indem Sie dies mit by = spezifizieren. Unsere Tabelle hat nun 26 Spalten.

A tibble: 336,776 × 26

hour <dbl>	minute <dbl>	time_hour <S3: POSIXct>	name <chr>
5	15	2013-01-01 05:00:00	George Bush Intercontinental
5	29	2013-01-01 05:00:00	George Bush Intercontinental
5	40	2013-01-01 05:00:00	Miami Intl
5	45	2013-01-01 05:00:00	NA
6	0	2013-01-01 06:00:00	Hartsfield Jackson Atlanta Intl
5	58	2013-01-01 05:00:00	Chicago Ohare Intl
6	0	2013-01-01 06:00:00	Fort Lauderdale Hollywood Intl
6	0	2013-01-01 06:00:00	Washington Dulles Intl
6	0	2013-01-01 06:00:00	Orlando Intl
6	0	2013-01-01 06:00:00	Chicago Ohare Intl

1-10 of 336,776 rows | 17-20 of 26 columns   Previous 1 2 3 4 5 6 ... 100 Next

Abbildung 5.7 Das Ergebnis des left_join()-Befehls

Das Ergebnis dieses `join`-Befehls ist nun aber nicht im `flights`-Datensatz gespeichert; das nächste Mal, wenn Sie `flights` eingeben, sieht der Datensatz genauso aus wie zuvor – das Ergebnis ist nur ausgegeben worden.

Achtung, Fehlerquelle – Ausgabe eines Ergebnisses

Dies ist ein häufiger Fehler: Solange das Ergebnis eines Ausdrucks nicht in ein Objekt geschrieben wird, hat keine Änderung der Daten stattgefunden. Die Änderungen sind noch nicht einmal im Arbeitsspeicher. Schreiben Sie also

```
flights %>%
  left_join(airports, by = c("dest" = "faa"))
```

dann ist der Datensatz `flights` noch nicht geändert! Erst durch das Schreiben in ein Objekt wird die Änderung gespeichert. In dem folgenden Beispiel speichere ich in dasselbe Objekt:

```
flights <- flights %>%
  left_join(airports, by = c("dest" = "faa"))
```

Allerdings empfehle ich dringend, dass Sie das Ergebnis eines `join`-Befehls erst einmal überprüfen, bevor Sie das Ergebnis einem Objekt zuweisen und genauso vorgehen wie hier beschrieben. Sie sollten sich auch genau überlegen, ob Sie das Ergebnis einem neuen Objekt zuweisen (dann wird Ihnen bei größeren Datensätzen irgendwann der Arbeitsspeicher ausgehen, denn wir werden noch mehrere Joins vornehmen) oder ob

Sie es in ein bestehendes Objekt schreiben, zum Beispiel `flights`. Der große Nachteil daran ist, dass Sie dann, wenn Sie etwas falsch gemacht haben, alles noch einmal neu laden müssen.

Achtung, Fehlerquelle: Änderungen in Notebooks

Zwar sind Notebooks eine tolle Sache, das Konzept stiftet allerdings auch manchmal Verwirrung, denn die Reihenfolge der Ausführung der Code-Snippets spielt eine große Rolle. Eine Änderung in einem Bereich des Notebooks bedeutet nicht, dass andere Stellen im Notebook diese Änderung reflektieren.

Beispiel: Wenn Sie in diesem Beispiel alles in `flights` schreiben und zu einem späteren Zeitpunkt noch einmal weiter oben im Notebook im Code etwas ändern, dann kann es passieren, dass der Code nicht mehr so funktioniert, wie Sie vermuten. Denn »weiter oben« im Notebook bedeutet nicht, dass dann auch die Version von `flights` im Speicher ist, die der jeweilige Code-Chunk produziert hätte. `flights` kann sich mittlerweile verändert haben. Idealerweise restarten Sie R einmal (über Session • Restart R), leeren das Environment und lassen Ihren Code dann wieder von vorn durchlaufen.

Viele Notebooks, die ich von Studierenden bekomme, sind nur deswegen fehlerhaft, weil dieser Schritt nicht durchgeführt wurde und irgendwelche Objekte beim Studierenden im Speicher waren, die bei mir entweder nicht vorhanden oder modifiziert sind.

Wir wollen uns den Befehl `join()` noch einmal genauer ansehen. Wir hatten die Variante `left_join()` verwendet, warum eigentlich?

- Der Befehl `left_join` nimmt alle Zeilen des linken Data Frames (`flights` in unserem Beispiel) und fügt nur die Zeilen des rechten Data Frames (`airports` in unserem Beispiel) hinzu, bei denen es eine Übereinstimmung im Schlüssel gibt. Hat der rechte Data Frame keine Zeile, die mit einer Zeile des linken Data Frames übereinstimmt, so wird diese Zeile des linken Data Frames weiterhin aufgeführt.
- Der `right_join` macht genau das Gegenteil vom `left_join`.
- Beim `inner_join` werden nur die Zeilen zusammengeführt, bei denen es in beiden Datensätzen Übereinstimmungen gibt.
- Beim `full_join()` wird einfach alles zusammengefügt, egal, ob es Übereinstimmungen gibt oder nicht.

Sie sollten sich also sehr genau überlegen, wann Sie welchen Join-Befehl verwenden.

Noch einmal zurück zu der Ausgabe unseres Joins. In der vierten Zeile ist ein `NA` in der Spalte der Flughafennamen zu sehen. Das bedeutet, dass hier kein Wert vorhanden ist.

Wie kann das sein? Wir schauen uns einmal alle Zeilen an, in denen kein Name, sondern ein NA vorhanden ist. Die Funktion is.na() ist bereits im Base R vorhanden:

```
flights %>%
  left_join(airports, by = c("dest" = "faa")) %>%
  filter(is.na(name)) %>%
  select(dest) %>%
  unique()
# A tibble: 4 × 1
  dest
  <chr>
1 BQN
2 SJU
3 STT
4 PSE
>
```

Der erste Flughafen ist der Rafael Hernandez Airport, der, warum auch immer, hier keinen Namen hat. Das können wir mit der Funktion mutate() schnell ändern:[6]

```
flights %>%
  left_join(airports, by = c("dest" = "faa")) %>%
  mutate(name = if_else(dest == "BQN", "Rafael Hernandez Airport", name))
```

Ich überlasse es Ihnen zur Übung, die restlichen Flughäfen-Namen zu identifizieren und im Datensatz anzupassen.

NA, NULL und 0

Grundsätzlich zum Unterschied zwischen NULL und NA: NULL ist erst einmal nicht 0. Jemand kann 0 Jahre alt sein, also frisch geboren. NULL hingegen ist ein Objekt, das einen undefinierten Wert bezeichnet, z. B. weil bei einem Datenimport das falsche Format verwendet wurde. NA wiederum passt, zum Beispiel, wenn das Alter nicht bekannt ist. Wird zum Beispiel der Durchschnitt berechnet, dann wäre es falsch, für diejenigen, wo das Alter nicht bekannt ist, einfach 0 anzunehmen. Stattdessen werden die NA-Werte dann ignoriert. Bei den Machine-Learning-Algorithmen existieren unterschiedliche Anforderungen, wie mit NA-Werten umgegangen wird.

6 Gleich werden Sie wieder die etwas eigenwillige Nutzung von = versus <- beobachten können. Innerhalb der Funktion mutate() wird = genutzt und nicht <-, da wir uns ja in einer Funktion befinden. Bei dest == "BQN" findet wieder ein Vergleich statt, daher das doppelte Gleichheitszeichen.

Sie haben zuvor schon die Funktion `group_by()` gesehen, ich hatte sie aber nicht erklärt. Hier noch einmal der Code:

```
flights %>%
 group_by(dest) %>%
 summarize(Number_of_Flights = n())
# A tibble: 105 x 2
   dest  Number_of_Flights
   <chr>             <int>
 1 ABQ                 254
 2 ACK                 265
 3 ALB                 439
 4 ANC                   8
 5 ATL               17215
 6 AUS                2439
 7 AVL                 275
 8 BDL                 443
 9 BGR                 375
10 BHM                 297
# … with 95 more rows
>
```

Das Verb `group_by()` gehört zwar nicht zu den Grundverben, aber es ist ungemein nützlich. Wir könnten den Ausdruck oben wie folgt formulieren:

- Zeig mir den Datensatz `flights` an,
- und dann schaue für jeden einzelnen eindeutigen Wert in der Spalte »dest«,
- wie oft er vorkommt.

Wird in einem Ausdruck `group_by()` ohne einen anderen Befehl danach verwendet, so ist die Wirkung nicht sichtbar. Dies ist für Anfänger zunächst eine Herausforderung, da die Änderung sozusagen nur virtuell stattfindet. Tatsächlich passiert aber etwas, was aber erst durch den danach folgenden Befehl klar wird. Sie können sich das ungefähr so vorstellen, anhand eines für jeden nachvollziehbaren Beispiels:

```
Gummibärchentüte %>%
    group_by(color) %>%
    summarize(Anzahl = n()) %>%
    arrange(desc(Anzahl))
```

Es wird also aus der Gummibärchentüte zuerst nach Farben sortiert, dann werden die Gummibärchen jeder Farbe gezählt, und schließlich wird die Anzahl der Gummibärchen in einer Farbe absteigend ausgewiesen.

5.3.5 Reguläre Ausdrücke und mutate()

Vorab: Über *reguläre Ausdrücke* könnte man ganze Bücher schreiben, und einige schlaue Autoren haben das auch getan (siehe vor allem Fitzgerald 2012). Bei regulären Ausdrücken geht es darum, dass Muster in Zeichenketten erkannt werden, so dass damit Operationen durchgeführt werden können. Ein kleines Beispiel:

```
airports %>%
  mutate(continent = str_remove(tzone, "/.*")) %>%
  mutate(town = str_extract(tzone, "[_a-zA-Z]*$"))
```

Wir erstellen hier mit `mutate()` eine neue Spalte beziehungsweise gleich zwei. Die Spalte »tzone« enthält sowohl Kontinent als auch die Stadt eines Flughafens. Vielleicht wollen wir dies lieber getrennt haben. Hier helfen uns reguläre Ausdrücke ungemein. Natürlich könnten wir auch mit `if_else` arbeiten, aber das würde ziemlich lange dauern. Stattdessen sagen wir in dem ersten regulären Ausdruck, dass wir alles in dem String `tzone` finden wollen, was mit dem Slash beginnt, um es dann entfernen zu können. Der Punkt steht für jedes Zeichen und der Stern dafür, dass dieses ein oder mehrmals vorkommen kann.

In dem zweiten `mutate()`-Befehl extrahieren wir das, was uns interessiert, nämlich alles, was es an Zeichen gibt, bevor die Zeile endet. Das muss ich etwas genauer erklären: Mit `[_a-zA-Z]*` sage ich, dass bitte alle Klein- und Großbuchstaben identifiziert werden sollen und außerdem der Unterstrich, in beliebiger Häufigkeit. Das Dollarzeichen zum Schluss sagt aus, dass dies das Ende der Zeile ist. Darum findet dieser reguläre Ausdruck auch nicht den Kontinent, denn der Slash kommt darin nicht vor, also sucht er alle Zeichenketten, in denen mein Muster bis zum Ende der Zeile vorkommt. Ich überlasse das Ausprobieren Ihnen, vorab sollten Sie aber die Liste der verschiedenen Operatoren studieren.[7]

Ein weiteres Beispiel für den Einsatz von `mutate()` möchte ich anhand der `weather`-Tabelle demonstrieren. Nicht immer müssen reguläre Ausdrücke verwendet werden, um eine Zelle zu verändern. In der Tabelle sind die Temperaturen in Fahrenheit angegeben, damit haben die meisten Europäer eher Probleme. Die Umrechnungsformel ist ganz einfach, und so können wir die Temperatur problemlos ändern:

```
flights <- flights %>%
  mutate(temp = (temp-32)/1.8)
```

7 Siehe *https://raw.githubusercontent.com/rstudio/cheatsheets/main/regex.pdf*.

In diesem Beispiel überschreibe ich die bestehende Tabelle (natürlich erst, nachdem ich alles getestet habe), denn ich werde nicht noch einmal mit Fahrenheit arbeiten.

5.4 Datenvisualisierung

Datenvisualisierung ist eine Kunst, da es darum geht, Eigenschaften der Daten sichtbar zu machen, die man ansonsten nicht so leicht erkennen würde. Wir werden in diesem Abschnitt zunächst wichtige Visualisierungen besprechen und danach `ggplot2`, eine Library von – Sie werden es ahnen – Hadley Wickham.

5.4.1 Datenvisualisierung als Teil der Analyse

In einer explorativen Datenanalyse werden Daten visualisiert, um einen Überblick über Verteilungen und Trends zu bekommen, wie Sie zum Teil schon im vorherigen Abschnitt gesehen haben. Die Bedeutung der Visualisierung im Rahmen der explorativen Datenanalyse sollten Sie nicht unterschätzen. Dies beweist das Anscombe-Quartett besonders eindrucksvoll: Es besteht aus vier Mengen von Datenpunkten, die fast identische statistische Maßzahlen aufweisen. Die x-Werte haben alle dieselben Mittelwerte und Varianz, bei den y-Werten sind diese bis auf zwei beziehungsweise drei Stellen gleich. Auch die Korrelationskoeffizienten und die lineare Regression (siehe Kapitel 6, »Anwendungsfall Prognosen«) sind bis auf wenige Stellen gleich.

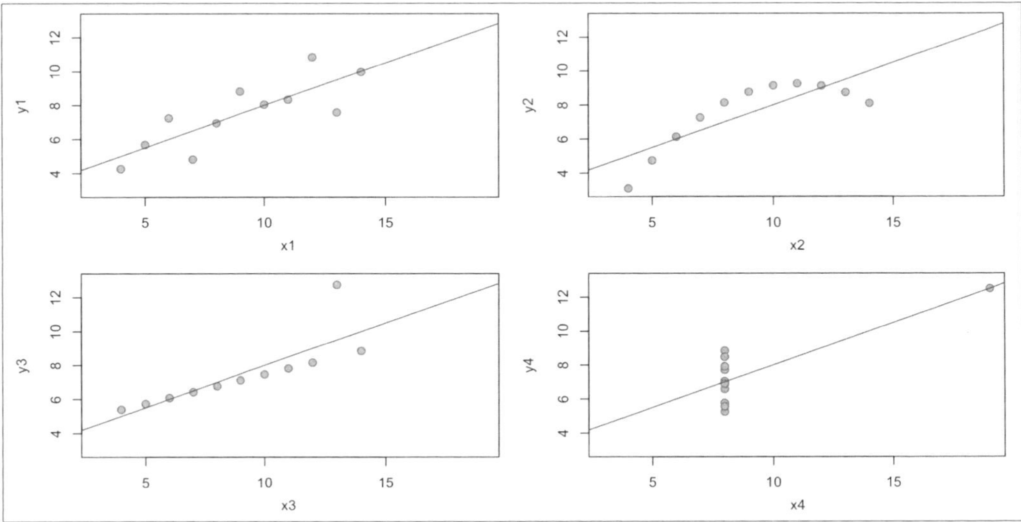

Abbildung 5.8 Die Datenpunkte des Anscombe-Quartetts visualisiert

Werden diese Datenpunkte aber geplottet, so wird deutlich, dass sie sich stark unterscheiden, wie in Abbildung 5.8 zu sehen ist.

Das Anscombe-Quartett soll als Warnung dienen, dass ein Plot keine optionale Fleißaufgabe ist, sondern ein elementarer Bestandteil der Analyse. Plots helfen dem Anwender dabei, die Daten zu verstehen, die vorliegen.

5.4.2 Datenvisualisierung als Teil des Reportings

Visualisierungen werden zusätzlich meistens auch im Reporting eines Projekts eingesetzt. Zunächst einmal gilt es, die handwerklich korrekte Visualisierung zu wählen. Nur weil zum Beispiel Excel ein Balkendiagramm vorschlägt, heißt das nicht, dass dies auch die beste Visualisierung einer Datenmenge ist. Ein gutes schlechtes Beispiel, das ich schon in meinem Webanalyse-Buch genannt hatte, ist das Tortendiagramm aus der alten Version von Google Analytics, in Abbildung 5.9 zu sehen. Ein Tortendiagramm ist nur dann sinnvoll, wenn wir die Verhältnisse von zwei oder mehr Gruppen zueinander sehen wollen. Man ist entweder in der einen Gruppe oder in der anderen, aber nicht in mehreren. Genau das kann aber in diesem Kontext passieren, denn man kann innerhalb des Beobachtungszeitraum sowohl das erste Mal auf einer Webseite sein, also ein neuer Besucher, als auch danach noch einmal wiedergekommen sein, also gleichzeitig ein wiederkehrender Besucher. Das Tortendiagramm, wie in Abbildung 5.9 zu sehen, ist auf jeden Fall die falsche Wahl.

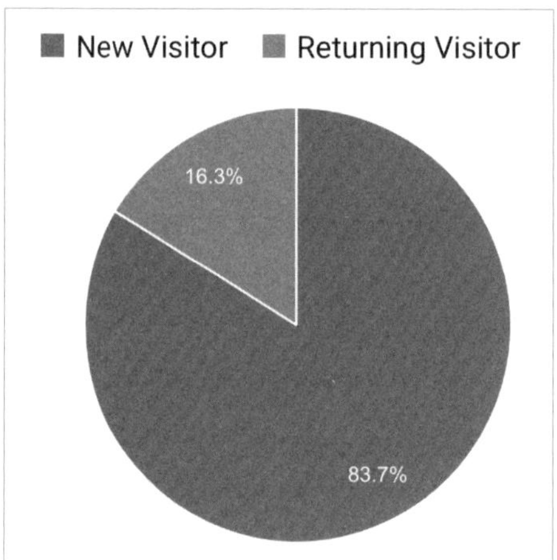

Abbildung 5.9 Ein Tortendiagramm, das niemals eines hätte werden dürfen, in Google Analytics

Darüber hinaus ist es notwendig, zu überlegen, wie Informationen so dargestellt werden, dass die Aufnahme der Information für die Empfänger vereinfacht wird. Der Informationswert eines Berichts muss durch eine Datenvisualisierung gesteigert werden. Die Einbindung einer Grafik darf kein Selbstzweck sein. Auch das ist in diesem Beispiel nicht geschehen.

Während es also bei der Datenvisualisierung während der Analyse und Modellierung vor allem darum geht, Eigenschaften der Datenpunkte zu sehen, ist bei einem Bericht der Fokus auf die Hervorhebung der zu übermittelnden Informationen gelegt. Gegebenenfalls können Datenvisualisierungen aus der Analysephase verwendet werden, allerdings ist zu überprüfen, ob diese Grafiken tatsächlich für diejenigen geeignet sind, die sie konsumieren werden. Eine ROC-AUC-Kurve ist sicherlich für Experten geeignet, aber wenn der Konsument kein Data Scientist ist, muss er zunächst aufwendig in das Konzept eingeführt werden. Kommunikation ist, wie in Kapitel 3, »Ablauf eines Data-Science-Projekts«, beschrieben, ein wichtiger Bestandteil in der Datenwissenschaft, und das gilt auch für die Erstellung von Datenvisualisierungen. Oder, wie John Tukey es ausgedrückt hat (eigene Übersetzung):

> *Der größte Wert einer Visualisierung liegt darin, dass sie uns zwingt, etwas zu bemerken, was wir nie erwartet hätten.*

Es ist hilfreich, sich der Intention eines Berichts bewusst zu sein. Soll eine Datenvisualisierung etwas Positives darstellen? Soll eine korrigierende Maßnahme vorgeschlagen werden aufgrund einer ungünstigen Entwicklung? Dies bedeutet allerdings nicht, dass Sie Datenvisualisierungen so erstellen sollten, dass eine Manipulation stattfindet. Während das geübte Auge eine solche Manipulation schnell identifiziert, wird das weniger geübte Auge schnell an der Nase herumgeführt. Nicht umsonst heißt es: »Traue keiner Statistik, die du nicht selbst gefälscht hast.« Um dieses Vorurteil abzubauen, ist es notwendig, alles dafür zu tun, die Glaubwürdigkeit der Datensammlung und -darstellung zu optimieren.

Knaflic (2015) fasst die Aufgabe gut zusammen:

1. Den Kontext verstehen: An wen wird kommuniziert, was soll die Person tun (oder nicht tun), wie wird mit ihr kommuniziert, und was ist der »Flow« für die Story?
2. eine geeignete visuelle Darstellung wählen (darum geht es in den nächsten Abschnitten)
3. Unnötiges entfernen
4. dafür sorgen, dass sich der Leser auf etwas fokussieren kann
5. Wie ein Designer denken und gleichzeitig Geschichten erzählen (siehe Kapitel 3, »Ablauf eines Data-Science-Projekts«)

Der Empfänger steht hier im Vordergrund, an ihm wird alles ausgerichtet. Erst wenn die erste Aufgabe gelöst ist, wird überlegt, welche visuelle Darstellung die richtige ist.

5.4.3 Plots in Base R

Die einfachste Art eines Plots haben Sie schon in den Notebooks in Abschnitt 5.2.1, »EDAs mit Notebooks und Markdown«, gesehen. Sie besteht einfach aus

```
plot(cars)
```

Diese Form der Visualisierung wird *Streudiagramm* genannt, manchmal wird auch einfach nur der aus dem Englischen stammende Begriff *Scatter Plot* oder alternativ der deutsche Begriff *Punktwolke* verwendet. Damit etwas auf zwei Achsen geplottet werden kann, müssen in dem Datensatz sowohl Werte für x als auch für y vorhanden sein, was in dem Beispiel von `cars` der Fall ist. Die Anwendung von `plot()`, die bei der Vervollständigung der Befehle sichtbar wird, sieht so aus:

```
plot(x, y, ...)
```

Als Erstes kommt die Variable `x`, dann die Variable `y`, optional können Sie weitere Parameter angeben. So tauschen Sie etwa mit dem Parameter `type = "l"` die Punkte gegen eine Linie aus.

`plot()` nimmt automatisch die erste Variable aus dem Datensatz als Wert für die x-Achse und den zweiten für die y-Achse. Hat ein Data Frame mehr als zwei Variablen, so müssen die Variablen ausgewählt werden, die in dem Plot dargestellt werden sollen. Als Beispiel wollen zwei Variablen aus dem Datensatz `mtcars` genauer untersuchen. In dem Datensatz befinden sich die Anzahl der Zylinder und der Verbrauch in Miles per Gallon für jeden Wagen.

```
plot(mtcars$cyl,mtcars$mpg)
```

Wieso werden die Miles per Gallon weniger mit der Anzahl der Zylinder?

In den USA wird der Verbrauch eines Verbrennerautos anders gerechnet als in Europa. Während in Deutschland der Spritverbrauch in Litern pro 100 Kilometer als Schlüsselwert verwendet wird, schauen sich die Amerikaner an, wie viele Meilen (1 Meile sind ca. 1,61 Kilometer) man pro Gallone schafft (1 Gallone sind ca. 4,55 Liter). Der Mercedes 240D im Datensatz `mtcars` hat 24,4 mpg, was ungefähr einem Verbrauch von 9,64 Litern auf 100 Kilometer entspricht.

Der sich daraus ergebende Plot in Abbildung 5.10 hat einige Unschönheiten. So sind die Labels für die x- und y-Achse für Außenstehende nicht unbedingt sofort verständlich. Auch ein Titel im Plot wäre sinnvoll.

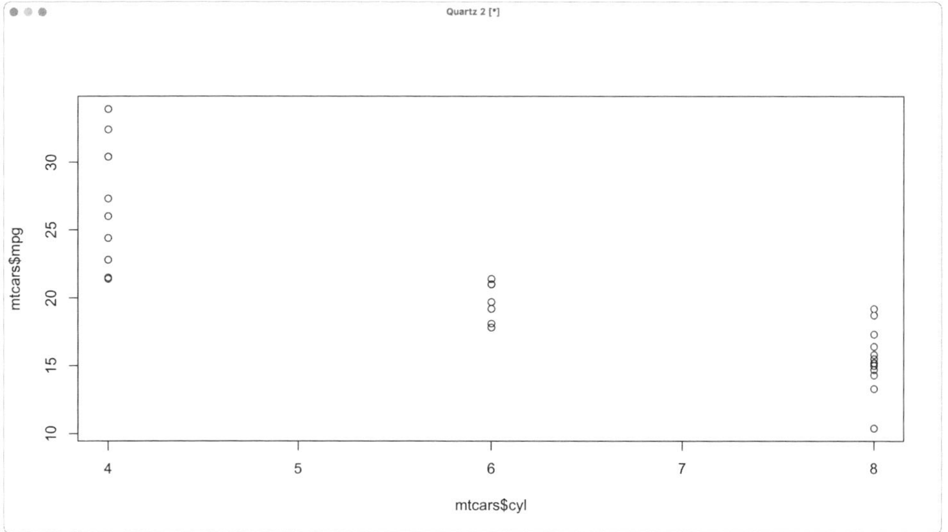

Abbildung 5.10 Ein einfacher Plot der Anzahl der Zylinder und Miles pro Gallone aus »mtcars«

Dies erreichen Sie mit den folgenden Parametern:

```
plot(mtcars$cyl, mtcars$mpg, xlab="Anzahl Zylinder", ylab="Meilen pro Gallone",
main="Verhältnis Anzahl Zylinder zu Meilen pro Gallone")
```

`xlab` ist für die Beschriftung der x-Achse gedacht, `ylab` für die y-Achse, `main` für den Titel. Das Ergebnis können Sie in Abbildung 5.11 begutachten. Richtig nützlich ist diese Visualisierung aber immer noch nicht.

Bei genauem Hinsehen ist die Anzahl der Zylinder zwar eine Zahl, aber eigentlich ist die Anzahl in diesem Kontext eher eine Kategorie. In diesem Datensatz existieren Autos mit 4, 6 oder 8 Zylindern. Der Plot enthält allerdings auch Markierungen für 5 und 7 Zylinder, die es in Autos wahrscheinlich eher selten gibt. Durch das Hinzufügen des Parameters `xaxp` können Sie spezifizieren, wo die *Tick Marks* sichtbar sind. Hier werden zunächst ein Anfangswert (4), der letzte Wert (8) und das Intervall (2) angegeben, in dem diese zu sehen sind.

```
plot(mtcars$cyl, mtcars$mpg, xlab="Anzahl Zylinder", ylab="Meilen pro Gallone",
main="Verhältnis Anzahl Zylinder zu Meilen pro Gallone", xaxp = c(4,8,2))
```

Abbildung 5.11 Der vorherige Plot mit einer ordentlichen Beschriftung

Eine Möglichkeit, die Beziehung zwischen diesen beiden Variablen zu plotten, ist ein sogenannter *Boxplot*, manchmal auch *Whisker Plot* genannt. Der Code zur Generierung eines Boxplots ist etwas anders als für einen normalen Plot:

```
boxplot(mtcars$mpg~mtcars$cyl, xlab="Anzahl Zylinder",
ylab="Meilen pro Gallone",
main="Verhältnis Anzahl Zylinder zu Meilen pro Gallone")
```

Die Tilde (~) zwischen den beiden Variablen gibt ein Verhältnis der Variablen zueinander an, man könnte es so ausdrücken: »Die Meilen pro Gallone, bedingt durch die Anzahl der Zylinder«. Das Ergebnis sehen Sie in Abbildung 5.12.

Ein Boxplot benötigt etwas Einführung, wenn man zum ersten Mal damit zu tun hat. In einem solchen Plot werden numerische Daten anhand ihrer *Quartile* dargestellt. Mit Quartilen werden numerische Daten in 4 gleich große Teile aufgeteilt, angefangen mit der kleinsten Zahl und dann aufsteigend sortiert bis zur größten Zahl. Das erste Quartil fängt also bei der kleinsten Zahl an und geht bis zur Hälfte der Daten bis zum *Median*. Die Box, also der graue Kasten, enthält 50 % der Datenpunkte, und zwar die Daten des zweiten und dritten Quartils. Der schwarze Strich in dem grauen Kasten ist der *Median*.

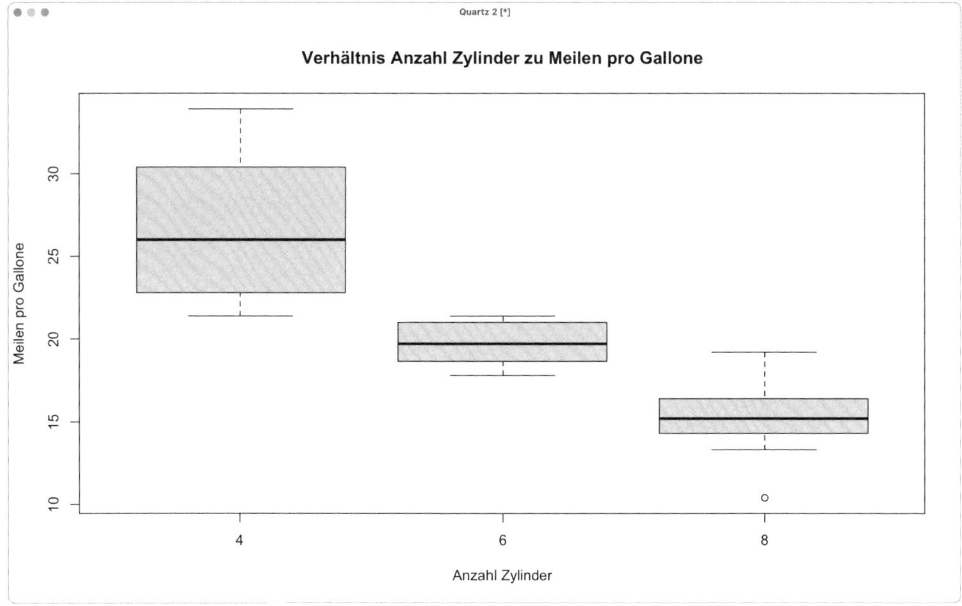

Abbildung 5.12 Ein Boxplot mit den Daten von »mtcars«

In Abbildung 5.13 ist links von der Box das untere Quartil und rechts von der Box das obere Quartil zu sehen. Die Striche außerhalb des grauen Kastens, die »Antennen« oder auch *Whisker*, enthalten in den meisten Boxplots den 1,5-fachen *Interquartilsabstand*, also das, was der Länge der Box entspricht. Alles darüber hinaus wird als Ausreißer interpretiert. Allerdings wird der Whisker nur dann auf den 1,5-fachen Interquartilsabstand gesetzt, wenn es dort auch Werte gibt. In dem Beispiel existieren keine Datenwerte über den oberen Whisker hinaus, so dass auch nur bis dahin geplottet wird.

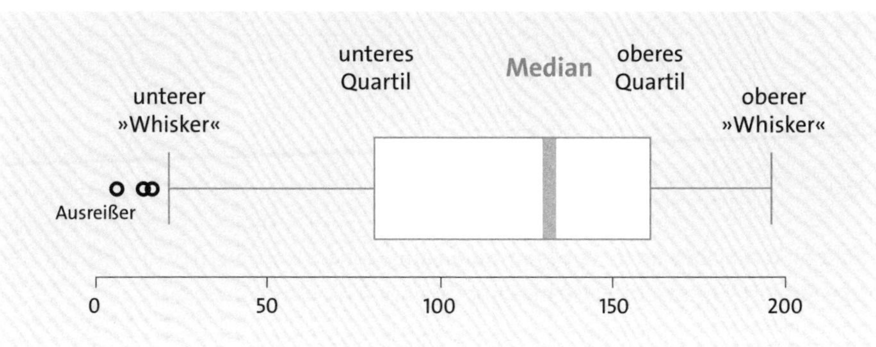

Abbildung 5.13 Ein Boxplot und seine Elemente

Ein Boxplot zeigt nicht nur die Verteilung, sondern auch eine Interpretation darüber, wo Ausreißer liegen. Allerdings ist die Definition, dass alles, was über den 1,5-fachen Interquartilsabstand hinausgeht, ein Ausreißer ist, nicht gesetzt. Denn nicht immer muss etwas ein Ausreißer sein, nur weil es außerhalb dieses Abstands ist.

Ein weiteres häufig in der Analyse verwendetes Diagramm ist das Histogramm. Es ist eine Visualisierung einer Häufigkeitstabelle. Dabei werden die Werte in Klassen eingeteilt, damit nicht jede Klasse einzeln aufgelistet wird.

```
hist(mtcars$mpg, xlab="Miles per Gallon", ylab="Häufigkeit",
main="Histogramm Miles per Gallon")
```

In Abbildung 5.14 sehen Sie das Ergebnis dieses Befehls. R wählt hier selbst die Anzahl der Klassen (im Englischen *bins*), was nicht immer vorteilhaft ist.

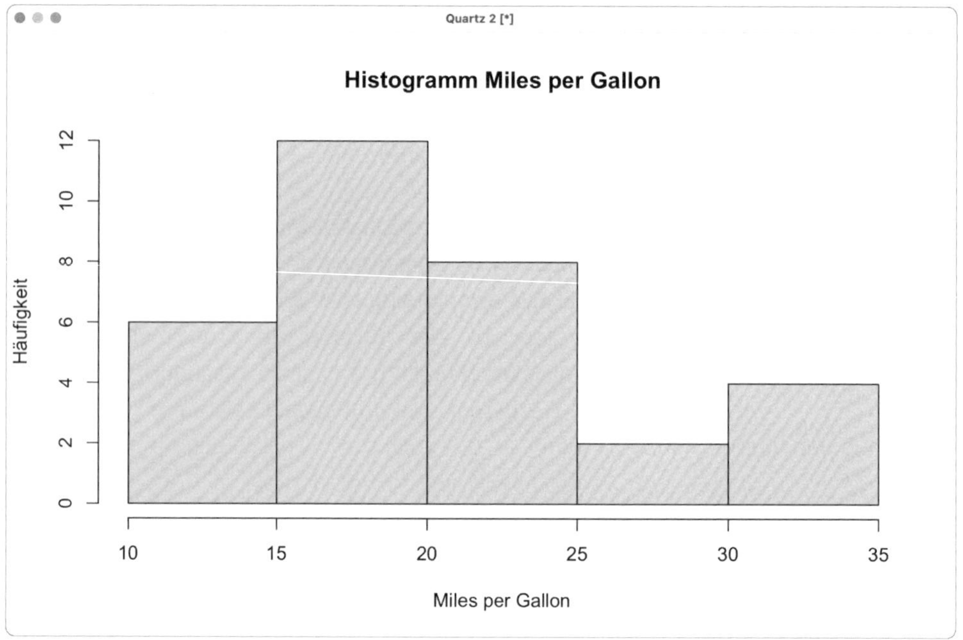

Abbildung 5.14 Histogramm mit Standardklassen

In dem Befehl kann aber auch ein Parameter angegeben werden, der die Anzahl der Klassen spezifiziert. Seltsamerweise heißt er nicht *bins*, sondern `breaks`:

```
hist(mtcars$mpg, xlab="Miles per Gallon", ylab="Häufigkeit",
main="Histogramm Miles per Gallon", breaks=10)
```

In Abbildung 5.15 ist ersichtlich, dass die Verteilung sich leicht ändert. Vier Autos schaffen weit mehr Meilen pro Gallon als der Rest. Offensichtlich ist allerdings auch, dass der `hist()`-Befehl die genaue Angabe der Klassen nicht wie spezifiziert umgesetzt hat. Tatsächlich wird die Angabe in der zum Befehl gehörenden Hilfe als Empfehlung deklariert; R versucht sich daran zu halten, tut es aber nicht unbedingt.

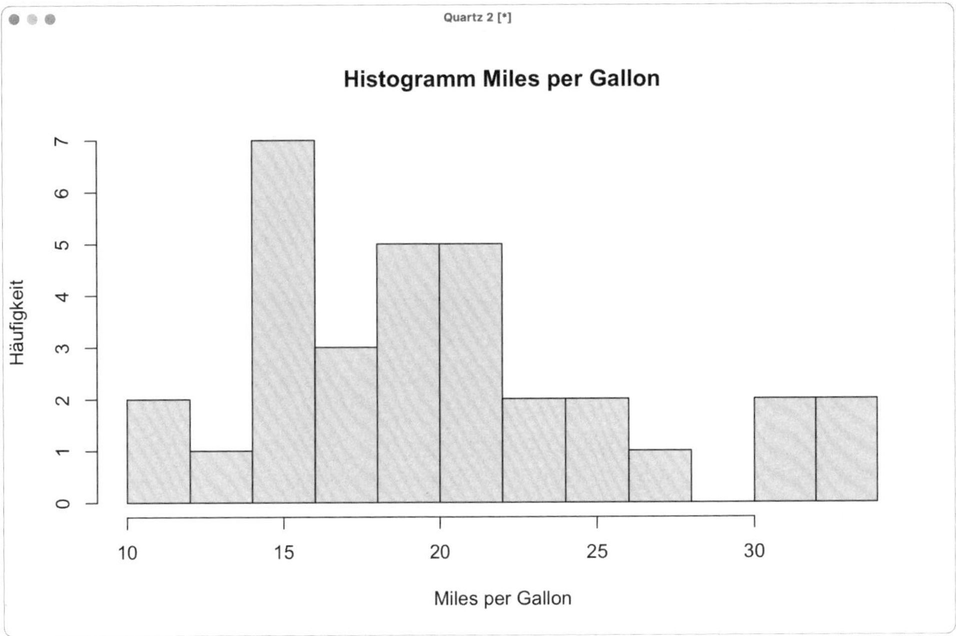

Abbildung 5.15 Histogramm mit »breaks=10«, aber mehr als 10 Klassen

Die Klassen können aber auch vorab spezifiziert werden, zum Beispiel

```
hist(mtcars$mpg, xlab="Miles per Gallon", ylab="Häufigkeit",
main="Histogramm Miles per Gallon",
breaks=c(10,12,14,16,18,20,25,28,30,35))
```

Die Klassen müssen also nicht einmal dieselbe Größe haben. Allerdings muss dann hier vorab Gehirnschmalz investiert werden, welche Klassen Sinn ergeben. Werden die Klassen zu granular gewählt, dann ergibt das Histogramm eventuell keinen Sinn mehr, da Datenpunkte nicht mehr zusammengefasst werden. Werden die Klassen zu groß gewählt, dann werden eventuell die in den Daten vorliegenden Muster nicht mehr offensichtlich.

In Histogrammen können Sie richtige Überraschungen entdecken, zum Beispiel, dass eine Verteilung mit einem Modus im Standardhistogramm tatsächlich mehr als einen Modus hat, wenn die Klassen anders definiert werden. Es lohnt sich also unbedingt, mit den Klassen zu »spielen«. Übrigens ist auch ein Histogramm ein Plot, auch wenn in dem Befehl der Begriff »plot« nicht vorkommt. Daten werden geplottet, egal, ob in einem Histogramm mit dem Befehl `hist()` oder in einem Streudiagramm mit dem Befehl `plot()`.

5.4.4 ggplot2: A Grammar of Graphics

Die vorherigen Beispiele zeigen, dass das Erstellen von Grafiken nicht unbedingt schwer ist, aber die Befehle zum Teil unterschiedlich funktionieren. `plot()` hätte gerne ein Komma zwischen x und y, `boxplot()` hingegen eine Tilde. Um genau dies zu vereinfachen, wurde `ggplot2` geboren.

`ggplot2` ist mittlerweile ein populäres Package für die Datenvisualisierung, das nach der Grammar of Graphics von Leland Wilkinson konzipiert ist.[8] Die Idee dahinter ist, dass eine Grammatik Regeln zur Verfügung stellt, die es ermöglichen, in einer kurzen und knappen Weise die Komponenten einer Grafik zu beschreiben. Wickhams Ansatz fügt die Idee hinzu, dass eine solche Grammatik mit Schichten realisiert werden kann, bei der jede Schicht eine Komponente einer Grafik definiert. Solche Schichten könnten sein:

- ein Datensatz
- die ästhetische Zuordnung, welcher Datenpunkt wozu gehört
- Skalenwerte
- geometrische Objekte (Punkte, Linien etc.)
- zusätzliche Plots innerhalb des Grundplots
- ein Koordinatensystem
- zusätzliche statistische Informationen, wie zum Beispiel der Median in einem Boxplot oder ein Konfidenzintervall

Anstatt also für jeden Befehl zu wissen, wie die jeweiligen Parameter heißen und wie sie gesetzt werden müssen, ermöglicht der Ansatz der Layered Grammar of Graphics das

8 Siehe hierzu vor allem Wilkinson 2005 und Wickham 2010. Wickham spricht von einer »Layered Grammar of Graphics« als Erweiterung zu Wilkinsons Ansatz. Insbesondere sein Paper ist sehr leicht zu lesen und enthält beinahe philosophische Gedanken zu dem Thema.

Komponieren einer Grafik mit mehreren Schichten. Dies möchte ich an einem einfachen Beispiel illustrieren. Zunächst wird die Bibliothek geladen:

```
library(ggplot2)
```

Visualisiert werden soll wieder der Verbrauch im Zusammenhang mit der Anzahl der Zylinder.

```
ggplot(mtcars, aes(x=as.factor(cyl), y=mpg)) +
    geom_boxplot(fill="slateblue", alpha=0.2) +
    xlab("Anzahl Zylinder")
```

In der ersten Zeile werden der Datensatz und die ästhetische Zuordnung definiert, in der zweiten die geometrische Form mit zusätzlichen Parametern, in der dritten eine Skalenbeschriftung. Wie bei `dplyr` bauen die einzelnen Zeilen aufeinander auf. Aus diesem Code ergibt sich der Plot in Abbildung 5.16. Abgesehen davon, dass die Antennen hier anders aussehen als in dem Base R Plot, ist zusätzlich ein Raster im Hintergrund enthalten, das natürlich auch modifiziert werden kann.

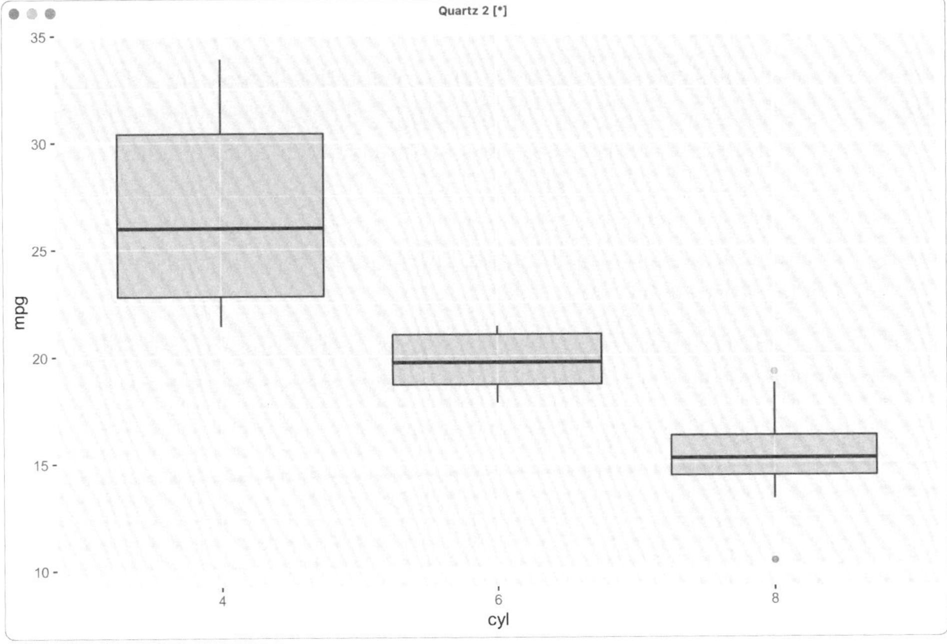

Abbildung 5.16 Ein mit ggplot2 erstellter Boxplot

Etwas ungewohnt ist in ggplot2, dass zumindest noch im Jahr 2021 ein anderes Symbol am Ende jeder Zeile verwendet wird als in dplyr.[9] Dies führt zu etwas verwirrenden Codekombinationen, denn ggplot2 kann direkt in dplyr-Ausdrücken verwendet werden:

```
mtcars %>%
  select(cyl, mpg) %>%
  ggplot(., aes(x=as.factor(cyl), y=mpg)) +
    geom_boxplot(fill="slateblue", alpha=0.2) +
    xlab("Anzahl Zylinder")
```

Die Kombination verschiedener Symbole am Ende jeder Zeile kann aber auch damit gerechtfertigt werden, dass das %>% in dplyr eine andere Funktion hat als das + in ggplot2: Während in dplyr die Ausgabe einer Zeile die Eingabe der nächsten Zeile bedeutet, wird in ggplot2 einfach nur eine Schicht »obendrauf gelegt«.

In den folgenden Kapiteln werde ich ggplot2 noch häufiger nutzen und Ihnen damit weitere Beispiele für die Verwendung zeigen.

5.5 Datenanalyse

Sie haben nun fast alles gelernt, was Sie für eine explorative Datenanalyse benötigen – Notebooks, das Tidyverse und Datenvisualisierung. Um tiefer einzutauchen, benötigen Sie noch etwas Statistik-Grundwissen. Zwar kann ich Ihnen hier keinen kompletten Grundkurs anbieten, aber ein paar Konzepte sollten wir uns schon einmal anschauen. Für eine stets aktuelle Liste von Empfehlungen zur Einführung in Statistik mit R schauen Sie bitte auf meiner Website unter *https://alby.link/statistik*. Dort finden Sie auch einen Online-Grundkurs.

Wir schauen uns den Datensatz nycflights13 nun genauer an, und zwar wollen wir wissen, welche Faktoren eigentlich dazu führen, dass Flüge verspätet sind.

Zunächst einmal fügen wir alle Tabellen zusammen:

```
my_flights <- flights %>%
  left_join(airlines) %>%
  rename(airline = name) %>%
  left_join(airports, c("dest" = "faa")) %>%
```

9 Hadley Wickham hat in einem Vortrag dazu gesagt, er selbst bereue dies, aber es sei nicht ausgeschlossen, dass er dies in einer zukünftigen Version noch einmal ändert.

```
  rename(airport = name) %>%
  left_join(weather) %>%
  left_join(planes, by = "tailnum")
```

Wir erhalten 44 Spalten, die Anzahl der Zeilen sollte gleich bleiben. Wenn nicht, dann ist etwas schiefgelaufen. Die anderen notwendigen Transformationen sind im Notebook auf der Website zu finden.

Zunächst schauen wir uns die Verteilung der Verspätungen an. Erst schauen wir uns also eine Variable an, bevor wir in einem nächsten Schritt die Beziehung der Variablen untereinander ansehen. Für die Verteilung nutzen wir zunächst die Funktion `summary()`:

```
> summary(data$dep_delay)
   Min. 1st Qu.  Median    Mean 3rd Qu.    Max.
  11.00   20.00   38.00   58.53   74.00 1301.00
>
```

Wir können bereits hier erkennen, dass wir eine *rechtsschiefe Verteilung* haben, denn das arithmetische Mittel (das gemeinhin als *Durchschnitt* bezeichnet wird) liegt über dem *Median* (dem Wert, der genau in der Mitte liegt, wenn man alle Verspätungen sortiert aufreiht).

Median, mittleres Einkommen, was ist der Unterschied?

Wenn in den Nachrichten von einem *mittleren Einkommen* in Deutschland gesprochen wird, dann ist damit in der Regel der Median gemeint und kein Durchschnittseinkommen. Die Verteilung der Einkommen sieht ähnlich aus wie die Verteilung der Verspätungen: Wenige verdienen viel, viele verdienen weniger. Wenn in den Statistiken tatsächlich das Durchschnittseinkommen kommuniziert würde, dann verdient die Mehrheit der Deutschen unterdurchschnittlich, und das fühlt sich für die Mehrheit sicherlich nicht gut an. Beim mittleren Einkommen ist der Effekt ein anderer, denn immer noch könnten viele Menschen genau auf dem Median liegen, so dass weniger als die Hälfte unter dem Median liegt. Bitte sagen Sie jetzt nicht »Glaube keiner Statistik, die Du nicht selbst gefälscht hast«, denn hier ist nichts gefälscht. Der Median ist robuster gegen Ausreißer, und das wird hier genutzt.

Wir plotten die Verteilung einmal in einem Histogramm:

```
data <- my_flights %>%
  filter(dep_delay > 10)
  ggplot(data = data,  aes(x=dep_delay)) +
    geom_histogram(binwidth = 15)
```

Das Ergebnis finden Sie in Abbildung 5.17. Wie erwartet sehen Sie, dass die Verteilung nach links gekrümmt ist. Offensichtlich sind große Verspätungen eher die Ausnahme. Das ist schon einmal beruhigend.

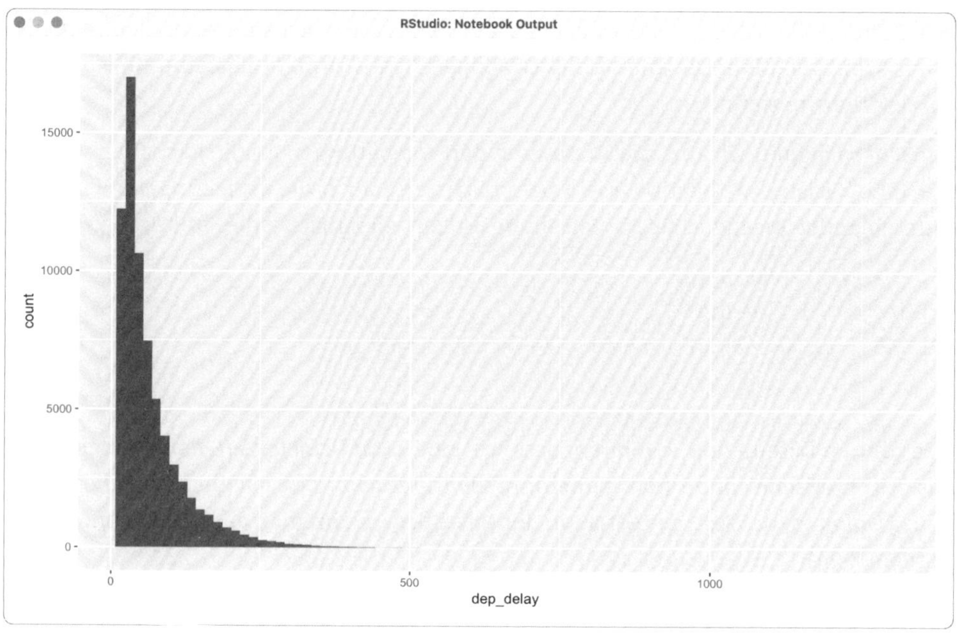

Abbildung 5.17 Histogramm der Verspätungen ab 10 Minuten

Eine andere Möglichkeit, sich die Verteilung anzusehen, ist, wie im vorherigen Abschnitt besprochen, der Boxplot:

```
ggplot(data = data,  aes(x=dep_delay)) +
  geom_boxplot() +
  scale_x_continuous(breaks= seq(0, 1350, by=60))
```

In dem Plot in Abbildung 5.18 sehen Sie, dass 50 % aller Verspätungen zwischen 20 und 74 Minuten liegen (wie von `summary()` bereits ausgegeben), der Vorteil dieser Darstellung ist aber, dass wir die großen Ausreißer auch sehen. In dem Histogramm war dies nicht möglich, weil ein einzelner Punkt eben nicht mehr abgebildet wird, wenn die Häufigkeiten auf der Y-Achse nicht in der gleichen Range sind.

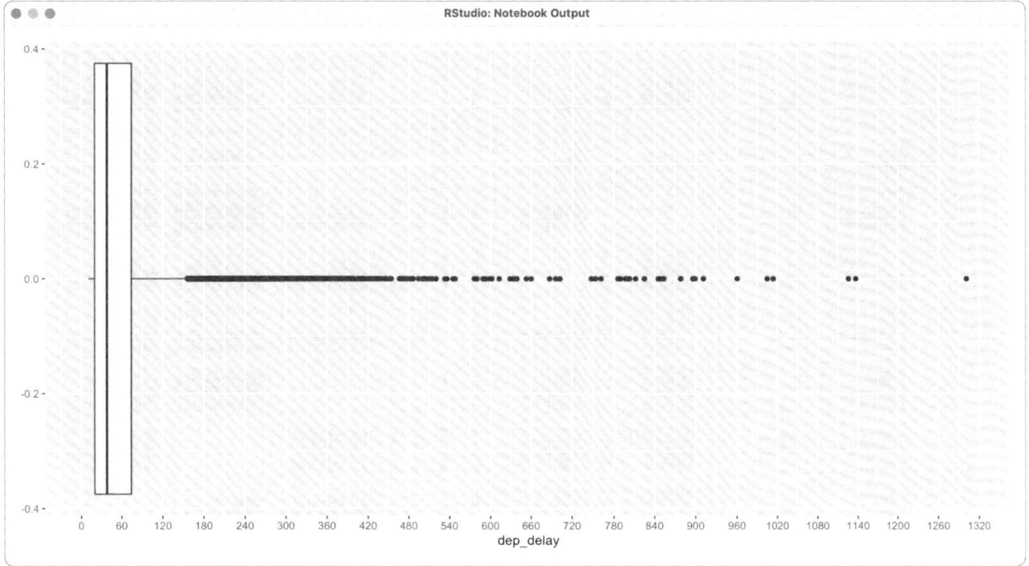

Abbildung 5.18 Boxplot der Verspätungen ab 10 Minuten

Als Nächstes visualisieren wir die Beziehungen der Variablen untereinander mit einem *pairs-Plot*, das ist sozusagen ein Scatter Plot mehrerer Variablen:

```
pairs(~dep_delay + speed + distance + arr_delay + engines + seats +
temp + wind_speed, data=my_flights)
```

Ihr Rechner wird nun etwas mehr zu tun haben, nach einigen Minuten sollten Sie aber einen Plot haben, der ungefähr so aussieht wie in Abbildung 5.19. Ich habe hier nicht alle Variablen ausgewählt, das ergibt auch keinen Sinn, dazu gleich mehr.

Wir sehen in dem Plot eine eindeutige Beziehung zwischen der Verspätung beim Abflug und der Verspätung bei der Ankunft. Das ist nicht weiter verwunderlich, denn wenn ein Flieger später startet, dann landet er auch später. Wir schauen uns das einmal genauer an, indem wir alle Flüge betrachten, die eine Abflugverspätung von mehr als 10 Minuten hatten:

```
my_flights %>%
  select(dep_delay,arr_delay) %>%
  filter(dep_delay > 10) %>%
  plot()
```

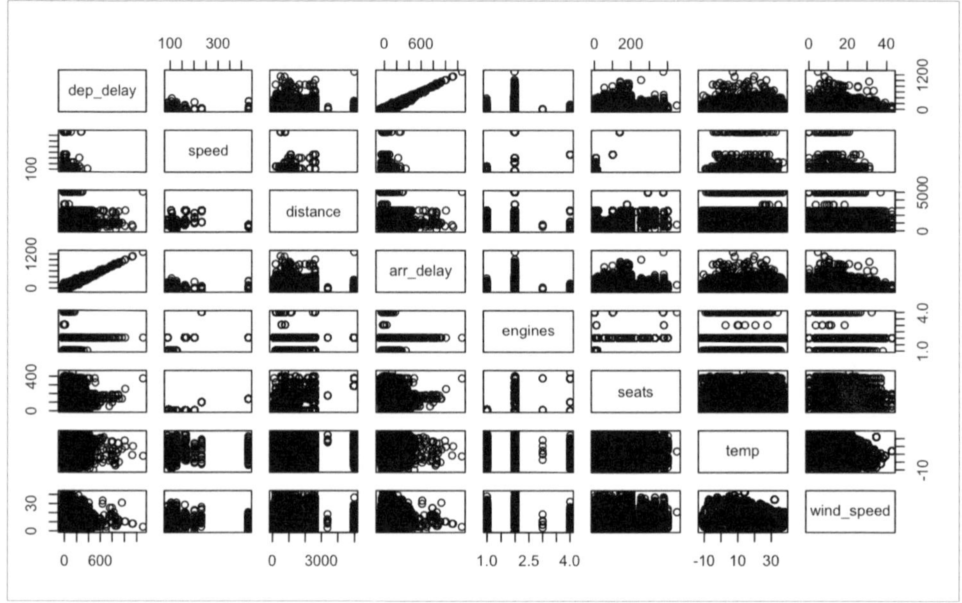

Abbildung 5.19 Die Ausgabe von pairs()

Das Ergebnis sehen Sie in Abbildung 5.20. Interessant ist hier, dass selbst Flüge mit wenig Abflugverspätung noch um einiges später kommen können, aber auch, dass später gestartete Flüge früher ankommen können.

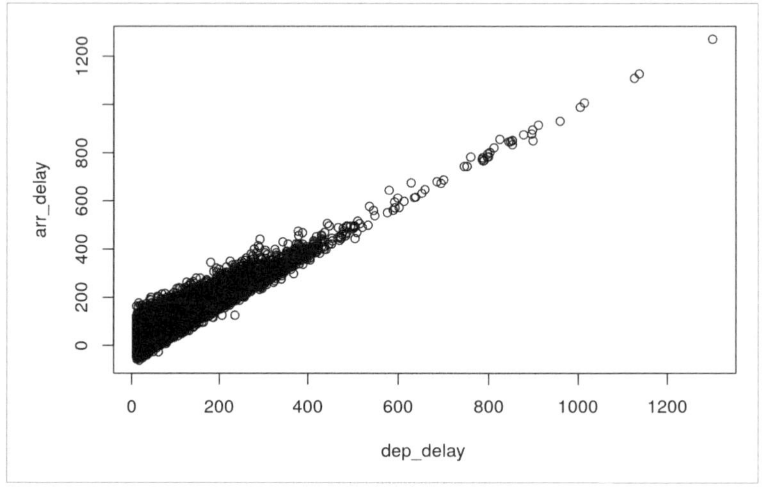

Abbildung 5.20 Auch wer einigermaßen pünktlich abfliegt, kann noch um einiges zu spät kommen.

Wir führen zusätzlich einen Korrelationstest aus. Eine Korrelation ist ein statistischer Zusammenhang, was nicht unbedingt bedeutet, dass tatsächlich ein Zusammenhang existiert. Auch ist die Richtung in der Regel nicht bekannt. In unserem Beispiel wissen wir aber bereits, dass es einen wirklichen Zusammenhang gibt, und wir kennen auch die Richtung.

Zunächst einmal speichern wir die Daten so ab, dass wir sie verwenden können:

```
> dep_arr_delay <- my_flights %>%
+   select(dep_delay,arr_delay) %>%
+   filter(dep_delay > 10)
```

Dann folgt der Korrelationstest:

```
> cor.test(dep_arr_delay$dep_delay,dep_arr_delay$arr_delay)

    Pearson's product-moment correlation

data:  dep_arr_delay$dep_delay and dep_arr_delay$arr_delay
t = 805.85, df = 82299, p-value < 2.2e-16
alternative hypothesis: true correlation is not equal to 0
95 percent confidence interval:
 0.9413109 0.9428479
sample estimates:
      cor
0.9420843
```

Wir erhalten einen *Korrelationskoeffizienten* von über 0,94, was eine starke Korrelation bedeutet. Überraschend ist das nicht, aber es erklärt auch nicht, wodurch es zu Abflugverspätungen kommt.

Mehr zu Korrelationen

Der Vollständigkeit halber: Natürlich wird nicht nur auf den Korrelationskoeffizienten geschaut, sondern auch auf die anderen Werte. Insbesondere der p-Wert ist hier wichtig (in diesem Fall 2,2e-16, also 0,00000000000000022. Über den *p-Wert* könnte man selbst ein ganzes Buch schreiben, und selbst viele Wissenschaftler können ihn nicht erklären.[10] Eine ganz einfache Erklärung: Wenn wir davon ausgehen, dass die Abflugverspätung und die Ankunftverspätung nichts miteinander zu tun hätten, wie wahrscheinlich ist es,

10 *https://alby.link/4*

dass wir dann diese Werte sehen? Je niedriger der Wert ist, desto geringer ist die Wahrscheinlichkeit. Häufig wird ein Signifikanzniveau von 0,05 als Grenze genommen, ab dem die Nullhypothese (es besteht kein statistischer Zusammenhang) abgelehnt und die Alternativhypothese (es besteht ein statistischer Zusammenhang) angenommen wird. Das Signifikanzniveau hängt von der Fragestellung ab. Hätte es gravierende Folgen, wenn die Nullhypothese zu Unrecht abgelehnt wird, dann sollte ein niedrigeres Niveau wie 0,01 gewählt werden.

Nicht immer können wir einfach `cor.test()` nutzen. Streng genommen hätten wir eben auch nicht Pearsons Produkt-Moment-Korrelation verwenden dürfen, denn unsere Variablen sind nicht normalverteilt. In diesem Fall wäre eigentlich die Korrelation nach Spearman notwendig (Sie können sie mit `method="spearman"` spezifizieren).

Noch komplizierter wird es, wenn wir zum Beispiel die Korrelation zwischen der Abflugverspätung und einer kategorialen Variablen messen wollen. Im Zweifel fragen Sie einen Statistiker Ihres Vertrauens.

Schauen wir uns die anderen Plots in Abbildung 5.19 an, so sind kaum Muster zu erkennen. Lediglich bei der Anzahl der Maschinen könnte etwas sein, und das betrachten wir auch wieder genauer.

```
engines_delay <- my_flights %>%
  select(engines,dep_delay) %>%
  filter(!is.na(dep_delay)) %>%
  filter(!is.na(engines))
boxplot(engines_delay$dep_delay~engines_delay$engines, varwidth=TRUE)
```

Bei den Parametern der `boxplot()`-Funktion nutzen wir `varwidth=TRUE`, was uns die Möglichkeit gibt, die Anzahl der Daten in die Visualisierung einzubeziehen. Je breiter also die Box, desto mehr Daten gibt es. Das Ergebnis in Abbildung 5.21 zeigt, dass es nur wenige Flüge mit Flugzeugen mit drei oder vier Triebwerken zu geben scheint.

Man könnte nun interpretieren, dass das Vorhandensein von zwei Triebwerken am ehesten zur Verspätung führt. Das ist natürlich Humbug, denn wenn die meisten Flüge mit zweistrahligen Fliegern stattfinden, dann ist die Wahrscheinlichkeit auch viel größer, damit zu spät zu kommen.

```
> my_flights %>%
+ group_by(engines) %>%
+ summarize(anzahl_engines = n())
```

```
# A tibble: 5 × 2
  engines anzahl_engines
    <int>          <int>
1       1           2014
2       2         282005
3       3              7
4       4            144
5      NA          52606
>
```

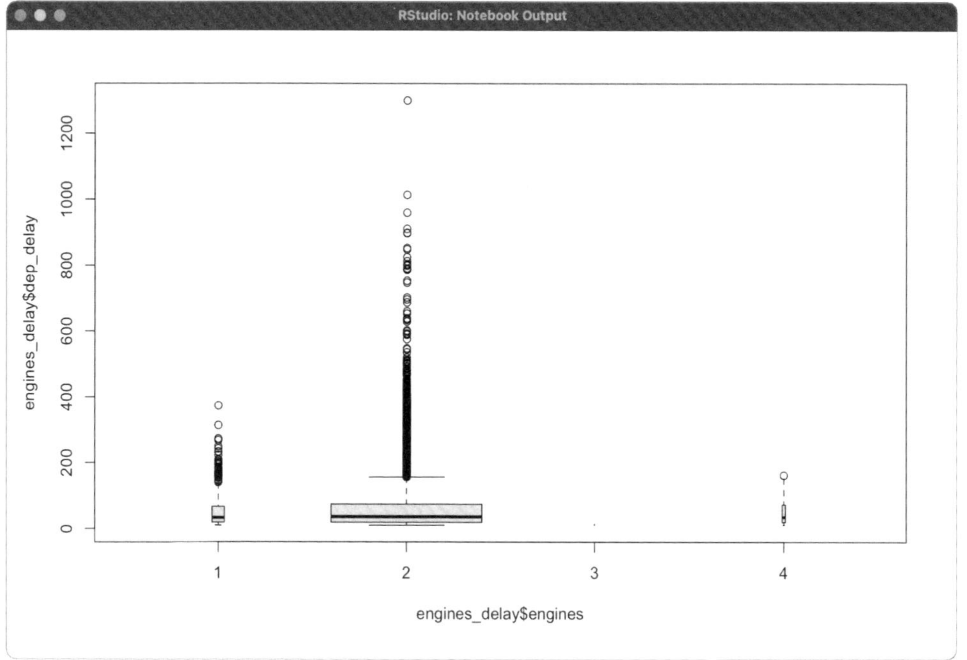

Abbildung 5.21 Ein Boxplot der Verspätungen in Abhängigkeit von der Anzahl der Triebwerke

Interessant ist hier aber auch, dass wir über 50000 Zeilen haben, in denen keine Triebwerkanzahl angegeben ist. Anscheinend haben wir nicht alle Flugzeugtypen in unserem Datensatz.

Bevor wir aufgeben, schauen wir uns noch einen weiteren Datenpunkt an, der in unserem Scatter Plot fehlt: Hat eventuell die Uhrzeit etwas damit zu tun, ob ein Flugzeug später startet?

```
my_flights %>%
  select(dep_time,dep_delay) %>%
  filter(dep_delay>10) %>%
  plot()
```

Das Ergebnis sehen Sie in Abbildung 5.22.

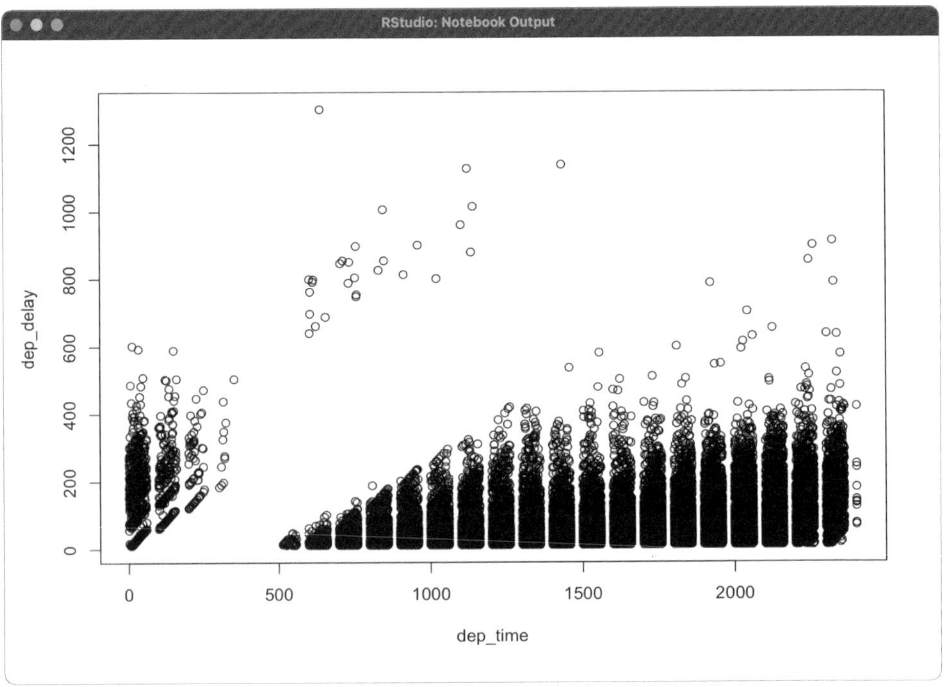

Abbildung 5.22 Hat die Abflugzeit einen Einfluss auf die Verspätung?

Es fällt auf, dass sich die Verspätungen in den ersten Stunden des Tages langsam aufbauen. Ab 6 Uhr morgens starten aber auch einige Flieger sehr viel später als geplant, mit mehr als 600 Minuten Verspätung, also mindestens 10 Stunden. Wir haben also ab 6 Uhr zwei verschiedene Arten von Verspätungen: sehr kleine bis zu einer Stunde und sehr große ab 10 Stunden. Diese Flüge mit einer großen Verspätung hätten also am vorherigen Tag starten müssen, haben demnach also weniger mit den Verspätungen der Flüge des jeweiligen Tages zu tun.

Erstaunlich ist auch, dass es in den frühen Morgenstunden eigentlich keine pünktlichen Abflüge mehr gibt; je weiter nach Mitternacht es wird, desto später gehen die Flüge los, wenngleich die großen Verspätungen nicht zunehmen. Zwischen 4 Uhr und 5 Uhr scheinen gar keine Flüge zu starten.

Übrigens könnten Ihnen auch die Zwischenräume zwischen den Zeiten auffallen. Es scheint so, als ob es zwischen den Stunden eine Pause gäbe. Dies ist aber nicht der Fall. Da die Uhrzeit als Integerzahl zwischen 500 und 559 aufgefasst wird, liegt für die Zeit zwischen 5:00 und 5:59 Uhr, haben wir automatisch Zwischenräume, denn die Zeit zwischen 5:60 und 5:99 Uhr gibt es ja nicht, `plot()` geht aber davon aus.

Offensichtlich werden die Abflugverspätungen durch Faktoren verursacht, die wir nicht so einfach in den Daten finden können. Eine Maschine kann erst losfliegen, wenn sie vorher angekommen ist, aber wir wissen nicht, ob die Maschine zuvor tatsächlich pünktlich angekommen war. Dadurch, dass es eine Pause in den frühen Morgenstunden gibt, können Abflugverspätungen durch zu spät eintreffende Fluggeräte etwas abgefedert werden. Der Plot in Abbildung 5.22 könnte auch darauf schließen lassen, dass der zunehmende Betrieb am späten Morgen zu Verspätungen führt.

Mit diesem Datensatz lassen sich noch viele weitere spannende Fragen beantworten. Ein Beispiel für eine Analyse finden Sie auf der Website zum Buch.

Kapitel 6
Anwendungsfall Prognosen

Wie viele Neukunden werden für wie viel Werbebudget erwartet? Was darf eine gebrauchte Spiegelreflexkamera kosten? Sind die Veränderungen der Besucherzahlen auf unserer Website so, wie wir sie erwarten würden? Diese Fragen können mit einfachen Modellen beantwortet werden.

In diesem Kapitel schauen wir uns zwei verschiedene Ansätze an. Zum einen widmen wir uns Regressionsanalysen, wo es darum geht, herauszufinden, ob wir einen Wert x den Wert y vorhersagen können. Beispiel: Ich möchte eine gebrauchte Spiegelreflexkamera kaufen. Je mehr Auslösungen vorgenommen wurden, desto geringer ist der Wert, denn irgendwann muss der Auslöser ausgetauscht werden. Dies wissen die Verkäufer von gebrauchten Kameras und preisen das in der Regel ein. Können wir also, wenn wir die Daten von vielen gebrauchten Kameras haben, und zwar inklusive Preis und Anzahl der Auslösungen, ein Modell bilden, das uns bei Angabe der Auslösungen einen fairen Preis ausgibt?

Zum andern behandeln wir *Zeitreihen* und darauf basierende Prognosen. Angenommen, Sie haben eine Website, die an Wochentagen während regulärer Geschäftszeiten häufig besucht wird, abends und am Wochenende aber kaum. Sie können hier ein klares Muster erkennen und darauf basierend Prognosen erstellen, wie viel Besucher Sie zu bestimmten Zeiten haben werden. Was aber, wenn Sie am Wochenende auf einmal unglaublich viele Besucher hätten? Solche Ausreißer können Sie mit verschiedenen Forecasting-Algorithmen automatisiert identifizieren.

6.1 Lineare Regression

Eventuell müssen Sie jetzt etwas tiefer in der Erinnerungskiste graben, aber irgendwo ist Ihr Wissen über lineare Funktionen noch vorhanden. Ansonsten empfehle ich die Erklärvideos von DorFuchs auf YouTube.[1] Das Beispiel, das alle meine Studierenden ver-

1 *https://www.youtube.com/c/DorFuchs*

stehen, ist ein Handyvertrag. Ich bezahle für meinen Vertrag jeden Monat 14,90 €, sozusagen als Grundpreis. Für jedes Gigabyte, das ich verbrauche, bezahle ich außerdem 50 Cent. Meine Kosten sind also variabel, aber ich kann sie relativ einfach berechnen:

*Gesamtpreis = Anzahl verbrauchte GB * Preis pro GB + Grundpreis*

Mathematisch ausgedrückt sieht das so aus:

$$f(x) = m * x + b$$

m ist die Steigung und b die Konstante. x steht für die Anzahl der Gigabyte, die ich verbraucht habe.

Bei einer linearen Regression versuchen wir, die Werte dieser Funktion herauszufinden, indem wir vorhandene Daten an den Algorithmus übergeben. Meistens sind die Datenpunkte nicht genau auf der Geraden, denn sonst könnten wir sie einfach in einem Koordinatenkreuz abtragen und die Formel ablesen.

6.1.1 Wie der Algorithmus funktioniert

Die lineare Regression ist sozusagen das »Hello World« des Machine Learnings und eine der ältesten Methoden des maschinellen Lernens, die ihren Ursprung in den Überlegungen von Legendre und Gauß Anfang des 19. Jahrhunderts fand. Tatsächlich lassen sich in der linearen Regression einige Grundprinzipien vieler Algorithmen erkennen, daher sollten Sie dieses Kapitel auch dann zumindest überfliegen, wenn Sie sich nicht unbedingt für lineare Regression interessieren.

Mit der linearen Regression wird versucht, eine *abhängige Variable* durch eine oder auch mehrere *unabhängige Variablen* zu erklären. Im Gegensatz zur *Korrelation*, wo es darum geht, zu untersuchen, wie stark ein Zusammenhang ist (ohne dabei eine Kausalität herstellen zu können), geht es bei der Regression um die bestmögliche Vorhersage der abhängigen Variablen. Beispiel: Je mehr Marketing-Budget ausgegeben wird, desto mehr Interessenten können für ein Produkt gewonnen werden (»Leads« in der Marketing-Sprache). Eine solche Beziehung wird in dem Scatter Plot in Abbildung 6.1 schnell ersichtlich.

Wenn man die Augen zukneift und sich die Punkte ansieht, so wird schon fast eine gerade Linie erkennbar. Man könnte jetzt mit einem Lineal durch die Punkte eine solche Linie ziehen. Ist dies aber die Linie, die bestmöglich durch diese Punkte führt? Bestmöglich bedeutet in diesem Kontext, dass alle Punkte einen möglichst geringen Abstand zu der Linie haben. Sehr wahrscheinlich finden wir diese Linie nicht so einfach mit dem Auge; so könnte die Linie vielleicht etwas mehr, vielleicht aber auch etwas weniger Steigung haben.

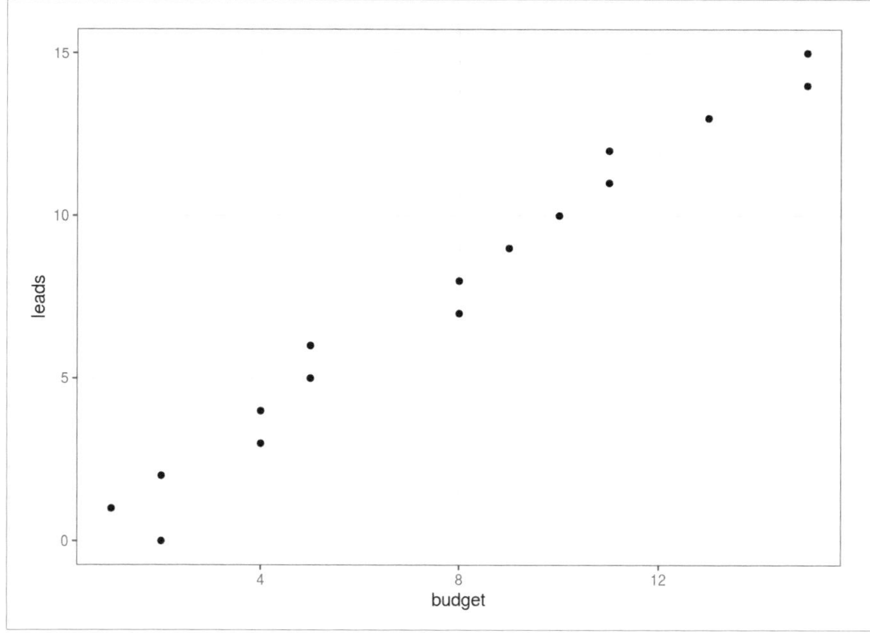

Abbildung 6.1 Scatter Plot des Verhältnisses von Budget zu Leads

Um herauszufinden, welche Linie am besten durch die Punkte führt, führen wir zunächst ein kleines Gedankenexperiment durch. Es wird nicht nur eine Linie in den Plot gemalt, sondern ganz viele, und für jede Linie wird berechnet, wie weit die Punkte, die nicht genau auf der Linie sind, von dieser Linie entfernt sind. Natürlich werden diese Linien nicht alle gleichzeitig gemalt, sondern eine nach der anderen. Und bei jeder Berechnung wird geschaut, wie weit die Punkte von der jeweiligen Linie entfernt sind. In Abbildung 6.2 sehen wir eine solche Linie.

Manchmal werden diese Abstände zu der Linie als *Fehler* bezeichnet, aber natürlich sind es keine Fehler im üblichen Sinne, sondern einfach nur die Abstände, die die jeweilige Linie von den gegebenen Punkten erzeugt. Ein anderer Begriff dafür ist *Residuen*, oder *Residuum* im Singular. Die Grafik in Abbildung 6.3 illustriert den Ansatz mit der zuvor eingezeichneten Linie.

Die Abstände der Punkte zu der Linie werden quadriert (um negative Vorzeichen loszuwerden) und dann summiert. Für jede Linie entsteht also eine Maßzahl, die *Summe der quadrierten Abweichungen*, die den Abstand aller Punkte zu der jeweiligen Linie beschreibt. Da jede Linie eine unterschiedliche Summe der quadrierten Abweichungen erzeugt, können wir nun die Linie auswählen, die die niedrigste Summe erzeugt. Dies ist dann die optimale Linie.

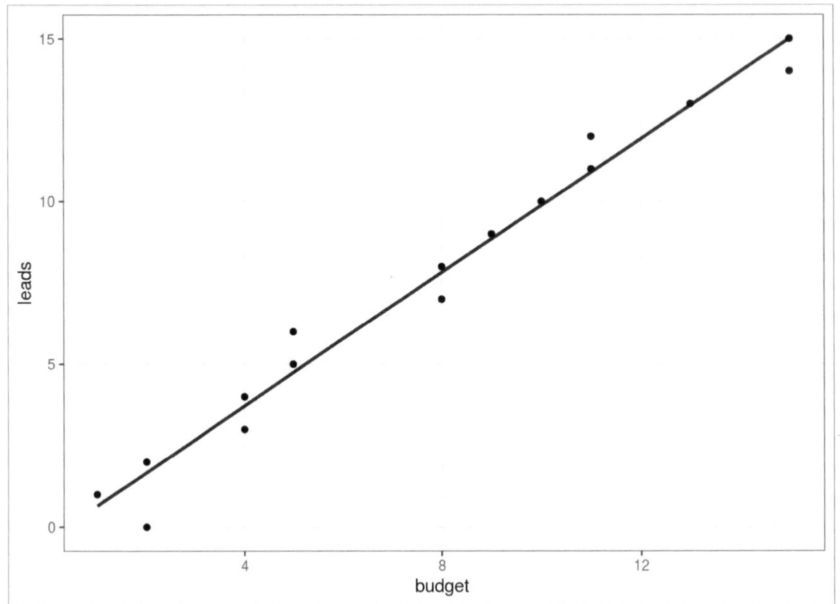

Abbildung 6.2 Regressionslinie durch die Datenpunkte

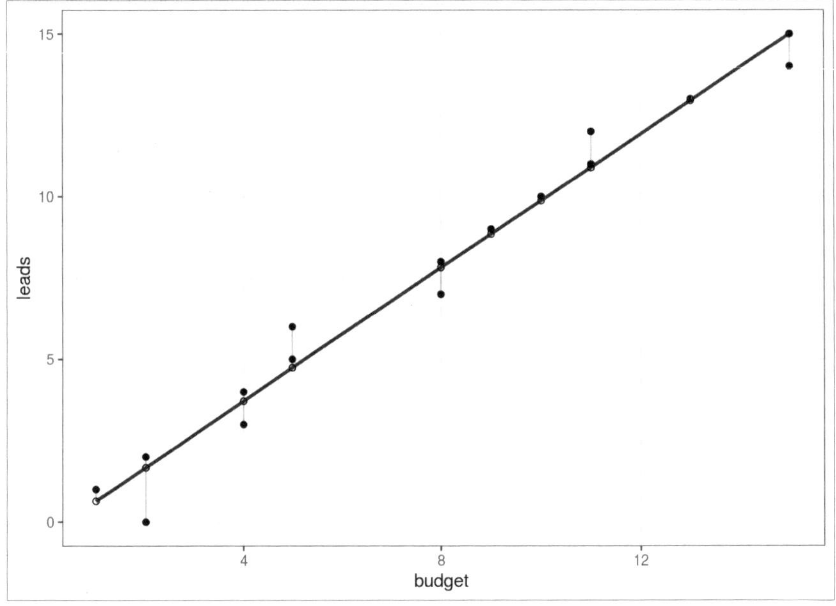

Abbildung 6.3 Dieselbe Gerade wie in Abbildung 6.2, hier mit Abständen zu den Datenpunkten

Fehler, Abstände und Ähnliches messen und minimieren

Das hier angewandte Prinzip, dass Entfernungen gemessen oder Fehler minimiert werden, ist grundlegend für viele Machine-Learning-Algorithmen. In den nächsten Kapiteln werden Sie immer wieder auf Algorithmen stoßen, so dass Sie dieses Konzept unbedingt verstehen sollten für das weitere Verständnis.

In dem Plot in Abbildung 6.3 können Sie eine Voraussetzung für eine lineare Regression beobachten, nämlich, dass die Varianzen der Residuen gleich sind. Man spricht von *Homoskedastizität*. Ist dem nicht so, dann spricht man von *Heteroskedastizität*. Hinter diesen schwer auszusprechenden Begriffen steckt das, was für die Regressionsanalyse das ist, was die *Varianzheterogenität* für die Varianzanalyse ist. Vereinfacht gesagt: Wenn die Residuen unterschiedliche Abstände von der Linie haben, also ihre Varianz heterogen ist, dann spricht man von Heteroskedastizität. Ist diese vorhanden, so muss das entstandene Modell mit viel Vorsicht genossen werden, da manche Punkte weiter entfernt sind von der Regressionslinie als andere.

6.1.2 Wie wird die lineare Regression in R durchgeführt?

Wir erstellen die erste Regressionsanalyse einmal zur generellen Übersicht in nur sechs Zeilen Code und gehen danach durch die Details. Den Code finden Sie auf der Seite zum Buch *https://alby.link/datascience* und im Downloadbereich. Zunächst erstellen wir einen Datensatz:

```
leads <- c(0,1,2,3,4,5,6,7,8,9,10,11,12,13,14,15)
budget <- c(2,1,2,4,4,5,5,8,8,9,10,11,11,13,15,15)
work_hard <- data.frame(budget,leads)
```

Nun erstellen wir das Modell und plotten es:

```
fit <- lm(work_hard$leads ~ work_hard$budget)
plot(work_hard)
abline(fit)
```

Für die bisherigen Beispiele haben wir das Package `ggplot2` verwendet, so dass der Output dieses Plots etwas anders aussieht als der des Base R Plots.

Betrachten wir den Code im Detail. Mit

```
fit <- lm(work_hard$leads ~ work_hard$budget)
```

weisen wir das Ergebnis der Regressionsanalyse, die wir mit dem Aufruf von `lm()` (für *linear model*) dem Objekt `fit` zuweisen. Als Parameter übergeben wir der Funktion `lm()` zunächst die abhängige Variable `leads` und dann, getrennt durch eine Tilde[2], die unabhängige Variable `budget`. Diese Reihenfolge ist immens wichtig! Überlegen Sie für einen Moment, was passiert, wenn Sie die abhängige und die unabhängige Variable vertauschen. Dazu in ein paar Zeilen noch ein wenig mehr.

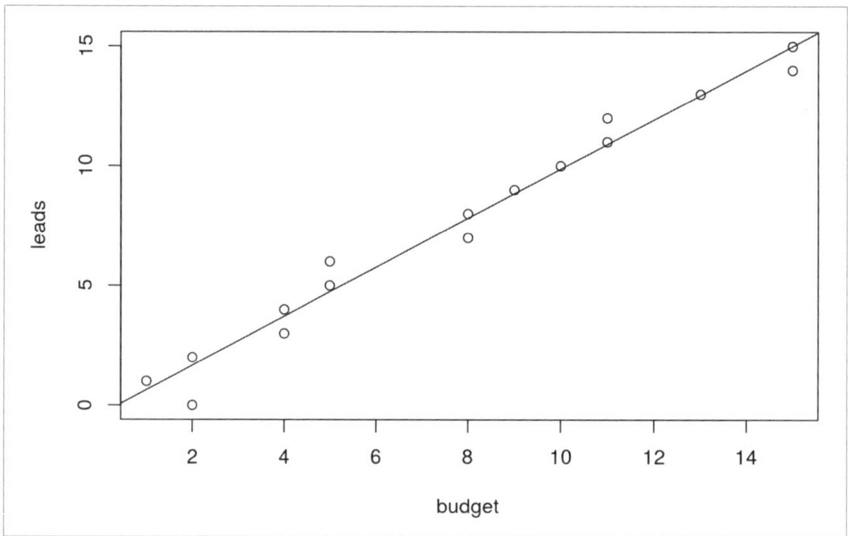

Abbildung 6.4 Eine mit plot() und abline() erstellte Regressionsvisualisierung

Mit `plot(work_hard)` plotten Sie Ihre Daten, nichts Neues für Sie. Aber die nächste Zeile hat es in sich:

```
abline(fit)
```

Zunächst einmal, wenn Sie in einem Notebook zuerst `plot(work_hard)` ausführen und danach `abline(fit)`, dann werden Sie eine Fehlermeldung kassieren:

```
Error in int_abline(a = a, b = b, h = h, v = v, untf = untf, ...) :
plot.new has not been called yet
```

Wenn Sie den Code in der Konsole ausführen oder zusammen in einem Code-Snippet, dann werden Sie dieses Problem nicht haben. `abline()` bezieht sich auf den gegenwärti-

2 Auf dem PC können Sie die Tilde (~) auf der Tastatur sehen, auf dem Mac ist das leider nicht ganz so einfach. Hier müssen Sie [⌥] und gleichzeitig [N] drücken.

gen Plot, der vorab erstellt wurde, und benötigt genau diesen Kontext, der in einem Notebook, warum auch immer, verloren geht, wenn Sie die Zeilen einzeln ausführen.

Aber, es geht noch weiter, denn `abline()` erstellt eine Gerade. Wenn es nachher um nicht lineare Regression geht, dann nutzen Sie `abline()` also bitte schon mal nicht.

Die Funktion `abline()` bekommt als Parameter das Objekt, dem wir das Ergebnis unserer linearen Regression zugewiesen haben. Was steckt da eigentlich drin? Geben Sie einfach `fit` ein:

```
> fit

Call:
lm(formula = work_hard$leads ~ work_hard$budget)

Coefficients:
     (Intercept)  work_hard$budget
          -0.384             1.026
```

Wir sehen den Aufruf und zwei Koeffizienten-Werte, und zwar das *Intercept*, das für den Schnittpunkt auf der y-Achse steht, und einen weiteren Wert für `work_hard$budget`. Denken wir einmal zurück an Abschnitt 6.1, wo es zu Beginn um lineare Funktionen ging. Dann ist 1,026 unsere Steigung! Es fehlt nur noch die Konstante. Diese bekommen wir indirekt aus, indem wir in unserem Kopf unsere Linie bei –0,384 auf der y-Achse einzeichnen und dann für jedes x die Steigung berechnen. Fertig ist die Linie.

Wir erkennen hier aber auch gleich ein Problem: Denn so wie es kein negatives Budget geben kann, so kann ich zum Beispiel in meinem eingangs erwähnten Handyvertrag auch keinen Betrag von 0 € bezahlen. Das Intercept ist also mit sehr viel Vorsicht zu genießen.

Es gibt aber noch einen anderen Aspekt von `abline()`, der hier verdeutlicht werden soll. Angenommen, die x- und y-Werte wären vertauscht in dem Data Frame, dann sähe der Plot so aus wie in Abbildung 6.5. Auf den ersten Blick sähe das auch gar nicht so schlecht aus, aber es ist nun einmal die richtige Gerade im falschen Plot. Es ist also immens wichtig, dass Sie auf die richtige Reihenfolge achten, in der die Variablen geplottet werden. Umgekehrt, wie oben beschrieben, ist die andere Fehlermöglichkeit, dass Sie zwar den richtigen Plot haben, aber die falsche Gerade, weil Sie die abhängige und die unabhängige Variable vertauscht haben.

Eine andere Fehlerquelle, allerdings eher bei der Interpretation und weniger beim Code, ist die Suche nach dem Intercept. Als Beispiel dient der Faithful-Datensatz, den ich in Kapitel 10, »Workflows und Werkzeuge«, noch ausführlicher besprechen werde:

```
lm(formula = faithful$eruptions ~ faithful$waiting)

Coefficients:
     (Intercept)  faithful$waiting
        -1.87402           0.07563
```

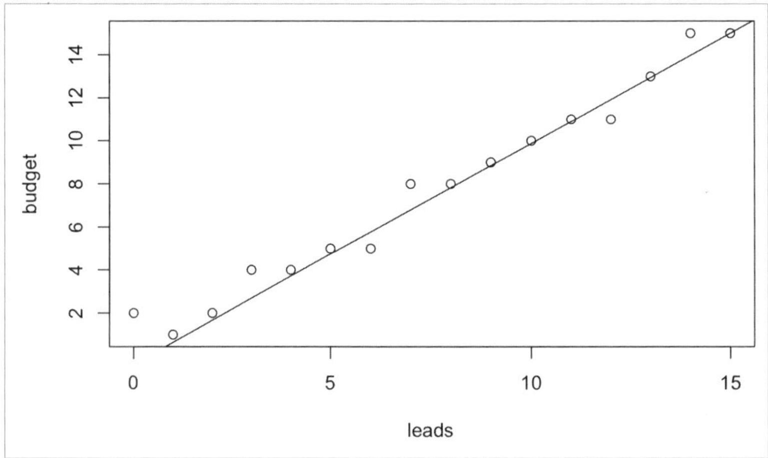

Abbildung 6.5 Richtige Gerade, falscher Plot

Das Intercept liegt bei –1,87402, aber wenn wir die Daten und das Modell plotten, dann erschließt sich das nicht so ganz:

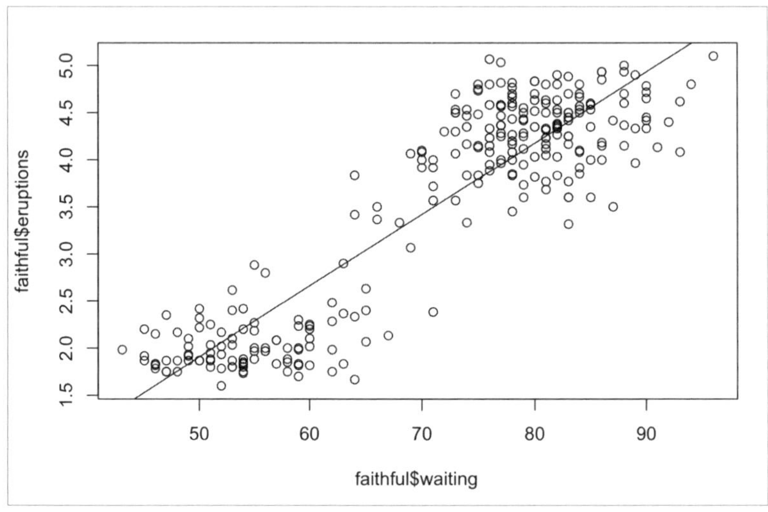

Abbildung 6.6 Hier lohnt ein zweiter Blick auf die x-Achse und wo sie beginnt.

Erst auf den zweiten Blick wird deutlich, dass die x-Achse gar nicht bei 0 beginnt und deswegen das Intercept zunächst falsch zu sein scheint.

6.1.3 Interpretation der Ergebnisse

Die Daten des Modells wollen wir uns noch einmal genauer ansehen, dieses Mal lassen wir uns mit `summary(fit)` die Details ausgeben:


```
summary(fit)
##
## Call:
## lm(formula = work_hard$leads ~ work_hard$budget)
##
## Residuals:
##     Min      1Q  Median      3Q     Max
## -1.6671 -0.1791  0.1412  0.2945  1.2562
##
## Coefficients:
##                  Estimate Std. Error t value Pr(>|t|)
## (Intercept)      -0.38399    0.38328  -1.002    0.333
## work_hard$budget  1.02556    0.04317  23.754 1.03e-12 ***
## ---
## Signif. codes:  0 '***' 0.001 '**' 0.01 '*' 0.05 '.' 0.1 ' ' 1
##
## Residual standard error: 0.7668 on 14 degrees of freedom
## Multiple R-squared:  0.9758, Adjusted R-squared:  0.9741
## F-statistic: 564.3 on 1 and 14 DF,  p-value: 1.032e-12
```

Die Ausgabe ist (obwohl es sich ja um eine »summary« handelt) um einiges ausführlicher, verglichen mit dem vorherigen Befehl. Der Output enthält weitere wichtige Informationen:

- Bei den *Residuen* (`Residuals`) ist eine einigermaßen gleichmäßige Verteilung wünschenswert. Was bedeutet das genau? In dem Beispiel ist der Median etwas näher am 3. Quartil als am 1. Quartil, der Minimalwert ist etwas weiter vom Median entfernt als der Maximalwert. Die Residuen sind also nicht gleichmäßig um die Gerade verteilt, beziehungsweise nicht genau *normalverteilt*. Die Normalverteilung der Residuen ist eine Voraussetzung, um aus einer linearen Regression Schlussfolgerungen ziehen zu können. In diesem Beispiel sind wir der Normalverteilung zumindest nah.
- Die Koeffizienten hatte ich bereits erläutert; hier erhalten wir nun weitere Werte zu dem Standardfehler, die t-Werte sowie den p-Wert. Die Nullhypothese lautet, dass die

jeweilige unabhängige Variable (in diesem Fall haben wir nur eine, das Budget) nicht mit der abhängigen Variable korreliert. Liegt der p-Wert unter Alpha, so wird diese Nullhypothese abgelehnt. In dem Fall oben geschieht genau das, allerdings haben wir einen p-Wert oberhalb Alpha für die Konstante. Dies ist allerdings kein Problem, das Intercept wird auch häufig ignoriert, da es keinen Sinn ergibt, wie oben bereits beschrieben.

- `R-squared` ist ein Maß, das darstellen soll, wie gut ein Modell zu den Daten passt. Sein Wert liegt zwischen 0 und 1; je näher der Wert bei 0 liegt, desto weniger kann die Regression die Varianz der abhängigen Variablen erklären. In dem Beispiel oben kann die Varianz zu über 95 % durch die unabhängigen Variablen erklärt werden. Je mehr Variablen vorhanden sind, desto mehr wird R-squared steigen, so dass für Datensätze mit vielen Variablen eine angepasste Version von R-squared verwendet wird, die einfach nur *Adjusted R-squared* genannt wird.
- Zum Schluss erhalten wir noch die Werte der F-Statistik.

Die Begutachtung dieser Werte ist nicht optional, sondern gehört zum Pflichtprogramm.

6.1.4 Vor- und Nachteile

Auch wenn der Algorithmus relativ einfach ist, so kann dennoch sehr viel falsch gemacht werden. Das beginnt mit der Frage, ob die Daten sich überhaupt für eine lineare Regression eignen. Denn nur weil eine Linie durch Datenpunkte passt, bedeutet das nicht, dass die Linie die richtige Lösung für das Problem ist.

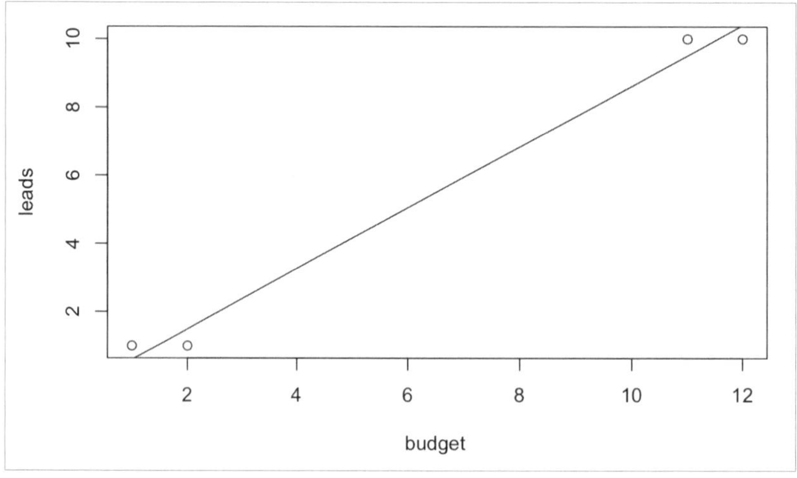

Abbildung 6.7 Ist die lineare Regression hier eine gute Option?

Abbildung 6.7 zeigt ein häufig genutztes Beispiel, bei dem die lineare Regression wunderbare Werte erhält (p-Wert unter 0,05, R-squared bei 0,99!), aber dennoch ist sie hier keine viable Option. Stattdessen wäre eine logistische Regression sinnvoll. In der Literatur finden sich auch Beispiele für Klassifikationen mithilfe einer linearen Regression. So hat Foreman (2014) zum Beispiel eine Klassifikation mit einer linearen Regression in Excel erstellt, um auf Basis von Einkaufskörben zu identifizieren, ob Kundinnen schwanger sind, auch wenn sie es selbst eventuell noch nicht wissen. Empfehlen würde ich eine Klassifikation mit einer linearen Regression allerdings nicht, wie anhand des Beispiels in Abbildung 6.7 erläutert.

6.1.5 Nicht lineare Regression

Die meisten Data-Science-Einführungen beginnen mit linearer Regression und überspringen dann die nicht lineare Regression. Das liegt sicherlich auch daran, dass wir nicht einfach einen Algorithmus auf die Daten werfen können, sondern Schätzungen der Parameter mitbringen müssen. Denn bei der nicht linearen Regression führt keine Linie durch Datenpunkte, sondern eine Kurve. Erst wenn man Schätzungen für die Parameter der Kurve mit eingegeben hat, kann man sich mit `nls()` nähern. Das Akronym steht für *Nonlinear Least Squares*. Das Prinzip der kleinsten Quadrate haben wir bereits zuvor kennengelernt.

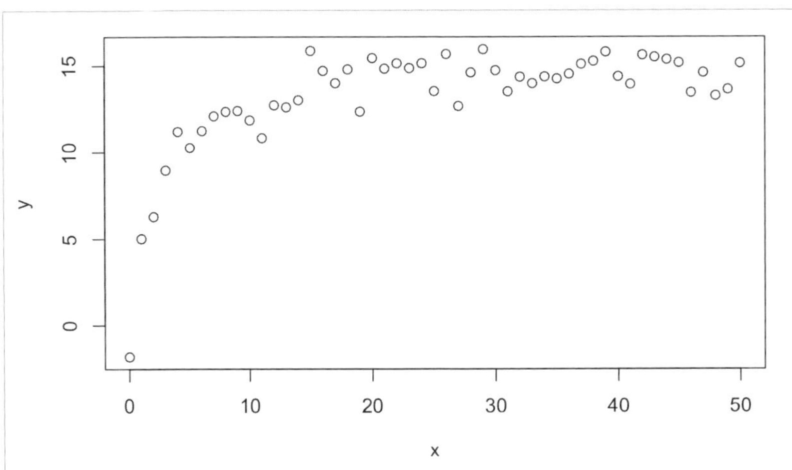

Abbildung 6.8 Egal, wie sehr man die Augen zukneift, eine Gerade passt hier nicht wirklich gut hinein.

Zunächst einmal erstellen wir einen Datensatz und plotten ihn:

```
set.seed(55)
x<-seq(0,50,1)
y<-((runif(1,10,20)*x)/(runif(1,0,10)+x))+rnorm(51,0,1)
plot(x,y)
```

Der Plot dazu sehen Sie in Abbildung 6.8. Ganz offensichtlich ergibt hier eine lineare Regression wenig Sinn. Wir testen auf Korrelation:

```
> cor.test(x,y)

      Pearson's product-moment correlation

data:  x and y
t = 5.6341, df = 49, p-value = 8.526e-07
alternative hypothesis: true correlation is not equal to 0
95 percent confidence interval:
 0.4248315 0.7696081
sample estimates:
      cor
0.6270073
```

Es liegt eine moderate Korrelation vor, aber die Regressionsgerade sieht nicht passend aus (siehe Abbildung 6.9):

```
fit2 <- lm(y~x)
plot(x,y)
abline(fit2, col = "red")
```

Das zeigt sich auch in den Details des Modells:

```
> summary(fit2)

Call:
lm(formula = y ~ x)

Residuals:
     Min       1Q   Median       3Q      Max
-11.7681  -0.6155   0.2952   1.2522   3.9438
```

```
Coefficients:
            Estimate Std. Error t value Pr(>|t|)
(Intercept)  9.95572    0.67582  14.731  < 2e-16 ***
x            0.13125    0.02329   5.634 8.53e-07 ***
---
Signif. codes:  0 '***' 0.001 '**' 0.01 '*' 0.05 '.' 0.1 ' ' 1

Residual standard error: 2.449 on 49 degrees of freedom
Multiple R-squared:  0.3931,    Adjusted R-squared:  0.3808
F-statistic: 31.74 on 1 and 49 DF,  p-value: 8.526e-07
```


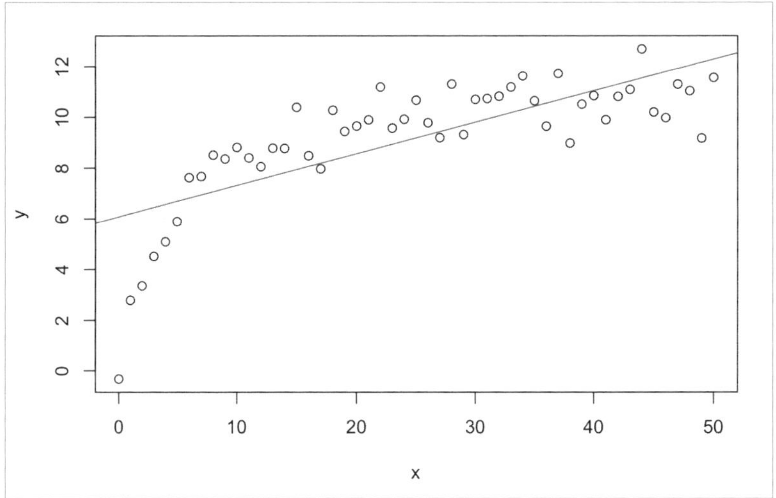

Abbildung 6.9 Regressionslinie durch nicht linear verlaufende Datenpunkte

Die Residuen sind nicht normalverteilt, denn das Minimum ist mit –11,7681 weit entfernt von den restlichen Werten, und unser R-squared-Wert liegt bei unter 0,4. Offensichtlich kommen wir so nicht weiter.

Wie eingangs erwähnt, können wir erst dann mit `nls()` arbeiten für eine nicht lineare Regressionsanalyse, wenn wir eine Schätzung der Parameter haben. Das erfordert etwas Übung. Für die Daten oben wird folgende Funktion geschätzt:

```
> m<-nls(y~a*x/(b+x))
```

Tatsächlich korrelieren die Daten hier umso stärker:

```
cor(y,predict(m))
## [1] 0.9496598
```

Und unser Plot sieht nun auch besser aus, wie Sie in Abbildung 6.10 sehen:

```
plot(x,y)
lines(x,predict(m),lty=2,col="red",lwd=3)
```

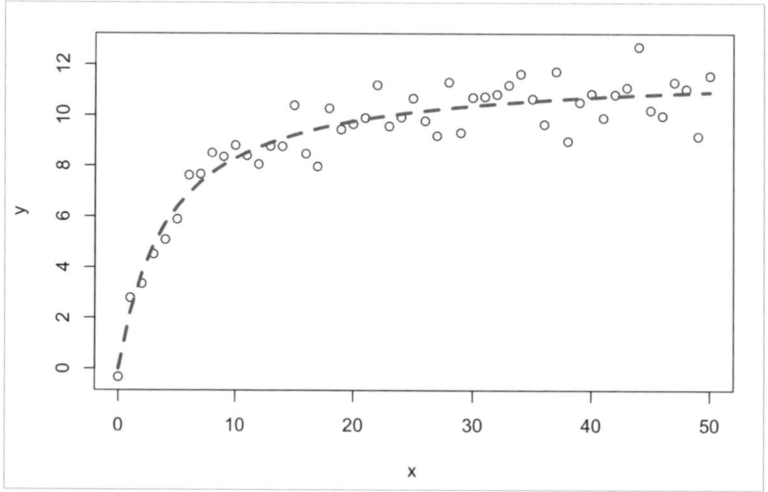

Abbildung 6.10 Regression mit nls()

Die große Schwierigkeit ist allerdings hier das Schätzen der Funktion.

6.1.6 Kleiner Hack: Lineare Regression bei nicht linearen Daten

Vorab: Diesen Hack sollten Sie mit sehr viel Vorsicht nutzen. Es ist je nach Krümmung einer Kurve möglich, mit einer Datentransformation eine lineare Regression durchzuführen, auch wenn die Daten das nicht hergeben. Dazu werden die Daten logarithmiert.

Wie war das noch mal mit dem Logarithmus?

Am besten kann ein Logarithmus anhand eines Exponenten erläutert werden:

$a = b^x$

In einem Zahlenbeispiel:

$9 = 3^2$

Was aber, wenn der Exponent bekannt ist, aber nicht die Basis? Genau dies löst der Logarithmus:

$x = \log_2 a$

Mit Zahlen:

$3 = \log_2 9$

Ein weiteres Beispiel:

$5 = \log_2 25$

Es fällt auf, dass die Zahlen links vom Gleichheitszeichen nicht so schnell wachsen wie die Zahl rechts. Und genau das nutzen wir für unseren kleinen Hack.

Wie sähe der Plot aus, wenn die Daten logarithmiert werden?

```
plot(log(x),log(y))
```

Das Ergebnis sehen Sie in Abbildung 6.11. Immer noch nicht optimal für eine lineare Regression, aber man könnte es wagen.

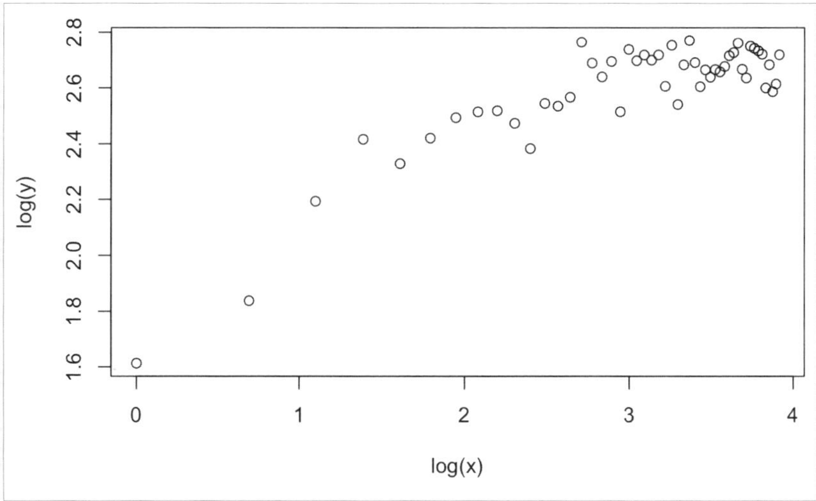

Abbildung 6.11 Die Punktewolke mit logarithmierten Daten

Genau das versuchen wir nun:

```
fit_log <- lm(log(y)~log(x))
```

Die Residuen nähern sich einer Normalverteilung, und die R-Werte des Modells sind zwar nicht berauschend, aber auch nicht unbrauchbar:

```
> summary(fit_log)
```

```
Call:
lm(formula = log(y) ~ log(x))

Residuals:
     Min       1Q   Median       3Q      Max 
-0.35155 -0.06342  0.00124  0.08639  0.23283 

Coefficients:
            Estimate Std. Error t value Pr(>|t|)    
(Intercept)  1.96428    0.05624   34.92  < 2e-16 ***
log(x)       0.20945    0.01816   11.53 1.93e-15 ***
---
Signif. codes:  0 '***' 0.001 '**' 0.01 '*' 0.05 '.' 0.1 ' ' 1

Residual standard error: 0.113 on 48 degrees of freedom
  (1 observation deleted due to missingness)
Multiple R-squared:  0.7349,    Adjusted R-squared:  0.7293 
F-statistic:   133 on 1 and 48 DF,  p-value: 1.933e-15
```

Auch der Plot der Regressionslinie zeigt, dass das Modell nicht optimal, aber auch nicht komplett daneben ist. Allerdings ist hier auch eine Heteroskedastizität zu beobachten, siehe Abbildung 6.12:

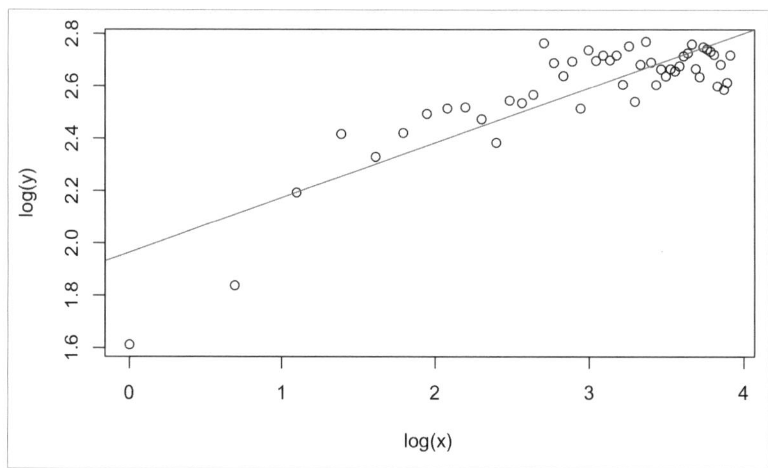

Abbildung 6.12 Plot der Regressionslinie durch die logarithmisierten Daten

Ich empfehle diese Vorgehensweise nicht unbedingt, zumindest sollten Sie nach der Anwendung die beschriebenen Werte (Verteilung der Residuen, R-Wert) daraufhin überprüfen, ob Sie wirklich ein besseres Ergebnis erzielen. Wichtig ist auch, dass Sie neue Datenpunkte immer erst logarithmieren und das Ergebnis wieder zurückführen müssen.

6.1.7 Logistische Regression

Bei der linearen Regression in unseren Beispielen haben wir sowohl bei der abhängigen als auch bei der unabhängigen Variablen eine Zahl. Was aber, wenn wir als abhängige Variable keine Zahl, sondern eine Kategorie haben?

Das Skalenniveau

Dies ist ein guter Zeitpunkt, um über Skalen zu sprechen, denn die Skalen bestimmen, welche rechnerischen Operationen mit welchen Daten möglich sind und wann Kategorien in Zahlen »übersetzt« werden können. Eine Variable, die zum Beispiel Haarfarben enthält, ist *nominalskaliert*. Wir können hier Häufigkeiten berechnen, aber mehr auch nicht.

Die nächsthöhere Stufe sind *ordinalskalierte Variablen*. Diese können numerisch sein, aber die Abstände sind nicht unbedingt eindeutig. Ein Beispiel ist die Bundesligatabelle: Ist die Mannschaft auf Platz 4 wirklich viermal schlechter als die Mannschaft auf Platz 1? Auch kategoriale Daten können ordinalskaliert sein, der Schulabschluss ist ein Beispiel dafür. Ganz klar ist ein Hochschulabschluss weiter vom Hauptschulabschluss entfernt als ein Realschulabschluss, doch selbst wenn man den Abschluss durch Ausbildungs- beziehungsweise Schuljahre ersetzt, sind die Abstände nicht eindeutig.

Die nächsthöhere Stufe bilden *intervallskalierte Variablen*. Ein Beispiel ist die in Celsius gemessene Temperatur: Es existiert zwar ein Nullpunkt, aber es ist kein absoluter Nullpunkt, denn in Fahrenheit ist der Nullpunkt ein anderer.

Die höchste Stufe sind die *verhältnisskalierten Variablen*. Diese haben einen absoluten Nullpunkt. Ein Beispiel ist das Alter: Niemand ist jünger als 0 Jahre.

Nicht immer ist die Skala eindeutig. Postleitzahlen sind zum Beispiel eindeutig numerisch, aber über die Distanz zwischen den einzelnen Postleitzahlen lässt sich herrlich streiten. Natürlich ist die 2 als erste Ziffer der Postleitzahl weiter von der 8 entfernt als die 4, aber aus persönlicher Erfahrung kann ich sagen, dass die Postleitzahl 22703 dem Gebiet mit der Postleitzahl 22767 näher liegt als das mit der Postleitzahl 22765.

Außerdem kann es mehr als eine unabhängige Variable geben und natürlich auch mehr als eine abhängige Variable. Hier kommen Analyseverfahren wie die *Varianzanalyse* (auch *ANOVA* für *ANalysis Of VAriance*) oder auch die *multivariate Varianzanalyse* (*MANOVA*, für *Multiple ANalysis Of VAriance*) ins Spiel.

6.2 Anomalie-Erkennung

Im vorherigen Abschnitt haben wir uns mit relativ einfachen Prognosen beschäftigt. Wenn mehr von dem einen, dann auch mehr von dem anderen. Mitunter interessieren uns aber auch die Abweichungen von der Prognose. Dazu müssen wir aber zunächst einmal identifizieren, was genau eine Abweichung ist und was zu den üblichen Mustern gehört, wenn wir es nicht mit einer einfachen Regressionskurve zu tun haben.

6.2.1 Ein kleiner Exkurs: Zeitreihenanalysen

Angenommen, Sie haben eine Website, auf der Nutzer mit Ihrem Kunden-Support via Chatfenster kommunizieren können. Sicherlich ergibt es wenig Sinn, Ihr Support-Team in drei Schichten aufzuteilen, damit Sie Ihre Kunden 24 Stunden am Tag betreuen können, es sei denn, Sie haben einen globalen Shop aufgebaut. Dazu wäre es gut zu wissen, mit wie vielen Besuchern Sie wann auf Ihrer Website rechnen müssen.

Ein Weg, sich das klarzumachen, ist, die Anzahl der Besucher pro Stunde zu plotten, die Zeit auf der x-Achse, die Anzahl auf der y-Achse. Viele Web-Analyse-Programme tun genau dies, was dann ungefähr so aussieht wie in Abbildung 6.13.

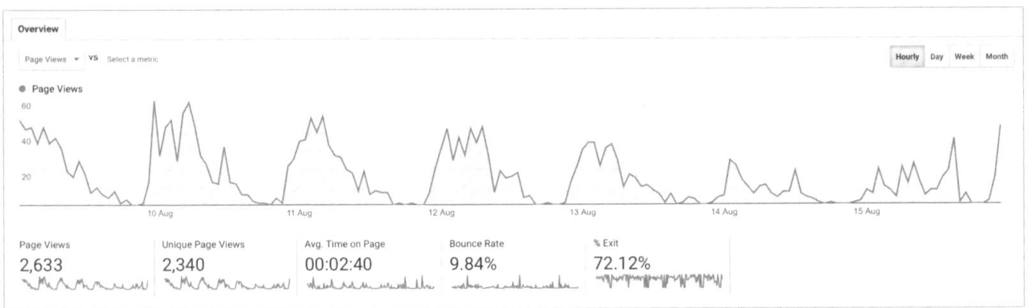

Abbildung 6.13 Screenshot aus Google Analytics mit einer Zeitreihe

In diesem Beispiel sehen wir auch, dass es zum Wochenende hin weniger Nutzer gibt und dann montagmorgens die Nutzer wieder auf die Seite kommen. Diese Website hat einen betriebswirtschaftlichen Hintergrund, so dass die Besucher vor allem während der Bürozeiten kommen. Wie aber könnten wir erkennen, ob es sich bei dem Rückgang der Besucherzahlen am Wochenende um ein Muster oder eine Anomalie handelt? Zunächst einmal halten wir fest, dass wir uns Maßzahlen über einen Zeitraum ansehen, die Daten sind also eine nach der Zeit geordnete Folge von Maßzahlen. Dies wird *Zeitreihe* genannt.

Wir widmen uns zunächst einem anderen Datensatz, der mit R mitgeliefert wird, und zwar USAccDeaths, in dem die monatliche Anzahl der Unfalltoten in den USA von 1973 bis 1978 aufgelistet ist.

```
> require(datasets)
> head(USAccDeaths)
[1]  9007  8106  8928  9137 10017 10826
```


Dies ist kein richtiger Data Frame, wie wir mit str() herausfinden können.

```
> str(USAccDeaths)
 Time-Series [1:72] from 1973 to 1979: 9007 8106 8928 9137 10017 ...
```

Es ist bereits ein Zeitreihenobjekt! Dadurch können wir es auch einfach mit plot() plotten (ansonsten müssten wir plot.ts() nutzen):

```
> plot(USAccDeaths)
```

Das Ergebnis ist in Abbildung 6.14 zu sehen. Wir sehen die häufigste Anzahl in einem Monat im Verlauf des Jahres 1973, zur Mitte des Jahres scheint es immer einen Peak zu geben, kurz nach Neujahr ist der Tiefpunkt. Wir scheinen also eine Art Saisonalität zu sehen.

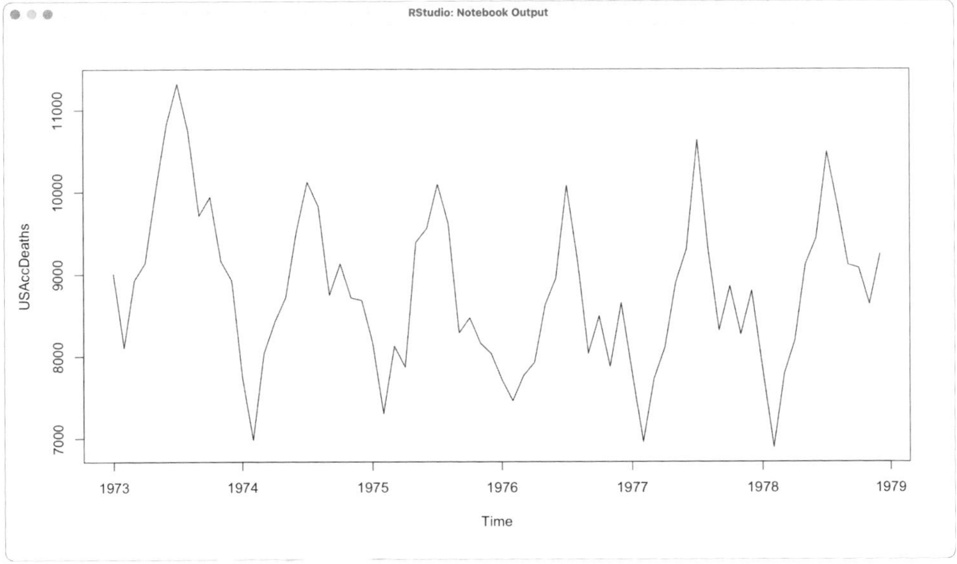

Abbildung 6.14 Der »USAccDeaths«-Datensatz

Zeitreihen können in Komponenten zerlegt werden, und zwar in:

- den Trend (*trend*), also wie sich die Daten allgemein entwickeln
- wiederkehrende Schwankungen (*seasonal*)
- zufällige Schwankungen (*random*), die sich nicht durch den Trend oder die Saison erklären lassen

Mit dem Befehl `decompose()` können Sie diese Komponenten begutachten:

```
decomposed <- decompose(USAccDeaths)
plot(decomposed)
```

Der Plot dieser Aufteilung kann in Abbildung 6.15 begutachtet werden. Dabei wird der ursprüngliche Plot der Daten in der ersten Reihe gezeigt, der Trend in der zweiten, die Saisonalität in der dritten und der *Noise* in der vierten. Unter Noise werden hier bedeutungslose Daten verstanden, die durch Zufall entstanden sind.

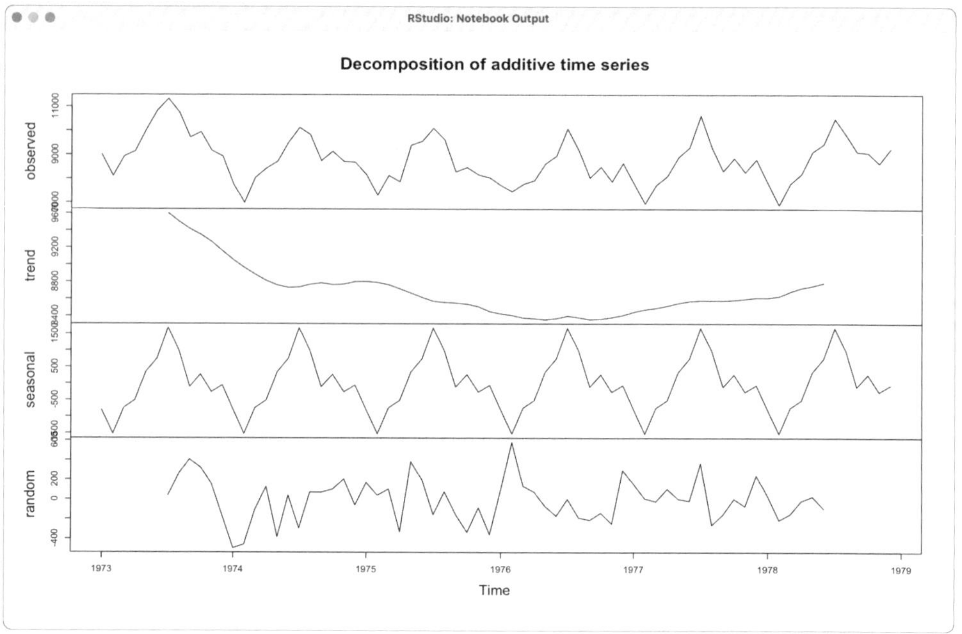

Abbildung 6.15 Dekomposition der Zeitreihendaten in ihre Komponenten

Die Saisonalität ist offensichtlich gleichmäßig, der Trend geht erst abwärts und dann wieder leicht aufwärts. Die Frage ist nun, wie diese Daten und ihre Komponenten in eine Vorhersage überführt werden können.

6.2.2 Fitting mit dem Forecast-Package

Das Package `forecast` enthält den Befehl `ets()`, der für *Error, Trend, Seasonal* steht. Wir starten mit einem einfachen Befehl (nachdem Sie das `forecast`-Package installiert haben):

```
library(forecast)
fit <- ets(USAccDeaths)
plot(forecast(fit))
```

Ciao forecast, hello faible!

Zum Zeitpunkt der Manuskripterstellung wurde das `forecast`-Package »retired«, also in den Ruhestand versetzt. Es werden aber noch Fehler behoben und die Dokumentation aktualisiert. Der Maintainer des `forecast`-Packages empfiehlt das Package `faible`, das allerdings eine ganz andere Philosophie hat. Mehr dazu erfahren Sie auf der Website zum Buch unter *https://alby.link/datascience*.

Der Plot ist in Abbildung 6.16 zu sehen. Wichtig: Der Befehl `ets()` erstellt ein Modell (`str()` sagt, dies sei eine Liste), er erstellt noch keinen Forecast. Dieser wird erst mit dem Befehl `forecast()` erzeugt.

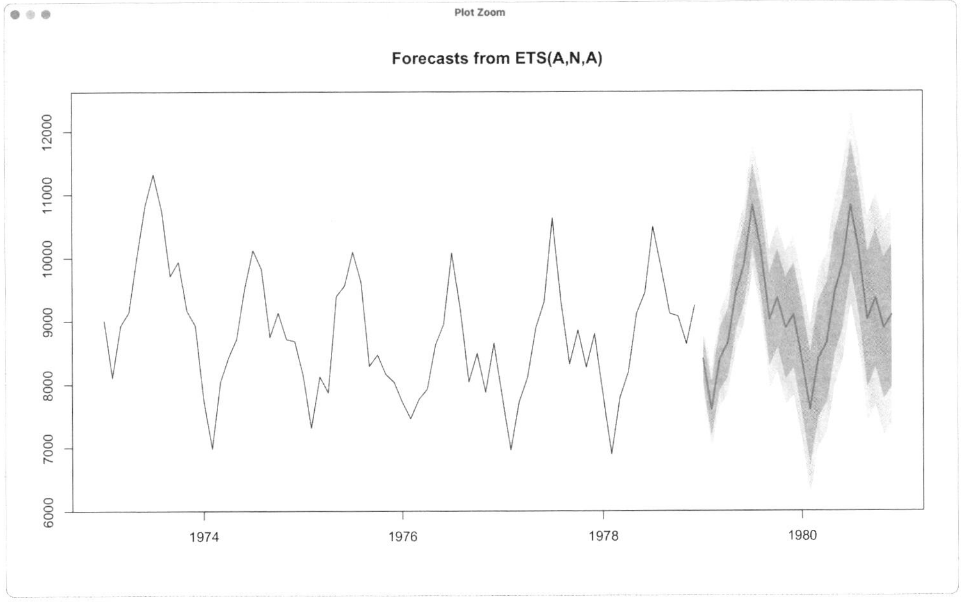

Abbildung 6.16 Ein Forecast basierend auf den Grundeinstellungen von ets()

Dieser Forecast besteht nicht einfach aus einer Linie, die die bisher beobachteten Daten fortführt, sondern ein Intervall um die Linie (Vorhersageintervall). Um dies genauer zu verstehen, schauen wir uns die Befehle `ets()` und `forecast()` noch etwas genauer an.

Zunächst einmal plotten wir das Modell `fit`:

```
plot(fit)
```

und erhalten den Plot in Abbildung 6.17. Er sieht ein wenig so aus wie der Plot in Abbildung 6.15, nur mit dem Unterschied, dass hier von *level* die Rede ist und nicht von *trend*, die Linie beim *level* auch viel granularer zu sein scheint. Außerdem fehlt uns das, was in dem anderen Diagramm als *random* bezeichnet wurde. Es scheint also einen Unterschied zu geben, wie Zeitreihendaten in einzelne Bestandteile zerlegt (oder dekomponiert) werden können. `decompose()` verwendet einen gleitenden Durchschnitt, wohingegen `ets()` einen gewichteten Durchschnitt berechnet. Diese Gewichte nehmen mit der Zeit exponentiell ab, basierend auf einem »Smoothing«-Parameter, so dass auch von *Exponential Smoothing* gesprochen wird.

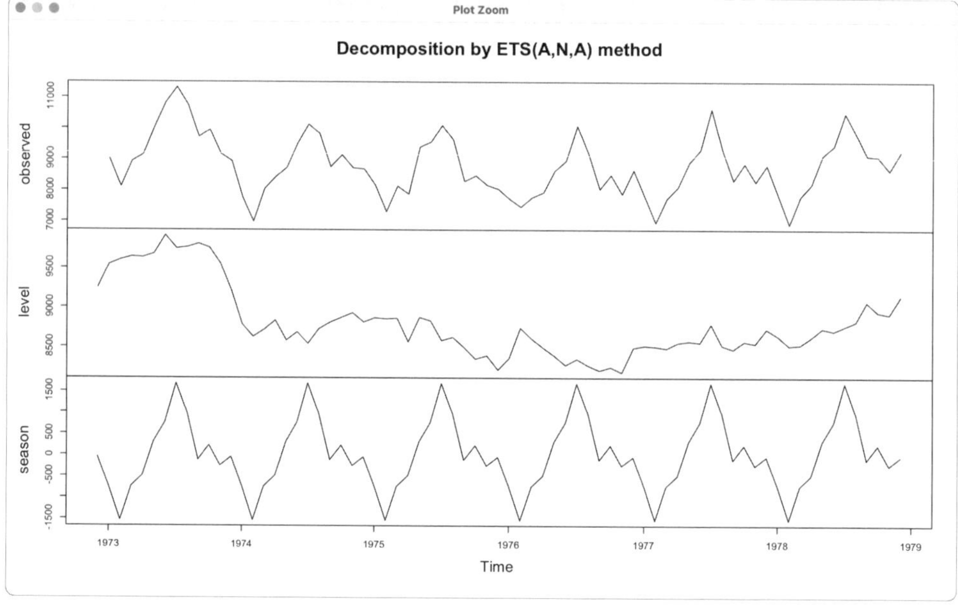

Abbildung 6.17 Dekomposition mit dem ETS-Modell

Damit aber noch nicht genug. Wenn wir uns die Summary für das Modell ausgeben lassen, dann sehen wir weitere Parameter:

```
> summary(fit)
ETS(A,N,A)

Call:
 ets(y = USAccDeaths)

  Smoothing parameters:
    alpha = 0.5946
    gamma = 0.002

  Initial states:
    l = 9248.3628
    s = -51.3449 -255.3528 218.2901 -121.771 970.7387 1683.237
           756.092 306.4212 -489.5627 -739.9004 -1537.792 -739.0552

  sigma:  292.6907

     AIC     AICc      BIC
1140.145 1148.716 1174.295

Training set error measures:
                    ME     RMSE      MAE         MPE     MAPE      MASE          ACF1
Training set -2.612086 262.698 202.6369 -0.08274519 2.32238 0.4634348 -0.007898621
>
```

Wir werden nicht alle Werte durchgehen (denn dazu müsste ich auch etwas mehr über Zustandsraummodelle erzählen), hier sind die wichtigsten Aussagen:

- Zunächst einmal sehen wir die Buchstaben `A`, `N`, `A` hinter dem Aufruf. Die Position hat eine Bedeutung, denn der Buchstabe auf der ersten Position steht für den Fehlertyp, der zweite Buchstabe für den Trend-Typ, und der dritte Buchstabe für den Saisonalitätstyp. Folgende Buchstaben sind möglich:
- `N`: *none*
- `A`: *additive*; bedeutet, dass Trend und Saisonalität addiert die Entwicklung erklären
- `M`: *multiplikativ*; bedeutet, sehr grob gesagt, dass Trend und Saisonalität miteinander multipliziert werden und somit für starke Schwankungen sorgen
- `Z`: automatisch ausgewählt
- In dem Beispiel sind es also ein additiver Fehlertyp, kein Trendtyp und ein additiver Saisonalitätstyp.

- alpha steht für den Basiswert, und je höher Alpha ist, desto mehr Gewicht wird auf die letzten beobachteten Werte gelegt.
- beta kommt hier nicht vor, aber steht für den Trend-Wert: Je höher beta gesetzt wird, desto stärker werden die Trend-Daten berücksichtigt.
- gamma steht für die Saisonalitätskomponente.
- AIC: Akaike's Information Criterion, siehe unten.
- AICc: Corrected Akaike's Information Criterion, siehe unten.
- BIC: Bayesian Information Criterium, siehe unten.

Bei den letzten Werten handelt es sich um Parameter zum Vergleich der Modellgüte. AIC-Werte werden mit AIC-Werten anderer Modelle verglichen, Sie vergleichen also nicht einen AIC-Wert mit einem BIC-Wert. Geben Sie also zum Beispiel einmal andere Werte an für alpha:

```
fit <- ets(USAccDeaths, alpha = 0.5)
```

Sie werden sehen, dass sich die Prognosen leicht verändern, wenn Sie das Modell plotten. Ebenso können Sie das Modell ändern in Bezug auf die drei Buchstaben:

```
fit <- ets(USAccDeaths, model = "MAA")
```

Auch hier ändert sich die Prognose leicht, wie im Plot zu sehen.

Das Modell ist das eine, der Forecast das andere. Auch hier können Sie Parameter setzen. Wir verwenden hier nun ein Beispiel in der dplyr-Notation:

```
USAccDeaths %>%
+      forecast(h=48) %>%
+      autoplot()
```

Das Ergebnis sehen Sie in Abbildung 6.18. In diesem Beispiel haben wir den Forecast auf 48 Monate spezifiziert. Weitere häufig genutzt Parameter sind:

- level: das Konfidenzniveau
- robust: TRUE oder FALSE; Robustheit gegenüber fehlenden Werten oder Ausreißern

Modelle mit ets() sind offensichtlich keine einfache Geschichte, da Sie sich Gedanken machen müssen, wie Ihre Daten und deren Dekomposition aussehen, und darauf aufbauend Schlussfolgerungen formulieren müssen. Denken Sie, dass Saisonalität und Trend sich gegenseitig verstärken? Haben die letzten Daten für Sie eine höhere Relevanz? Im einfachsten Fall nutzen Sie die Standardparameter, aber jedes zusätzliche Wissen kann Ihnen helfen, Ihr Modell zu verfeinern.

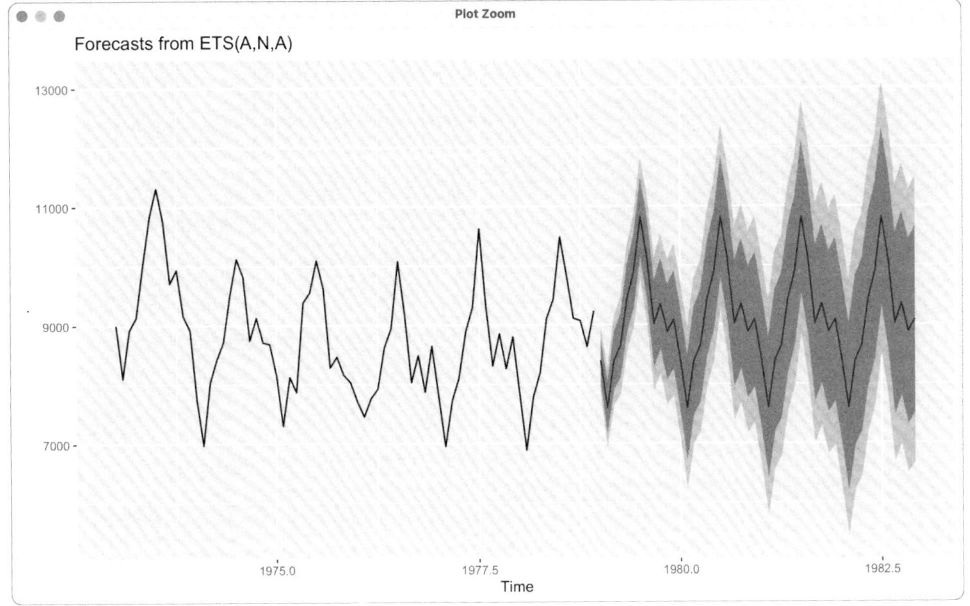

Abbildung 6.18 Autoplot eines Forecasts für 48 Monate

Kapitel 7
Clustering

Wie können in Daten Muster identifiziert werden, aus denen sich Gruppen ableiten lassen, zum Beispiel Kundensegmente? Die Antwort darauf bieten Clustering-Verfahren.

Während wir bei der Klassifikation schon wissen, wie Spam aussieht, und diesen Spam für das Training unseres Klassifikators verwenden können, suchen wir beim *Clustering* nach neuen Mustern, die einen Datensatz in Gruppen unterteilen können.

7.1 Hierarchisches Clustering

Hierarchisches Clustering ist ein Ansatz des *Unsupervised Machine Learnings*. Der Algorithmus basiert auf der Berechnung der Distanzen zwischen allen Datenpunkt in Bezug auf ihre Merkmalsausprägungen und den daraus entstehenden Gruppen, die *Cluster* genannt werden.

7.1.1 Einführung in die Vorgehensweise

Im vorherigen Kapitel zu Prognosen hatten wir zum ersten Mal darüber gesprochen, wie uns Distanzen helfen, die ideale Gerade durch unsere Punkte zu finden. Auch das hierarchische Clustering arbeitet mit Distanzen, wenn auch in etwas anderer Form. Während es bei der Regression darum geht, vorherzusagen, wie ein Wert y aussieht, wenn x einen bestimmten Wert annimmt, geht es beim Clustering darum, überhaupt erst einmal Muster in den Daten zu finden, die dazu führen, dass wir die Datenpunkte sinnvoll gruppieren können. Dies möchte ich an einem einfachen Beispiel veranschaulichen.

Stellen Sie sich die Situation an einer Schule vor: Es gibt ca. 800 Schülerinnen und Schüler, die zwischen 10 und 20 Jahren alt und zwischen 1,30 Meter und 2 Meter groß sind. Dazu gibt es ca. 100 Lehrkräfte, die zwischen 30 und 65 Jahre alt und zwischen 1,60 Meter und 2 Meter groß sind. Wir wissen ja schon, dass wir eigentlich zwei Gruppen haben, Lehrkräfte einerseits und Schülerinnen und Schüler andererseits – nennen wir sie

»Lehrkräfte« und »Schulkinder«, auch wenn manche der »Schulkinder« junge Erwachsene sein mögen. Wie würde ein Algorithmus vorgehen, der das Konzept der beiden Gruppen noch nicht kennt? Bei dem Alter hätten wir zwei klar voneinander getrennte Gruppen, bei der Größe ist das allerdings etwas komplizierter. Ein »Schulkind« kann sehr viel größer sein als eine Lehrkraft, aber nicht älter.

Um den ersten Schritt zu vereinfachen, fokussieren wir uns zunächst auf das Alter. Denn um Cluster identifizieren zu können, also welche Elemente sich so ähnlich sind, dass sie zusammen in einem Cluster gruppiert werden können, müssen die Elemente zunächst miteinander verglichen werden, jedes Element mit jedem anderen. Da wir hier numerische Werte haben, ist das einfach. Eine Person, die 60 Jahre alt ist, ist weiter entfernt von einer Person mit 15 Jahren als eine Person, die 40 Jahre alt ist. Da wir uns aber schlecht 900 Menschen vorstellen können und ihre Distanzen zueinander, vereinfachen wir das Beispiel noch weiter und nehmen eine ganz kleine Schule mit 20 Schulkindern und 5 Lehrkräften, und auch hier konzentrieren wir uns auf das Alter.

Zunächst generieren wir zufällige Zahlen für das Alter beider Gruppen:

```
> ages_pupils <- sample(10:20, 20, replace = TRUE)
> ages_teachers <- sample(30:65, 5, replace = TRUE)
> ages <- c(ages_pupils, ages_teachers)
> ages
 [1] 14 11 11 18 17 13 15 14 12 19 12 19 19 13 16 20 11 11 18 13 42
37 42 41 39
>
```

Wir sehen, dass das erste Schulkind (14 Jahre) einen Abstand von 3 Jahren zum zweiten Schulkind (11 Jahre) hat, ebenso zum dritten, und dann vier zum nächsten Schulkind (18 Jahre). Der Abstand wird also einfach durch eine Subtraktion des zweiten vom ersten Wert ermittelt. Schauen wir uns die Daten in einem Histogramm an:

```
hist(ages, breaks=20)
```

Das Histogramm sehen Sie in Abbildung 7.1, ganz klar haben wir hier zwei Gruppen, die durch die Altersabstände voneinander getrennt sind.

Im nächsten Schritt müssten wir also den Abstand von jedem Schulkind und jeder Lehrkraft zueinander ausrechnen. Netterweise existiert bereits eine Funktion, mit der wir die Distanzen zwischen den einzelnen Personen automatisch ausrechnen lassen können, so dass wir das nicht per Hand tun müssen.

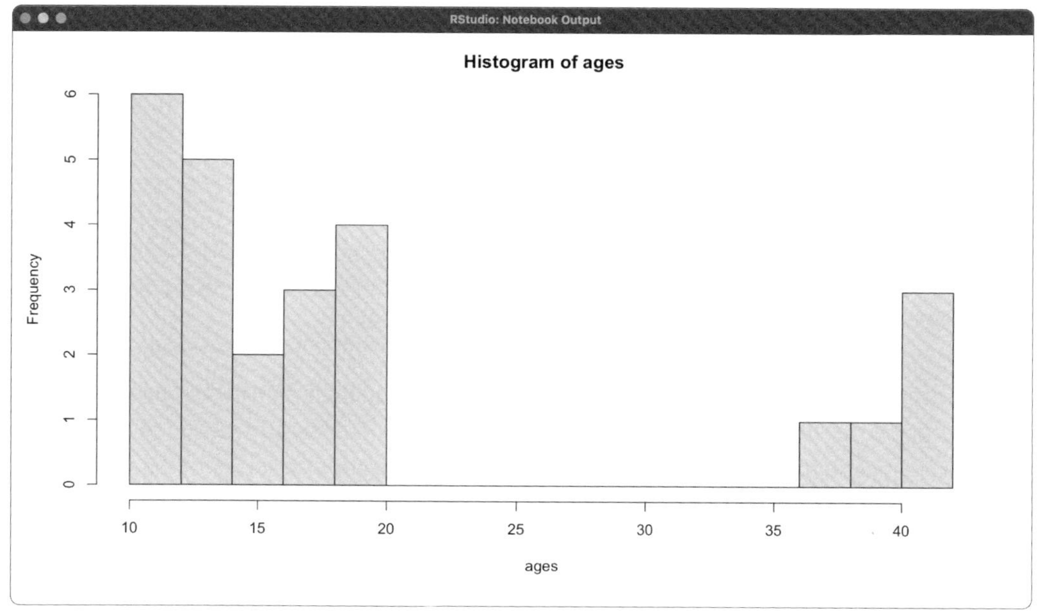

Abbildung 7.1 Histogramm der Altersdaten

Das Ergebnis nennt sich *Distanzmatrix* (*distance matrix* im Englischen, manchmal auch *dissimilarity matrix*):

```
> ages.dist <- dist(ages)
> ages.dist
   1  2  3  4  5  6  7  8  9 10 11 12 13 14 15 16 17 18 19 20 21 22 23 24
2  3
3  3  0
4  4  7  7
5  3  6  6  1
6  1  2  2  5  4
7  1  4  4  3  2  2
8  0  3  3  4  3  1  1
9  2  1  1  6  5  1  3  2
10 5  8  8  1  2  6  4  5  7
11 2  1  1  6  5  1  3  2  0  7
12 5  8  8  1  2  6  4  5  7  0  7
13 5  8  8  1  2  6  4  5  7  0  7  0
14 1  2  2  5  4  0  2  1  1  6  1  6  6
15 2  5  5  2  1  3  1  2  4  3  4  3  3  3
16 6  9  9  2  3  7  5  6  8  1  8  1  1  7  4
```

```
17  3  0  0  7  6  2  4  3  1  8  1  8  8  2  5  9
18  3  0  0  7  6  2  4  3  1  8  1  8  8  2  5  9  0
19  4  7  7  0  1  5  3  4  6  1  6  1  1  5  2  2  7  7
20  1  2  2  5  4  0  2  1  1  6  1  6  6  0  3  7  2  2  5
21 28 31 31 24 25 29 27 28 30 23 30 23 23 29 26 22 31 31 24 29
22 23 26 26 19 20 24 22 23 25 18 25 18 18 24 21 17 26 26 19 24  5
23 28 31 31 24 25 29 27 28 30 23 30 23 23 29 26 22 31 31 24 29  0  5
24 27 30 30 23 24 28 26 27 29 22 29 22 22 28 25 21 30 30 23 28  1  4  1
25 25 28 28 21 22 26 24 25 27 20 27 20 20 26 23 19 28 28 21 26  3  2  3  2
>
```

Unsere Beobachtung für die ersten Werte können wir auch hier nachvollziehen. Auch sehen wir in den letzten Reihen, dass der Abstand der Lehrkräfte zu den Schulkindern größer ist als untereinander. Wir plotten ein erstes *Dendrogramm* (siehe Abbildung 7.2), das die Abstände der Cluster zueinander visualisiert.

```
ages.hc <- hclust(ages.dist, method = "complete")
plot(ages.hc)
```

Das Dendrogramm in Abbildung 7.2 zeigt deutlich zwei Cluster, links die Lehrkräfte, rechts die Schulkinder. Die Zahlen stehen für die Position in der Liste, die wir oben generiert haben. Die Lehrkräfte untereinander wie auch die Schulkinder untereinander sind jeweils weiter unterteilt.

Auch das wollen wir uns einmal genauer ansehen. Links im Lehrkräfte-Cluster sehen wir folgende Untercluster:

- ein Untercluster mit zwei weiteren Unterclustern:
- Datenpunkt 24: 41 Jahre alt
- Datenpunkte 21 und 23: beide 42 Jahre alt
- ein Untercluster mit den Datenpunkten 22 und 25, 37 und 39 Jahre alt

Die Datenpunkte 21 und 23 haben keine Distanz zueinander, da die Personen gleich alt sind. Es ergibt also Sinn, sie zusammen zu clustern. Der Datenpunkt 24 hat einen Abstand von 1 zu den Datenpunkten 21 und 23. Es ergibt also auch Sinn, ihn nah an die Punkte 21 und 23 zu platzieren. Die Lehrkräfte im Alter von 37 und 39 haben eine Distanz von 2 untereinander und eine Distanz von 2 zu Datenpunkt 24, aber da Datenpunkt 24 näher an den Datenpunkten 21 und 23 ist, sind die beiden Lehrkräfte weiter von ihm distanziert.

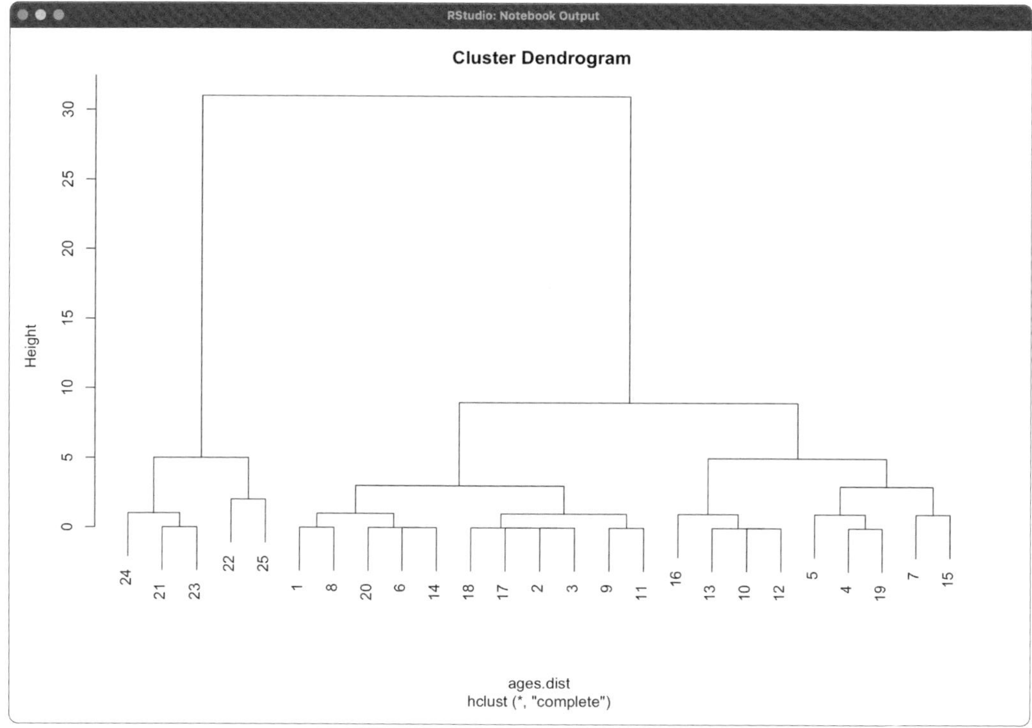

Abbildung 7.2 Unser erstes Dendrogramm

Ein Dendrogramm wird von unten nach oben berechnet. Wir schauen uns erst die einzelnen Datenpunkte und ihre Distanzen untereinander an, bilden daraus die ersten Cluster, und dann werden basierend auf den Distanzen dieser Cluster zueinander die nächsten höheren Cluster gebildet, bis wir ganz oben nur noch ein Cluster haben. Dieses *Bottom-up-Verfahren* wird auch als *agglomerativ* bezeichnet. Es existieren auch *Top-down-Verfahren* (*divisiv*), bei denen von oben nach unten gegangen wird.

Damit sind bereits alle wesentlichen Grundzüge des hierarchischen Clusterings erläutert. Aber wie rechnen wir Distanzen aus, wenn wir mehr als eine Variable haben?

7.1.2 Die euklidische Distanz und ihre Konkurrenten

In unserem ersten Clustering-Versuch haben wir nur einen Teil des Datensatzes genutzt, das Alter. Hier ist die Distanz ganz einfach zu berechnen, die Distanz der Personen zueinander in Bezug auf ihr Alter. Wir haben aber noch eine zweite Variable, die

Größe. Für die Lehrkräfte generieren wir wieder Zufallszahlen, als Einheit verwenden wir Zentimeter:

```
> heights_teachers <- sample(160:200, 5, replace = TRUE)
> heights_teachers
[1] 186 164 164 197 178
```

Daraus erstellen wir einen Data Frame:

```
> teachers <- data.frame(ages_teachers,heights_teachers)
```

Bei den Schulkindern ist das nicht ganz so einfach mit der Größe. Das Alter und die Größe korrelieren, das heißt, ein 11-Jähriger mit einer Größe von 2 Metern wird eher selten auftreten, ebenso eine 18-Jährige mit 1,40 Meter Größe. Ich generiere auch hier Zufallszahlen, passe sie aber manuell an:

```
> heights_pupils <- c(175,147,144,187,180,156,166,164,159,187,153,182,177,158,
160,186,138,134,168,150)
> pupils <- data.frame(ages_pupils,heights_pupils)
```

Die beiden Data Frames verbinde ich miteinander und bilde dann die Distanzmatrix. Vorher muss ich noch ein wenig aufräumen, da die Spaltennamen unterschiedlich sind. Für `rbind()` müssen beide Data Frames dieselben Spaltennamen haben.

```
pupils <- pupils %>%
  rename(age = ages_pupils, height = heights_pupils)
teachers <- teachers %>%
  rename(age = ages_teachers, height = heights_teachers)
> school <- rbind(pupils, teachers)
> dist(school)

          1         2         3         4         5         6         7         8
2 28.160256
3 31.144823  3.000000
4 12.649111 40.607881 43.566042
5  5.830952 33.541020 36.496575  7.071068
6 19.026298  9.219544 12.165525 31.400637 24.331050
7  9.055385 19.416488 22.360680 21.213203 14.142136 10.198039
8 11.000000 17.262677 20.223748 23.345235 16.278821  8.062258  2.236068
9 16.124515 12.041595 15.033296 28.635642 21.587033  3.162278  7.615773  5.385165
```

rbind() und cbind() aus dem Base R

Ich hätte hier auch einen `join`-Befehl aus dem Tidyverse nutzen können, aber ich wollte Ihnen auch einmal einen anderen Befehl aus dem Base R vorstellen. `rbind()` steht für *row bind*, es gibt auch `cbind()` für *column bind*. Manchmal kann man mit diesen Befehlen etwas schneller arbeiten.

Danach nutzen wir wieder `hclust()` und plotten ein Dendrogramm, das Sie in Abbildung 7.3 sehen. Drei Lehrkräfte hängen noch zusammen, aber sind dann mit Schulkindern in einem Cluster verbunden. Ebenso sind zwei andere Lehrrkäfte mit Schulkindern verbunden.

Ich habe oben nur einen Teil der Distanzmatrix wiedergegeben, wir sehen aber schon, dass die Distanzen etwas anders aussehen als zuvor. Wie kommen diese Werte zustande?

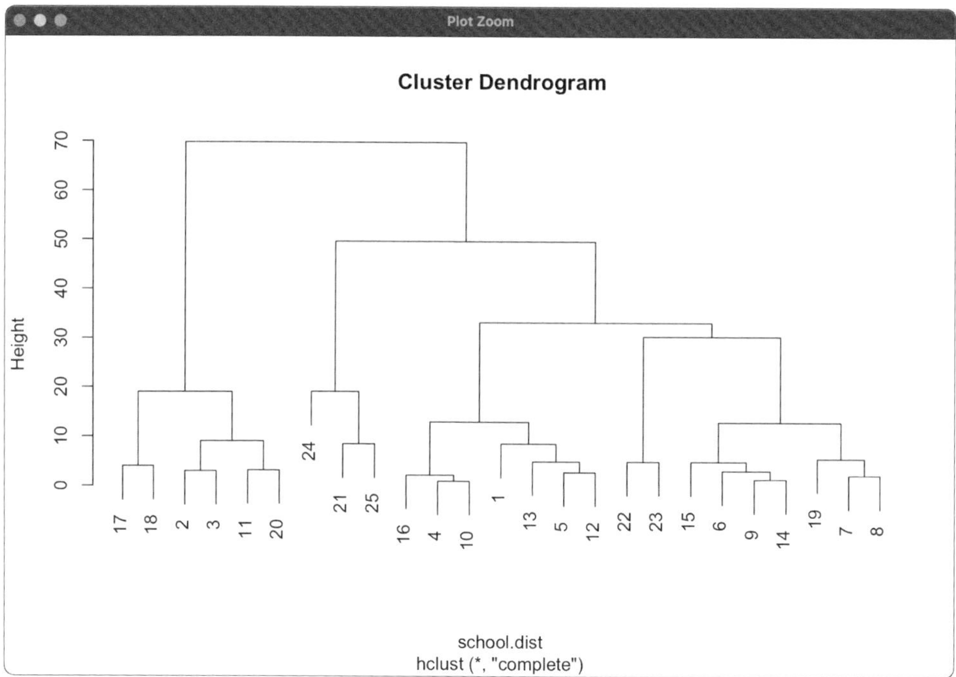

Abbildung 7.3 Das Dendrogramm mit Alter und Größe, allerdings sind die Daten vorher nicht skaliert worden.

Zuvor hatten wir bei einer Variablen einfach einen Wert von dem zweiten Wert subtrahiert. Nun haben wir zwei Variablen, und tatsächlich gehen wir gar nicht so anders vor.

Wir können nun einfach wie bisher jeweils die Datenpunkte voneinander abziehen und das Ergebnis addieren.

Lassen Sie uns das an dem Beispiel der ersten beiden Schulkinder durchgehen. Schulkind 1 ist 14 Jahre alt und 175 cm groß. Schulkind 2 ist 11 Jahre alt und 147 cm groß. Wie wir zuvor schon gesehen hatten, beträgt die Distanz 3. Aber – und normalerweise würde irgendjemand nun im Unterricht aufschreien – manchmal, wenn wir Werte subtrahieren, hätte in der Distanzmatrix eine negative Zahl herauskommen müssen, zum Beispiel bei den Datenpunkten 1 und 4. Wie Sie schon in Kapitel 5, »Explorative Datenanalyse«, gesehen haben, gibt es einen kleinen Trick, um das Vorzeichen loszuwerden, und zwar, indem Sie das Ergebnis der Subtraktion erst quadrieren und später die Wurzel ziehen. Als Formel schreibt man das für zwei Variablen so:

$$\sqrt{(a-b)^2+(c-d)^2}$$

Dabei stehen a und b für die Datenpunkte 1 und 2 der ersten Variablen und c und d für die Datenpunkte 1 und 2 der zweiten Variablen. Setzen wir die Werte aus unserem Beispiel einmal ein:

$$\sqrt{(14-11)^2+(175-147)^2} = \sqrt{9+784} = \sqrt{793} = 28{,}16$$

Wir schauen noch einmal in der berechneten Distanzmatrix oben nach und sehen, dass wir auf das gleiche Ergebnis kommen. Hätten wir drei Variablen, dann könnten wir noch einen Term anhängen und bei einer vierten Variablen noch einen und so weiter.

Was wir hier errechnet haben, nennt sich *euklidische Distanz*. Es ist grob gesagt die »Fluglinie« zwischen zwei Datenpunkten, wenn wir uns diese wie eine Landkarte in einem Koordinatensystem mit zwei Achsen vorstellen. Die euklidische Distanz ist die Standardvorgehensweise, wenn Sie den Befehl `dist()` nutzen. Neben der euklidischen Distanz existieren weitere Optionen, und zwar `maximum`, `manhattan`, `canberra`, `binary` und `minkowski` (anzugeben mit `method = OPTION`). Ich werde nicht alle Optionen im Einzelnen erklären, aber einige können Sie sich sicherlich selbst vorstellen. Die *Manhattan-Distanz* als Beispiel geht sozusagen »um den Block«, hat also nicht die kürzeste Verbindung über die Fluglinie. Als kleine Daumenregel können Sie sich merken, dass Sie für die meisten Fälle die euklidische Distanz nutzen können. Wenn Sie viele Dimensionen haben, wird zur Manhattan-Distanz geraten, dies hat mit dem *Fluch der Dimensionalität* zu tun. Die *Minkowski-Distanz* ist eine verallgemeinerte Form der euklidischen und der Manhattan-Distanz. Mehr dazu finden Sie auf meinem Blog. Für den Anfang reichen Ihnen die euklidische und die Manhattan-Distanz.

Vielleicht ist Ihnen noch eine Unschönheit aufgefallen: Das Alter bewegt sich irgendwo zwischen 10 und 43 Jahren, die Größe aber zwischen 130 und 200 Zentimetern. Mit anderen Worten: Die Größe kann einen stärkeren Einfluss auf die Distanzberechnung haben. Dies wollen wir noch korrigieren.

7.1.3 Die Distanzmatrix, aber skaliert

Wie gerade angeführt, haben wir `dist()` genutzt, ohne die Unterschiede in den Daten zu berücksichtigen, was zu Verzerrungen führen kann, wenn die Variablen in ihren Größenverhältnissen unterschiedlich sind. Wir können hier die Funktion `scale()` verwenden, die die z-Werte berechnet und die Datenpunkte somit standardisiert. Es wird also von jedem Wert in einer Spalte das arithmetische Mittel der Spalte subtrahiert und das Ergebnis dann durch die Standardabweichung der Spalte geteilt. Man könnte auch sagen, dass der standardisierte Wert angibt, wie viele Standardabweichungen ein Wert vom Mittelwert abweicht. Beispiel:

```
> mean(school$age)
[1] 19.88
> sd(school$age)
[1] 10.78317
```

Dann ist der standardisierte Alterswert des ersten Schulkindes:

```
> (school[1,1] - mean(school$age)) / sd(school$age)
[1] -0.5452944
```

Wir überprüfen dies:

```
> head(scale(school))
            age     height
[1,] -0.5452944  0.5116691
[2,] -0.8235058 -1.1542304
[3,] -0.8235058 -1.3327196
[4,] -0.1743458  1.2256261
[5,] -0.2670830  0.8091512
[6,] -0.6380315 -0.6187627
```

Die Werte stimmen überein (siehe den ersten Alterswert), `scale()` macht also, wie nicht anders zu erwarten, einen guten Job. Was aber hat das für eine Auswirkung auf unser Clustering?

```
> school.dist <- dist(scale(school))
> school.hc <- hclust(school.dist)
> plot(school.hc)
```

Das Dendrogramm in Abbildung 7.4 zeigt, dass die Lehrkräfte und die Schulkinder nun wieder klarer voneinander getrennt sind, allerdings haben wir nun drei Cluster, je nachdem, wo wir schneiden. Einige Schulkinder sind also näher dran an den Lehrkräften als an anderen Schulkindern. Auch das ergibt Sinn, denn manche Schulkinder sind größer als andere.

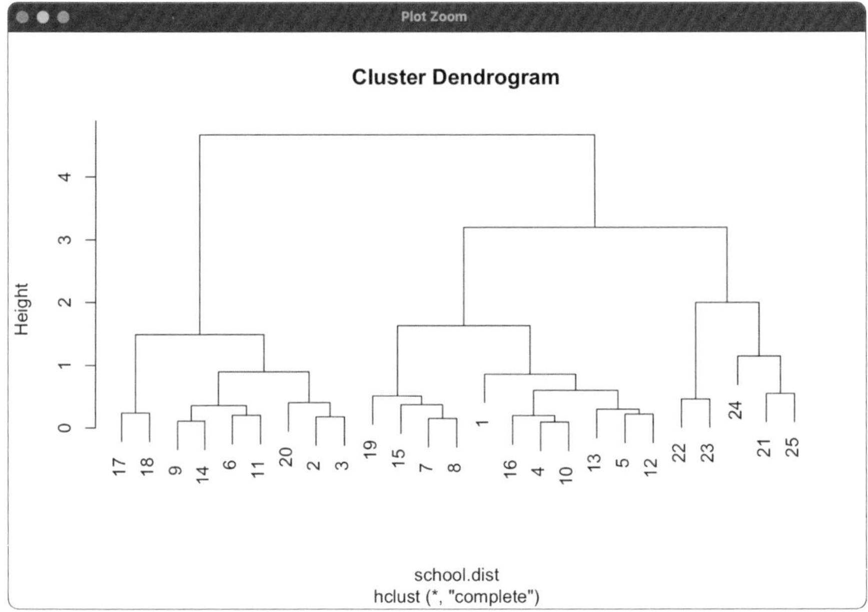

Abbildung 7.4 Das Dendrogramm nach der Standardisierung der Daten

7.1.4 Das Dendrogramm

Wir haben nun schon mehrere Dendrogramme gesehen, aber hier gibt es noch mehr zu entdecken. Ein Dendrogramm ist sozusagen die Visualisierung einer Distanzmatrix und so zu lesen, dass auf der y-Achse die Entfernungen zwischen den Clustern gezeigt werden; die Abstände auf der x-Achse haben nichts zu sagen. Schauen wir uns das Dendrogramm in Abbildung 7.4 aber genauer an, so können wir diese Erklärung nicht unbedingt nachvollziehen: Die Datenpunkte 21 und 23 haben einen Abstand von 0 zueinander, und so wird ihr Zusammentreffen auf der y-Achse auf der Höhe der Null eingezeichnet. Dieser Punkt wird auch als *Node* bezeichnet. Die Datenpunkte 22 und 25 haben einen Abstand von 2 zueinander, und ihr Node wird auf der Höhe der 2 auf der y-Achse eingetragen. Wie wird aber nun die Distanz zwischen diesen beiden Nodes berechnet? Der Abstand des Datenpunktes 22 zu den Punkten 21 und 23 beträgt 5, der des Datenpunktes 25 zu den beiden Punkten nur 3.

Bei der Erstellung des Dendrogramms wurde ein Parameter angegeben, `complete`, dieser steht für *complete linkage*, und mit diesem Parameter wird die maximale Distanz gewählt, also 5. Daher ist der Node für die beiden Cluster bei der 5 eingezeichnet. In dem Dendrogramm gehen damit Informationen verloren, die wir nur in der Distanzmatrix sehen können, denn die Abstände zwischen dem Datenpunkt 24 und den Punkten 22 und 25 aus der Distanzmatrix ergeben keinen Sinn. Wenn die Daten skaliert wurden, dann können die ursprünglichen Abstände hier erst recht nicht abgelesen werden.

Wir haben die Möglichkeit, uns die Cluster farblich getrennt anzeigen zu lassen, dazu müssen wir aber wählen, in wie viele Cluster wir die Daten einteilen wollen. Dies geschieht mit der Funktion `rect.hclust()`:

```
school.hc <- hclust(school.dist, method = "complete")
plot(school.hc)
rect.hclust(school.hc, k=3, border="red")
```

Das Ergebnis ist in Abbildung 7.5 zu sehen. In diesem Fall habe ich drei Cluster gewählt. Wie viele Cluster sinnvoll sind, das hängt von den Daten, aber auch von der Anwendung der Ergebnisse ab (siehe Abschnitt 7.1.6).

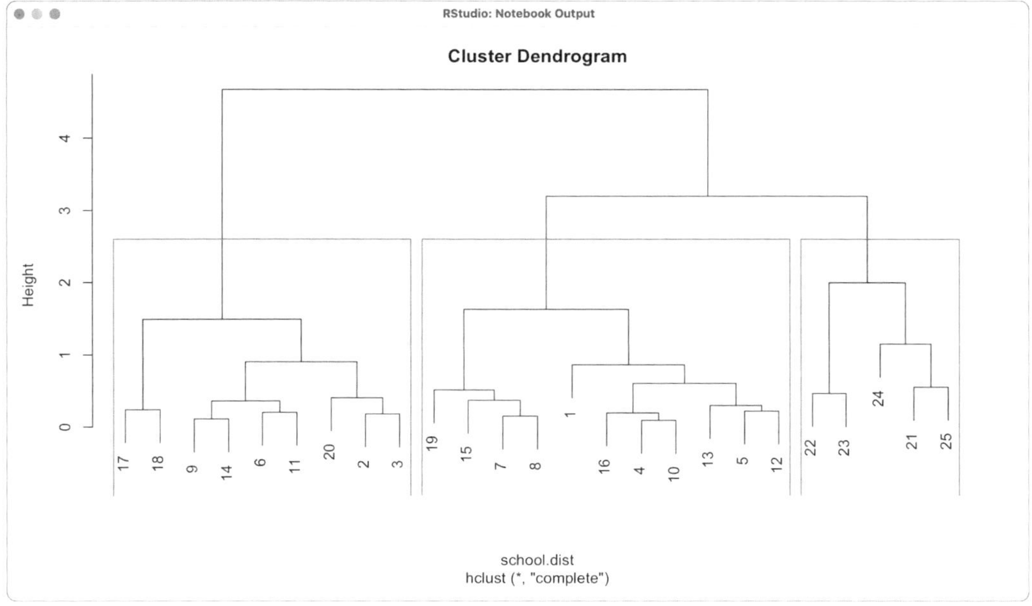

Abbildung 7.5 Eingezeichnete Cluster im Dendrogramm

Wie bei `abline()` im vorherigen Kapitel muss auch hier `rect.hclust()` in einem Notebook sofort nach dem `plot()` aufgerufen werden.

7.1.5 Dummy-Variablen: Was, wenn wir keine numerischen Daten haben?

Dies ist ein heikles Thema, dem wir auch in den anderen Kapiteln begegnen werden. In dem Beispiel der Schule könnte man zum Beispiel den höchsten Schulabschluss als Variable einfügen. Dabei könnte man sogar von einer Art Distanz sprechen, denn ein Hochschulabschluss ist weiter entfernt von einem Grundschulabschluss als das Abitur. Wir könnten also Zahlen vergeben – für den Grundschulabschluss eine 1, für den Realschulabschluss eine 2 und so weiter. Aber was, wenn wir zum Beispiel das Geschlecht einbeziehen wollen und Kategorien wie männlich/weiblich/divers haben? Divers ist nicht weiter weg von männlich als von der Kategorie weiblich. Hier funktioniert diese Vorgehensweise also nicht.

Eine Möglichkeit, dieses Problem zu lösen, besteht in der Verwendung von *Dummy-Variablen*. Anstatt für jede Ausprägung eine Zahl zu vergeben, was, wie wir gerade gesehen haben, nicht immer möglich ist, erstellen wir für jede Ausprägung eine Variable und sagen einfach, ob diese vorhanden ist oder nicht. Eine 1 bedeutet, dass die Ausprägung vorhanden ist, eine 0 bedeutet, dass sie nicht vorhanden ist. Ein Beispiel für »männlich«:

männlich	weiblich	divers
1	0	0

Allerdings ergibt sich eine Spalte aus den anderen beiden Spalten, denn wenn jemand männlich ist und nicht weiblich, dann kann diese Person auch nicht divers sein. Stünde bei »männlich« und »weiblich« allerdings jeweils eine 0, dann wäre die Person automatisch divers. Wir benötigen also immer eine Dummy-Variable weniger, als wir Merkmalsausprägungen haben. Für die Erstellung von Dummy-Variablen gibt es auch Funktionen, die Sie im Kapitel über Klassifikation kennenlernen werden.

Eine andere Möglichkeit bietet die Funktion `daisy()`. Sie gehört zu dem Package `cluster` und kann auch Distanzen für nichtnumerische Daten berechnen. Hierzu wird die Gower-Distanz verwendet, die bei Textvariablen schaut, ob es gleiche Elemente gibt, und dann eine 0 vergibt, und eine 1, wenn zwei Datenpunkte gleich sind. Auch hier ist also Vorsicht angesagt!

7.1.6 Was macht man nun mit den Ergebnissen?

Diese Frage stellt sich bei jedem Algorithmus, aber beim Clustering im Besonderen, da der jeweilige Algorithmus nicht trainiert wird und wir ja nicht unbedingt wissen, was herauskommen kann. Nicht immer sind die Ergebnisse sinnvoll, und wenn wir bei unserem Beispiel bleiben, dann ist das auch verständlich. Das Beispiel ist auch etwas an den Haaren herbeigezogen, denn wir kennen die Unterschiede ja bereits, es gibt eben Schulkinder und Lehrkräfte, und die sind in unterschiedlichen Altersstufen. Aber es zeigt auch deutlich, wie wichtig es ist, sich vorher Gedanken zu machen, welche Variablen einzubeziehen Sinn ergibt. Die Wichtigkeit der Handlungsrelevanz, auf Neudeutsch auch manchmal »Actionability« genannt, haben wir bereits in vorherigen Kapiteln besprochen, hier ist sie umso wichtiger. Angenommen, Sie entdecken in den Kundendaten in Ihrem CRM nun 20 Cluster, haben Sie die Möglichkeit, 20 verschiedene Kampagnen zu fahren?

Wie oben bereits erwähnt, lässt sich mit den Ergebnissen nicht immer etwas anfangen. Seien Sie bitte nicht enttäuscht, wenn einmal nichts Sinnvolles herauskommt. Manchmal gibt es kein Ergebnis, weil es kein Muster in den Daten gibt, auch wenn Sie sehr viel Gehirnschmalz in die Auswahl der Variablen investiert haben. Auch das ist Teil der Arbeit und eine Erkenntnis – wenn auch eine, die Ihre Kundschaft, intern wie extern, nicht gerne hört. Vor allem dann nicht, wenn viel Zeit und Geld in eine Analyse investiert worden ist.

Der große Bluff

Sie können auch superkomplexe und wenig trennscharfe Cluster präsentieren und sie postrationalisieren, also nachträglich einen Sinn hineininterpretieren. Einen Mehrwert haben Sie damit nicht geschaffen. Genau das habe ich leider mehr als einmal erlebt, vor allem in Beratungssituationen. Hier staunt die Kundschaft und hält sich selbst für zu dumm, zu verstehen, was da passiert, weswegen auch niemand etwas sagt, weil sich niemand outen will. Schließlich könnte man ja die einzige Person im Raum sein, die das nicht versteht.

7.2 k-Means

k-Means ist der Klassiker in jedem Data-Science-Tutorial und wahrscheinlich einer der bekanntesten Clustering-Algorithmen. Der Name sagt bereits, worum es geht: *k* steht für die Anzahl der Cluster, *Mean* steht, wie wir schon wissen, für einen Durchschnitt.

7.2.1 Wie der Algorithmus funktioniert

Zunächst einmal werden *k* Mittelpunkte (*Centroiden*) in die Datenpunkte gesetzt. Dies geschieht zufällig, so dass bei demselben Datensatz und mehreren Läufen von k-Means unterschiedliche Ergebnisse herauskommen können. Nun werden die tatsächlichen Mittelpunkte innerhalb des jeweiligen Clusters berechnet, indem die Abstände zwischen den Datenpunkten und dem Mittelpunkt berechnet werden. Dadurch werden die Datenpunkte erneut den Clustern zugeordnet, die Mittelpunkte »wandern« also durch die Datenpunkte, so dass auch ein Datenpunkt einem anderen Cluster zugeordnet werden kann. Der Vorgang wird immer wieder wiederholt, bis es keine Änderungen mehr gibt.

Wir nutzen noch einmal den Datensatz mit den Schulkindern und Lehrkräften aus Abschnitt 7.1.1 und sagen k-Means, dass drei Cluster identifiziert werden sollen. Die Ausgabe unterbreche ich mit meinen Kommentaren:

```
> school.fit <- kmeans(school.scaled, 3)
> school.fit
K-means clustering with 3 clusters of sizes 11, 5, 9
```

Die vorgegebene Anzahl von Clustern wird mit verschiedenen Clustergrößen erreicht. Das ist spannend, denn wir wollen in der Regel einigermaßen gleich große Cluster haben und nicht zwei große und ein ganz kleines. Nun kommen die Daten der Mittelpunkte:

```
Cluster means:
         age     height
1 -0.6886154 -0.9054272
2  1.8844188  0.6782591
3 -0.2052582  0.7298227
```

Schließlich erhalten wir noch die Zuordnung jedes Datenpunkts zu einem Cluster:

```
Clustering vector:
 [1] 3 1 1 3 3 1 3 1 1 3 1 3 3 1 1 3 1 1 3 1 2 2 2 2 2
```

Auf die folgenden Zeilen gehe ich weiter unten ein:

```
Within cluster sum of squares by cluster:
[1] 3.453850 3.053011 2.030958
 (between_SS / total_SS =  82.2 %)
```

Zum Schluss erhalten wir noch einen Hinweis, welche Daten wir in dem erstellten Objekt nutzen können.

```
Available components:

[1] "cluster"      "centers"      "totss"       "withinss"     "tot.withinss"
"betweenss"    "size"
[8] "iter"         "ifault"
>
```


Wir plotten die Daten des Datensatzes einmal zusammen mit den Cluster-Mittelpunkten:

```
school.comp <- as.data.frame(cbind(school.scaled,school.fit$cluster))
school.comp <- school.comp %>%
  rename(Cluster = V3)
ggplot() +
  geom_point(data = as.data.frame(school.comp), aes(age, height, shape =
factor(Cluster)), size=3) +
  geom_point(data = as.data.frame(school.fit$centers), aes(age, height), color =
"red", shape="diamond", size=4)
```

Das Ergebnis sehen Sie in Abbildung 7.6. Die Datenpunkte der Schulkinder sind in zwei Cluster geteilt worden, richtigerweise in eine Gruppe mit kleineren und jüngeren Schulkindern und eine Gruppe mit größeren und älteren Schulkindern. Hinzu kommt das Cluster für die Lehrkräfte ganz rechts.

Nutzen wir nun einmal zwei Cluster; hierzu müssen wir im Code nur die `3` durch eine `2` austauschen, so dass wir ein Plot wie in Abbildung 7.7 erhalten sollten.

Interessanterweise »erkennt« `kmeans` die Lehrkräfte nicht als ein homogenes Cluster, sondern nimmt die älteren und größeren Schulkinder mit dazu. Wir können `kmeans` aber auch initiale Daten für die Centroiden mitgeben, die wir mit Hinblick auf die Daten schätzen, zum Beispiel so:

```
start <- matrix(c(2, 1, -0.5, 0),  2)
school.fit <- kmeans(school.scaled, centers = start)
```

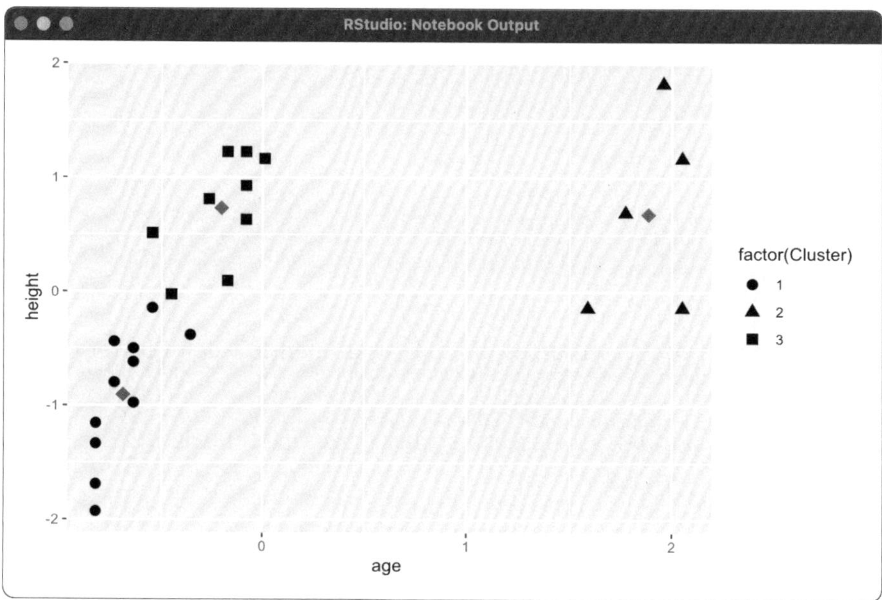

Abbildung 7.6 Plot der Datenpunkte mit ihren Centroids

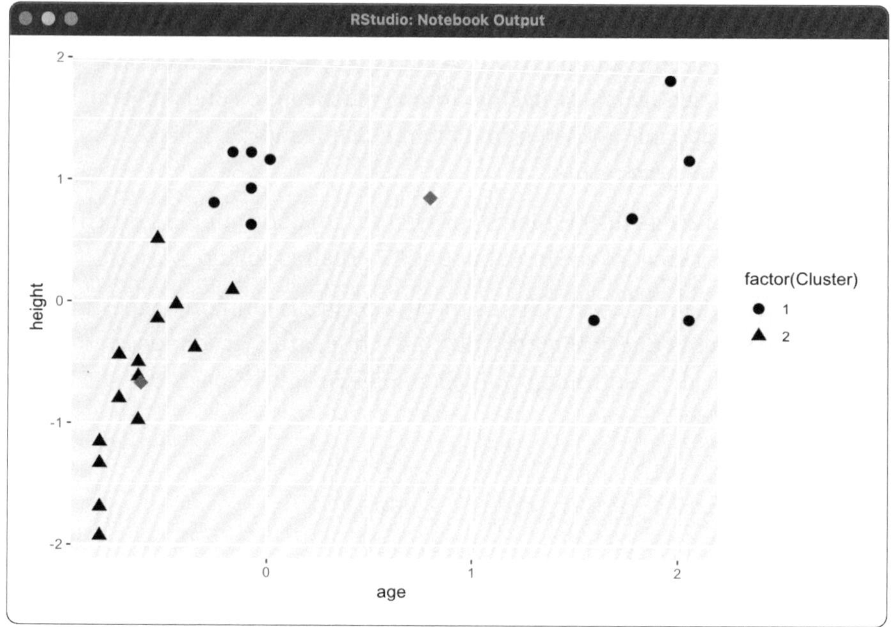

Abbildung 7.7 kmeans() mit zwei Clustern

In diesem Fall bleibt k-Means in den Clustern, die wir auch erwartet hätten, siehe Abbildung 7.8.

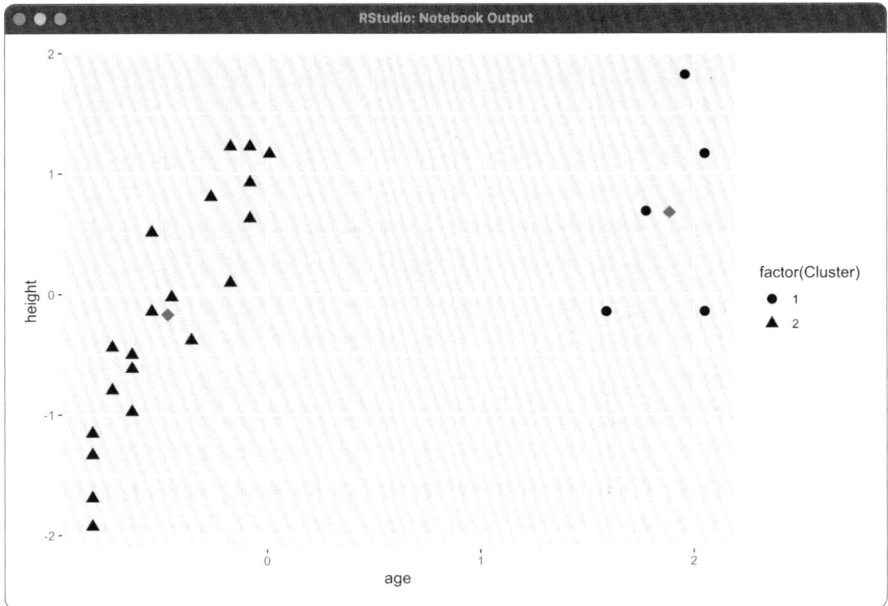

Abbildung 7.8 Die Cluster mit Centroiden, die sich an vordefinierten Anfangspunkten orientieren

7.2.2 Woher kennen wir eigentlich k?

Eine Möglichkeit, ein geeignetes k zu finden, kann darin bestehen, zunächst einmal das hierarchische Clustering durchzuführen. In diesem Beispiel nutzen wir einen Datensatz über Weine, den Sie unter *https://alby.link/wine* herunterladen können. Er enthält die Ergebnisse einer chemischen Analyse sowie eine Variable, die besagt, um welche Art Wein es sich handelt. Insgesamt gibt es drei Gruppen von Weinen.

Zunächst einmal probieren wir das hierarchische Clustering mit diesem Datensatz aus und prüfen, ob wir eine ideale Anzahl von Clustern identifizieren können:

```
> wine.dist <- dist(scale(wine[,-1]))
> wine.hc <- hclust(wine.dist)
> plot(wine.hc)
> rect.hclust(wine.hc, k=3, border="red")
```

	X1	X2	X3	X4	X5	X6	X7	X8	X9	X10	X11	X12	X13	X14
1	1	14.23	1.71	2.43	15.6	127	2.80	3.06	0.28	2.29	5.64	1.040	3.92	1065
2	1	13.20	1.78	2.14	11.2	100	2.65	2.76	0.26	1.28	4.38	1.050	3.40	1050
3	1	13.16	2.36	2.67	18.6	101	2.80	3.24	0.30	2.81	5.68	1.030	3.17	1185
4	1	14.37	1.95	2.50	16.8	113	3.85	3.49	0.24	2.18	7.80	0.860	3.45	1480
5	1	13.24	2.59	2.87	21.0	118	2.80	2.69	0.39	1.82	4.32	1.040	2.93	735
6	1	14.20	1.76	2.45	15.2	112	3.27	3.39	0.34	1.97	6.75	1.050	2.85	1450
7	1	14.39	1.87	2.45	14.6	96	2.50	2.52	0.30	1.98	5.25	1.020	3.58	1290
8	1	14.06	2.15	2.61	17.6	121	2.60	2.51	0.31	1.25	5.05	1.060	3.58	1295
9	1	14.83	1.64	2.17	14.0	97	2.80	2.98	0.29	1.98	5.20	1.080	2.85	1045
10	1	13.86	1.35	2.27	16.0	98	2.98	3.15	0.22	1.85	7.22	1.010	3.55	1045
11	1	14.10	2.16	2.30	18.0	105	2.95	3.32	0.22	2.38	5.75	1.250	3.17	1510
12	1	14.12	1.48	2.32	16.8	95	2.20	2.43	0.26	1.57	5.00	1.170	2.82	1280
13	1	13.75	1.73	2.41	16.0	89	2.60	2.76	0.29	1.81	5.60	1.150	2.90	1320
14	1	14.75	1.73	2.39	11.4	91	3.10	3.69	0.43	2.81	5.40	1.250	2.73	1150
15	1	14.38	1.87	2.38	12.0	102	3.30	3.64	0.29	2.96	7.50	1.200	3.00	1547

Abbildung 7.9 Der Wine-Datensatz

Das Ergebnis in Abbildung 7.10 zeigt uns drei oder vier Cluster, je nachdem, wo wir schneiden. In der Abbildung habe ich bei 3 geschnitten (wissend, dass wir ja drei Cluster haben).

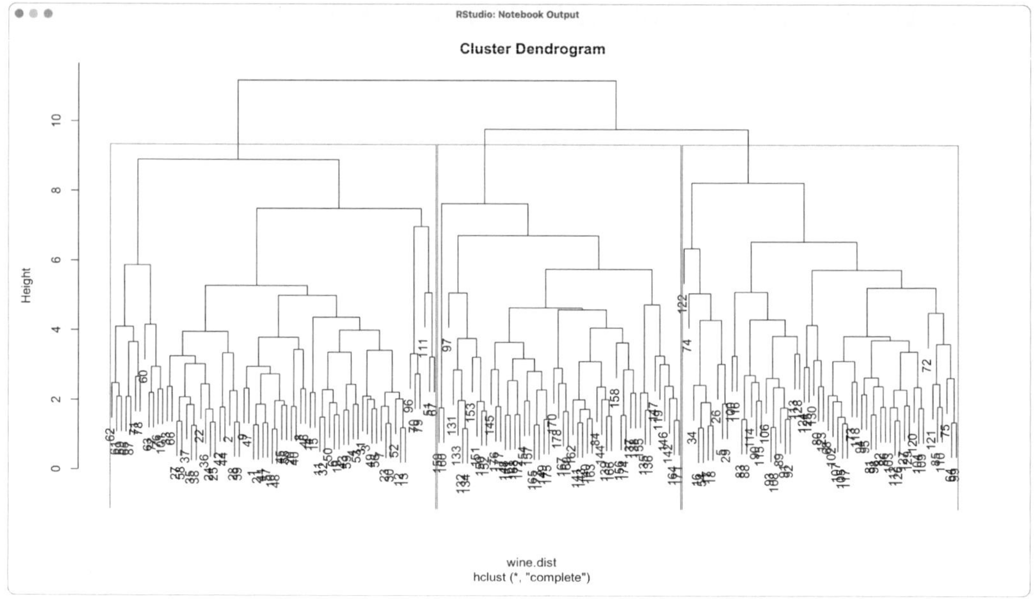

Abbildung 7.10 Das Dendrogramm mit den drei Clustern der Weine

Eine andere und auch häufiger verwendete Möglichkeit, die Anzahl der Cluster herauszufinden, besteht im sogenannten *Scree-Test*, auch *Ellbogentest* genannt. Wir erstellen zunächst einen Data Frame mit skalierten Werten:

```
wine.scaled <- as.data.frame(scale(wine[,-1]))
```

Und nun nutzen wir bereits k-Means, um dann die Variabilität innerhalb der Cluster zu berechnen:


```
wss <- (nrow(wine.scaled)-1)*sum(apply(wine.scaled,2,var))
  for (i in 2:10) wss[i] <- sum(kmeans(wine.scaled,
                                       centers=i)$withinss)
plot(1:10, wss, type="b", xlab="Number of Clusters",
     ylab="Within groups sum of squares")
```

Das Ergebnis ist ein Plot wie in Abbildung 7.11. Sie sehen, dass die Variabilität ab 3 einen Knick hat, mit anderen Worten, anders als beim hierarchischen Clustering ist eindeutig, dass wir lieber drei Cluster nehmen sollten. An dem Plot wird auch deutlich, was diese Visualisierung mit einem Ellbogen zu tun hat. Der Vorteil dieser Vorgehensweise liegt auf der Hand: Dadurch, dass wir bereits k-Means nutzen, um die Variabilität zu berechnen, haben wir eine mit dem Algorithmus verwandte Bestimmung der Anzahl der Cluster.

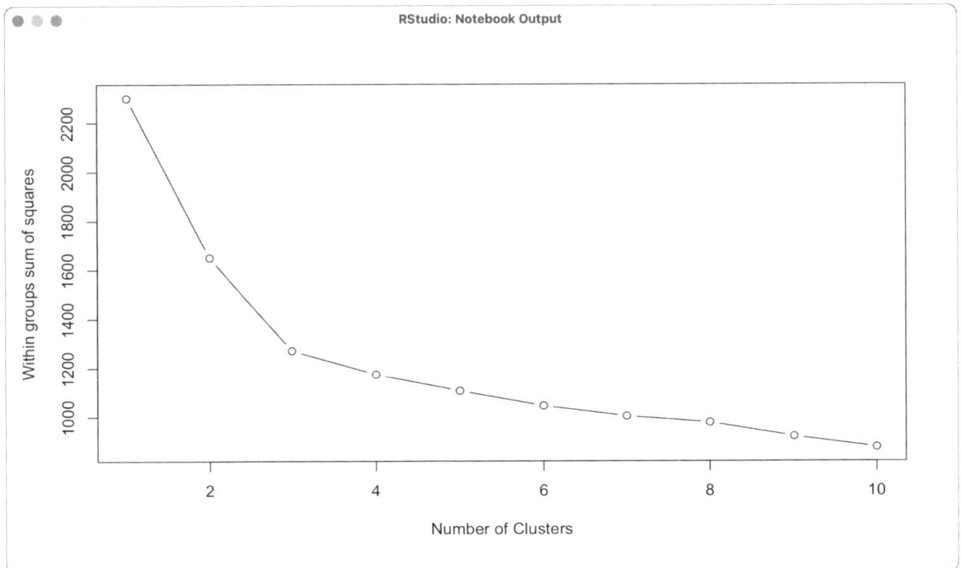

Abbildung 7.11 Das Ergebnis des Ellbogen- oder Scree-Tests

Nun führen wir k-Means einmal »richtig« aus:

```
> k.means.fit <- kmeans(wine.scaled, 3)
> table(wine$X1,k.means.fit$cluster)

     1  2  3
  1  0 59  0
  2 65  3  3
  3  0  0 48
```

Wir sehen, dass wir fast alle Weine richtig eingeordnet haben. Auf den ersten Blick sieht die Sortierung etwas befremdlich aus, denn schließlich haben wir 59 Weine der Gruppe 1 in die Gruppe 2 eingeordnet. Aber k-Means weiß nicht, welche Gruppe es vorher war, und sortiert die Weine zumindest in eine Gruppe und verteilt sie nicht auf verschiedene. Es ist also dem Zufall überlassen, welche Zahl k-Means verwendet für die jeweils identifizierte Gruppe. Bei den Weinen der Gruppe 2 sehen wir dagegen schon ein paar Fehler.

7.2.3 Interpretation der Ergebnisse

Anders als bei einem Dendrogramm haben wir hier keine einfache Möglichkeit, die Ergebnisse zu visualisieren. Während das Dendrogramm jeden Datenpunkt irgendwo verbindet und den Abstand auf der y-Achse markiert, haben wir bei k-Means eventuell eine Vielzahl von Dimensionen, die nicht so einfach abzubilden sind.

Es existiert aber auch eine Alternative: Im Package `cluster` gibt es die Möglichkeit, einen Cluster Plot durchzuführen, in dem die ersten beiden *Hauptkomponenten* visualisiert werden (meistens wird nur von *PCA* gesprochen für *Principal Component Analysis*). Bei der Hauptkomponentenanalyse werden mehrere Variablen in einer neuen Variablen gebündelt. Um dies zu erreichen, wird geschaut, welche Variablen etwas Ähnliches messen beziehungsweise *korrelieren*. Die Hauptkomponentenanalyse ist ein interessantes Gebiet, dem wir hier leider nicht mehr Aufmerksamkeit schenken können; ich möchte Sie auf Chapman und Feit 2015 verweisen. Cluster Plot nutzt die PCA zur Darstellung der Cluster in Bezug auf die ersten beiden Komponenten. Er wird einfach mit `clusplot()` erstellt:

```
clusplot(wine, k.means.fit$cluster, color=TRUE, shade=TRUE,
labels=4, lines=0, main="k-means cluster plot")
```

Das Ergebnis ist in Abbildung 7.12 zu sehen. Wir sehen unsere Weine in drei Clustern. Ein klein wenig ragt ein Cluster in den anderen herein, aber keiner der Datenpunkte ist in dieser Schnittmenge. Die Cluster scheinen also sehr trennscharf zu sein.

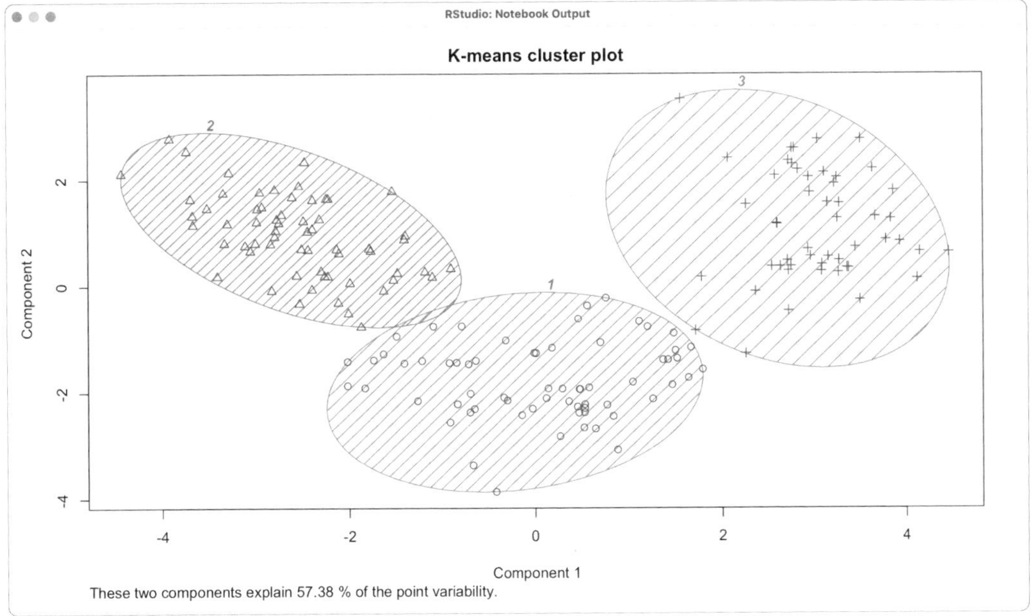

Abbildung 7.12 Cluster Plot mit zwei Hauptkomponenten

Dennoch haben wir Weine, die anders als erwartet eingeordnet wurden. Wie kommt das zustande? Zum einen können Datenpunkte sehr nah an einem anderen Cluster sein und dadurch dem falschen Cluster zugeordnet werden. Dies sehen Sie zum Beispiel in Abbildung 7.13: Datenpunkt 62 liegt nah an dem Cluster, zu dem er eigentlich gehört.

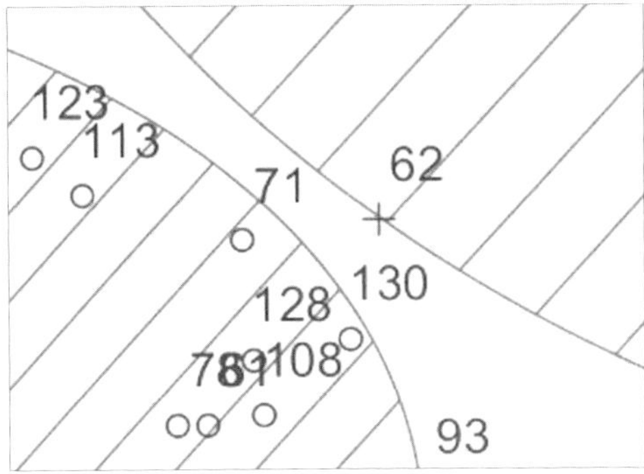

Abbildung 7.13 Datenpunkt 62 ist im falschen Cluster.

Zum andern könnte es sein, dass ein Wein zwar rein technisch, also in Bezug auf seine Daten, zu der einen Gruppe gehört, aber von den Weinkennern anders eingeordnet wird. Wenn Sie einen Sauvignon Blanc aus Marlborough trinken und danach einen aus Kalifornien, dann werden Sie wahrscheinlich große Unterschiede schmecken, trotzdem sind beide Weine Sauvignon Blancs.

7.2.4 Ist k-Means immer die Antwort?

Nur weil k-Means beim Wein-Datensatz besser funktioniert hat als das hierarchische Clustering, bedeutet das nicht, dass k-Means immer besser ist. So hatten wir bei dem Schul-Datensatz zunächst leichte Probleme; erst nachdem wir Anfangswerte für die Centroiden vorgegeben hatten, kam das heraus, was wir erwartet hätten. Es ist also nicht so, dass wir einfach Daten auf den Algorithmus »draufballern« können.

k-Means hat außerdem Schwierigkeiten, wenn der Algorithmus auf Dummy-Variablen trifft. Stellen Sie sich vor, wir hätten in einem zweidimensionalen Raum wie in unserem Schulbeispiel vor allem 1en und 0en. Wie werden sich die Mittelpunkte dann ausrichten? Hier kann hierarchisches Clustering besser funktionieren, muss es aber nicht.

Die Beispiele zeigen aber auch, wie wichtig es ist, die Funktionsweisen der Algorithmen zu verstehen und wie diese mit den vorliegenden Daten funktionieren werden.

Kapitel 8
Klassifikation

Spam oder kein Spam, diese Frage beantworten für uns Algorithmen unserer Mail-Anbieter und -Programme. Wie Sie diese und andere Klassifikationsprobleme lösen, erfahren Sie in diesem Kapitel.

Der Spam-Detektor ist ein Beispiel für einen *Klassifikator*. Er ist insofern ein besonderes, als wir im Clustering bisher nur mit numerischen Daten zu tun hatten, hier aber mit Wörtern arbeiten müssen. Wie das genau funktioniert, das schauen wir uns in Abschnitt 8.7, »Klassifikation von Text«, an. Und noch ein zweiter Punkt fällt auf: Wenn eine Spam-Mail falsch klassifiziert wird und in unserem Postfach landet, dann ärgern wir uns, dass das Spam-Programm das nicht erkannt hat. Wenn wir aber eine wichtige Mail nicht bekommen, weil das Spam-Programm sie als Spam eingestuft hat, dann ärgern wir uns noch mehr. Wie Sie bereits gelernt haben, kommt es auf den Kontext an, welcher Fehler schlimmer ist. In diesem Fall hätten wir eventuell lieber ein paar Spam-Mails im Postfach, als eine wichtige Mail zu übersehen. Natürlich können Sie argumentieren, dass man ja einfach öfter im Spam-Ordner nachsehen kann, aber die Erwartungshaltung vieler Nutzer ist sicherlich eine andere.

8.1 Anwendungsfälle für eine Klassifikation

Wir erleben täglich außerdem ein weiteres Beispiel der Klassifikation, und zwar, wenn es um Zahlungen geht, sei es im Geschäft oder auch online. Denn sobald wir eine Kreditkarte oder Ähnliches nutzen, springt ein System an, das schaut, ob die Transaktion verdächtig ist. Wird etwas gekauft, was für den Kreditkartenhalter untypisch ist? Wird es an einem Ort gekauft, an dem der Karteninhaber eigentlich gar nicht sein kann, weil er kurz zuvor seine Lebensmittel im Supermarkt bezahlt hat? Hier existieren in der Regel gute Datensätze, da sich Kreditkarteninhaber schnell melden, wenn sie einen Umsatz nicht getätigt haben. Auch hier stellt sich die Frage, was schlimmer ist: ein Problem mit einer Zahlung zu sehen, wo keines ist, oder ein Problem nicht zu sehen, durch das das Konto geräumt wird. Der erste Fehler ist peinlich, denn der Verkäufer könnte denken, dass das Konto nicht gedeckt ist, aber das kann einem auch egal sein. Im schlimmsten

Fall steht man halt an der Kasse und kann nicht bezahlen. Der andere Fall kann hingegen viel schlimmer sein, wenn zum Beispiel das Konto geräumt wurde und das Kreditkarteninstitut sich zunächst einmal weigert, den Betrag zu erstatten. Fraud-Systeme können rein regelbasiert sein, zum Beispiel, indem der Algorithmus erst ab einer bestimmten Summe anspringt und dann bei bestimmten Shop-Kategorien Alarm schlägt, bei denen häufiger Probleme aufgetreten sind. Aber auch Betrüger lernen und würden dann andere Schwachstellen nutzen. Daher gilt es hier, weitere Variablen zu finden, die einen Einfluss auf eine Klassifikation haben könnten.

Ebenso bekannt ist das Beispiel der Kreditwürdigkeit. Bei vielen Transaktionen wird geprüft, ob wir kreditwürdig sind, zum Beispiel wenn es darum geht, einen Artikel auf Rechnung zu kaufen (was auch bereits eine Art Kredit ist) oder sogar Ratenzahlung zu vereinbaren. Hier können ebenso historische Daten verwendet werden, indem in das Training eines Algorithmus sowohl Transaktionen einfließen, die erfolgreich verlaufen sind, als auch solche, die problematisch waren. Melden wir uns irgendwo an, so wird in der Regel eine Auskunftei wie die Schufa befragt, wie unsere Kreditwürdigkeit eingeschätzt wird.

Was ist nun schlimmer, wenn ein Kredit nicht vergeben wird und der Kunde oder die Kundin die Ware eventuell nicht kauft, oder wenn ein Kredit vergeben, dieser aber nicht zurückgezahlt wird? Das kommt sicherlich auch darauf an, wie streng der Algorithmus agiert. Viele Algorithmen geben eine Wahrscheinlichkeit aus, so dass ein Grenzwert ermittelt werden kann, ab dem kein Kredit mehr vergeben wird. Dieser Grenzwert sollte dann den besten Kompromiss darstellen zwischen der Durchführung von Geschäften und der Verhinderung von Kreditausfall.

Ein anderes Beispiel für eine Klassifikation ist ein Algorithmus, der Versicherungsbetrug aufdecken soll. Nicht alle Schadensanträge sind berechtigt. Bei manchen Anträgen wird aber nur ein Schaden vorgetäuscht oder der Schadenshergang wird anders dargestellt, als er tatsächlich vorgefallen ist, so dass die Versicherung gar nicht zahlen müsste. Dies kostet die Versicherungswirtschaft ein Vermögen, und am Ende zahlen alle dafür, denn die Schadensquote wird eingepreist. Idealerweise wird also beim Schadensantrag schon automatisiert geschaut, ob es Verdachtsmomente gibt, die einer weiteren Prüfung bedürfen. Dazu werden vorherige Schadensanträge in das Training aufgenommen, bei denen festgestellt wurde, dass es sich um Versicherungsbetrug handelt.

Hier tritt das Problem der *Class Imbalance* auf, das ich in Kapitel 5, »Explorative Datenanalyse«, erläutert habe. Bei unserem vorherigen Beispiel, den Spam-Mails, können wir davon ausgehen, dass es leider genug Spam-Mails gibt, mit denen trainiert werden kann. Und da wir auch genug legitime E-Mails erhalten, sollten wir auch für diese Klasse kein Problem haben. Beim Versicherungsbetrug ist es hingegen zum Glück anders, denn die meisten Menschen sind ehrlich, so dass nur ein Bruchteil der Schadensanträge problematisch ist. Allerdings bekommt man es auch nicht in jedem Fall mit, dass jemand nicht ehrlich ist, und in anderen Fällen hat man einen Verdacht, aber dieser kann nicht bewiesen werden. In so einem Fall mit einer Class Imbalance weisen Modelle häufig nur eine schlechte Performance auf, selbst wenn versucht wird, mit geeigneten Mitteln die kleinere Klasse »aufzufüllen«.

Weitere Anwendungsmöglichkeiten:

- In einer Kundendatenbank wird mit einem Algorithmus auf Basis vergangener Kündigungen früherer Kunden überprüft, welche Kunden eine höhere Wahrscheinlichkeit haben zu kündigen. Welche Muster weisen die Kunden auf, die gekündigt haben? Gab es zum Beispiel eine Häufung von Beschwerden? Auf diese Kunden könnte zugegangen und zunächst ein unverbindliches Gespräch über die Zufriedenheit geführt werden, bevor eventuell ein spezielles Angebot unterbreitet wird.
- Ebenso kann in einer Kundendatenbank mit einem Algorithmus klassifiziert werden, ob Kunden für ein neues Produkt oder einen neuen Service eher in Frage kommen als andere Kunden.
- Anhand von Bildern von Muttermalen wird klassifiziert, ob es sich um ein Melanom handelt oder nicht. Dies ist insofern ein kritisches Beispiel, als hier der Fehler 2. Art – es ist etwas da, was man nicht sieht – extrem problematisch ist. Die Firma Fotofinder zum Beispiel bietet bereits Systeme an, die den Hautarzt bei der Beurteilung von Muttermalen unterstützen.[1] Spannend bei dieser Art von Klassifikation ist, dass es sich zunächst nicht um Zahlen handelt, sondern um Bildmaterial, das in Zahlen umgewandelt wird.

Jeder dieser Anwendungsfälle bedingt, dass zunächst einmal in einem *A/B-Test* überprüft werden sollte, ob das trainierte Modell außerhalb des Labors sinnvolle Ergebnisse liefert. Dies kann aber auch wieder problematisch werden, denn wenn es eh schon sehr wenige Fälle gibt in einer Klasse, so werden es bei einem Split aller Klassifikationsobjekte noch weniger Fälle. Umso länger kann es dauern, bis ein Test abgeschlossen werden kann.

8.2 Trainings- und Testdaten erstellen

Wir werden für alle Algorithmen in diesem Kapitel denselben Datensatz verwenden. Daher ergibt es Sinn, dass wir uns den Datensatz und die Aufteilung in Test- und Trai-

1 Siehe *https://www.fotofinder.de/technologie/kuenstliche-intelligenz.*

ningsdaten einmal genauer ansehen. Je nach Algorithmus kann es zwar noch Anpassungen geben, aber das Grundkonzept wird in diesem Abschnitt vermittelt.

Zusätzlich gibt es am Ende des Kapitels ein Beispiel mit einem Text-Datensatz; dort wollen wir uns tatsächlich einmal ansehen, wie ein Spam-Klassifikator funktioniert.

8.2.1 Der Titanic-Datensatz: Eine kurze EDA

Im Jahr 1912 kostete die Kollision der Titanic mit dem Eisberg 1514 der 2200 an Bord befindlichen Personen das Leben. So makaber es klingen mag, aber diese Daten werden häufig für Klassifikations-Tutorials genutzt. Den Titanic-Datensatz mit den Daten aller Passagieren finden Sie in verschiedenen Ausführungen im Netz, selbst in R ist bereits ein Datensatz zur Titanic-Passagierliste enthalten. Ich nutze in meinen Veranstaltungen eine aufbereitete Version dieses Datensatzes, die Sie unter *https://alby.link/titanic* herunterladen können. Sind die Daten heruntergeladen (ich empfehle, sie in einem Verzeichnis wie *data* zu speichern), können Sie sie mit der `readr`-Library im Tidyverse-Package wie folgt einlesen:

```
library(tidyverse)
titanic <- read_delim("data/titanic.csv", delim = ";",
    escape_double = FALSE, trim_ws = TRUE)
```

Die Daten enthalten nur die Passgiere, nicht die Besatzung der Titanic, daher haben sie auch nur 1310 Zeilen. In dem Datensatz gibt es eine Spalte »survived«; hier bedeutet eine 1, dass die Person überlebt hat, und eine 0, dass die Person nicht überlebt hat. Das Ziel für dieses Kapitel ist es, aus den vorhandenen Features diejenigen auszuwählen, die es ermöglichen, vorherzusagen, ob eine Person überlebt hat oder nicht (siehe Abbildung 8.1).

pclass	survived	name	sex	age	sibsp	parch	ticket	fare
1	1	Allen, Miss. Elisabeth Walton	female	29	0	0	24160	211,3375
1	1	Allison, Master. Hudson Trevor	male	0,9167	1	2	113781	151,5500
1	0	Allison, Miss. Helen Loraine	female	2	1	2	113781	151,5500
1	0	Allison, Mr. Hudson Joshua Creighton	male	30	1	2	113781	151,5500
1	0	Allison, Mrs. Hudson J C (Bessie Waldo Daniels)	female	25	1	2	113781	151,5500
1	1	Anderson, Mr. Harry	male	48	0	0	19952	26,5500
1	1	Andrews, Miss. Kornelia Theodosia	female	63	1	0	13502	77,9583
1	0	Andrews, Mr. Thomas Jr	male	39	0	0	112050	0,0000
1	1	Appleton, Mrs. Edward Dale (Charlotte Lamson)	female	53	2	0	11769	51,4792
1	0	Artagaveytia, Mr. Ramon	male	71	0	0	PC 17609	49,5042
1	0	Astor, Col. John Jacob	male	47	1	0	PC 17757	227,5250
1	1	Astor, Mrs. John Jacob (Madeleine Talmadge Force)	female	18	1	0	PC 17757	227,5250

Abbildung 8.1 Auszug der Spalten des Titanic-Datensatzes

Zur Erläuterung der Spalten:

- »pclass«: Passagierklasse
- »survived«: überlebt oder nicht
- »name«: Name
- »sex«: Geschlecht
- »age«: Alter
- »sibsp«: Anzahl der Geschwister/Ehegatten an Bord
- »parch«: Anzahl der Elternteile/Kinder an Bord
- »ticket«: die Nummer der Fahrkarte
- »fare«: der Preis der Fahrkarte
- »cabin«: die Kabinennummer
- »embarked«: Kürzel für den Hafen, in dem der Passagier zustieg
- »boat«: Nummer des Rettungsboots
- »body«: Nummer der Leiche
- »home.dest«: Heimatort

Wir werden uns nun einige der Features ansehen, zunächst einmal die Verteilung der Überlebenden und Nicht-Überlebenden in Bezug auf das Geschlecht:

```
titanic %>%
  mutate(survived = as.factor(survived)) %>%
  ggplot(., aes(x=sex, fill=survived)) +
  geom_bar() +
  scale_fill_brewer(palette="Paired")+
  theme_minimal()
```

Offensichtlich waren zwar viel mehr Männer auf der Titanic als Frauen, zugleich sind sie über dieses Verhältnis hinaus gestorben, wie Sie in Abbildung 8.2 sehen. »Kinder und Frauen zuerst«, heißt es auf Schiffen, daher plotten wir nun das Alter dazu.

In diesem Fall nehmen wir einen Boxplot; mit dem Parameter `varwidth=TRUE` bewirken wir, dass die Anzahl der Fälle einen Einfluss auf die Breite der Box hat, indem sie mit einer Breite gezeichnet wird, die proportional zu der Quadratwurzel der Summe der Beobachtungen ist. Das Alter hat noch den Datentyp `character`, und hier tauschen wir das Komma gegen einen Punkt aus, bevor wir die Variable in eine Zahl überführen.

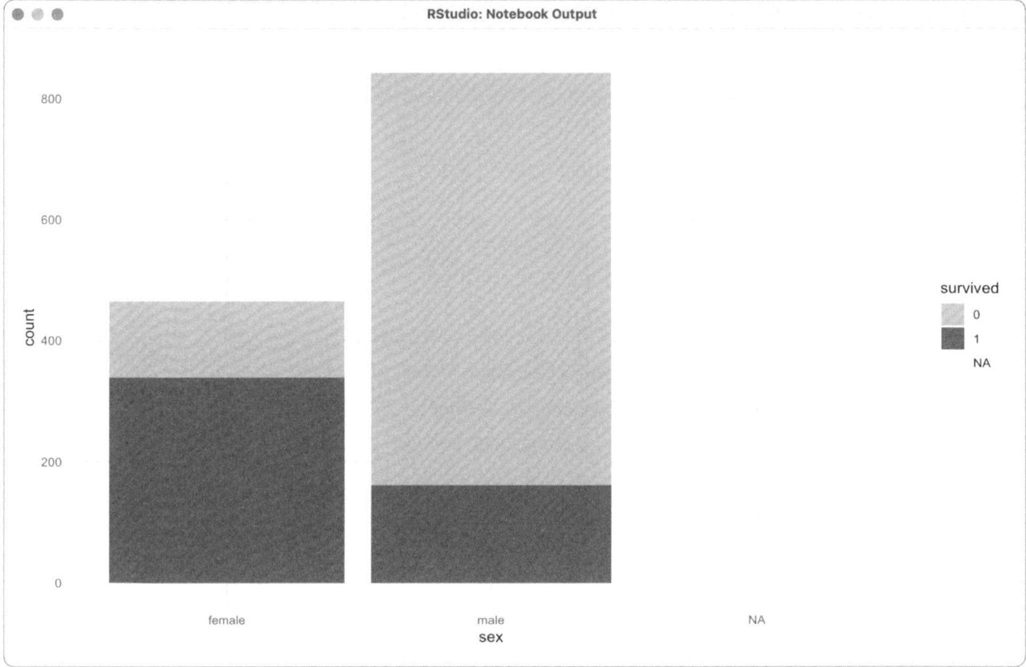

Abbildung 8.2 Stacked Bar Plot für Geschlecht und Überleben

```
titanic %>%
  mutate(survived = as.factor(survived)) %>%
  mutate(age = as.double(str_replace(age,",","."))) %>%
  filter(!is.na(age)) %>%
  ggplot(., aes(x=survived, y=age, fill=sex)) +
  geom_boxplot(varwidth=TRUE) +
  theme_minimal()
```

Das Alter scheint auch einen Einfluss zu haben, zumindest scheinen etwas jüngere Frauen das Unglück eher nicht überlebt zu haben, bei den Männern gibt es einen kleinen umgekehrten Trend. Schön zu sehen ist in diesem Boxplot (Abbildung 8.3), dass durch den Parameter `varwidth` zugleich die Verhältnisse der Geschlechter zueinander differenziert sind.

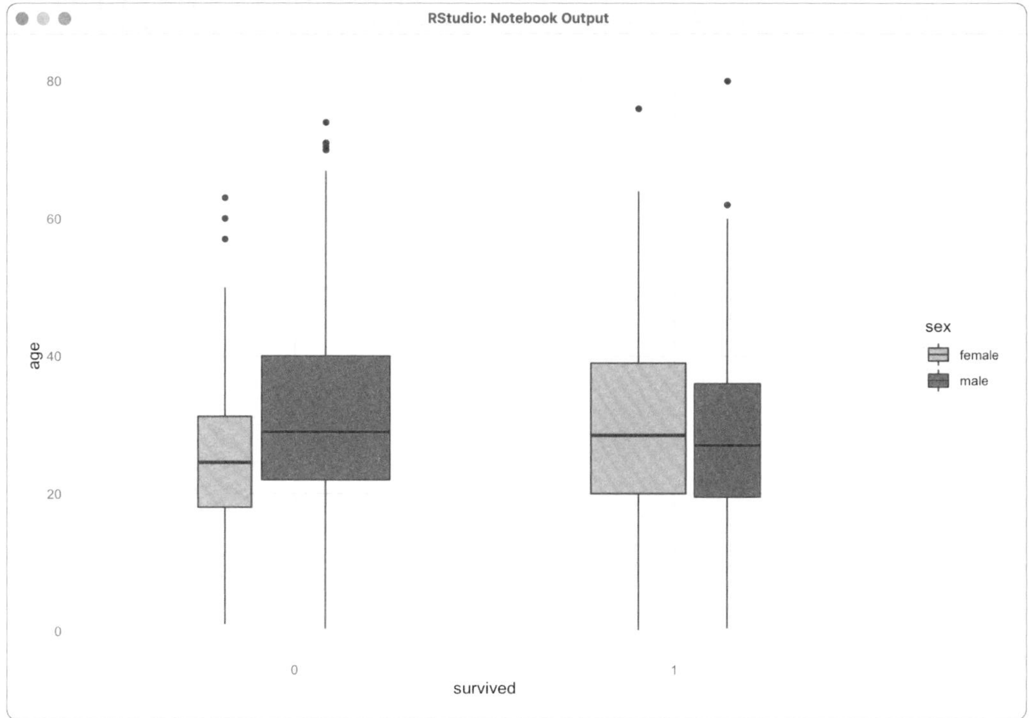

Abbildung 8.3 Boxplot mit den Variablen Geschlecht und Alter

Als Nächstes nehmen wir die Passagierklasse hinzu:

```
titanic %>%
  mutate(survived = as.factor(survived)) %>%
  mutate(age = as.double(str_replace(age,",","."))) %>%
  filter(!is.na(age)) %>%
  ggplot(., aes(x=survived, y=age, fill=sex)) +
  geom_boxplot(varwidth=TRUE) +
  facet_grid(cols = vars(pclass))
```

Wir sehen deutlich, dass diese drei Variablen – Geschlecht, Alter und Passagierklasse – einen Einfluss auf das Überleben haben (siehe Abbildung 8.4). An diesem Beispiel wird außerdem deutlich, wie wichtig eine gute Visualisierung ist, um Zusammenhänge in den Daten erkennen zu können und wichtige Features zu bestimmen. Außerdem zeigt sich noch einmal die Eleganz von Boxplots, in denen viele Informationen kondensiert übermittelt werden können.

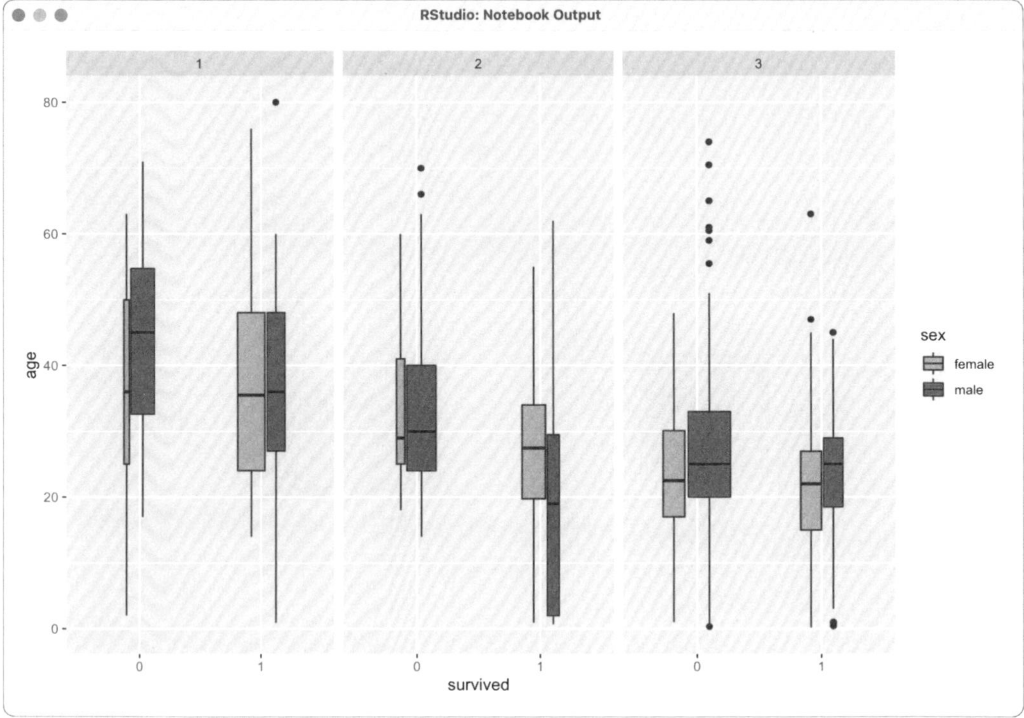

Abbildung 8.4 Boxplots mit »facet« Passagierklasse und den Variablen Alter und Geschlecht

Bei den anderen Variablen, die wir noch nicht einbezogen haben, sind einige dabei, die wahrscheinlich keinen Einfluss haben werden, wie zum Beispiel die Ticketnummer, aber dem Leser sei es überlassen, einmal selbst alles auszuprobieren.

8.2.2 Das Caret-Package: Dummy-Variablen und Aufteilen der Daten

Wir haben etwas über 1300 Datenpunkte – das ist nicht besonders viel, aber zumindest in diesem Fall genug, um verschiedene Algorithmen auszuprobieren. Zunächst aber müssen wir unsere Daten aufteilen, in Trainings- und in Testdaten (siehe Kapitel 3, »Ablauf eines Data-Science-Projekts«). Hier hilft uns das Caret-Package. Caret steht für *Classification And Regression Training*, das Package bietet viele Funktionen, die uns das Leben einfacher machen werden.

Eine dieser Funktionen ist das Erstellen von Dummy-Variablen. Wie in Kapitel 3, »Ablauf eines Data-Science-Projekts«, beschrieben, benötigen wir für einige Algorithmen Dummy-Variablen, wenn wir nichtnumerische Daten haben, aber numerische Daten für Distanzen benötigt werden. Dies sollten wir tun, bevor wie die Daten aufteilen. Wir laden zunächst die Library caret und erstellen dann das Dummy-Variablen-Objekt dmy:

```
> library(caret)
> dmy <- dummyVars(" ~ sex", data = titanic, fullRank=T)
```

Der Parameter fullRank=T sorgt dafür, dass wir eine Spalte weniger haben als Kategorien. In unserem Beispiel gibt es in der Variablen sex zwei Möglichkeiten, male oder female, so dass wir uns eine von beiden sparen können:

```
> trsf <- data.frame(predict(dmy, newdata = titanic))
> head(trsf)
  sexmale
1       0
2       1
3       0
4       1
5       0
6       1
>
```

Zusätzlich müssen wir die Daten etwas modifizieren. Basierend auf der kurzen Datenanalyse interessieren uns neben dem Geschlecht die Variablen Passagierklasse und Alter. Das Alter ist allerdings als character importiert, und Nachkommastellen sind mit einem Komma getrennt, was R so nicht versteht. Das hätten wir schon beim Import beheben können, aber nicht selten merkt man so etwas erst, wenn die Daten schon geladen sind. Also müssen wir auch dies umwandeln. Und zum Schluss machen wir aus unserer Target-Variablen survived einen factor:

```
titanic_subset <- titanic %>%
  select(survived,pclass,age) %>%
  mutate(age = str_replace(age,",",".")) %>%
  mutate(age = as.double(age)) %>%
  mutate(survived = as.factor(survived))
```

Nun werden der Datensatz und die Dummy-Variable zusammengeführt und NAs entfernt:

```
titanic_subset <- cbind(titanic_subset,trsf)
titanic_subset <- titanic_subset %>%
  filter(!is.na(age))
```

Jetzt können wir uns an die Aufteilung in Trainings- und Testdaten machen. Das Besondere hierbei ist, dass das Caret-Package auch darauf aufpasst, dass die beiden Datenmengen ausgewogen sind. Das soll genauer erläutert werden. Angenommen, wir nehmen eine Stichprobe von 340 Elementen aus den 1300 Zeilen (also ca. 20 %) für einen späteren Test, die restlichen ca. 80 % lasse ich über für das Training, dann wäre es wünschenswert, wenn wir in den beiden Teilmengen dasselbe Verhältnis von Überlebenden und Nichtüberlebenden hätten. Genauso wichtig ist es aber, dass wir auch dasselbe Verhältnis von Passagierklassen, Geschlecht und Alter haben, denn angenommen, wir hätten durch Zufall viel mehr Männer in einer Teilmenge, dann hätte dies einen Einfluss auf die Performance unseres Modells. Genau darauf achtet das Caret-Package, die Funktion `createDataPartition()` sorgt für die Ausgeglichenheit der Merkmalsattribute:

```
set.seed(456)
trainIndex=createDataPartition(titanic_subset$survived, p=0.8)$Resample1
train.data=titanic_subset[trainIndex, ]
test.data=titanic_subset[-trainIndex, ]
```

Wir überprüfen nun, wie die Verhältnisse der Klassen und der Variablen `sex` aussehen:

```
> table(titanic$survived,titanic$sex)

    female male
  0    127  682
  1    339  161
>
> table(train.data$survived,train.data$sex)

       0   1
  0   85 411
  1  231 111
>
```

Offensichtlich hat das Caret-Package hier gute Arbeit geleistet.

8.2.3 Das pROC-Package

Bevor wir uns auf die Algorithmen stürzen, wollen wir uns noch anschauen, wie wir ihre Performance messen wollen. In Kapitel 3, »Ablauf eines Data-Science-Projekts«, habe ich schon über die ROC AUC geschrieben, hier werden wir das Package `pROC` verwenden, das wir schon einmal laden:

```
library(pROC)
```

Wir werden in den folgenden Beispielen zusätzliche Informationen plotten, und zwar ein Konfidenzintervall. Dazu mehr in den einzelnen Abschnitten zu den Algorithmen.

8.3 Decision Trees

Wir kommen zu unserem ersten Klassifikations-Algorithmus, dem *Decision Tree*, manchmal auch *Entscheidungsbaum* genannt. Schon in den 50er-Jahren gab es erste Ansätze zu diesem Algorithmus. Decision Trees sind beliebt, weil ihre Ergebnisse nachvollziehbar relativ einfach sind, was zugleich ihre Akzeptanz bei Anwendern erhöht.

8.3.1 Wie der Algorithmus funktioniert

Auch die Funktionsweise der Decision Trees ist relativ einfach. Ein Entscheidungsbaum wächst von oben nach unten. An der oben liegenden *Wurzel* werden die Daten, vereinfacht gesagt, so in zwei Teile geteilt, dass der größtmögliche Unterschied bei der Zielvariablen entsteht. Am Beispiel unseres Titanic-Datensatz erläutert: Es wird zunächst die Variable genutzt, mit der die Daten in Bezug auf die Zielvariable überlebt/nicht überlebt am besten aufgeteilt werden können. Auf Basis unserer Kurz-EDA wird das wahrscheinlich das Geschlecht sein. Dieser Schritt wird dann so lange wiederholt, bis ein weiteres Aufteilen die Ergebnisse nicht mehr verbessert und wir am Ende der *Verzweigungen* an den *Blättern* ein Ergebnis ablesen können. Diese Vorgehensweise wird auch als *rekursive Partitionierung* bezeichnet.

8.3.2 Training und Test

Wir nutzen für unseren Decision Tree zwei Libraries, zum einen `rpart` für die Erstellung des Trees, zum andern `rpart.plot` für die Visualisierung:

```
library(rpart)
library(rpart.plot)
```

Wir beginnen mit dem Trainieren des Modells, dafür verwenden wir die Trainingsdaten:

```
tree<- rpart(survived~., data = train.data, method = 'class')
```

Der Code erfordert etwas Erläuterung. Wie fast alle Klassifikationsalgorithmen erfordert auch `rpart()` zunächst eine Formel. Diese hat die Form

```
Abhängige Variable ~ Unabhängige Variable
```

In diesem Fall ist `survived` die abhängige Variable, der Punkt hinter der Tilde steht für alle anderen Spalten. Wir geben außerdem den Datensatz an (`data =`) sowie die Methode, die wir anwenden wollen, in diesem Fall eine Klassifikation.

Nun plotten wir das Modell, das wir gerade erstellt haben:

```
rpart.plot(tree)
```

Das Ergebnis ist in Abbildung 8.5 zu sehen. Man könnte dies als ein »Regelwerk« verstehen – und das ist auch der Grund dafür, dass Anwender diesem Ansatz Vertrauen schenken, denn sie können so genau nachvollziehen, was der Algorithmus tut.

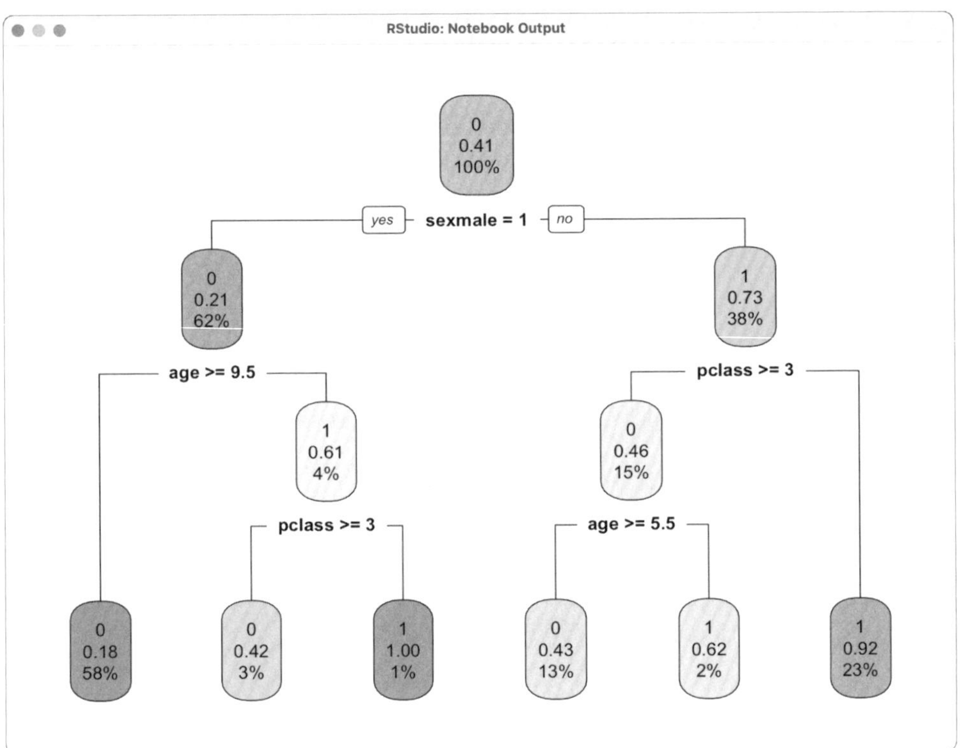

Abbildung 8.5 Das Ergebnis unseres ersten Decision Trees

Wie erwartet ist das Geschlecht die Variable, die zu Beginn den größten Unterschied macht und deshalb an der Wurzel verwendet wird. An jedem Knoten sind die vorhergesagte Klasse, die vorhergesagte Wahrscheinlichkeit, zu überleben, sowie der Prozentanteil der Observationen in dem Knoten zu sehen. Ganz oben wird also gesagt, dass die

Wahrscheinlichkeit, zu überleben, bei 41 % liegt. Gehen wir nach rechts zu den Frauen, dann liegt die Wahrscheinlichkeit, zu überleben, bei 73 %; 38 % der Fälle entsprechen diesem Attribut. Nun wird weiter verzweigt: Ist die Passagierklasse kleiner als 3 (wir gehen rechts weiter, das ist der Pfad für »no«), dann liegt die Wahrscheinlichkeit, zu überleben, bei 92 %. Ist die Passagierklasse allerdings die 3. Klasse, dann liegt die Wahrscheinlichkeit nur noch bei 46 %. Dann wird weiter unterteilt: Ist das Alter größer/gleich 5,5 Jahre, dann liegt die Wahrscheinlichkeit, zu überleben, noch bei 43 %, ist der Passagier jünger, sogar bei 62 %. Eigentlich ganz einfach, oder?

Nun wollen wir dieses Modell auf die Testdaten werfen und lassen uns dazu dann die ersten Zeilen der Ergebnisse mit den Daten ausgeben:


```
> dt_results <- predict(tree, test.data[,-1], type = 'prob')
> head(model.results.dt <- cbind(test.data,dt_results))
   survived pclass age sexmale          0         1
7         1      1  63       0 0.08465608 0.9153439
11        0      1  47       1 0.81687243 0.1831276
17        0      1  24       1 0.81687243 0.1831276
22        1      1  47       0 0.08465608 0.9153439
24        1      1  42       0 0.08465608 0.9153439
35        0      1  42       1 0.81687243 0.1831276
```

Wir wandeln die Wahrscheinlichkeiten um in Einsen und Nullen, um eine Diffusionsmatrix erstellen zu können:

```
test.results <- model.results.dt %>%
  mutate(pred = ifelse(`1`>=0.5,1,0))
> table(test.results$pred, test.data$survived)

      0   1
  0 122  33
  1   1  52
>
```

Die Diffusionsmatrix ist wie folgt zu lesen:

- 122 der Nicht-Überlebenden wurden korrekt als solche klassifiziert.
- 1 Nicht-Überlebender wurde falsch als Überlebender klassifiziert.
- 33 Überlebende wurden fälschlicherweise als Nicht-Überlebende klassifiziert.
- 52 Überlebende wurden korrekt als solche klassifiziert.

Der Entscheidungsbaum macht einen sehr guten Job bei den Nicht-Überlebenden, bei den Überlebenden sieht das anders aus. 19 der 33 falsch klassifizierten Überlebenden waren tatsächlich in der 3. Passagierklasse, ihre Wahrscheinlichkeit, zu überleben, war sehr gering. Dennoch war die Tatsache, dass sie männlich und über 9,5 Jahre alt waren, ausreichend, um sie als Nicht-Überlebende zu klassifizieren.

Nun erstellen wir die ROC-AUC-Grafik; die einzelnen Parameter können Sie in der Hilfe zum Package nachlesen:

```
pROC_obj <- roc(model.results.dt$survived,model.results.dt$`1`,
            smoothed = TRUE,
            ci=TRUE, ci.alpha=0.9, stratified=FALSE,
            plot=TRUE, auc.polygon=TRUE, max.auc.polygon=TRUE, grid=TRUE,
            print.auc=TRUE, show.thres=TRUE)
sens.ci <- ci.se(pROC_obj)
plot(sens.ci, type="shape", col="lightblue")
plot(sens.ci, type="bars")
```

Das Ergebnis in Abbildung 8.6 ist auffällig, da wir eine ganz gerade Linie nach oben sehen. Schauen wir uns die Confusion Matrix an, so ist dies relativ einfach zu erklären, denn wir haben nur eine Fehlklassifikation bei den Nicht-Überlebenden.

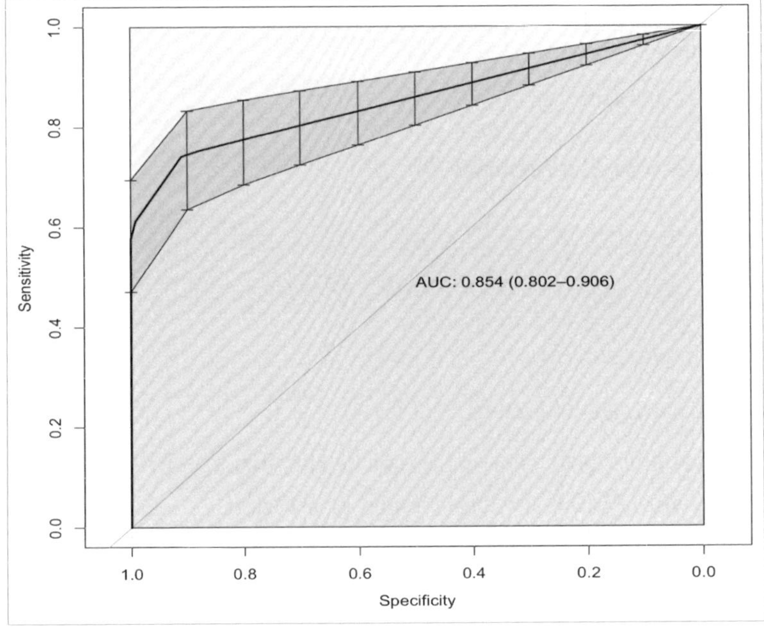

Abbildung 8.6 ROC AUC für unser Decision-Tree-Modell

0,854 ist schon ein ziemlich guter Wert, und wir haben bisher nichts optimiert. Mal sehen, wie sich die anderen Algorithmen schlagen werden.

8.4 Support Vector Machines

Dieser Algorithmus aus den 50er-Jahren (Ronald A. Fischer hatte erste Überlegungen in die Richtung einer SVM schon in den 1930er-Jahren) bietet einen sehr eleganten Weg, Datenpunkte zu klassifizieren. Er wird unter anderem für das Ranking von Suchmaschinen verwendet, dann wird von *Ranking SVMs* gesprochen.

8.4.1 Wie der Algorithmus funktioniert

Das Prinzip der Support Vector Machines basiert wieder auf Distanzen. In einer Menge von Punkten wird versucht, eine gerade Linie zu ziehen, ganz analog zur linearen Regression. Anstatt einer Linie, die in verschiedenen Winkeln durch die Punkte gezogen werden könnte, werden hier um die Linie herum Parallellinien gezogen, die sogenannten *Support-Vektoren*. Und nun werden wie bei der linearen Regression mehrere Linien ausprobiert und jeweils berechnet, wie weit die Support-Vektoren von der Linie entfernt sein können, ohne dass Punkte berührt werden. Das Ziel ist ein möglichst weiter Abstand der Support-Vektoren von der Linie. Die Linie mit den am weitesten entfernten Support-Vektoren ist die ideale Linie.

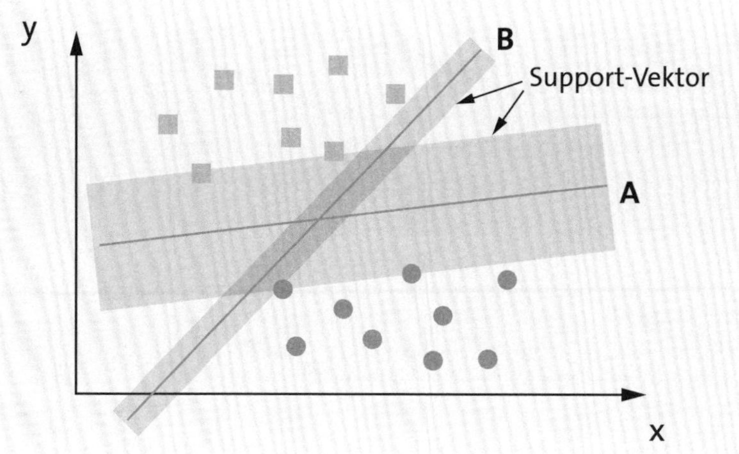

Abbildung 8.7 Zwei verschiedene Linien A und B mit ihren Support-Vektoren. Zwei verschiedene Linien A und B mit ihren Support-Vektoren (Grafik von F. Bürger, sh. Wikipedia-Stichwort »Support Vector Machine«, eigene Ergänzung)

Schauen wir uns das an dem Beispiel in Abbildung 8.7 an. Linie B geht so durch die Punkte, dass die Support-Vektoren relativ nah an der Linie sind. Bei Linie B wird die Linie so durch die Punkte gezogen, dass die Parallellinien weiter entfernt sein können. Linie A ist für den Algorithmus daher eine bessere Lösung.

Nicht immer werden die Daten so eindeutig getrennt sein wie in dem Beispiel. So können eckige Datenpunkte bei den kreisrunden Datenpunkten liegen und umgekehrt. In diesem Fall wird trotzdem so vorgegangen wie gerade beschrieben, nur mit dem Unterschied, dass für jeden Punkt, der auf der falschen Seite liegt, ein Fehler berechnet wird auf Basis des Hereinragens in den falschen Bereich. Je mehr Fehler, desto schlechter liegen die Support-Vektoren, und desto größer sozusagen die Bestrafung. Diese Vorgehensweise, diese Strafe zu minimieren, wird als *Loss Function* bezeichnet. Es wird in diesem Fall nach derjenigen SVM gesucht, die den geringsten Fehler aufweist.

Nun haben wir mehr als zwei Dimensionen, in diesem Fall nutzen wir drei. Dieser Fall ist noch relativ einfach zu verstehen, denn wir können nun eine Ebene einziehen, die die Datenpunkte im dreidimensionalen Raum trennt. Für höhere Dimensionen, also mehr als drei, funktioniert das Verfahren analog, auch wenn es sich nicht mehr im Raum veranschaulichen lässt. Ab drei Dimensionen wird die Ebene, die durch Punkte führt, auch als *Hyperplane* bezeichnet.

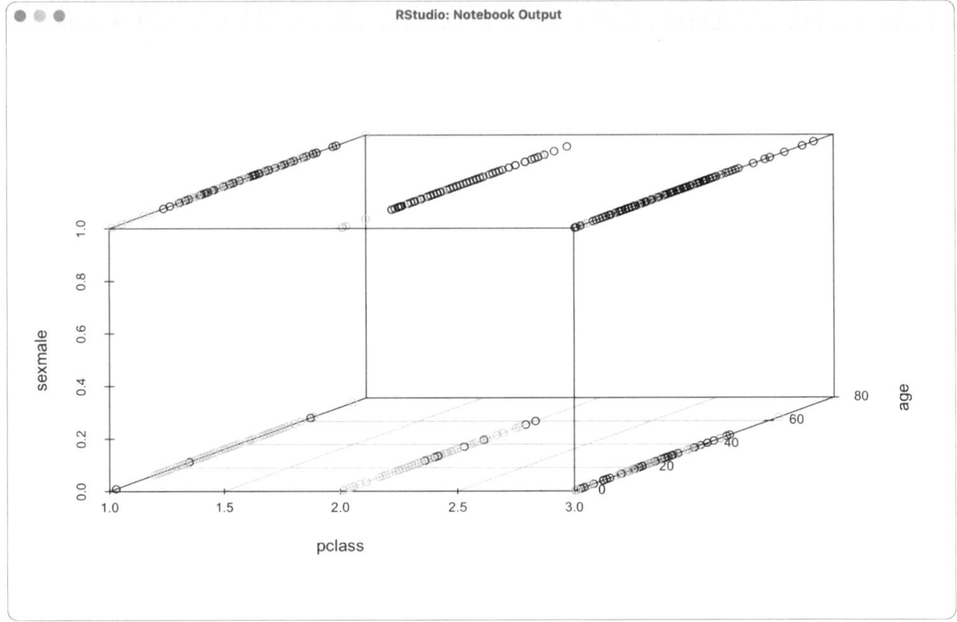

Abbildung 8.8 Unsere Datenpunkte geplottet; helles Grau ist für Überlebende, Schwarz für Nicht-Überlebende.

Schauen wir uns unsere Datenpunkte in Abbildung 8.8 an, so sehen wir schon, wie so ein Hyperplane durch die Datenpunkte gehen könnte. Die Daten sind noch nicht skaliert, das übernimmt unsere SVM-Funktion nachher. Für mehr Dimensionen können wir das nicht mehr plotten, aber auch wenn es schwer vorzustellen ist für uns Menschen, rein mathematisch ginge es. Räume mit mehr als drei Dimensionen werden auch als *Hyperraum* bezeichnet. Nur was, wenn sich keine gerade Linie bzw. kein Hyperplane durch die Daten ziehen lässt, weil sie vielleicht ganz anders getrennt sind?

Auch hier können SVMs helfen. So können Daten einfach in einen höherdimensionalen Raum transponiert und dort »Schnitte« der entstehenden Form verwendet werden, und zwar mit dem sogenannten *Kernel-Trick*. Ein *Kernel* ist ein mathematischer Ansatz im Machine Learning, um Berechnungen in höheren Dimensionen durchführen zu können.

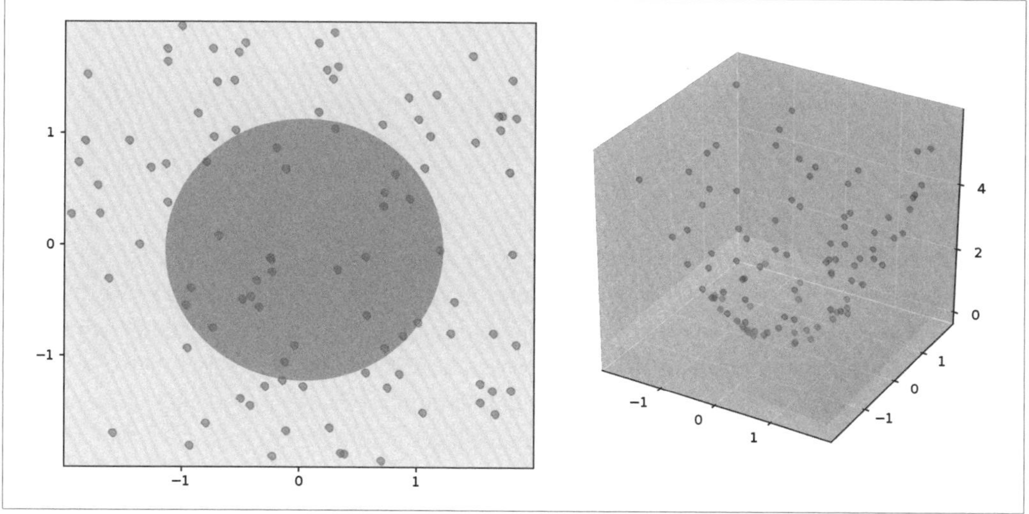

Abbildung 8.9 Kernel-Trick durch Hinzufügen einer Dimension.
Quelle: Wikipedia, CC BY-SA 4.0, von Shiyu J

Ein Beispiel hierfür ist in Abbildung 8.9 zu sehen. Die Daten liegen zunächst in einem zweidimensionalen Raum vor. Dadurch, dass eine dritte Dimension hinzugefügt wird, ergibt sich eine Möglichkeit, sie linear zu trennen, also eine gerade Ebene durch sie zu führen. Das Package e1071, das wir nutzen werden, bietet neben dem linearen Kernel außerdem einen polynomialen, eine radiale Basisfunktion (RDF) und eine Sigmoid-Funktion. Der RDF-Kernel kann dann angewendet werden, wenn Sie noch keine Informationen über die Daten haben. Der Sigmoid-Kernel wird häufig in neuronalen Netzen verwendet, der polynomiale Kernel ist eine verallgemeinerte Variante des linearen Kernels. Die Auswahl eines Kernels ist von immenser Bedeutung für die Performance einer Support Vector Machine.

8.4.2 Vorbereitung der Daten

Wir können die Trainings- und Testdaten aus dem Decision-Tree-Abschnitt hier wieder nutzen, ohne sie anzupassen.

8.4.3 Training und Test

Wir nutzen für unser SVM das Package e1071. Der Name kommt von einer Abteilung der TU Wien, die mehrere Statistikfunktionen in diesem Package zur Verfügung gestellt hat. Danach trainieren wir den Klassifikator:

```
library(e1071)
classifier = svm(survived ~ .,
                 data = train.data,
                 type = 'C-classification',
                 probability = TRUE,
                 kernel = 'linear')
```

Beleuchten wir die einzelnen Parameter genauer. Das Format der Formel haben Sie bereits bei den Decision Trees kennengelernt, auch dass die Daten definiert werden. Als Nächstes bestimmen wir, was wir mit der Support Vector Machine anstellen wollen, in diesem Fall eine Klassifikation. Wir möchten außerdem die Wahrscheinlichkeiten ausgegeben bekommen und wählen dafür den Parameter `probability = TRUE`. Zum Schluss definieren wir noch den Kernel, in diesem Fall einen linearen Kernel.

Wir haben die Daten übrigens nicht skaliert, denn die Funktion `svm()` skaliert die Daten automatisch. Nun werfen wir das entstandene Modell auf die Testdaten:

```
> svm.predict = predict(classifier, newdata = test.data[,-1], probability = TRUE)
```

Schauen wir uns nun zunächst die Ergebnisse an:

```
> table(test.data$survived, svm.predict) # Confusion matrix
   svm.predict
      0   1
  0 112  11
  1  24  61
>
```

Offensichtlich funktioniert die SVM bei den Überlebenden, die der Entscheidungsbaum als nicht überlebend klassifiziert hatte, besser. Zugleich sieht sie aber schlechter bei der Klassifizierung der Nicht-Überlebenden.

8.4.4 Interpretationen der Ergebnisse

Wir schauen uns die ersten Ergebnisse an:

```
> head(cbind(test.data,svm.predict), 10)
   survived pclass age sexmale svm.predict
7         1      1  63       0           1
11        0      1  47       1           0
17        0      1  24       1           0
22        1      1  47       0           1
24        1      1  42       0           1
35        0      1  42       1           0
43        1      1  59       0           1
50        1      1  36       1           0
51        1      1  58       0           1
53        0      1  28       1           0
>
```

Wir sehen zunächst nichts Auffälliges, hier ist auch nur eine Fehlklassifikation zu sehen in Reihe 50, bei der die SVM vorhergesagt hat, dass der Passagier nicht überleben wird. Da er ein Mann ist und auch kein Kind mehr, können wir bereits ahnen, woran das liegen könnte.

Danach plotten wir die ROC AUC:

```
probs <- attr(svm.predict, "prob")[,2]
pROC_obj <- roc(as.numeric(test.data$survived), probs,
            smoothed = TRUE,
            ci=TRUE, ci.alpha=0.9, stratified=FALSE,
            plot=TRUE, auc.polygon=TRUE, max.auc.polygon=TRUE, grid=TRUE,
            print.auc=TRUE, show.thres=TRUE)
sens.ci <- ci.se(pROC_obj)
plot(sens.ci, type="shape", col="lightblue")
plot(sens.ci, type="bars")
```

Das Ergebnis sehen Sie in Abbildung 8.10.

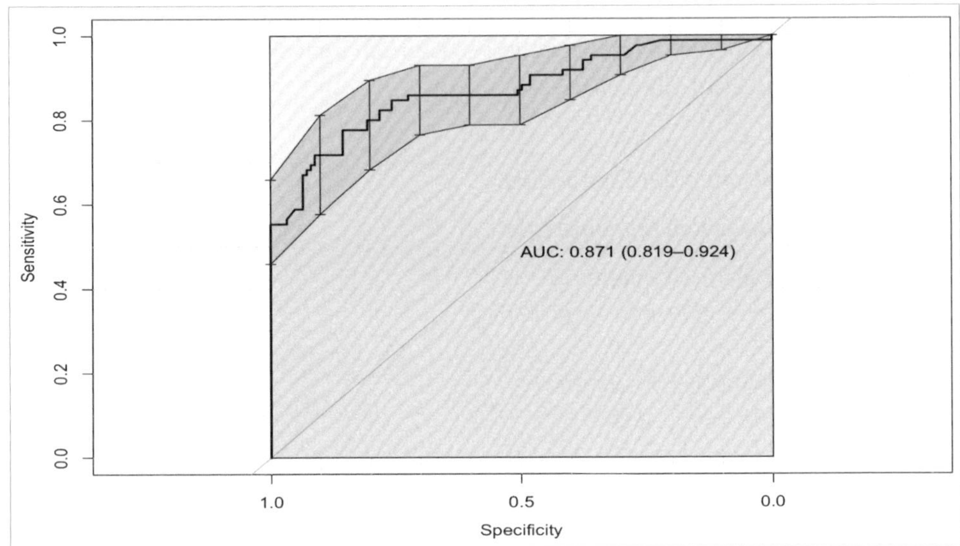

Abbildung 8.10 ROC-AUC-Diagramm der SVM

Wir haben einen leicht besseren AUC-Wert im Vergleich zu dem Decision Tree. Auch in diesem Diagramm geht die ROC-Kurve steil hoch, ebenso verläuft die Kurve sehr gerade bei der Spezifität ab ungefähr 0,25. Dies entspricht den Beobachtungen in der Confusion Matrix.

8.5 Naive Bayes

Der Naive-Bayes-Algorithmus basiert auf dem *Satz von Bayes*, benannt nach dem Mathematiker und Pfarrer Thomas Bayes, der im 18. Jahrhundert lebte. Dieser mathematische Satz beschreibt die Berechnung *bedingter Wahrscheinlichkeiten* und wurde erst nach Bayes' Tod mit dem Essay »An essay towards solving a problem in the doctrine of chances« veröffentlicht.

Um die bedingten Wahrscheinlichkeiten zu verstehen, schauen wir uns zunächst einmal ein einfaches Beispiel aus der Wahrscheinlichkeitstheorie an, das Würfeln. Bitte lassen Sie sich nicht von den nun folgenden Formeln abschrecken, Sie werden sehen, es ist gar nicht so schwer!

Die Wahrscheinlichkeit, dass wir eine 6 würfeln – wir nennen das mal Ereignis A –, wird mit dem Ausdruck $p(A)$ beschrieben (p für *probability*, also Wahrscheinlichkeit). Bei einem fairen Würfel ist die Wahrscheinlichkeit, eine 6 zu würfeln, 1/6. Würfeln wir danach noch einmal – wir nennen dies nun Ereignis *B* –, beträgt die Wahrscheinlichkeit wieder 1/6, denn das Ergebnis des zweiten Wurfs ist *unabhängig* vom Ergebnis des ersten Wurfs. Nur weil ich beim ersten Wurf eine 6 hatte, ändert sich die Wahrscheinlichkeit für eine 6 beim zweiten Wurf nicht. Oder, anders gesagt, das Ergebnis des ersten Wurfs gibt uns keine Information darüber, wie das Ergebnis des zweiten Wurfs aussehen wird.

Die Wahrscheinlichkeit, dass Ereignis A und Ereignis B zusammen auftauchen, wird mit dem Ausdruck *P*(*AB*) beschrieben:

$$P(AB) = P(A) * P(B)$$

Am Beispiel eines Würfels: Die Wahrscheinlichkeit, dass nach einer 6 noch eine 6 gewürfelt wird, ist

$$P(AB) = \frac{1}{6} * \frac{1}{6} = \frac{1}{36}$$

Übrigens ist dies auch die Wahrscheinlichkeit dafür, dass zunächst eine 6 und dann eine 1 gewürfelt wird.

Nicht immer sind Ereignisse unabhängig voneinander. Die Wahrscheinlichkeit, einen Mann mit einer Rot-Grün-Sehschwäche zu treffen, ist größer als die, eine Frau mit einer solchen Schwäche anzutreffen, da Männer häufiger darunter leiden. Aber zurück zu unserem Würfelexperiment.

Angenommen, ich hätte sechs Würfel in meiner Tasche, alle sind gezinkt, denn der erste Würfel hat nur 1en auf allen Seiten, der zweite nur 2en und so weiter.[2] In diesem Fall sind die Würfe nicht unabhängig voneinander, denn wenn ich mit einem dieser Würfel eine 6 würfle, dann wird auch bei den Würfen danach eine 6 kommen. Hier gilt:

$$P(AB) = \frac{1}{6}$$

Da es eine Wahrscheinlichkeit von 1/6 gibt, dass ich den Würfel mit den 6en aus meiner Tasche geholt habe, und danach das Ergebnis des ersten Wurfs das Ergebnis aller anderen Würfe bestimmt, sind die Ereignisse nicht mehr unabhängig voneinander. Wir könnten das auch so ausdrücken:

$$P(AB) = P(A) * P(B|A)$$

Der Teil *P*(*B*|*A*) kann umgangssprachlich so ausgedrückt werden: Wenn wir A kennen, was ist die Wahrscheinlichkeit von B? Ist der Würfel fair, dann sagt uns Wurf A nichts

2 Provost und Foster (2013) nutzen ein ähnliches Beispiel, gehen aber noch tiefer in die Mathematik.

über Wurf B. Ist der Würfel nicht fair, dann sagt uns A sehr viel über den Ausgang von B. Und genau dieser Fall entspricht einer *bedingten Wahrscheinlichkeit*. Das Vorwissen wird auch als *prior* bezeichnet.

Durch einige mathematische Transformationen können wir diese Formel auch so schreiben:

$$P(B|A) = \frac{P(B) * P(A|B)}{P(A)}$$

Und genau das ist der Satz von Bayes.

8.5.1 Wie der Algorithmus funktioniert

Wir wollen nun den Satz von Bayes für eine Klassifikation nutzen und vorhersagen, ob eine Person auf der Titanic auf Basis ihrer Merkmalsattribute gestorben ist oder nicht. Dazu nehmen wir den Satz von Bayes, ersetzen aber A und B durch E und $c - E$ für Evidenz und c für die Class (gestorben oder nicht gestorben, nicht Passagierklasse):

$$P(c|E) = \frac{P(c) * P(E|c)}{P(E)}$$

Anders ausgedrückt: Wie hoch ist die Wahrscheinlichkeit, dass jemand zur Klasse »survived« gehört, wenn eine Evidenz gegeben ist? In unserem Titanic-Beispiel haben wir mehrere Konditionen: das Alter, das Geschlecht und die Passagierklasse. Aber schauen wir uns zunächst an, wie die Formel für eine Kondition im Satz von Bayes aussähe:

$$P(\text{survived}|\text{male}) = \frac{P(\text{male}|\text{survived}) * P(\text{survived})}{P(\text{male})}$$

Haben wir nun mehr als eine Evidenz, so können wir auch schreiben:

$$P(c|E) = \frac{P(e_1|c) * P(e_2|c) * \ldots * P(e_n|c) * P(\text{survived})}{P(E)}$$

Für $p(E)$ gilt:

$$P(E) = P(e_1|c_0) * P(e_2|c_0) * \ldots * P(e_n|c_0) * P(c_0) +$$

$$P(e_1|c_1) * P(e_2|c_1) * \ldots * P(e_n|c_1) * P(c_1)$$

Am Beispiel für eine einzige Evidenz:

$$P(E) = P(E|\text{survived}) * P(\text{survived}) + P(E|\text{not survived}) * P(\text{not survived})$$

Wir haben damit unseren Naive-Bayes-Klassifikator erarbeitet. Er berechnet die Häufigkeiten der Klassen und Features und wie sie miteinander auftauchen, jede noch so kleine Information wird berücksichtigt.

Was ist an Naive Bayes denn naiv?

Naive Bayes wird deswegen »naiv« genannt, weil von der Unabhängigkeit der Ereignisse ausgegangen wird. Das ist zwar nicht immer wahr, funktioniert dann aber trotzdem. Wenn Sie sich manche Spam-Mails ansehen, dann ist es schwer, sich vorzustellen, dass manche Begriffe unabhängig voneinander auftauchen würden.

Ab jetzt wird der Naive-Bayes-Klassifikator diese Rechenschritte für uns übernehmen. Spannend ist dieser Algorithmus auf jeden Fall, da er keinerlei Distanzen benötigt, sondern auf einem komplett anderen Ansatz beruht und mit relativ wenig Ressourcen auskommt.

8.5.2 Vorbereitung der Daten

Wir nutzen für Naive Bayes wieder die Library `e1071`. Sie kann mit einem Data Frame mit kategorialen wie auch mit numerischen Daten umgehen. Dennoch wandeln wir das Alter um, indem wir alle Passagiere über 14 als Erwachsene einstufen, und wandeln auch die Passagierklasse in einen Factor um:

```
train.data.nb <- train.data %>%
  mutate(pclass = as.factor(pclass)) %>%
  mutate(age = as.factor(if_else(age > 14, "adult", "child")))
test.data.nb <- test.data %>%
  mutate(pclass = as.factor(pclass)) %>%
  mutate(age = as.factor(if_else(age > 14, "adult", "child")))
```

Die Wahl der Buckets (wir hätten ja auch mehr wählen können, zum Beispiel Kleinkind, Kind, Jugendlicher, Erwachsener, Senior) kann von großer Bedeutung sein, denn dadurch wird in mehr oder weniger Klassen unterteilt, was wiederum der Vorhersage zum Vorteil gereichen kann.

8.5.3 Training und Test

Wir nutzen die Funktion `naiveBayes()` und geben das Ergebnis des Modells gleich aus:

```
> Naive_Bayes_Model=naiveBayes(survived ~., data=train.data.nb, type = "raw")
> > Naive_Bayes_Model
```

```
Naive Bayes Classifier for Discrete Predictors

Call:
naiveBayes.default(x = X, y = Y, laplace = laplace, type = "raw")

A-priori probabilities:
Y
        0         1
0.5918854 0.4081146

Conditional probabilities:
   pclass
Y           1         2         3
  0 0.1612903 0.2358871 0.6028226
  1 0.4122807 0.2690058 0.3187135

   age
Y       adult     child
  0 0.9233871 0.0766129
  1 0.8538012 0.1461988

   sexmale
Y        [,1]      [,2]
  0 0.8286290 0.3772132
  1 0.3245614 0.4688968

>
```

Wir sehen hier die Apriori-Wahrscheinlichkeiten, nämlich die Wahrscheinlichkeit, dass ein Passagier überlebt oder nicht, und darunter die bedingten Wahrscheinlichkeiten für jede Variable. Je mehr Features wir haben, desto weniger werden wir uns alle Daten ansehen können.

Nun wenden wir das Modell auf die Testdaten an:

```
> Titanic.class <- predict(Naive_Bayes_Model, test.data.nb[,-1])
> table(Titanic.class, test.data.nb$survived)

Titanic.class   0   1
            0 112  24
            1  11  61

>
```

Die Ergebnisse sind denen der SVM ähnlich. Viel scheinen wir nicht gewonnen zu haben.

8.5.4 Interpretation der Ergebnisse

Wir müssen unseren Klassifikator noch einmal neu auf den Testdaten laufen lassen, um die Wahrscheinlichkeiten zu erhalten. Dann erstellen wir das ROC-AUC-Diagramm:

```
Titanic.class <- predict(Naive_Bayes_Model, test.data.nb[,-1], type = "raw")
titanic.probs <- Titanic.class[,2]
pROC_obj <- roc(as.numeric(model.results$survived), titanic.probs,
            smoothed = TRUE,
            ci=TRUE, ci.alpha=0.9, stratified=FALSE,
            plot=TRUE, auc.polygon=TRUE, max.auc.polygon=TRUE, grid=TRUE,
            print.auc=TRUE, show.thres=TRUE)
sens.ci <- ci.se(pROC_obj)
plot(sens.ci, type="shape", col="lightblue")
plot(sens.ci, type="bars")
```

Das Ergebnis ist in Abbildung 8.11 zu sehen.

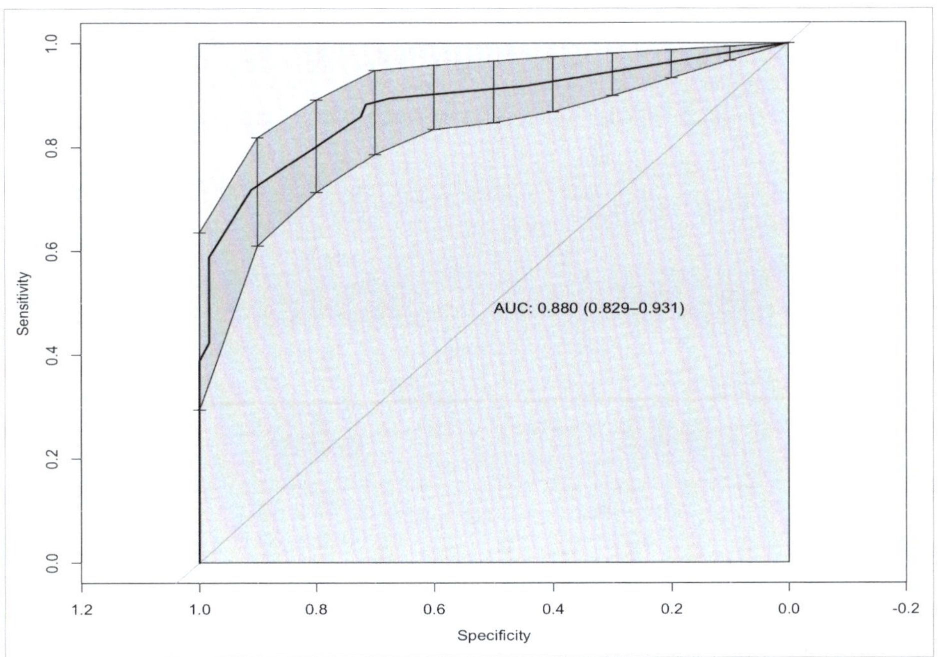

Abbildung 8.11 ROC-AUC-Diagramm für unseren Naive-Bayes-Klassifikator

Auch hier keine Überraschungen angesichts der Confusion Matrix. Das Ergebnis ist nur minimal besser.

8.6 XG Boost: Der Newcomer

Bisher haben Sie viele Algorithmen kennengelernt, die ihre Ursprünge vor Jahrzehnten, zum Teil sogar vor Jahrhunderten hatten. XG Boost ist zwar auch nicht komplett ohne Historie, wie Sie gleich sehen werden, aber das zugrundeliegende Paper wurde erst 2016 veröffentlicht. Seitdem hat XG Boost in vielen Data-Science-Projekten beachtliche Erfolge erzielt.

8.6.1 Wie der Algorithmus funktioniert

XG Boost steht für *eXtreme Gradient Boost(ing)*, was gleich zwei neue Begriffe einführt, *Gradient* und *Boosting*. Bevor es in die Theorie geht, knüpfen wir an das an, was Sie schon wissen. Zu Beginn dieses Kapitels haben Sie die Entscheidungsbäume kennengelernt. Stellen wir uns vor, wir hätten nicht nur einen Baum, sondern mehrere Bäume. In der Machine-Learning-Sprache wird dies als *Ensemble* bezeichnet. Abbildung 8.12 zeigt die Vorgehensweise eines Ensembles.

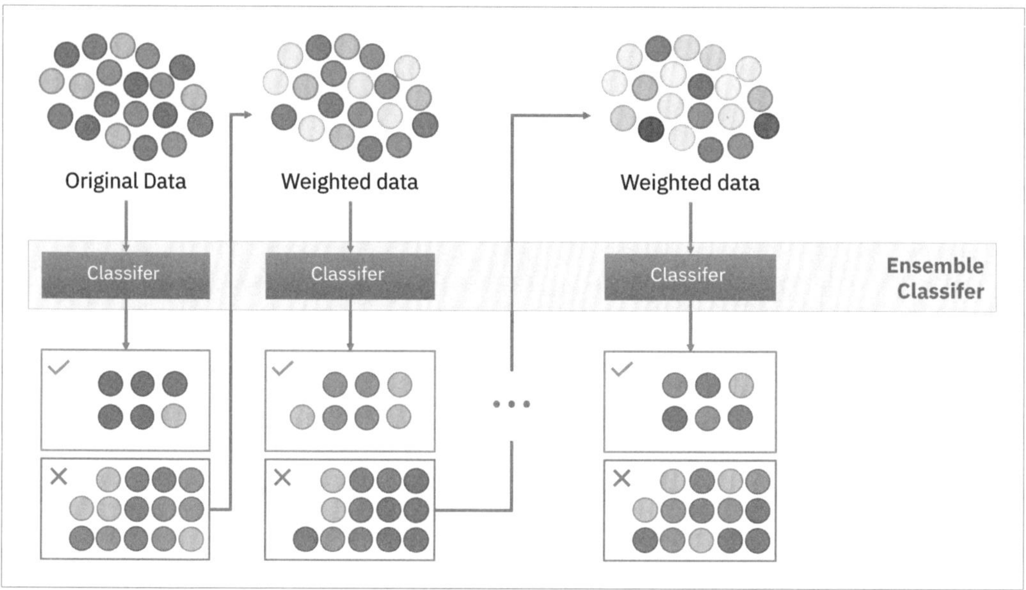

Abbildung 8.12 Ensemble-Learning visualisiert, Quelle: Wikipedia, CC BY-SA 4.0, von Sirakom

Ein solches Ensemble kann aus unterschiedlichen Modellen bestehen, mit jeweils verschiedenen Stärken und Schwächen, und die korrekten Vorhersagen der Modelle könnten sich jeweils bestärken, die nicht korrekten sich gegenseitig aufheben. Ein Beispiel hierfür sind *Random Forrests*. Beim *Boosting*, das einen Ansatz des Ensemble Learnings darstellt, lernen die Modelle nacheinander, wobei jedes Modell von den »Fehlern« des vorherigen Modells lernt. Der *Gradient* wird zur Optimierung von Loss Functions genutzt, die Sie schon bei den Support Vector Machines kennengelernt haben. Das heißt, jedes Modell versucht, die Fehler des vorherigen Modells zu minimieren.

8.6.2 Vorbereitung der Daten

Zunächst laden wir die Library `xgboost`, die Sie vor dem Laden installieren müssen (siehe Kapitel 4, »Einführung in R«):

```
library(xgboost)
```

Dann erstellen wir eine Matrix aus unserem Data Frame, da die Funktion `xgboost()` eine Matrix erwartet. Zusätzlich modifizieren wir unsere Zielvariable:

```
dtrain <- as.matrix(train.data[,-1])
mode(dtrain) <- 'double'
train.data.xg <- train.data %>%
  mutate(survived = as.integer(if_else(survived == "0",0,1)))
```

Nun sind wir bereit für das Training.

8.6.3 Training und Test

Die Funktion `xgboost()` benötigt ein paar mehr Parameter, als wir es aus den vorherigen Beispielen gewohnt sind. Wir beginnen das Training, danach werde ich die einzelnen Parameter erläutern:

```
xgb <- xgboost(
  dtrain,
  label = train.data.xg$survived,
  nrounds=100,
  eval_metric = "error",
  max_depth = 10,
  eta = 0.1,
  verbose = 0,
```

```
  nthread = 8,
  objective = "binary:logistic"
)
```

Hier die Parameter, die ich im Rahmen dieses Buchs nur oberflächlich behandeln kann:

- `nrounds` ist die Anzahl der Boosting-Iterationen.
- `eval_metric` erlaubt, uns weitere Metriken zu beobachten, in diesem Fall `logloss` und `error`.
- `max_depth` ist die maximale Tiefe eines Baums.
- `eta` ist die Lernrate, deren Anpassung Overfitting verhindern kann.
- `verbose` bestimmt, wie ausführlich `xgboost` Meldungen zeigt, hier `0`, also stumm.
- `nthread` ist die Anzahl der parallelen Threads.
- `objective` ist das Ziel, in diesem Fall `binary:logistic`.
- Nun klassifizieren wir mit unserem Modell:

```
xg_matrix <- as.matrix(test.data[,-1])
pred <- predict(xgb, xg_matrix)
print(head(pred))
```

```
[1] 0.82253844 0.05645552 0.38106889 0.96243805 0.98194110 0.67908919
```

Um eine Confusion Matrix zu erstellen, können wir die Werte in `pred` entweder konvertieren in 1 oder 0 (wie wir es oben schon einmal getan haben), oder wir nutzen die Funktion `confusionMatrix` aus dem Caret-Package. Dafür benötigen wir aus der Klassifikation aber eine 1 oder 0 und keine Wahrscheinlichkeit:

```
xgb2 <- xgboost(
  dtrain,
  label = train.data.xg$survived,
  nrounds=100,
  eval_metric = "error",
  max_depth = 10,
  eta = 0.1,
  verbose = 0,
  nthread = 8,
  objective = "binary:hinge"
)
pred2 <- predict(xgb2, xg_matrix)
```

Nun können wir die Funktion nutzen:

```
> confusionMatrix(as.factor(pred2),factor(test.data$survived))
Confusion Matrix and Statistics

          Reference
Prediction   0   1
         0 112  21
         1  11  64

               Accuracy : 0.8462
                 95% CI : (0.7898, 0.8923)
    No Information Rate : 0.5913
    P-Value [Acc > NIR] : 1.596e-15

                  Kappa : 0.6758

 Mcnemar's Test P-Value : 0.1116

            Sensitivity : 0.9106
            Specificity : 0.7529
         Pos Pred Value : 0.8421
         Neg Pred Value : 0.8533
             Prevalence : 0.5913
         Detection Rate : 0.5385
   Detection Prevalence : 0.6394
      Balanced Accuracy : 0.8318

       'Positive' Class : 0

>
```

Die Werte erklärt:

- Die `Accuracy` ist der prozentuale Anteil der Beobachtungen, die richtig klassifiziert wurden.[3]
- `95% CI` steht für das 95 % Konfidenzintervall

3 Wir haben uns die Accuracy bisher kaum angesehen, auch wenn sie in manchen Projekten genutzt wird. Da sie aber rein gar nichts darüber aussagt, in welcher Richtung unser Modell problematisch sein könnte, nutze ich diesen Wert eigentlich nie.

- `No Information Rate`: Ca. 59 % der Passagiere haben nicht überlebt, so dass ein Klassifikator bereits zu 59 % richtig läge, wenn er einfach alle Passagiere als nicht überlebend eingruppieren würde. Dieser Wert ist also zu berücksichtigen, wenn man sich die Accuracy ansieht.
- Den `P-Value` erläutere ich im Anhang.
- `Kappa`: Ein spezieller Statistiktest; in diesem Fall wird geschaut, wie viel besser der Klassifikator ist als zufällige Werte.
- `Mcnemar's Test P-Value`: McNemar's Test ist ein spezieller Statistiktest für gepaarte Daten.

Spezifizität und Sensitivität habe ich bereits erläutert. Die restlichen Werte spielen für uns zunächst keine Rolle.

8.6.4 Interpretation der Ergebnisse

Wir schauen uns zunächst einmal die Ergebnisse an:

```
> xgb.df <- as.data.frame(pred)
> head(results.xg2 <- cbind(xgb.df,test.data))
         pred survived pclass age sexmale
7  0.82253844        1      1  63       0
11 0.05645552        0      1  47       1
17 0.38106889        0      1  24       1
22 0.96243805        1      1  47       0
24 0.98194110        1      1  42       0
35 0.67908919        0      1  42       1
>
```

Nun erstellen wir das ROC-AUC-Diagramm:

```
pROC_obj <- roc(results.xg2$survived,results.xg2$pred,
            smoothed = TRUE,
            ci=TRUE, ci.alpha=0.9, stratified=FALSE,
            plot=TRUE, auc.polygon=TRUE, max.auc.polygon=TRUE, grid=TRUE,
            print.auc=TRUE, show.thres=TRUE)
sens.ci <- ci.se(pROC_obj)
plot(sens.ci, type="shape", col="lightblue")
plot(sens.ci, type="bars")
```

Das Ergebnis sehen Sie in Abbildung 8.13.

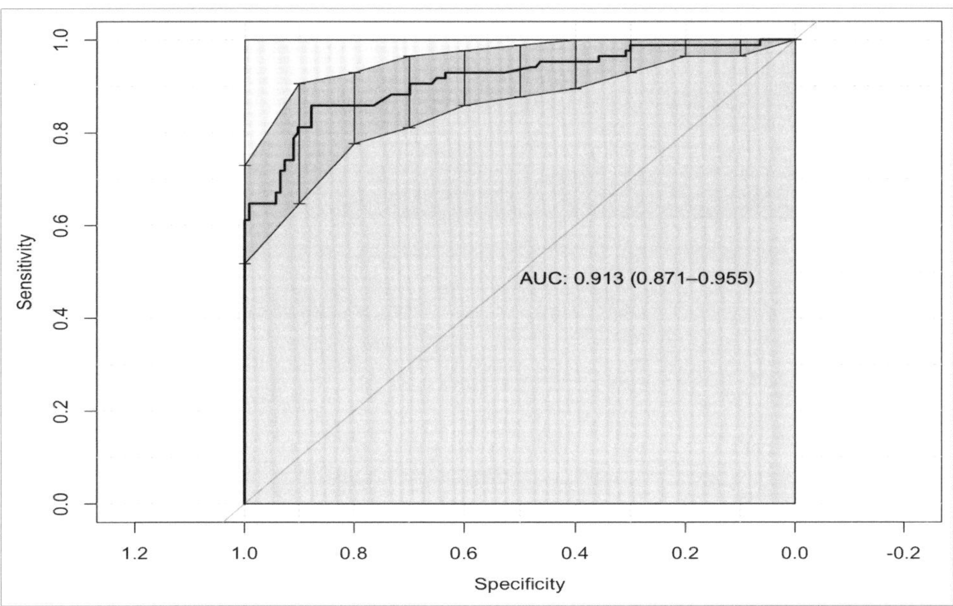

Abbildung 8.13 ROC-AUC-Diagramm für unser XG-Boost-Modell

Offensichtlich hat XG Boost hier einen ziemlich guten Job gemacht, der Algorithmus hat ohne irgendwelche Optimierungen bereits den besten Wert im Vergleich zu allen bisherigen Modellen erreicht.

Zusätzlich enthält das Package `xgboost` die Funktion `xgb.importance()`, mit dem die Wichtigkeit der einzelnen Features angezeigt werden können:

```
> mat <- xgb.importance (feature_names = colnames(train.data.xg[,-1]),model = xgb)
> mat
   Feature      Gain      Cover  Frequency
1: sexmale 0.4617308 0.09938245 0.03265857
2:     age 0.3096015 0.77798739 0.83805668
3:  pclass 0.2286677 0.12263016 0.12928475
>
```

Die drei Spalten werden wie folgt erklärt:

- Das `Gain` ist der Beitrag jedes einzelnen Features zu dem Modell.
- Das `Cover` ist die Anzahl der Beobachtungen bezogen auf dieses Feature.
- Die `Frequency` gibt an, wie oft das Feature in den Bäumen auftaucht.

Außerdem können wir das Ergebnis plotten, wobei hier nur der *Gain* dargestellt wird:

```
> xgb.plot.importance (importance_matrix = mat[1:10])
```

Das Ergebnis des Plots finden Sie in Abbildung 8.14.

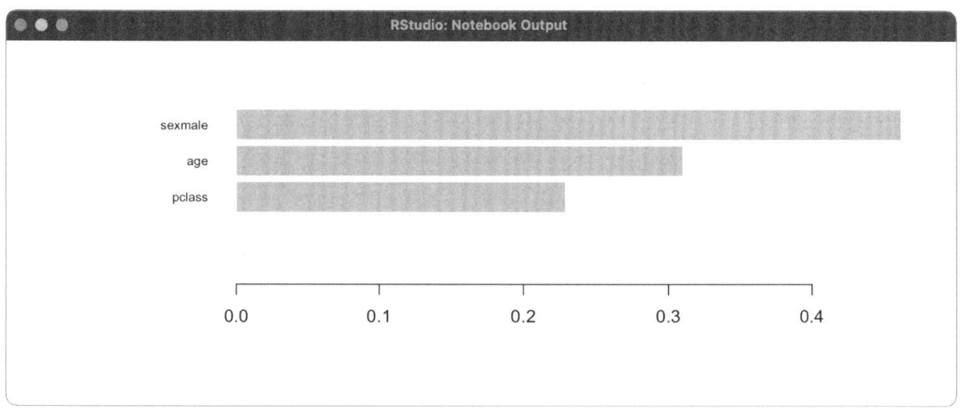

Abbildung 8.14 Geplottete Wichtigkeitstabelle von XG Boost

Wie bei unserem ersten Decision Tree spielt auch hier das Geschlecht die wichtigste Rolle. Allerdings sehen wir hier nicht die »Regeln«, was den Algorithmus für die Anhänger der Entscheidungsbäume gleich etwas undurchsichtiger macht. Es ist hilfreich, genau zu erklären, dass hier ein ähnliches System am Werk ist, nur dass es halt mehr als einen Baum gibt.

8.7 Klassifikation von Text

Spam ist leider ein allgegenwärtiges Phänomen, warum also nicht versuchen, einen Klassifikator zu bauen, der Spam von legitimen Mails unterscheiden kann? In diesem Abschnitt verwenden wir noch einmal den Naive-Bayes-Klassifikator, der allgemein gute Ergebnisse bei der Spam-Abwehr vorweisen kann. Probieren Sie gerne die anderen Algorithmen auch aus, das notwendige Rüstzeug erwerben Sie in den folgenden Abschnitten.

Ich werde die Funktionsweise von Naive Bayes nicht noch einmal beschreiben, neu ist in diesem Abschnitt aber, wie mit Text allgemein umgegangen wird. Übrigens arbeiten moderne Spam-Klassifikatoren nicht allein auf Basis des Inhalts; heutzutage werden noch viele andere Signale einbezogen wie zum Beispiel die Absenderadresse oder bestimmte Servereinstellungen.

text	spam
Subject: naturally irresistible your corporate identity l...	1
Subject: the stock trading gunslinger fanny is merrill ...	1
Subject: unbelievable new homes made easy im want...	1
Subject: 4 color printing special request additional in...	1
Subject: do not have money , get software cds from h...	1
Subject: great nnews hello , welcome to medzonline ...	1
Subject: here ' s a hot play in motion homeland secur...	1
Subject: save your money buy getting this thing here ...	1
Subject: undeliverable : home based business for gro...	1
Subject: save your money buy getting this thing here ...	1
Subject: las vegas high rise boom las vegas is fast be...	1
Subject: save your money buy getting this thing here ...	1

Abbildung 8.15 Die ersten Zeilen des Spam-Datensatzes

8.7.1 Vorbereiten der Daten

Als Datensatz nutzen wir eine Kollektion von E-Mails, die bereits klassifiziert sind. Sie finden diesen Datensatz unter *https://alby.link/spam* beziehungsweise auf der Website zum Buch. Laden Sie die Daten am besten in ein Verzeichnis *data*, und lesen Sie sie dann ein:

```
> emails = read.csv('data/emails.csv', stringsAsFactors = FALSE)
> table(emails$spam)

   0    1
4360 1368
>
```

Wir haben hier 1368 Spam-E-Mails und 4360 normale E-Mails. Einen ersten Eindruck gewinnen Sie in Abbildung 8.15. Wir nutzen zwei Libraries: `tm`, die für Text Mining verwendet wird, und `SnowballC`, ein Stemmer. Um dies genauer zu erläutern. Wörter können groß- oder kleingeschrieben werden, sie werden verändert (»ein Traum, mehrere Träume«), und viele Wörter haben keine wichtige Bedeutung (z. B. »der«, »ein« usw., sogenannte *Stoppwörter*). Wir transformieren daher die Wörter in unserem Data Frame:

- Wir konvertieren alles in Kleinschreibung.
- Wir konvertieren alles in »Plain Text«.
- Wir entfernen Interpunktion.

- Wir entfernen die Stoppwörter.
- Wir extrahieren den Wortstamm (also »traum« anstatt »träume«).

Das alles speichern wir in einem Korpus, eine Sammlung von Texten für eine sprachliche Analyse. Einmal in Codeform:

```
library(tm)
library(SnowballC)
corpus = VCorpus(VectorSource(emails$text))
corpus = tm_map(corpus, content_transformer(tolower))
corpus = tm_map(corpus, PlainTextDocument)
corpus = tm_map(corpus, removePunctuation)
corpus = tm_map(corpus, removeWords, stopwords("en"))
corpus = tm_map(corpus, stemDocument)
```

Als Nächstes wird eine Document Term Matrix gebildet, die nichts anderes ist als eine Matrix, in der jedes Wort eine eigene Spalte hat und eine 1 oder 0 kennzeichnet, ob es in den Dokumenten in den Zeilen vorkommt:

```
> dtm = DocumentTermMatrix(corpus)
> dtm
<<DocumentTermMatrix (documents: 5728, terms: 28687)>>
Non-/sparse entries: 481719/163837417
Sparsity           : 100%
Maximal term length: 24
Weighting          : term frequency (tf)
>
```

Wir wollen allerdings nicht alle Wörter in der Document Term Matrix behalten, denn manche Wörter kommen nur sehr selten vor. Daher entfernen wir seltene Wörter mit der Funktion `removeSparseTerms()`. Als Parameter übergeben wir zum einen unsere Document Term Matrix, zum anderen einen Parameter `sparse`, der in der Dokumentation leider auch sehr »sparse« (»spärlich«) behandelt ist. Schauen wir uns einmal an, was er tut:

```
> spdtm = removeSparseTerms(dtm, 0.95)
> spdtm
<<DocumentTermMatrix (documents: 5728, terms: 330)>>
Non-/sparse entries: 213551/1676689
Sparsity           : 89%
```

```
Maximal term length: 10
Weighting          : term frequency (tf)
>
```

Nun haben wir nur noch 330 Wörter anstatt 28678. Die Sparsity ist von 100 % auf 89 % gesunken. Die meisten Wörter tauchen nur in wenigen Dokumenten auf (abgesehen von den Stoppwörtern, die wir aber bereits entfernt haben). Wird der Wert für `sparse` sehr klein gewählt, dann haben wir nur noch Wörter, die in fast allen Dokumenten vorkommen. Ist der Wert höher gewählt, so haben wir mehr Dokumente, in denen nicht alle Wörter vorkommen. Das hat Vor- und auch Nachteile. Der Vorteil ist, dass unsere Matrix viel kleiner ist und besser zu managen. Der Nachteil ist, dass manche Begriffe zwar sehr selten vorkommen, aber dennoch eine wichtige Bedeutung haben für dieses Dokument. In unserem Beispiel ist das allerdings wahrscheinlich weniger wichtig, denn wir suchen ja Wörter, die als Signal dienen können für Spam. Nehmen wir die folgende Spam-E-Mail:

> *Hallo %Adresse_e-mail%,*
>
> *In Ihrem Kundenbereich erwartet Sie eine Nachricht. Es informiert Sie über bevorstehende Änderungen Ihrer Kontovereinbarung.*
>
> *Wir laden Sie ein, es zu lesen, indem Sie sich einloggen, indem Sie hier klicken*
>
> *Danke für Ihre Aufmerksamkeit.*
> *Hochachtungsvoll,*
>
> *Online-Kundenservice.*

Abgesehen davon, dass der Spammer sich nicht viel Mühe gegeben hat, können wir sehen, dass es sinnvoll ist, nicht nur die populärsten Wörter in der Matrix zu haben (»wir« wird wahrscheinlich in vielen Dokumenten vorkommen), allerdings wollen wir auch noch solche Wörter wie »Kundenbereich« behalten. Die Definition eines `sparse`-Wertes hier kann also einen großen Einfluss auf die Performance des Spam-Klassifikators haben.

Im nächsten Schritt erstellen wir einen Data Frame:

```
emailsSparse = as.data.frame(as.matrix(spdtm))
colnames(emailsSparse) = make.names(colnames(emailsSparse))
emailsSparse$spam = emails$spam
emailsSparse$spam = as.factor(emailsSparse$spam)
```

Aus der Document Term Matrix mussten wir zunächst eine »normale« Matrix bauen, bevor wir sie in einen Data Frame konvertieren konnten. Dann fügen wir die Zielvariable hinzu und ändern sie in einen `factor`.

8.7.2 Training und Test

Nun wird wie gehabt das Korpus geteilt in Training und Test ...

```
set.seed(983)
trainIndex=createDataPartition(emailsSparse$spam, p=0.8)$Resample1
train.data=emailsSparse[trainIndex, ]
test.data=emailsSparse[-trainIndex, ]
```

... und im nächsten Schritt ein Naive-Bayes-Modell gebildet, das wir gleich auf die Daten werfen:

```
> Naive_Bayes_Model=naiveBayes(spam ~., data=train.data, type = "raw")
> Spam.class <- predict(Naive_Bayes_Model, test.data)
> table(Spam.class, test.data$spam)

Spam.class   0   1
         0 707   9
         1 165 264
>
```

Wir haben auf der einen Seite wenig Fehlklassifikationen: Neun E-Mails, die kein Spam waren, wurden als Spam klassifiziert, zugleich aber wurde eine relative große Anzahl an E-Mails nicht als Spam erkannt.

8.7.3 Interpretation der Ergebnisse

Wir müssen unsere Ergebnisse noch etwas umwandeln, denn wir benötigen die Wahrscheinlichkeiten und erstellen daher eine neue Vorhersage mit den Testdaten:

```
model.results <- cbind(test.data,Spam.class)
Spam.class <- predict(Naive_Bayes_Model, test.data, type = "raw")
real_spam <- as.numeric(as.character(model.results$spam))
```

Nun erstellen wir das ROC-AUC-Diagramm:

```
pROC_obj <- roc(real_spam, Spam.class[,2],
            smoothed = TRUE,
            ci=TRUE, ci.alpha=0.9, stratified=FALSE,
            plot=TRUE, auc.polygon=TRUE, max.auc.polygon=TRUE, grid=TRUE,
            print.auc=TRUE, show.thres=TRUE)

sens.ci <- ci.se(pROC_obj)
plot(sens.ci, type="shape", col="lightblue")
plot(sens.ci, type="bars")
```

Das Ergebnis ist in Abbildung 8.16 zu sehen.

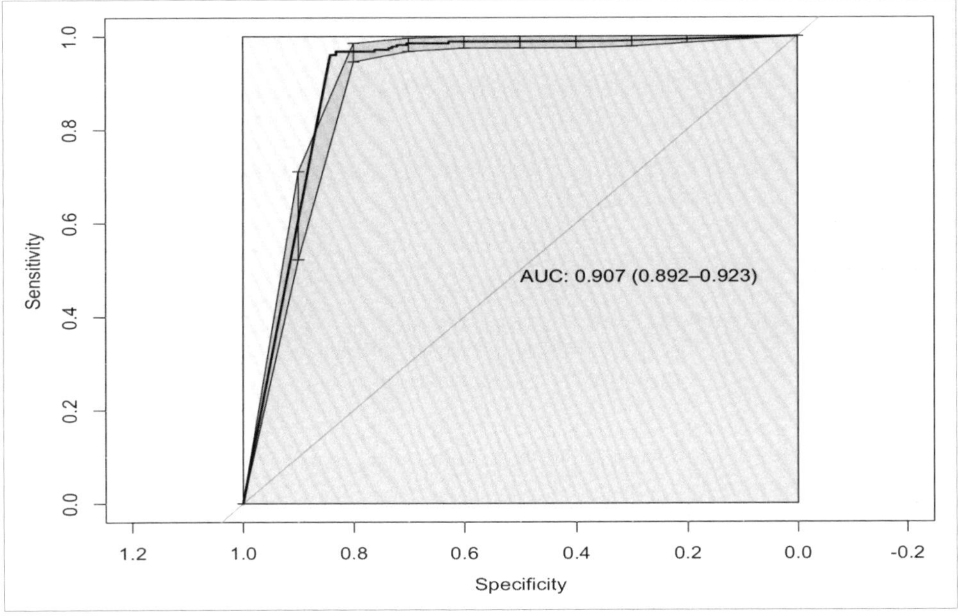

Abbildung 8.16 ROC-AUC-Diagramm unseres Spam-Klassifikators

Das Bild aus unserer Confusion Matrix zeigt sich auch hier in dem ROC-AUC-Diagramm. Wir haben eine sehr gerade Linie ab einer Spezifität von 0,7. Gleichzeitig haben wir genau das hinbekommen, was wünschenswert ist: Möglichst wenige False Positives (Mails, die kein Spam sind, aber als solcher klassifiziert werden), auch wenn dafür mehr False Negatives in Kauf zu nehmen sind.

Kapitel 9
Weitere Anwendungsfälle

Im Machine Learning geht es nicht nur um Prognosen, Clustering oder Klassifizieren. Wie kann ein Algorithmus zum Beispiel einem Musikliebhaber einen relevanten Song vorschlagen? Wie identifizieren wir »Nähe« von Objekten? Darum geht es in diesem Kapitel.

Das Empfehlen von relevanten Produkten ist die Königsdisziplin für viele Marketing-Menschen, aber wer Musik liebt, der ist immer auf der Suche nach dem nächsten Song, der nächsten Platte. Früher haben wir in den Platten- oder CD-Sammlungen der Freunde geblättert oder das Radio genutzt, um neue Musik zu entdecken. Heute wird diese Aufgabe von Algorithmen übernommen.

9.1 Warenkorbanalyse – Association Rules

Wer Äpfel kauft, legt auch Kartoffeln in den Einkaufskorb – diese Art des Data Minings basiert auf Assoziationsregeln, die nicht nur im E-Commerce verbreitet sind. Durch Assoziationsregeln können relevante Empfehlungen ausgesprochen werden, sei es für zusätzliche Produkte, die in einen Warenkorb kommen könnten, sei es für Inhalte, die zu dem gerade Gelesenen passen.

9.1.1 Wie der Algorithmus funktioniert

Eine häufige Frage in diesem Zusammenhang ist, warum nicht einfach die Artikel angezeigt werden, die am beliebtesten sind, also am häufigsten gekauft werden. Dies soll am Beispiel eines Musikservice erläutert werden. Zum Zeitpunkt der Erstellung dieses Manuskripts sind sowohl Ed Sheeran als auch Helene Fischer in den Top 10 der deutschen Singlecharts. Natürlich gebührt beiden Künstlern Respekt dafür, dass sie anscheinend sehr erfolgreiche Songs veröffentlicht haben, aber das wird zumindest mich nicht dazu verleiten, ihre Musik zu hören. Spotify dagegen bekommt es in der Regel gut hin, mir Musik vorzuschlagen, die ich mag. Dies geschieht auf Basis dessen, was ich bisher gehört habe, was dann mit Playlisten verglichen wird, die meine Stücke enthalten und gleichzeitig viele Follower haben.

Üblicherweise ist da nichts von den aktuellen Charts drauf. Wenn mir Spotify etwas empfiehlt, dann funktioniert das dank optimierter Regeln, die genau besagen, wie wahrscheinlich es ist, dass ich ein Stück gut finden werde. Sie könnten nun argumentieren, dass ich einen sehr speziellen Musikgeschmack habe, wenn mir die Charts nicht gefallen.

Stellen Sie sich aber vor, Sie müssen in den Supermarkt und sehen dort eine Anzeige, dass Sie doch auch mal Milch, Toilettenpapier und Butter kaufen sollen, nur weil das am häufigsten gekauft wird. Nur weil es häufig ist, bedeutet das nicht, dass es relevant für jeden ist. Hinzu kommt, dass es gerade Musikliebhabern darum geht, etwas Neues zu entdecken. Dies wird mit den am häufigsten gehörten Songs kaum funktionieren.

Als sehr erfolgreich in der Erstellung von Empfehlungen hat sich die *Assoziationssuche* erwiesen. Allerdings kann sie in Bezug auf ihre Performance »teuer« sein, denn im Prinzip muss das Vorkommen jedes Elements mit dem eines anderen identifiziert werden. Basierend auf einer Arbeit von Agrawal, Imieliński und Swami (1993), die sich auf das Data Mining von großen Datensätzen fokussierte, entstand der *Apriori-Algorithmus*, den wir auch in diesem Kapitel verwenden werden. Dieser Algorithmus ist ein spezieller Ansatz, bei dem selten auftauchende Items ignoriert werden, aber auch die Transaktionen, in denen dieses seltene Item auftaucht. Dadurch wird der Umfang der durchzurechnenden Daten reduziert.

Stellen wir uns einmal vor, dass bei 10 % aller Einkäufe Bier gekauft wird und bei 7 % der Einkäufe Kartoffelchips. Schauen wir uns nur die Bierkäufe an und kommen in diesen Käufen Kartoffelchips auch nur zu 7 % vor, dann gibt es keinen Zusammenhang. Werden aber bei allen Bierkäufen zu 25 % auch Kartoffelchips gekauft, dann scheint es hier eine Assoziation zu geben. Eine Assoziation ist nicht auf zwei Produkte beschränkt; so kann es sein, dass Bier mit Kartoffelchips, Wein und Käsewürfeln assoziiert ist. Diese Assoziationen müssen nicht immer stark sein.

Das Package `arules` enthält eine Implementierung des Apriori-Algorithmus. Wir starten zunächst mit einem ganz einfachen, selbst konstruierten Beispiel, damit Sie alle Berechnungen nachvollziehen können.

9.1.2 Vorbereitung der Daten

Das vorherige Beispiel des Einkaufs wollen wir uns nun im Detail ansehen. Zunächst installieren wir das Package `arules` und laden dann die Library:

```
> install.packages("arules")
> library(arules)
```

Für das erste Beispiel erstellen wir einen einfachen Datensatz mit Einkaufskörben, damit die Ergebnisse besser nachvollziehbar sind; diesen Datensatz finden Sie auf der Website zum Buch, so dass Sie ihn nicht abtippen müssen. Die Warenkörbe:

```
a_list <- list(
# Die Beispiel-Daten, jede Zeile hier ist ein Kassenbon
      c("apfel", "bier", "reis", "huhn"),
      c("apfel", "bier", "reis"),
      c("apfel", "bier"),
      c("apfel", "birne"),
      c("milch", "bier", "reis", "huhn"),
      c("milch", "bier", "reis"),
      c("milch", "bier"),
      c("apfel", "birne")
      )
```

Die Daten müssen nun in ein spezielles Format konvertiert werden:

```
trans <- as(a_list, "transactions")
```

Wollen wir den Inhalt des Objekts ausgeben, dann erhalten wir zunächst eine Beschreibung:

```
> trans
transactions in sparse format with
 8 transactions (rows) and
 6 items (columns)
>
```

Anscheinend existieren aber Zeilen und Spalten, so dass wir es mit der Umwandlung in eine Matrix probieren:

```
> as(trans,"matrix")
     apfel  bier birne  huhn milch  reis
[1,]  TRUE  TRUE FALSE  TRUE FALSE  TRUE
[2,]  TRUE  TRUE FALSE FALSE FALSE  TRUE
[3,]  TRUE  TRUE FALSE FALSE FALSE FALSE
[4,]  TRUE FALSE  TRUE FALSE FALSE FALSE
[5,] FALSE  TRUE FALSE  TRUE  TRUE  TRUE
```

```
[6,] FALSE  TRUE FALSE FALSE  TRUE  TRUE
[7,] FALSE  TRUE FALSE FALSE  TRUE FALSE
[8,]  TRUE FALSE  TRUE FALSE FALSE FALSE
>
```

Für jedes Element wird geschaut, ob es vorhanden ist oder nicht, und das für jeden Einkaufskorb in den Zeilen. Den Inhalt können wir uns mit der Funktion `inspect()` anzeigen lassen:

```
> inspect(trans)
    items
[1] {apfel,bier,huhn,reis}
[2] {apfel,bier,reis}
[3] {apfel,bier}
[4] {apfel,birne}
[5] {bier,huhn,milch,reis}
[6] {bier,milch,reis}
[7] {bier,milch}
[8] {apfel,birne}
>
```

Der Schritt der Umwandlung in das `transactions`-Format wird häufig vergessen; in manchen Fällen müssen Sie auch zunächst überlegen, welche Spalten eines Data Frames sich überhaupt eignen und wie sie transformiert werden können.

9.1.3 Anwendung des Algorithmus

Wir starten den Algorithmus mit dem folgenden Befehl:

```
trans.rules <- apriori(trans, parameter=list(supp=0.01, conf=0.3,
                                             target="rules"))
```

Der Funktion `apriori()` übergeben wir das Objekt `trans`, mit zusätzlichen Parametern. Dies sind die Mindestwerte für *Support* und *Confidence*, die ich im nächsten Abschnitt behandeln werde. Zusätzlich geben wir ein `target` an, in diesem Fall sollen Regeln erstellt werden. Wir erhalten die folgende Ausgabe:

```
Apriori

Parameter specification:
```

```
Algorithmic control:

Absolute minimum support count: 0

set item appearances ...[0 item(s)] done [0.00s].
set transactions ...[6 item(s), 8 transaction(s)] done [0.00s].
sorting and recoding items ... [6 item(s)] done [0.00s].
creating transaction tree ... done [0.00s].
checking subsets of size 1 2 3 4 done [0.00s].
writing ... [52 rule(s)] done [0.00s].
creating S4 object  ... done [0.00s].
```


Mit den gegebenen Parametern wurden 52 Regeln identifiziert. Die Ausgabe ist etwas verwirrend, da sozusagen mehrere Ausgaben stattfinden, wie Abbildung 9.1 zeigt. Wir fokussieren uns auf die erste Ausgabe, wie sie oben abgedruckt ist.

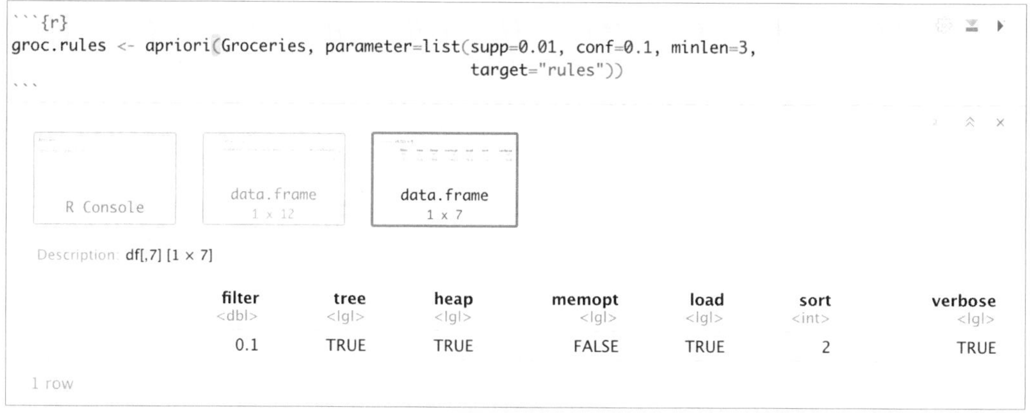

Abbildung 9.1 Die Ausgabe von »apriori« in RStudio

Die Regeln können Sie nun mit

```
inspect(subset(trans.rules))
```

ansehen. Das Ergebnis und die Interpretation finden sich im nächsten Abschnitt.

9.1.4 Interpretationen der Ergebnisse

In Abbildung 9.2 stellt jede Zeile eine Assoziationsregel dar:

	lhs		rhs	support	confidence	coverage	lift	count
	<chr>	<chr>	<chr>	<dbl>	<dbl>	<dbl>	<dbl>	<int>
[1]	{}	=>	{milch}	0.375	0.3750000	1.000	1.000000	3
[2]	{}	=>	{apfel}	0.625	0.6250000	1.000	1.000000	5
[3]	{}	=>	{reis}	0.500	0.5000000	1.000	1.000000	4
[4]	{}	=>	{bier}	0.750	0.7500000	1.000	1.000000	6
[5]	{birne}	=>	{apfel}	0.250	1.0000000	0.250	1.600000	2
[6]	{apfel}	=>	{birne}	0.250	0.4000000	0.625	1.600000	2
[7]	{huhn}	=>	{milch}	0.125	0.5000000	0.250	1.333333	1
[8]	{milch}	=>	{huhn}	0.125	0.3333333	0.375	1.333333	1
[9]	{huhn}	=>	{apfel}	0.125	0.5000000	0.250	0.800000	1
[10]	{huhn}	=>	{reis}	0.250	1.0000000	0.250	2.000000	2

1-10 of 52 rows   Previous 1 2 3 4 5 6 Next

Abbildung 9.2 Die identifizierten Assoziationsregeln

In der fünften Zeile sehen wir die Assoziation von Birne und Apfel. Man könnte diese Regel umgangssprachlich so ausdrücken: Das Auftreten von Birne (*lhs* für *left-hand side*), wenn Apfel (*rhs* für *right-hand side*) auftritt. Eine Regel bedeutet übrigens keine Kausalität (wobei eine Assoziation von Wein und Korkenzieher dies mutmaßen lassen könnte).

Jede Regel kommt mit mehreren Metriken:

- *Support*: Die Anzahl der Transaktionen mit dieser Item-Kombination geteilt durch alle Transaktionen, ungeachtet dessen, ob weitere Items in der Transaktion waren. Die Kombination {Milch,Bier} kommt dreimal vor: einmal allein, zweimal mit anderen Items.
- *Confidence*: Hat nichts mit der Konfidenz zu tun, die wir bereits bei dem Signifikanztest kennengelernt haben. Hier geht es um den Support für das gleichzeitige Auftreten aller Items in einer Regel, bedingt nur durch den Support für das Left-hand-Set. Dies wird so berechnet:

  $$\text{confidence}(X \Rightarrow Y) = \frac{\text{support}(X \cap Y)}{\text{support}(X)}$$

  in dem Beispiel für Apfel => Birne wäre das

  $$\frac{0{,}25}{0{,}625} = 0{,}4$$

  Dies könnte man so ausdrücken: Birnen tauchen in 40 % der Fälle auf, wo auch Äpfel auftauchen.

- *Lift*: Diese Metrik gibt an, wie viel häufiger ein Set auftaucht, als wir erwarten würden, wenn die Items unabhängig voneinander wären. Berechnet wird der Lift wie folgt:

  $$\text{lift}(X \Rightarrow Y) = \frac{\text{support}(X \cap Y)}{\text{support}(X) * \text{support}(Y)}$$

  Am Beispiel Apfel => Birne verdeutlicht:

  $$\frac{0{,}25}{(0{,}625 * 0{,}25)} = 1{,}6$$

  Die Kombination {Apfel, Birne} erscheint 1,6-mal häufiger, als wir erwarten würden, wenn ihr Auftreten unabhängig voneinander wäre.

Diese drei Metriken sind im Zusammenspiel wichtig, denn zum einen möchte man Items-Sets aus den Daten gewinnen (im Englischen *to mine*), die häufig genug auftauchen, dass sie auch geschäftlich sinnvoll sind. Zum andern möchte man eine starke Assoziation sehen, die in der Confidence abgebildet ist. Allerdings kann diese auch irreführend sein, wenn wir uns zum Beispiel die Items Apfel und Bier ansehen. Sie werden häufig zusammen in einen Einkaufskorb gelegt, aber das kann auch einfach daran liegen, dass diese Items generell häufig gekauft werden. Diesen Effekt kann die Metrik *Lift* lindern.

9.1.5 Visualisierung von Assoziationsalgorithmen

Zunächst wollen wir uns nur die Regeln ansehen, die einen besonders hohen Lift haben:

```
> subrules <- head(trans.rules, n = 15, by = "lift")
```

Dann laden wir das Package `arulesViz`, das die Daten aus den Regeln visualisieren kann. Wir wählen die Methode `Graph` (die weiteren Methoden unterschlagen ich hier):

```
> library(arulesViz)
Lade nötiges Paket: grid
Registered S3 method overwritten by 'htmlwidgets':
  method             from
  print.htmlwidget tools:rstudio
Registered S3 method overwritten by 'data.table':
  method             from
  print.data.table

> plot(subrules, method = "graph")
```

Es sollte nun ein Plot angezeigt werden, wie Sie ihn in Abbildung 9.3 sehen.

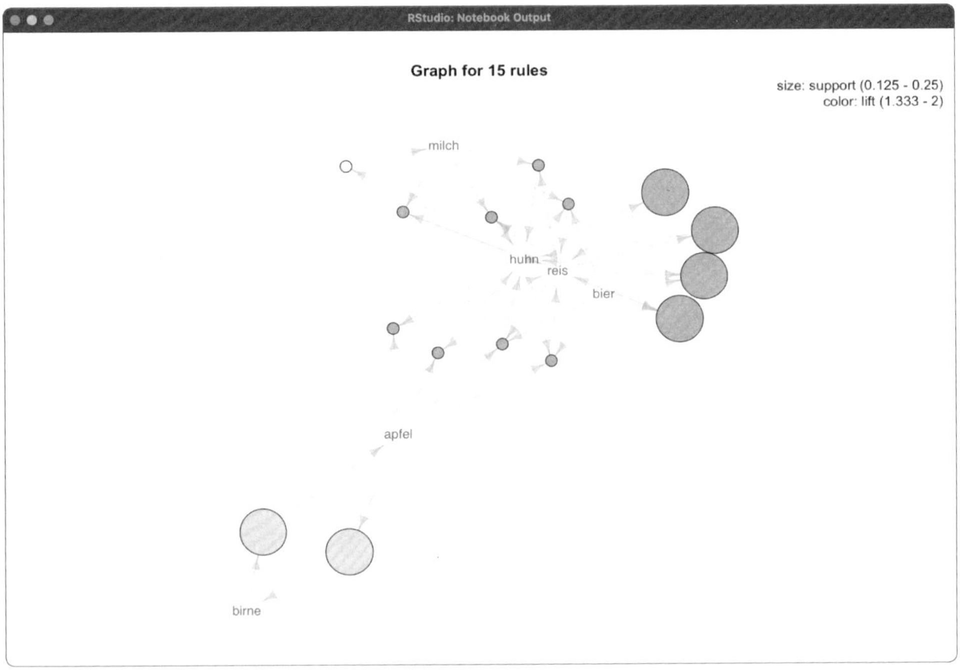

Abbildung 9.3 Die Visualisierung von Assoziationsregeln

Zunächst einmal sehen wir die einzelnen Regeln, die sich aus Items und Verbindungen zusammensetzen. Von einem Item geht ein Pfeil auf einen Kreis, und von dem Kreis auf ein anderes Item. Je dunkler der Kreis, desto höher der Lift. Je größer der Kreis, desto höher der Support. Die Pfeile bestimmen die Richtung, also von *left-hand side* zu *right-hand side*.

Dies ist nur eine von mehreren möglichen Visualisierungen. So besteht auch die Möglichkeit, eine interaktive Visualisierung zu erstellen, bei der die einzelnen Elemente mit Drag and Drop bewegt werden können. Vor allem bei vielen Regeln wird die Visualisierung sehr schnell unübersichtlich.

9.1.6 Association Rules mit dem Datensatz »Groceries«

Wir wollen das Gelernte nun auf einen größeren Datensatz anwenden. Netterweise bringt das Package `apriori` auch einen Beispieldatensatz mit, `Groceries`. Dieser enthält knapp 10000 Transaktionen (Einkaufskörbe oder Kassenbons) und 169 Items (Produkte).

```
data("Groceries")
inspect(head(Groceries))
```

Das Ergebnis sehen Sie in Abbildung 9.4.

	items <chr>
[1]	{citrus fruit,semi-finished bread,margarine,ready soups}
[2]	{tropical fruit,yogurt,coffee}
[3]	{whole milk}
[4]	{pip fruit,yogurt,cream cheese ,meat spreads}
[5]	{other vegetables,whole milk,condensed milk,long life bakery product}
[6]	{whole milk,butter,yogurt,rice,abrasive cleaner}

6 rows

Abbildung 9.4 Items im »Groceries«-Datensatz

Auch hier erstellen wir wieder Assoziationsregeln; es empfiehlt sich, etwas mit den Parametern Support und Confidence zu experimentieren, um interessante Regeln zu gewinnen im Sinne des Data Mining. Gleichzeitig nutzen wir hier einen weiteren Parameter, `minlen`, der die Mindestanzahl von Items in einer Regel definiert, und zwar in diesem Fall drei:

```
groc.rules <- apriori(Groceries, parameter=list(supp=0.01, conf=0.1,
      minlen=3, target="rules"))
Apriori

Parameter specification:

Algorithmic control:

Absolute minimum support count: 98

set item appearances ...[0 item(s)] done [0.00s].
set transactions ...[169 item(s), 9835 transaction(s)] done [0.00s].
sorting and recoding items ... [88 item(s)] done [0.00s].
creating transaction tree ... done [0.00s].
checking subsets of size 1 2 3 4 done [0.00s].
writing ... [96 rule(s)] done [0.00s].
creating S4 object  ... done [0.00s].
```

Hier sind wir bei 96 Regeln, allerdings sind wir auch schon bei einem relativ hohen Support-Wert angesichts der Vielzahl von Produkten. Wir schauen uns die Regeln in Abbildung 9.5 an.

	lhs <chr>	<chr>	rhs <chr>	support <dbl>	confidence <dbl>	coverage <dbl>	lift <dbl>	count <int>
[1]	{curd,yogurt}	=>	{whole milk}	0.01006609	0.5823529	0.01728521	2.279125	99
[2]	{whole milk,curd}	=>	{yogurt}	0.01006609	0.3852140	0.02613116	2.761356	99
[3]	{whole milk,yogurt}	=>	{curd}	0.01006609	0.1796733	0.05602440	3.372304	99
[4]	{pork,other vegetables}	=>	{whole milk}	0.01016777	0.4694836	0.02165735	1.837394	100
[5]	{pork,whole milk}	=>	{other vegetables}	0.01016777	0.4587156	0.02216573	2.370714	100
[6]	{other vegetables,whole milk}	=>	{pork}	0.01016777	0.1358696	0.07483477	2.356750	100
[7]	{other vegetables,butter}	=>	{whole milk}	0.01148958	0.5736041	0.02003050	2.244885	113
[8]	{whole milk,butter}	=>	{other vegetables}	0.01148958	0.4169742	0.02755465	2.154987	113
[9]	{other vegetables,whole milk}	=>	{butter}	0.01148958	0.1535326	0.07483477	2.770630	113
[10]	{other vegetables,domestic eggs}	=>	{whole milk}	0.01230300	0.5525114	0.02226741	2.162336	121

1-10 of 96 rows   Previous 1 2 3 4 5 6 ... 10 Next

Abbildung 9.5 Aus dem »Groceries«-Datensatz erstellte Regeln

Eventuell ist Ihnen bei diesem Datensatz aufgefallen, dass es etwas länger dauern kann, bis die Regeln generiert wurden, was an der Menge der Daten liegt. Erhöhen oder verringern Sie die Werte für Support und Confidence, um ein Gefühl dafür zu erhalten, wie dies die Laufzeit des Algorithmus beeinflusst.

Was können Sie mit den Ergebnissen anfangen? Haben Sie einen E-Commerce-Shop, so könnten Sie passende Produkte zu dem jeweils angezeigten Artikel vorschlagen. Bei einer Website könnten Sie andere Inhalte empfehlen. Es stellt sich dann allerdings die Frage, ob Sie auf die Dauer dann nicht einfach Trampelpfade erstellen, die sich selbst verstärken. Außerdem basieren die Ergebnisse ja auf dem, was die Nutzer tatsächlich schon tun. Vielleicht denken Sie, dass Ihre Nutzer eventuell etwas anderes tun sollten, und schlagen eine andere Option vor?

9.2 k-nearest Neighbours

Bei der Assoziationsanalyse haben wir Items identifiziert, die zusammen gekauft werden. Wir schauen uns nun einen Algorithmus an, der im weitesten Sinne das Gegenteil tut, nämlich uns Ausreißer zeigt, aber auch für eine Klassifikation verwendet werden kann.

9.2.1 Wie der Algorithmus Ausreißer identifiziert

Wir haben die Variable k schon bei dem Verfahren *k-Means* kennengelernt, das ich Ihnen in Abschnitt 7.2, »k-Means«, vorgestellt habe. Allerdings hat k hier eine etwas andere Bedeutung, denn hier steht k nicht für die Anzahl der Cluster, sondern für die Anzahl der nächsten Nachbarn (übrigens abgekürzt als *kNN*). Diese Anzahl Nachbarn k soll uns helfen, die Ähnlichkeit oder auch Unähnlichkeit von Elementen zu identifizieren.

In Abbildung 9.6 sehen Sie sieben Datenpunkte, und offensichtlich sind sich die Datenpunkte 1 bis 3 und die Datenpunkte 4 bis 6 am nächsten. Datenpunkt 7 ist weiter entfernt von allen Datenpunkten. Wählen wir k = 2, also die zwei nächsten Nachbarn, dann hätte Datenpunkt 7 zwar noch zwei nächste Nachbarn, 3 und 5, aber keiner der Datenpunkte würde Datenpunkt 7 als nächsten Nachbarn identifizieren. Datenpunkt 7 ist also ganz offensichtlich ein Ausreißer.

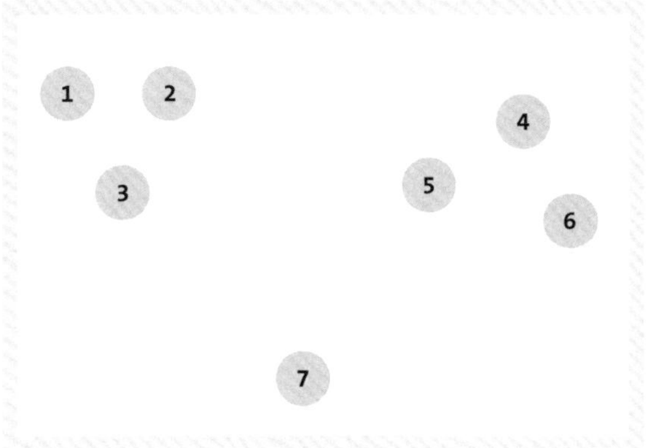

Abbildung 9.6 Mit k = 2 wird Datenpunkt 7 nicht als nächster Nachbar identifiziert.

Wählen wir aber k = 3, dann wäre Datenpunkt 7 für mehr seiner Nachbarn auch ein nächster Nachbar. Datenpunkt 5 zum Beispiel hätte die Datenpunkte 4, 6 und 7 als nächste Nachbarn.

Da dies ein sehr abstraktes Beispiel ist, ergibt es Sinn, sich die Wirkungsweise noch einmal mit einem realitätsnahen Datensatz anzusehen. Dazu nutzen wir den Datensatz mit den Schulkindern und Lehrkräften, hier zunächst einmal nur das Alter, allerdings mit einer kleinen Änderung: Das älteste »Schulkind«, das bisher 20 Jahre alt war, habe ich noch zwei Jahre älter gemacht, so dass diese Person nun 22 Jahre alt ist.

```
ages <- c(14, 11, 11, 18, 17, 13, 15, 14, 12, 19, 12, 19, 19, 13, 16,
22, 11, 11, 18, 13, 42, 37, 42, 41, 39)
```

Wir nutzen eine Library namens `dbscan`, die wir aber nicht laden, sondern aus der wir nur die Funktion `kNN()` nutzen und mit `k=5` die nächsten Nachbarn ausgeben. `kNN()` benötigt eine Matrix, so dass wir unseren Vektor einmal transformieren müssen:

```
> nachbarn <- dbscan::kNN(as.matrix(ages), k=5)
```

Der Output ist etwas länger, zunächst werden uns die Datenpunkte der Nachbarn für jedes Schulmitglied angezeigt:

```
> nachbarn$id
      1  2  3  4  5
 [1,]  8  6 14 20  7
 [2,]  3 17 18 11  9
 [3,]  2 17 18 11  9
 [4,] 19  5 13 12 10
 [5,] 19 15  4  7 13
 [6,] 14 20  8  1 11
 [7,] 15  8  1  5  6
 [8,]  1  6 14 20  7
 [9,] 11  2  3 17 18
[10,] 13 12 19  4  5
[11,]  9  2  3 17 18
[12,] 13 10 19  4  5
[13,] 12 10 19  4  5
[14,]  6 20  8  1 11
[15,]  7  5 19  4  8
[16,] 13 12 10 19  4
[17,]  2  3 18 11  9
[18,]  2  3 17 11  9
[19,]  4  5 13 12 10
[20,]  6 14  8  1 11
[21,] 23 24 25 22 16
[22,] 25 24 21 23 16
[23,] 21 24 25 22 16
[24,] 21 23 25 22 16
[25,] 22 24 21 23 16
```

Danach werden die jeweiligen Distanzen der Datenpunkte zu ihren Nachbarn ausgegeben:

```
> nachbarn$dist
     1 2 3 4  5
 [1,] 0 1 1 1  1
 [2,] 0 0 0 1  1
 [3,] 0 0 0 1  1
```

```
 [4,] 0 1 1 1  1
 [5,] 1 1 1 2  2
 [6,] 0 0 1 1  1
 [7,] 1 1 1 2  2
 [8,] 0 1 1 1  1
 [9,] 0 1 1 1  1
[10,] 0 0 1 1  2
[11,] 0 1 1 1  1
[12,] 0 0 1 1  2
[13,] 0 0 1 1  2
[14,] 0 0 1 1  1
[15,] 1 1 2 2  2
[16,] 3 3 3 4  4
[17,] 0 0 0 1  1
[18,] 0 0 0 1  1
[19,] 0 1 1 1  1
[20,] 0 0 1 1  1
[21,] 0 1 3 5 20
[22,] 2 4 5 5 15
[23,] 0 1 3 5 20
[24,] 1 1 2 4 19
[25,] 2 2 3 3 17
```

Hier können wir bereits eine spannende Beobachtung machen, nämlich dass bei den letzten 5 Datenpunkten, bei den Lehrkräften, jeweils ein Nachbar viel weiter weg ist als die anderen Nachbarn. Und wie wir bereits wissen, ist das kein Wunder, denn da es nur 5 Lehrkräfte gibt, kann jede Lehrkraft nur 4 Nachbarn haben, die auch eine Lehrkraft sind – der 5. Nachbar muss demnach ein Schulkind sein. Und wie es der Zufall will, ist das »Schulkind«, das 22 Jahre alt ist. Auch zuvor, wäre die Person noch 20 Jahre alt, wäre er der fünftnächste Nachbar gewesen. Aber schauen wir auch noch in seine Reihe, dann sehen wir, dass er dort auch einen höheren Abstand zu den anderen Schulkindern hat.

Nun wollen wir einmal schauen, wer hier keinen Nachbarn hat bei einem `k=3`:

```
my_k <- 3
nachbarn <- dbscan::kNN(as.matrix(ages), k=my_k)
nachbarn <- nachbarn$id
nachbarn <- unlist(as.list(nachbarn))
nachbarn <- unique(nachbarn[1:(25*my_k)])
length(nachbarn)
[1] 24
```

Wir haben 24 Elemente in der Liste, allerdings gibt es 25 in unserem ages-Vektor. Ein Element scheint keinen Nachbarn zu haben:

```
element <- 1:length(ages)
(ausreisser <- element[which(!element %in% nachbarn)])
[1] 16
```

Datenpunkt 16 hatten wir schon vorher als Ausreißer identifiziert.

Denken Sie noch einmal zurück an das hierarchische Clustering. Dort hatten wir eine Distanzmatrix aufgebaut, in der die Entfernung von jedem Punkt zu einem anderen Punkt berechnet wurde. Nun haben wir nicht die Entfernungen untereinander berechnet, sondern welche k Nachbarn am nächsten zu jedem Datenpunkt sind. Ist k = 3, dann werden für jeden Datenpunkt einfach die drei nächsten Datenpunkte bestimmt, falls k = 4 ... nun ja, Sie verstehen das Prinzip.

Wunderbarerweise können wir auch gleich noch etwas anwenden von dem, was wir bei dem hierarchischen Clustering gelernt hatten: Haben wir Variablen, die sich in ihrer Spanne stark unterscheiden (zum Beispiel Alter versus Größe in Metern), so müssen die Daten zunächst skaliert werden. Darauf haben wir hier verzichtet, denn wir haben ja nur das Alter genutzt.

9.2.2 Wer ist denn jetzt am weitesten draußen von allen?

Denken wir nun noch einen Schritt weiter. Wir sehen bisher, je nachdem wie wir k gewählt haben, ob es einen oder mehrere Nachbarn gibt, die weiter rausfallen in Bezug auf alle Nachbarschaften. Aber was, wenn wir wissen wollen, in einer einzigen Zahl zusammengefasst, wer die Schulmitglieder sind, die am weitesten rausfallen? Genau das erledigt der Ansatz des *Local Outlier Factors* für uns. Dabei wird berechnet, wie weit ein Nachbar von seinen Nachbarn entfernt ist mit Bezug darauf, wie weit diese Nachbarn jeweils wiederum von ihren Nachbarn entfernt sind. Schauen wir noch einmal auf Abbildung 9.6: Datenpunkt 7 ist näher an Datenpunkt 5 als an Datenpunkt 3. Datenpunkt 3 und 5 haben zudem eine größere Distanz zueinander als Datenpunkt 7 zu beiden. Und obwohl Datenpunkt 7 nicht die weiteste Entfernung zu anderen Datenpunkten hat, wird dieser Datenpunkt als Outlier ermittelt. Denn die anderen Datenpunkte, die zwar weitere Distanzen zueinander haben, verfügen zumindest lokal über nahe Distanzen, anders als Datenpunkt 7.

Übertragen wir dies einmal auf die akademische Welt: Schreibe ich einen wissenschaftlichen Artikel in der Informationswissenschaft und werde dann von einem Wissenschaftler zitiert, der selbst häufig zitiert wurde, so gereicht dies meiner akademischen

Karriere zum Vorteil. Allerdings bringt mich ein Zitat von einem bedeutenden Wissenschaftler wahrscheinlich nicht lange weiter, denn dieser bedeutende Wissenschaftler wird andere bedeutende Wissenschaftler wahrscheinlich viel häufiger zitieren und auch von denen zitiert werden. Ich hätte zwar eine gewisse Nähe zu dem einen Wissenschaftler, aber nicht zu seiner Community, die sich gegenseitig häufiger zitiert.

Aus diesen Überlegungen heraus entsteht mit dem *Local Outlier Factor* eine einzige Zahl. Wir nutzen hier die Library `Rlof`:

```
library(Rlof)
```

Diese enthält die Funktion `lof()`, der wir den Datensatz übergeben, dann k, hier in einem Vektor, so dass ich den Local Outlier Factor für verschiedene k ausrechnen lassen kann, und zum Schluss die Anzahl der Kerne, die ich für die Berechnung verwenden will. Denn wenn wir sehr viele Datenpunkte haben und sehr viele Variablen, dann wird kNN sehr rechenintensiv. Das Ergebnis ist eine Tabelle mit den jeweiligen Datenpunkten (Schulmitgliedern) in den Zeilen und den LOFs je k in den Spalten:

```
lof(ages,c(3:8),cores=2)
```

```
                3         4         5         6         7         8
 [1,] 0.9500000 1.0600000 1.0600000 1.0559896 1.0701823 1.0566277
 [2,]       NaN 1.0000000 1.0000000 1.1588542 0.9692708 0.9520833
 [3,]       NaN 1.0000000 1.0000000 1.1588542 0.9692708 0.9520833
 [4,] 0.9500000 1.0600000 1.0850000 0.9840686 1.0019225 1.2129188
 [5,] 1.1555556 1.4081633 0.9965986 0.9887755 1.0019225 1.1024279
 [6,] 1.0000000 0.9444444 0.9444444 0.9031339 0.9686321 0.9815427
 [7,] 1.1555556 1.4081633 1.4081633 1.2550097 1.0151561 1.1444446
 [8,] 0.9500000 1.0600000 1.0600000 1.0559896 1.0701823 1.0566277
 [9,]       Inf 1.0000000 1.0000000 0.9754464 1.0474330 1.0290179
[10,] 1.0000000 0.9166667 0.9422222 1.0957110 1.0719388 1.1091010
[11,]       Inf 1.0000000 1.0000000 0.9754464 1.0474330 1.0290179
[12,] 1.0000000 0.9166667 0.9422222 1.0957110 1.0719388 1.1091010
[13,] 1.0000000 0.9166667 0.9422222 1.0957110 1.0719388 1.1091010
[14,] 1.0000000 0.9444444 0.9444444 0.9031339 0.9686321 0.9815427
[15,] 1.5277778 1.5000000 1.3148148 0.9808446 1.1157526 1.1741998
[16,] 3.0000000 3.1733333 2.0305556 1.3821895 1.3360248 1.2960860
[17,]       NaN 1.0000000 1.0000000 1.1588542 0.9692708 0.9520833
[18,]       NaN 1.0000000 1.0000000 1.1588542 0.9692708 0.9520833
[19,] 0.9500000 1.0600000 1.0850000 0.9840686 1.0019225 1.2129188
[20,] 1.0000000 0.9444444 0.9444444 0.9031339 0.9686321 0.9815427
```

```
[21,] 0.9031339 0.9597953 1.8705882 4.0758930 3.6467428 3.0413984
[22,] 1.4779647 0.9597953 1.8705882 3.7095360 3.3178117 2.7652590
[23,] 0.9031339 0.9597953 1.8705882 4.0758930 3.6467428 3.0413984
[24,] 1.0576923 1.0309598 1.8705882 4.0026216 3.5809566 2.9861705
[25,] 1.0713848 1.1021242 1.8705882 3.8560788 3.4493842 2.8757147
```

Das Ergebnis ist wenig überraschend: Mit k bis einschließlich 4 ist das Schulkind mit der Nummer 16 der Datenpunkt mit dem höchsten Wert, gefolgt von den Lehrkräften. Ab k = 5 werden die Lehrkräfte zu den Datenpunkten mit den höchsten Werten, was kein Wunder ist, denn nun sind mindestens zwei Schulkinder dabei, so dass eine höhere Distanz entsteht. Die Person mit der Nummer 16 hingegen fällt nicht mehr so heraus wie zuvor.

9.2.3 kNN als Klassifikator

Nachdem wir uns angesehen haben, wie kNN Ausreißer identifiziert, betrachten wir nun, wie Sie seine Funktionsweise für eine Klassifikation nutzen können. Hier bestimmen die Nachbarn eines Datenpunktes, zu welcher Klasse dieser gehört. Wenn wir an unser Beispiel mit der Schule zurückdenken, dann könnten wir anhand der Nachbarn bei einem niedrigen k anhand des Alters relativ treffsicher vorhersagen, ob ein Datenpunkt zu einer Lehrkraft oder zu einem Schulkind gehört. Je größer k allerdings wird, je mehr Schulkinder sozusagen Nachbarn einer Lehrkraft werden, desto schneller wird eine Lehrkraft auch zum Schulkind »gewählt«. Wir können daraus schließen, dass eine Class Imbalance, wie sie hier vorliegt, ein Problem für den Algorithmus darstellt.

Daher nutzen wir einen neuen Datensatz, in dem es um die Vorhersage von Kreditrisiken geht (Dua und Graff 2019).[1] Ich habe den Datensatz für Sie aufbereitet, da die ursprüngliche Formatierung etwas umständlich war; meine Version finden Sie auf der Website zum Buch. Die vorhandenen Variablen sind:

- `ergebnis` (die Target-Variable, 1 für gutes Risiko, 2 für schlechtes Risiko)
- `kontostand` (kategorial)
- `dauer` (der Kreditlaufzeit)
- `kredithistorie` (kategorial
- `zweck` (des Kredits, kategorial)
- `kreditbetrag`

1 Den Original-Datensatz finden Sie unter: *https://archive.ics.uci.edu/ml/datasets/Statlog+%28German+Credit+Data%29*.

- `ersparnisse` (kategorial)
- `beschaeftigt_seit` (kategorial)
- `rate_vs_einkommen` (prozentualer Anteil der Rate an dem verfügbaren Einkommen, wahrscheinlich auf das Jahreseinkommen gerechnet)
- `geschlecht` (kategorial)
- `mitschuldner` (Anzahl der Kreditantragsteller für diesen Kredit beziehungsweise Bürgen)
- `meldeadresse_seit` (Anzahl Jahre)
- `vermoegen` (kategorial)
- `alter`
- `verpflichtungen` (kategorial)
- `wohnung` (kategorial)
- `bestehende_kredite` (Anzahl)
- `job` (kategorial)
- `unterhaltspflichtig` (Anzahl der Menschen, gegenüber denen der Kreditantragsteller unterhaltspflichtig ist)
- `telefon` (kategorial)
- `status` (kategorial)

Eine weitere Variable, Gastarbeiter ja oder nein, habe ich aus offensichtlichen Gründen nicht übernommen, sie spielte sowieso keine Rolle. Im Original-Datensatz waren außerdem Status und Geschlecht in einer Variablen zusammengefasst, wobei bei Männern unterschieden wurde zwischen verheiratet/verwitwet oder geschieden oder Single, bei Frauen nur zwischen Single oder verheiratet/verwitwet/geschieden. Anscheinend spielt es in diesem Datensatz für Männer eine größere Rolle, ob sie geschieden sind oder nicht, im Vergleich zu den Frauen.

Wir erstellen Dummy-Variablen wegen unserer kategorialen Features und skalieren dann die Werte:

```
library(caret)
ergebnis <- credit_data$ergebnis
credit_data <- credit_data %>%
  select(-ergebnis)
dummies <- dummyVars(~ ., data = credit_data, fullRank = T)
credit_dummy.data <- data.frame(predict(dummies,
  newdata = credit_data))
credit_dummy.data.scaled <- scale(credit_dummy.data)
```

Zum Schluss fügen wir die Target-Variablen wieder zum Datensatz hinzu:

```
credit_data_final <- as.data.frame(cbind(ergebnis,
      credit_dummy.data.scaled))
```

Im nächsten Schritt erstellen wir Trainings- und Testdaten:

```
set.seed(3456)
trainIndex <- createDataPartition(credit_data_final$ergebnis,
      p = .8,
      list = FALSE,
      times = 1)
creditTrain <- credit_data_final[ trainIndex,]
creditTest  <- credit_data_final[-trainIndex,]
train.labels <- creditTrain[,1]
test.labels <- creditTest[,1]
creditTrain <- creditTrain[,-1]
creditTest <- creditTest[,-1]
```

Für die Klassifikation nutzen wir die Library CLASS:

```
Install.packages("CLASS")
library(class)
```

Die Funktion knn für die Klassifikation erhält als zusätzliche Parameter die Probability, da wir wissen wollen, was die Wahrscheinlichkeit einer Klasse ist. Außerdem spezifizieren wir, dass wir mit k = 4 starten wollen:

```
knn_results <- knn(train = creditTrain, test = creditTest,
      cl = train.labels, prob = T, k = 4)
```

Wir fügen die Ergebnisse zusammen mit den Labels und erstellen eine Konfusionsmatrix:

```
comp <- cbind(knn_results, test.labels)
xtab <- table(knn_results, test.labels)
confusionMatrix(xtab)

Confusion Matrix and Statistics
```

```
          test.labels
knn_results   1   2
          1 128  52
          2  12   8

               Accuracy : 0.68
                 95% CI : (0.6105, 0.744)
    No Information Rate : 0.7
    P-Value [Acc > NIR] : 0.7579

                  Kappa : 0.0588

 Mcnemar's Test P-Value : 1.088e-06

            Sensitivity : 0.9143
            Specificity : 0.1333
         Pos Pred Value : 0.7111
         Neg Pred Value : 0.4000
             Prevalence : 0.7000
         Detection Rate : 0.6400
   Detection Prevalence : 0.9000
      Balanced Accuracy : 0.5238

       'Positive' Class : 1
```

Wir sehen sofort, dass die Ergebnisse nicht gut sind (allerdings haben wir hier bisher auch kein bisschen optimiert, und besonders viele Daten waren das nun auch nicht). Wir haben einen sehr guten Wert bei der Sensitivität, das heißt, wir haben fast alle Kredite, die vollständig zurückgezahlt wurden, auch als solche erkannt. Leider haben wir bei der Spezifität ein großes Problem: Wir haben fast alle Kredite, bei denen es Probleme gab, falsch erkannt. Für eine Bank wäre das ein katastrophales Ergebnis, da sie mit den Gebühren für die funktionierenden Kredite sehr wahrscheinlich die ausgefallenen Kredite nicht würde kompensieren können.

9.2.4 LOF zur Analyse der Fehlklassifikationen

Die Frage ist, ob wir mithilfe des *Local Outlier Factors* erkennen können, was hier schiefgelaufen ist. Wieder nutzen wir die Funktion `lof()` aus der Rlof-Library und berechnen den LOF für k = 4 und 5. Danach fügen wir die Ergebnisse mit den ursprünglichen Daten zusammen:

```
credit_lof <- lof(knn_results_full[,3:47],k=c(4:5),cores=2)
lof_comp <- cbind(credit_lof,knn_results_full)
```

Wir lassen uns nur die ersten sechs Ergebnisse anzeigen:

```
> lof_comp[1:4] %>%
+     arrange(desc(`5`)) %>%
+     head()

           4        5 knn_results test.labels
814 2.111263 2.018506           1           2
216 1.906556 1.955661           1           1
204 1.650821 1.745769           1           2
28  1.444221 1.439785           1           1
614 1.403959 1.407212           2           1
434 1.363386 1.387890           2           1
```

Allein hier sind 4 von 6 Zeilen falsch klassifiziert worden. Können wir hier etwas erkennen? Datenpunkt 814 ist ein Local Outlier, bei dem davon ausgegangen wurde, dass das Kreditrisiko niedrig ist. Allerdings bezieht sich die `814` auf die Zeile im Original-Datensatz, im Test-Datensatz haben wir ja nur 200 Zeilen. Sie finden im Notebook zu diesem Kapitel den Code, wie ich es gelöst habe, dass ich sowohl die Zeilennummer innerhalb des Testsets als auch die Original-Zeilennummer verwenden kann. Die *k-nearest neighbours* von Datenpunkt 814 sind:

```
[164,]  131   14  107  113   57
```

Die dazugehörigen Distanzen sind (ich füge ein paar Zeilen davor und dahinter dazu, damit Sie das Ergebnis einordnen können):

```
[162,]  3.339714  4.845647  4.900050  5.539611  5.653733
[163,]  6.336134  6.881541  8.536416  8.774809  8.928773
[164,] 10.193999 10.283622 10.358182 10.495790 10.613166
[165,]  6.190849  6.695545  6.958399  7.369571  7.470682
[166,]  2.679490  4.544855  5.303552  5.556646  5.621172
[167,]  4.466456  6.067669  6.093922  6.113247  6.439973
```

Anscheinend ist dieser Datenpunkt 164 anders als seine Nachbarn. Schauen wir uns die Unterschiede in den Merkmalen im Datensatz an, so fällt Folgendes auf:

- Der Kunde hat als Zweck ein Haushaltsgerät angegeben, was eher selten ist.
- Die Rate in Bezug auf das Einkommen ist etwas höher als die des Durchschnitts.
- Der Kunde war älter als der Durchschnitt.

Alle anderen Variablen scheinen gleich zu sein. Es ist also nicht ganz überraschend, dass der Algorithmus hier versagt hat.

Wir könnten kNN auch vor dem Training nutzen und die Daten aussortieren, die Ausreißer darstellen. Dies sollten Sie aber nicht als Empfehlung verstehen.

Kapitel 10
Workflows und Werkzeuge

In diesem Kapitel geht es um alles, was nichts mit der Analyse und Modellierung zu tun hat, aber in vielen Data-Science-Projekten unerlässlich ist: Von der Organisation des Codes über die Analyse großer Datenmengen bis zur Bereitstellung von interaktiven Applikationen.

10.1 Versionierung mit Git

Die Organisation und Speicherung von Code ist nicht nur für die gemeinsame Arbeit im Team wichtig. *Git* hat sich hier zum derzeit populärsten Werkzeug für die Versionierung von Software entwickelt.

10.1.1 Warum Versionierung?

Stellen Sie sich vor, dass Sie an einem neuen Projekt arbeiten. Sie schreiben Ihren Code, alles funktioniert wunderbar, der Code läuft durch, und Sie sind sehr zufrieden. Sie haben noch eine Idee, probieren sie aus, doch leider funktioniert das Programm nun nicht mehr. Kein Problem, denken Sie sich, erst mal ein Kaffee, um wieder wach zu werden, dann ruft noch jemand an, bringt Sie komplett raus, und wenn Sie sich wieder an den Rechner setzen, dann wissen Sie nicht mehr, wie der alte Code funktionierte. Natürlich können Sie versuchen, mit `Strg`+`Z` (oder was auch immer Ihre Eingaben rückgängig macht) den alten Code wiederherzustellen, aber leider funktioniert es nicht. Sie ärgern sich. Hätten Sie doch Ihren alten funktionierenden Code so gespeichert, dass Sie auf diese frühere Version zurückgreifen können ...

Und genau das leistet eine Versionierung. Sie speichern Versionen Ihres Codes in einem *Repository*, auch *Klon* genannt, so dass Sie zu einem späteren Zeitpunkt wieder auf ältere Versionen zurückgreifen können. Das erfordert natürlich, dass Sie genau im richtigen Moment innehalten und Ihren Stand »committen«, wie es in der Welt der Versionierung heißt. Ein *Commit* ist dann eine Version. Aber mit etwas Übung (um nicht zu schreiben: nach einigen schlimmen Erfahrungen ohne Versionierung) ist dies kein Problem mehr. Ebenso wie bei der Kommentierung von Code gilt: Spätestens nach ein paar Wochen haben Sie vergessen, was Sie mal in Ihrem Code angestellt haben, und dann ist es immer gut, wenn Sie sich sozusagen »zurückbeamen« können zu einer früheren Version. Natürlich können Sie das auch lösen, indem Sie verschiedene Versionen Ihrer Dateien abspeichern. Glückwunsch, wenn Sie so gut organisiert sind, bei den meisten sehe ich aber eher Dateinamen wie *toller-code-final-final2.R*.

Noch mehr Vorteile bringt eine Versionsverwaltung für die Arbeit in einem Entwicklungsteam. Denn so können zwei Leute an derselben Codebasis arbeiten und ihre Ergebnisse zu einem späteren Zeitpunkt *mergen* und daraus eine Version erstellen.

10.1.2 Git, GitHub und GitLab

Sehr wahrscheinlich haben Sie schon von Linux gehört, dem nach UNIX konzipierten freien Betriebssystem, das in den 90er-Jahren von dem Studenten Linus Torvalds initiiert wurde. Dieser Linus Torvalds hat sich nach seiner Innovation nicht einfach zur Ruhe gesetzt, sondern Git erfunden, da für die Weiterentwicklung von Linux das bisherige verteilte System zur Versionsverwaltung des Codes nicht mehr genutzt werden konnte und damals existierende Alternativen wie zum Beispiel CVS (Concurrent Versions System) nicht in Frage kamen. Ebenso wie Linux ist Git eine freie Software. Git bedeutet übrigens so viel wie »Blödmann«, und Linus soll einmal gesagt haben, dass er seine Projekte immer nach sich selbst benennt, erst Linux, dann Git.

Wie viele Linux-Werkzeuge ist auch Git ein kommandozeilenbasiertes Werkzeug, das auf Ihrem Rechner installiert wird. Arbeiten Sie mit anderen Entwicklern und Entwicklerinnen zusammen an einem Projekt, so wird das komplette Repository dieses Projekts auf Ihrem Rechner abgelegt, auch wenn Sie nur an einem Teil arbeiten. Dies ist ein Grundprinzip von Git, denn Git kommt ohne irgendwelche Serverstrukturen aus und nutzt stattdessen die Verteilung auf verschiedenen Rechnern (sofern Sie nicht allein an einem Projekt auf Ihrem Rechner arbeiten). Git bietet sogar ein eigenes Protokoll, um Repositories zwischen verschiedenen Rechnern abzugleichen.

Das ist aber nicht für jeden Zweck die optimale Lösung. Wenn Sie zum Beispiel allein arbeiten, was, wenn Ihr Rechner defekt ist und Ihr Backup leider auch nicht richtig funktioniert hat? Offensichtlich kann in solchen Fällen eine Speicherung auf einem Server helfen. Und genau das (und noch viel mehr) bieten GitHub und GitLab.

GitHub ist ein kommerzieller Service, der eine netzbasierte Versionsverwaltung auf Basis von Git bietet. Entwicklerinnen und Entwickler können ihren Code auf GitHub veröffentlichen und mit anderen Entwicklern, aber auch Nutzern zusammenarbeiten. Nutzer können zum Beispiel Fehler melden, andere Entwickler können einen eigenen *Branch*, sozusagen eine parallele Codebasis, erstellen, diese weiterentwickeln und später dem Hauptentwickler oder der Hauptentwicklerin für eine Integration zur Verfügung stellen. Somit wird GitHub fast schon zu einem sozialen Netzwerk für Entwickler. Seit Mitte 2018 gehört GitHub zum Microsoft-Konzern.

GitLab ist ein nicht kommerzieller Service, der auf eigenen Servern installiert wird. Dies ist vor allem für Unternehmen spannend, die ihren Code nicht auf fremden Servern gespeichert wissen wollen. Viele Funktionalitäten, die GitHub bietet, sind auch in GitLab vorhanden, allerdings liegt der Fokus von GitLab eher auf die Vereinfachung von DevOps-Prozessen.

10.1.3 Basisbefehle

Ein häufiger Witz unter Data Scientists (und auch Programmierern) ist, dass niemand Git wirklich versteht, weil alle nur die Basisbefehle beherrschen. Tatsächlich kommt man mit diesen schon sehr weit, und wenn man die anderen Befehle nur selten nutzt, dann vergisst man auch sehr schnell wieder, wie sie funktionieren. Auch hier gibt es keine komplette Einführung in Git, sondern nur die Befehle, die Sie zum Überleben benötigen, aber ein sehr gutes kostenloses Buch zu Git im Kontext mit R finden Sie online, es heißt »Happy Git with R« und ist unter *https://happygitwithr.com* zu finden.

Einige Befehle haben Sie sogar schon kennengelernt, und zwar im ersten Abschnitt:

- `commit`
- `pull`
- `push`
- `merge`

Zum besseren Verständnis der Befehle werde ich hier den typischen Ablauf in der Arbeit mit Git verdeutlichen. Mit

```
git init
```

wird in einem Arbeitsbereich, zum Beispiel dem Verzeichnis eines Projekts, ein neues leeres Repository angelegt. Um ein bereits bestehendes Repository zu klonen, also zum Beispiel von einem anderen Rechner, von GitHub oder von GitLab auf Ihre Festplatte zu bekommen, geben Sie den folgenden Befehl ein:

```
git clone ADRESSE_DES_REPOSITORIES
```

Egal, ob Sie nun mit einem leeren Repository beginnen oder eines geklont haben, wenn Sie nun Dateien hinzufügen oder ändern, dann wollen Sie diese Änderungen zu irgendeinem Zeitpunkt in einen Commit zusammenfassen. Dies geschieht mit dem Befehl

```
git add
```

Natürlich können Sie auch nur einen Teil der Dateien zu dem Repository hinzufügen, indem Sie hinter `git add` die Dateinamen der Dateien angeben. Mit dem Befehl

```
git status
```

sehen Sie nun, welche Dateien bereits hinzugefügt wurden und welche nicht. Haben Sie alle gewünschten Dateien hinzugefügt, können Sie nun den ersten Commit starten mit dem folgenden Befehl:

```
git commit -m "[Ein intelligenter Kommentar]"
```

Zu dem Kommentar schreibe ich später mehr. Nun ist der Commit in Ihrem Repository, muss aber gegebenenfalls noch mit einem anderen Repository synchronisiert werden, zum Beispiel auf GitLab oder GitHub:

```
git push origin main
```

`origin` bezeichnet dabei das Repository, aus dem Sie geklont haben, ansonsten ist es der Name des entfernten Servers. Zusätzlich wird der *Branch* angegeben, in diesem Fall `main`. Ein Branch ist eine Entwicklungslinie, was bedeutet, dass zwei Personen vielleicht an zwei verschiedenen Versionen entwickeln, die erst zu einem späteren Zeitpunkt per Merge zusammengeführt werden sollen. In diesem Beispiel wird aber keine neue Verzweigung erstellt, sondern in die Hauptlinie `main` eine neue Version erstellt.

Es sollen noch ein paar weitere Befehle erläutert werden:

- Der Befehl `fetch` holt Änderungen aus einem entfernten Repository, in diesem Fall werden sie aber nicht auf den eigenen Code angewandt.
- `merge` hingegen synchronisiert Änderungen, die per `fetch` geholt werden, mit dem eigenen Code. Sollte es dabei Probleme geben, dann erscheint eine Fehlermeldung.
- Der Befehl `pull` führt sowohl `fetch` als auch `merge` aus.

Kommt es zu Fehlern bei einem Merge, so müssen die in der Fehlermeldung genannten Probleme zunächst einmal gelöst werden. Es kann zum Beispiel sein, dass zwei Beteiligte unterschiedliche Änderungen an derselben Datei vorgenommen haben. Dann muss entschieden werden, welche Version beibehalten werden soll, oder es müssen Änderungen in den Dateien vorgenommen werden.

10.1.4 Integration in RStudio

Der einfachste Weg, mit R und Git beziehungsweise GitHub zu arbeiten, ist die Integration von Git in RStudio. Hier muss in der Regel nichts mehr in der Kommandozeile eingegeben werden, RStudio übernimmt fast alle Details für Sie. Etwas Konfigurationsarbeit ist dennoch notwendig.

Für den sicheren Datenaustausch von Ihrem Rechner zu GitHub und zurück ist die Verwendung von sogenannten *SSH-Keys* die beste Methode. Die frühere Möglichkeit, mit Passwörtern zu arbeiten, hat GitHub im Laufe des Jahres 2021 abgeschafft. SSH steht für *Secure Shell*, und bei der SSH-Key-Methode werden zwei Schlüssel angelegt, ein privater und ein öffentlicher, durch die sich ein Rechner bei dem anderen authentifizieren kann. Zunächst muss ein Schlüssel erstellt werden. Dies geht in RStudio unter Tools • Global Options • Git/SVN. Hier können Sie einen SSH RSA Key anlegen, sofern noch keiner vorhanden ist.

In GitHub klicken Sie auf Profil • Settings/Einstellungen und dann auf SSH and GPG Keys (siehe Abbildung 10.1). Hier können Sie Ihren soeben erstellen SSH-Key einfügen. Einer sicheren Verbindung zwischen Ihrem Rechner und GitHub steht nunmehr nichts mehr im Wege.

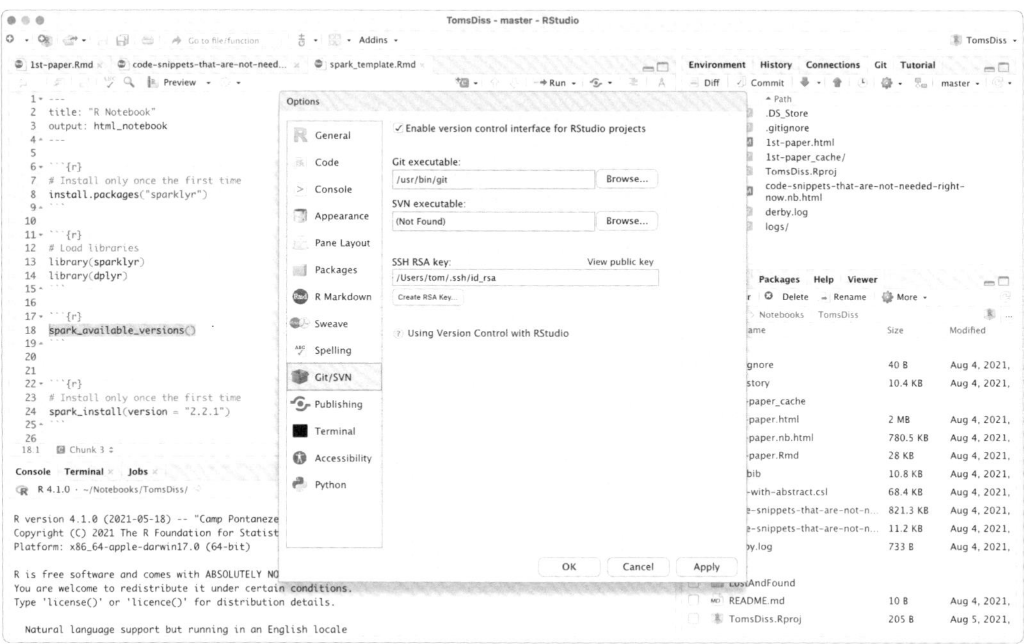

Abbildung 10.1 Anlegen eines SSH-Keys in RStudio

Danach legen Sie zuerst ein Repository in GitHub an und erstellen gleichzeitig eine README-Datei (siehe Abbildung 10.2). Dies können Sie einfach tun, indem Sie die jeweilige Schaltfläche auswählen. Außerdem können Sie wählen, ob Ihr Repository öffentlich oder privat sein soll. Zu dem Zeitpunkt des Verfassens dieses Manuskripts ist es nur dann möglich, ein Repository privat zu halten, wenn man dafür eine geringe monatliche Gebühr zahlt oder wenn Sie andere Anforderungen erfüllen, zum Beispiel Open-Source-Software bereitstellen. Klicken Sie auf CREATE REPOSITORY, und schon ist Ihr erstes Codelager erstellt. Doch wie kommt dieses Repository nun auf Ihre Festplatte und in RStudio?

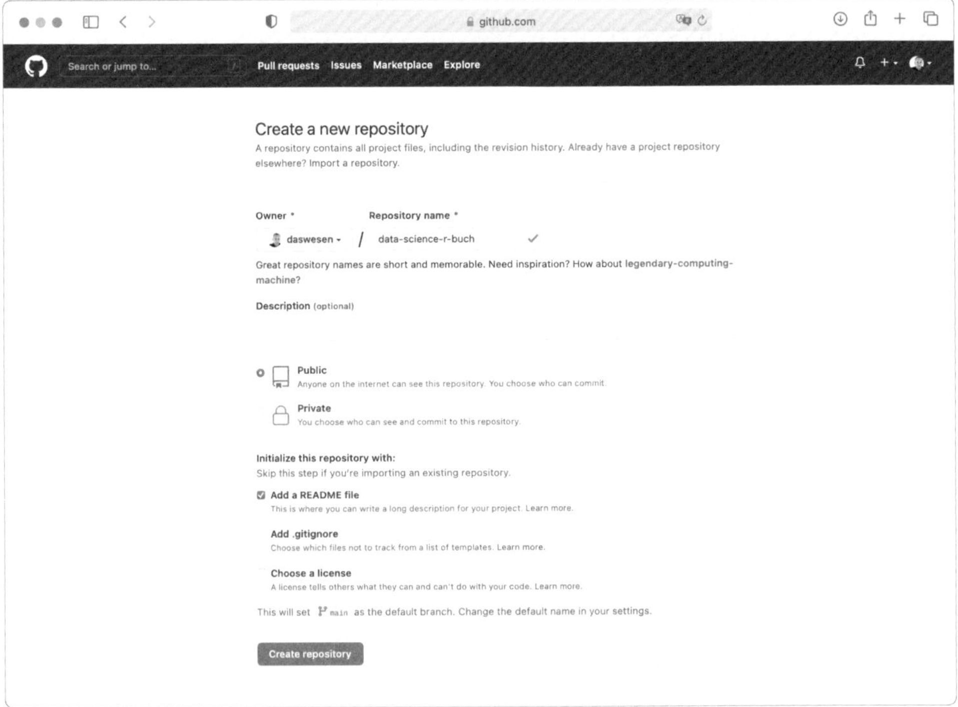

Abbildung 10.2 Repository auf GitHub anlegen, inklusive README

Im nächsten Schritt kopieren Sie zunächst einmal die Adresse Ihres Repositorys aus GitHub. Achtung: Wählen Sie hier nun SSH und nicht HTTPS, schließlich haben Sie gerade extra einen SSH-Key erstellt (siehe Abbildung 10.3).

Der einfachste Weg, das Repository nun in RStudio zu bekommen, ist das Anlegen eines neuen Projekts in RStudio (in Abschnitt 4.2.5 besprochen). Hier wählen Sie nun VERSION CONTROL aus und geben bei der Repository URL genau das ein, was Sie soeben aus GitHub kopiert haben. RStudio übernimmt nun den Rest der Arbeit und holt sich die Dateien des Repositorys. Unter der Motorhaube führt RStudio einfach die notwendigen Git-Befehle aus. Dies ist um einiges komfortabler, als alle Befehle selbst einzugeben.

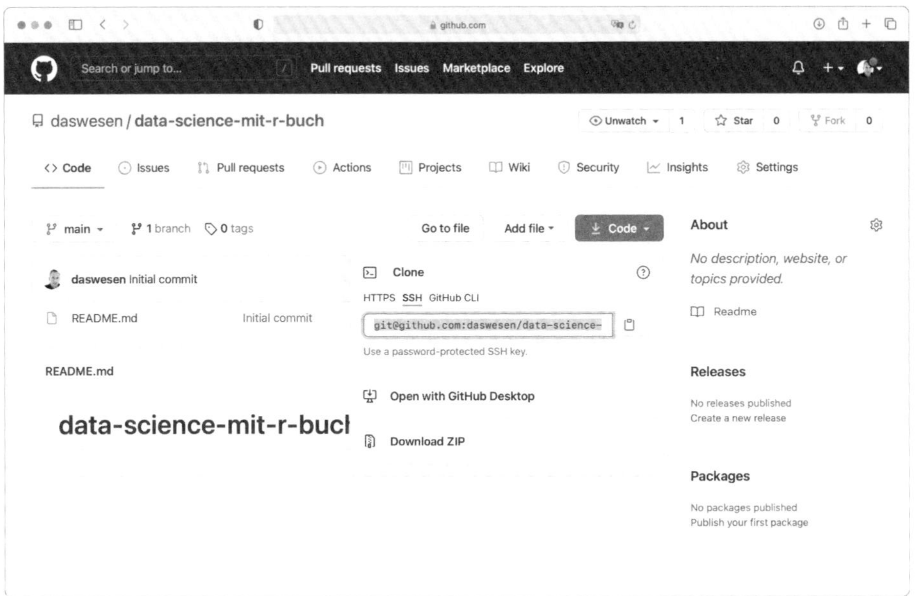

Abbildung 10.3 Web-URL des Repositorys kopieren

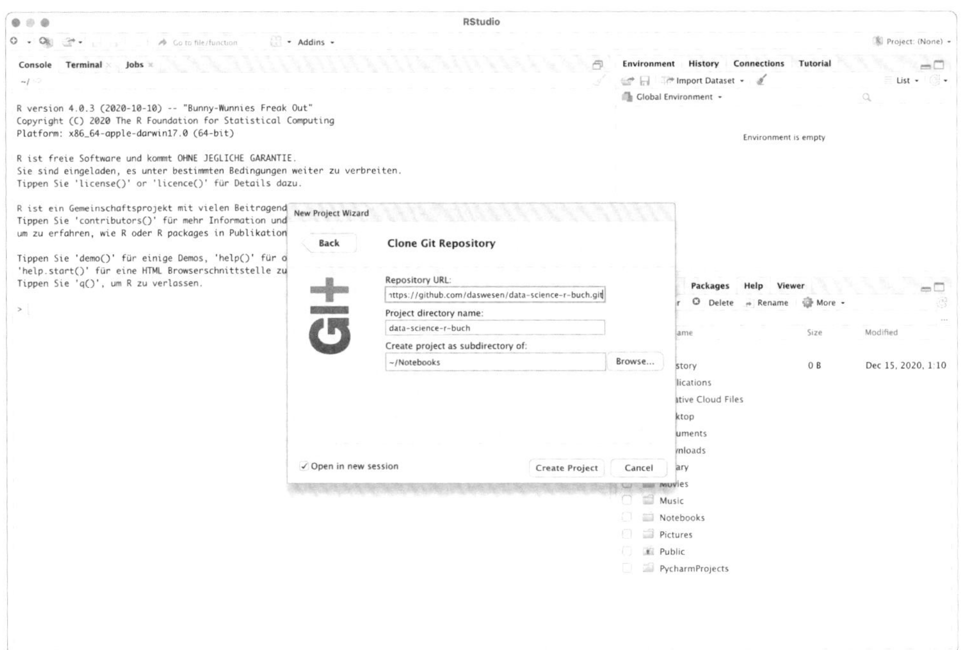

Abbildung 10.4 Repository in RStudio anlegen

Übrigens können Sie beim Klonen auch ein anderes Verzeichnis wählen als das von RStudio vorgeschlagene, dieses wird dann je nach Wunsch erstellt. Aus eigener Erfahrung ist es aber empfehlenswert, denselben Namen zu wählen, den das Repository hat, da es ansonsten schnell zu Verwechslungen kommt, wenn man mehrere ähnliche Projekte auf der Festplatte hat.

Nach dem Klonen des Repositorys in RStudio sehen Sie nun Ihr gerade erst automatisch angelegtes README in dem Dateibrowser rechts. Sollten Sie die README-Datei nicht sehen, ist irgendetwas schiefgelaufen, und Sie sollten alle Schritte noch einmal durchgehen.

10.1.5 Code committen und pushen

Nachdem Sie Ihr erstes Repository geklont haben, möchten Sie vielleicht auch die Gegenrichtung ausprobieren. Also nicht nur Code beziehungsweise ein README von GitHub runterladen, sondern auch Code, den Sie lokal geschrieben haben, in Ihr Repository einstellen – per *Commit* – und dann auf GitHub hochladen – per *Push*. Die dafür notwendigen Schritte beschreibe ich nun.

Erstellen Sie eine Datei, sei es ein R-Skript, ein R-Notebook oder vielleicht auch nur eine Textdatei, und speichern Sie sie innerhalb Ihres Projekts. Sie sollten nun rechts oben im Bereich der Arbeitsumgebung einen Reiter GIT sehen (siehe Abbildung 10.5). Klicken Sie darauf, so dass Sie alle Dateien sehen, die seit dem Klonen verändert wurden. Sie müssen sich das nicht selbst merken, Git bemerkt alle Änderungen und listet sie für Sie auf. Allerdings werden zum Teil auch Dateien erstellt oder erneuert, die Sie nicht unbedingt aufgenommen haben wollen. Auf Macs ist zum Beispiel häufig eine Datei mit dem Namen *.DS_Store* zu finden, die sich auch schnell hier in das Git-Fenster mogelt. Entscheiden Sie, welche Dateien unbedingt in das Repository gehören. Hierzu sollte vor allem der Code gehören. Größere Datenmengen gehören nicht in ein Repository.

Wichtig für iCloud-Nutzer und -Nutzerinnen

Sollten Sie iCloud nutzen, so legen Sie Ihr Arbeitsverzeichnis, in dem das Git-Repository liegt, nicht in den iCloud-Ordner. iCloud kann hiermit Probleme haben.

Wählen Sie nun die Dateien für den Commit aus. Diesen Vorgang nennt man *Staging*. Das bedeutet, dass Sie die Dateien aus Ihrem Arbeitsverzeichnis für den nächsten Commit vorsehen. Sie können entweder alle Dateien auswählen und dann die deaktivieren, die nicht in den Commit sollen, oder Sie wählen einfach die aus, die relevant sind. Dann klicken Sie auf COMMIT.

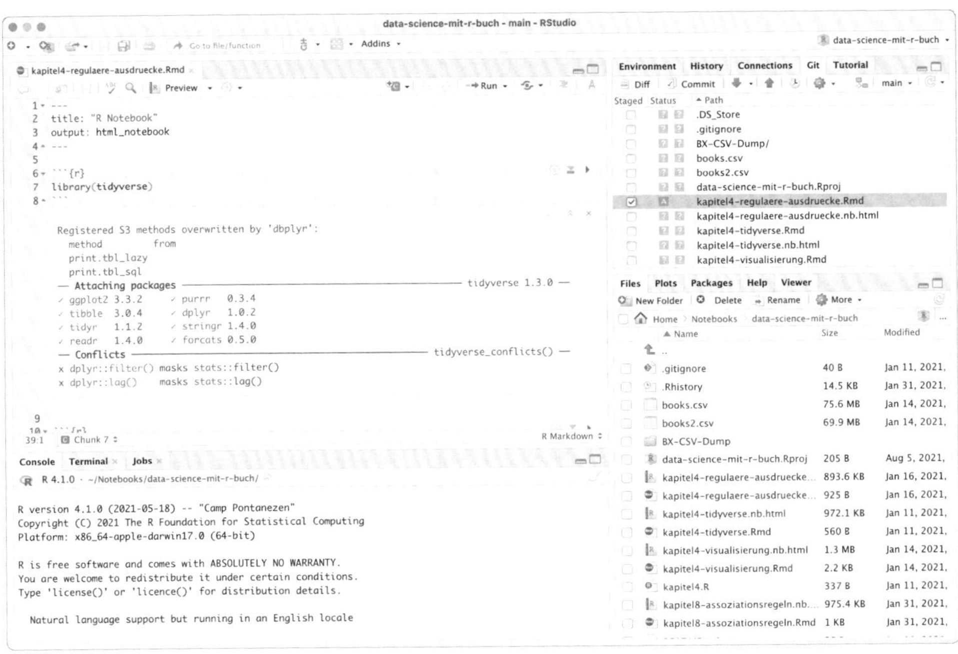

Abbildung 10.5 Auswählen der Dateien, die committet werden sollen, unter dem Reiter »Git« rechts oben

Tatsächlich haben Sie jetzt noch keinen Commit wirklich ausgeführt, sondern sehen ein neues Fenster, in dem Sie die Änderungen ansehen können. Außerdem können und sollten Sie dort eine Nachricht zu Ihrem Commit eingeben, die beschreibt, was Sie genau geändert haben. Dies erleichtert es Ihnen zu einem späteren Zeitpunkt, zu genau der Version zurückzukehren, die Sie benötigen. Das Beispiel in Abbildung 10.6 eignet sich also sehr gut als schlechtes Beispiel, denn genau so mit diesem dürftigen Kommentar sollten Sie es nicht tun! Sind Sie mit all den Änderungen einverstanden, so ist nun der Zeitpunkt gekommen, auf die Schaltfläche COMMIT zu klicken und somit den Commit in Ihr Repository fertigzustellen.

Danach öffnet sich wieder ein Fenster, das Ihnen Meldungen zu Ihrem Commit zeigt (siehe Abbildung 10.7). In der Regel sollten Sie hier keine Fehlermeldungen sehen. In der Abbildung »meckert« Git lediglich, weil ich keine richtige E-Mail-Adresse konfiguriert habe.

Nun sind Sie allerdings noch nicht fertig, denn mit dem Commit haben Sie lediglich die Version Ihres Codes in Ihr lokales Repository »geschubst«. Nun müssen Sie diese Version auch noch mit GitHub synchronisieren. Dies geschieht mit der Schaltfläche PUSH.

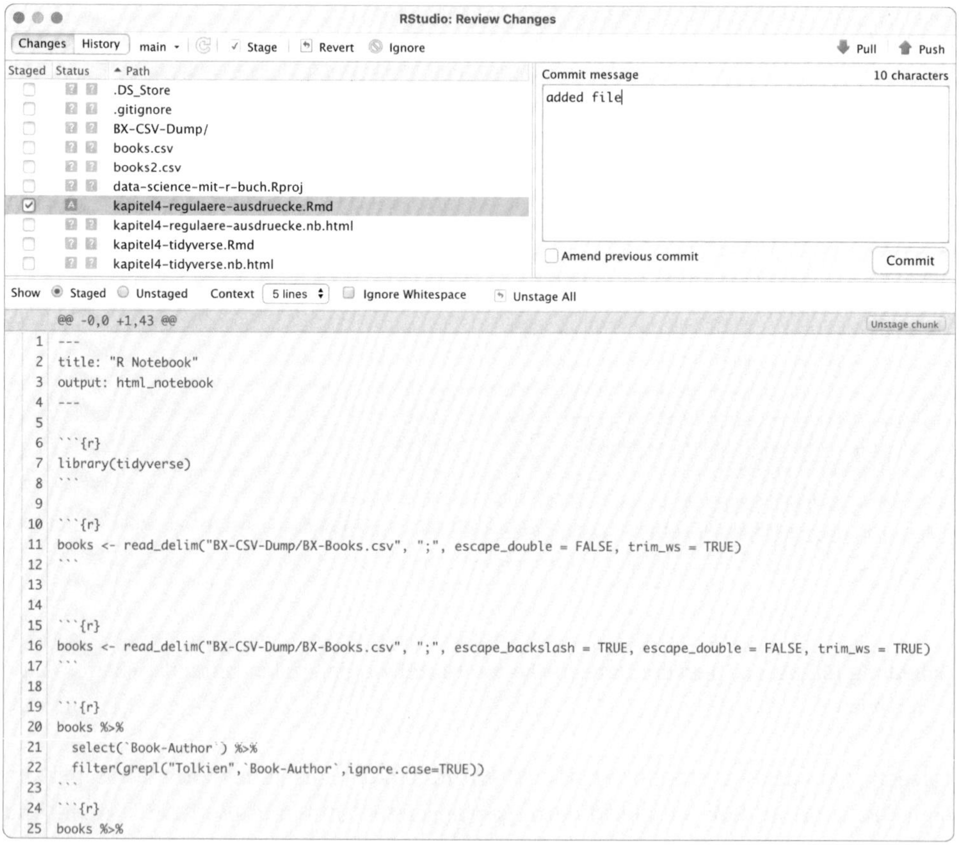

RStudio: Review Changes

Changes | History | main | Stage | Revert | Ignore | Pull | Push

Staged	Status	Path
☐	? ?	.DS_Store
☐	? ?	.gitignore
☐	? ?	BX-CSV-Dump/
☐	? ?	books.csv
☐	? ?	books2.csv
☐	? ?	data-science-mit-r-buch.Rproj
☑	A	kapitel4-regulaere-ausdruecke.Rmd
☐	? ?	kapitel4-regulaere-ausdruecke.nb.html
☐	? ?	kapitel4-tidyverse.Rmd
☐	? ?	kapitel4-tidyverse.nb.html

Commit message — 10 characters

added file

☐ Amend previous commit — Commit

Show ◉ Staged ○ Unstaged Context 5 lines ☐ Ignore Whitespace Unstage All

@@ -0,0 +1,43 @@ — Unstage chunk

```
---
title: "R Notebook"
output: html_notebook
---

```{r}
library(tidyverse)
```

```{r}
books <- read_delim("BX-CSV-Dump/BX-Books.csv", ";", escape_double = FALSE, trim_ws = TRUE)
```


```{r}
books <- read_delim("BX-CSV-Dump/BX-Books.csv", ";", escape_backslash = TRUE, escape_double = FALSE, trim_ws = TRUE)
```

```{r}
books %>%
  select(`Book-Author`) %>%
  filter(grepl("Tolkien",`Book-Author`,ignore.case=TRUE))
```
```{r}
books %>%
```

Abbildung 10.6 Ein letzter Check vor dem Commit

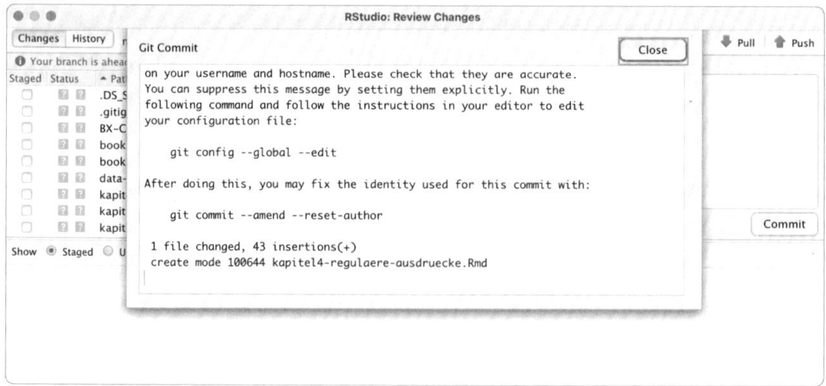

Abbildung 10.7 Der »Commit«-Knopf ist gedrückt; hier ist es wichtig, dass Sie auf Fehlermeldungen achten.
```

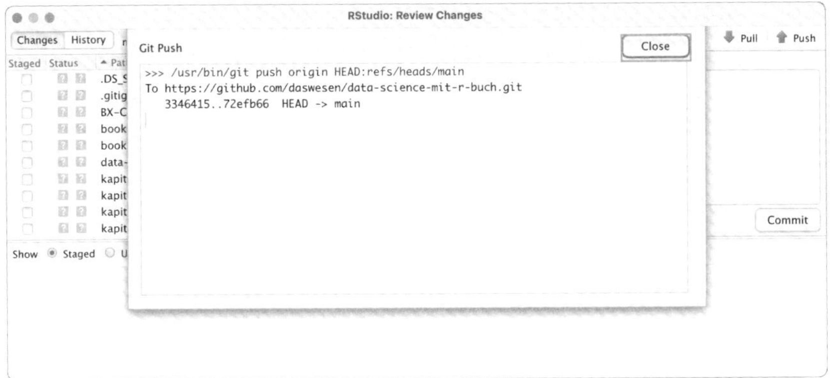

Abbildung 10.8 Meldung nach dem Pushen

Auch hier sehen Sie eine Meldung (Abbildung 10.8), in diesem Fall, dass der Push erfolgreich war. Sollten Sie hier einen Fehler sehen, dann hilft Ihnen Google oder eine andere Suchmaschine Ihres Vertrauens weiter. Der häufigste Fehler ist, dass es Unterschiede zwischen den Versionen gibt, zum Beispiel weil Sie von einem anderen Rechner aus bereits eine neuere Version gepusht haben und GitHub Sie nun darauf hinweist, dass Sie nicht pushen können, wenn Sie nicht vorher entscheiden, was mit den unterschiedlichen Versionen passieren soll. Arbeiten Sie allein an einem Rechner, dann sollten Sie diese Fehlermeldung aber nie zu sehen bekommen.

Wenn Sie anstatt GitHub einen GitLab-Service nutzen, so gibt es tatsächlich kaum Unterschiede. Auch das Ablegen des SSH-Keys funktioniert genauso wie bei GitHub.

10.2 Mit großen Datenmengen umgehen

Nicht immer bleibt es bei kleinen Datensätzen wie in den Beispielen dieses Buches. Kommt man in den Gigabyte-Bereich, so wird der Umgang von R mit dem Arbeitsspeicher eine Herausforderung. Kommen dann noch komplexe Operationen dazu, so ist jeder Desktop-Rechner überfordert. Es bieten sich verschiedene Ansätze an, um R auch mit großen Datenmengen von mehreren Gigabytes nutzen zu können.

Eine Lösung kann sein, nicht alle Daten eines Datensatzes zu verwenden, sondern nur einen Teil. Diese Strategie funktioniert in manchen Fällen gut. Es kann zum Beispiel ein Sample aus dem großen Datensatz verwendet werden. Dies ergibt allerdings nicht immer Sinn.

10.2.1 Größerer Computer gefällig? Cloud-Computing mit R

Eine Alternative dazu bieten Cloud-Server, zum Beispiel von Amazon Web Services (AWS). Amazon bietet nicht nur eine der größten Einkaufsmöglichkeiten im Netz, sondern auch virtuelle Infrastruktur an und ist einer der größten Anbieter im Bereich Cloud-Computing. Viele Services im Netz basieren auf der Infrastruktur von AWS, seien es Onlinespeicher (Dropbox war früher AWS-Kunde), seien es virtuelle Maschinen, auf denen Websites laufen. Der große Vorteil: Es wird nur das gezahlt, was man benötigt, und auch nur für die Zeit, die man benötigt. So kann man sich für wenige Euro für eine Stunde einen Riesenserver mieten, größere Datenmengen darauf durchlaufen lassen, und den Rechner dann wieder herunterfahren, so dass die weitere Nutzung nicht mehr berechnet wird. Das Aufsetzen eines solchen Servers ist gar nicht schwer: Für die Serverinstallation existieren *Amazon Machine Images* (*AMIs*) von Louis Aslett für die schnelle Installation auf Amazon Web Services, siehe *https://www.louisaslett.com/RStudio_AMI*. Selbst wenn Sie keine großen Server benötigen: Für ein paar Euro im Monat können Sie sich somit eine RStudio-Instanz gönnen, die von jedem Browser aus erreichbar ist. Somit können Sie zum Beispiel eine Analyse starten, den Rechner zuklappen und den Server weiterrechnen lassen.

Alternativ dazu können Sie auch RStudio Cloud verwenden, dazu mehr in Abschnitt 4.2.6. Im Zweifel ist die RStudio-Cloud-Variante einfacher im Handling, da keine Betriebssystem-Aktualisierungen eingespielt werden müssen. Im Gegenzug kann die Eigeninstallation auf AWS günstiger sein als ein Paket von RStudio Cloud, je nachdem, wie viel Rechenressourcen benötigt werden. Außerdem stehen in RStudio Cloud nur kleinere Server zur Verfügung, AWS bietet Server mit Dutzenden von CPUs und mehreren hundert Gigabyte RAM an. Da R alle Daten in den Arbeitsspeicher lädt, kann ein Computer mit vielen Gigabyte RAM schneller zu einer Lösung führen. Zu bedenken ist bei großen Datenmengen allerdings auch, dass diese erst einmal zu dem Rechner in der Cloud transferiert werden müssen. Übrigens bietet auch Kaggle Cloud-Ressourcen an, allerdings handelt es sich hier nicht um RStudio.

10.2.2 Mit Clustern arbeiten: Spark und Sparklyr

Manchmal reicht auch eine größere Maschine nicht, sondern nur die Parallelisierung von Prozessen, das heißt, dass Aufgaben in kleinere Aufgaben unterteilt und diese gleichzeitig abgearbeitet werden. Dadurch verringert sich die Zeit, die für eine Aufgabe benötigt wird, immens.

Apache Spark ist ein Framework für *Cluster-Computing*, das an der Berkeley Universität entwickelt wurde und seit 2013 von der Apache Software Foundation weiterentwickelt wird. Auf der Website von Spark wird das Framework als »unified analysis engine for large-scale data processing« bezeichnet, und gerade bei großen Datensätzen und aufwendigen Berechnungen kann die Verknüpfung von R mit Spark wunderbar unterstützen.

Ein Spark-Cluster besteht aus einem *Manager* und einer beliebigen Anzahl von *Workern* (siehe Abbildung 10.9). Spark übernimmt dabei die Koordination, so dass man sich darum nicht kümmern muss, um es zu benutzen. Aufgaben können also in Einzelaufgaben unterteilt und dann auf die Worker verteilt werden, so dass sie parallel statt nacheinander abgearbeitet werden. Dies ist offensichtlich nicht bei allen Aufgaben möglich.

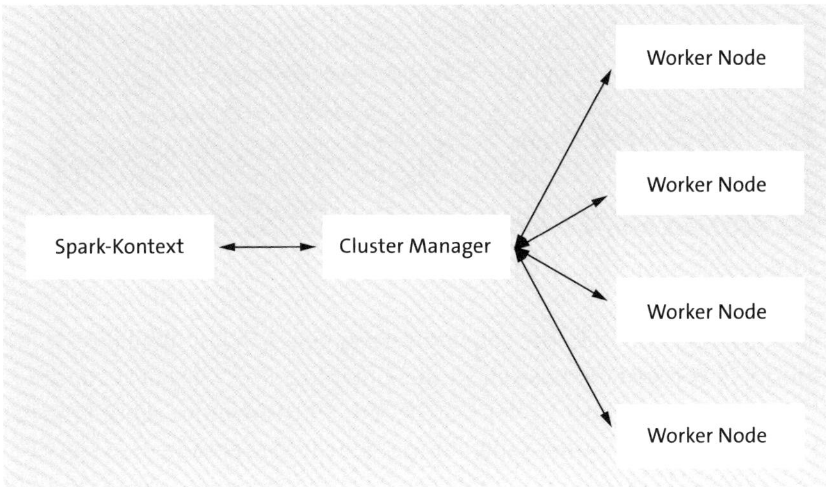

Abbildung 10.9 Der Aufbau eines Spark-Clusters

Es gibt zwei Packages, um R mit einem Spark-Cluster zu verbinden, *SparkR* und *Sparklyr*. In diesem Buch wird Sparklyr beschrieben, da es aufgrund der Nähe zu `dplyr` aus dem Tidyverse nur wenig zusätzliche Kenntnisse erfordert, um es im Rahmen dieses Buches einmal auszuprobieren. Sparklyr stellt Nutzenden eine Umgebung zur Verfügung, die fast alle `dplyr`-Befehle für die Nutzung mit Spark übersetzt, und zwar in sogenannte *Spark SQL Statements*. Zugleich können die Machine-Learning-Algorithmen von Spark mit Sparklyr genutzt werden.

Ein Spark-Cluster kann lokal auf dem eigenen Rechner erstellt werden, schließlich hat heute jeder Prozessor in modernen Rechnern mehrere Kerne, die parallel eingesetzt werden können. Viele Programme nutzen nur einen Kern, nur wenige Programme sind dafür konzipiert, dass sie mehr als einen Kern nutzen.

tom — top — 80×24

```
Processes: 417 total, 8 running, 409 sleeping, 2367 threads            09:45:58
Load Avg: 2.40, 1.67, 1.41  CPU usage: 67.82% user, 20.29% sys, 11.88% idle
SharedLibs: 422M resident, 68M data, 29M linkedit.
MemRegions: 172690 total, 2454M resident, 149M private, 2079M shared.
PhysMem: 15G used (2297M wired), 170M unused.
VM: 154T vsize, 3272M framework vsize, 1915791(0) swapins, 2356087(0) swapouts.
Networks: packets: 16883129/20G in, 11088246/5502M out.
Disks: 13887935/378G read, 3712381/274G written.

PID    COMMAND      %CPU  TIME     #TH    #WQ  #PORT MEM    PURG   CMPRS  PGRP
21237  java         576.8 01:46.84 293/9  1    839   5144M+ 0B     3212M- 21164
0      kernel_task  55.3  02:09:18 470/8  0    0     292M   0B     0B     0
358    WindowServer 10.6  02:11:49 21     7    4448+ 1375M+ 9024K  315M+  358
19526  QtWebEngineP 9.5   04:23.39 21     1    168-  478M-  0B     1729M+ 19501
590    Finder       8.7   13:37.31 20/1   14   1634+ 385M+  0B     315M-  590
19501  RStudio      7.5   04:55.05 30     7    492   612M   0B     496M+  19501
624    bird         7.3   06:25.49 5/2    4/2  250+  18M+   1024K+ 7872K- 624
21078  top          4.9   00:28.10 1/1    0    32    5873K+ 0B     1184K+ 21078
20620  Signal Helpe 3.9   02:39.84 30     1    1917  437M   0B     1632M+ 20608
19978  Slack Helper 3.8   02:10.95 18/1   1    159   220M+  0B     160M+  19968
14342  QuickLookSat 2.3   01:00.00 12     8    135+  58M+   128K+  48M+   14342
317    mds          1.8   05:38.30 7/1    4/1  468+  83M+   0B     74M+   317
21164  rsession     1.4   00:05.33 13     1    61    212M+  0B     782M+  21164
14340  com.apple.qu 1.3   00:26.28 5      3    311+  21M+   192K+  14M-   1434
```

Abbildung 10.10 6 von 8 Kernen werden durch Spark genutzt.

Wie das aussieht, wenn mehrere Kerne genutzt werden, sehen Sie in Abbildung 10.10: Java (die Plattform, in der Spark entwickelt wurde) nutzt hier 576 % der CPU. Natürlich ist das nicht wirklich möglich, aber da der Mac in dem Bildschirmfoto acht Kerne hat und ich Spark sechs Kerne zugewiesen habe, kommt es zu dieser seltsamen Anzeige. Die Alternative und eigentliche Bestimmung von Spark ist die Nutzung *remote*, also auf einem echten Cluster mit mehreren Computern. Für das erste Ausprobieren empfehle ich Ihnen die lokale Variante, für die Sie auch den Code hier im Buch und auf meiner Website finden.

Den eigenen Rechner an seine Grenzen bringen

Häufig führt die Nutzung von Sparklyr dazu, man zum ersten Mal richtig den Lüfter ihres Rechners hört und merkt, wie heiß ein Rechner werden kann. Sie können bei manchen Projekten auch auf die Heizung im Raum verzichten und allein mit Ihrem Rechner heizen. Selbst die neuen M1-Prozessoren von Apple können viel Wärme abgeben, das habe ich schon für Sie ausprobiert.

Wenn Sie Interesse an einem eigenen günstigen Cluster haben, dann googeln Sie mal nach »spark cluster raspberry pi«. Für wenige Hundert Euro können Sie sich mit wenigen Raspberry-Pi-Computern Ihr eigenes Cluster bauen. Auf YouTube finden sich viele Erfahrungsberichte von Bastlern.

Als Beispiel für die Leistungsfähigkeit von Spark und Sparklyr wird in vielen Tutorials im Netz der Datensatz `nycflights13` verwendet, allerdings ist die Nutzung von Spark hierfür gar nicht unbedingt notwendig. Jeder einigermaßen ausgerüstete Rechner sollte gut mit diesem Datensatz klarkommen, auch wenn er mehr als 300000 Datensätze über Flüge enthält. Da aber nicht viele von Ihnen Gigabytes an Daten für eine sinnvolle Datenanalyse zur Verfügung haben und ich diese auch nicht zum Download zur Verfügung stellen kann, soll auch in diesem Buch dieser Datensatz als Beispiel dienen.

Installieren Sie zunächst das Package `sparklyr`, das Sie dann zu Beginn des Skripts ebenso wie `dplyr` laden:

```
library(sparklyr)
library(dplyr)
```


Es mag seltsam anmuten, dass `dplyr` auch geladen werden muss, aber `sparklyr` ist tatsächlich lediglich ein Übersetzer der `dplyr`-Befehle in die Spark SQL Statements. Falls noch nicht vorhanden, so muss jetzt eine Version von Spark installiert werden. Dazu ist zunächst ein Java Runtime Environment notwendig, das Sie gegebenenfalls installieren müssen, und zwar idealerweise vor Sparklyr. Java-Versionen für Ihr Betriebssystem finden Sie unter *java.com*.

Suchen Sie dann zunächst die aktuelle Version von Spark, Sie finden sie mit dem Befehl

```
spark_available_versions()
```

Um Spark zu installieren, nutzen Sie den folgenden Befehl, wobei die Versionsnummer an die aktuelle Version anzupassen ist::

```
spark_install(version = "3.1")
```

Als Nächstes definieren Sie eine Konfiguration. Beachten Sie, dass Sie Spark etwas weniger Arbeitsspeicher zur Verfügung stellen sollten, als in dem jeweiligen Rechner vorhanden ist, damit noch etwas Arbeitsspeicher für das Betriebssystem übrig bleibt. Das Betriebssystem nimmt sich zwar sowieso, was es benötigt, aber schneller wird ein Rechner nicht, wenn mehrere Anwendungen um den Arbeitsspeicher ringen.

In dem folgenden Beispiel werden außerdem sechs Kerne verwendet, obwohl mein Rechner wie in Abbildung 10.11 zu sehen zehn Kerne hat. Die anderen Kerne sind für das Betriebssystem und andere Applikationen reserviert. Außerdem benötigen R und RStudio Prozessorzeit. Prüfen Sie bitte vorab, über wie viele Kerne Ihr Rechner verfügt! Auf dem Mac geht das zum Beispiel über das Apfel-Menü, ÜBER DIESEN MAC und SYSTEMBERICHT. Dort werden unter HARDWARE die Anzahl der Kerne aufgelistet.

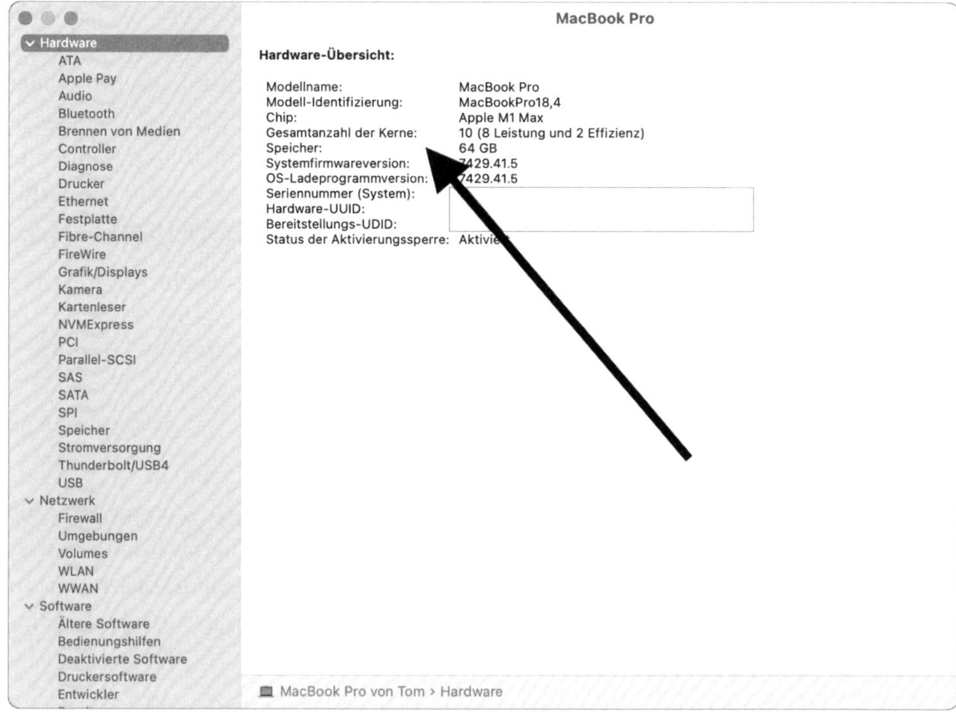

Abbildung 10.11 Die Anzahl der Kerne wird unter macOS etwas versteckt angezeigt.

```
conf <- spark_config()
conf$`sparklyr.cores.local` <- 6 # Anzahl der Kerne
conf$`sparklyr.shell.driver-memory` <- "14G"
conf$spark.memory.fraction <- 0.9
```

Jetzt kann eine Verbindung aufgebaut werden:

```
sc <- spark_connect(master = "local",
      version = "3.1",
      config = conf)
```

Das hier geschaffene Objekt sc (für *spark cluster*) ist die Verbindung zu dem Spark-Cluster. Bei jedem folgenden Befehl, mit dem Sie etwas mit dem Spark-Cluster anstellen wollen, müssen Sie auf dieses Objekt referenzieren. Sie müssen das Objekt nicht sc nennen, allerdings werden die folgenden Schritte etwas fehleranfälliger, wenn Sie sich für einen anderen Namen entscheiden.

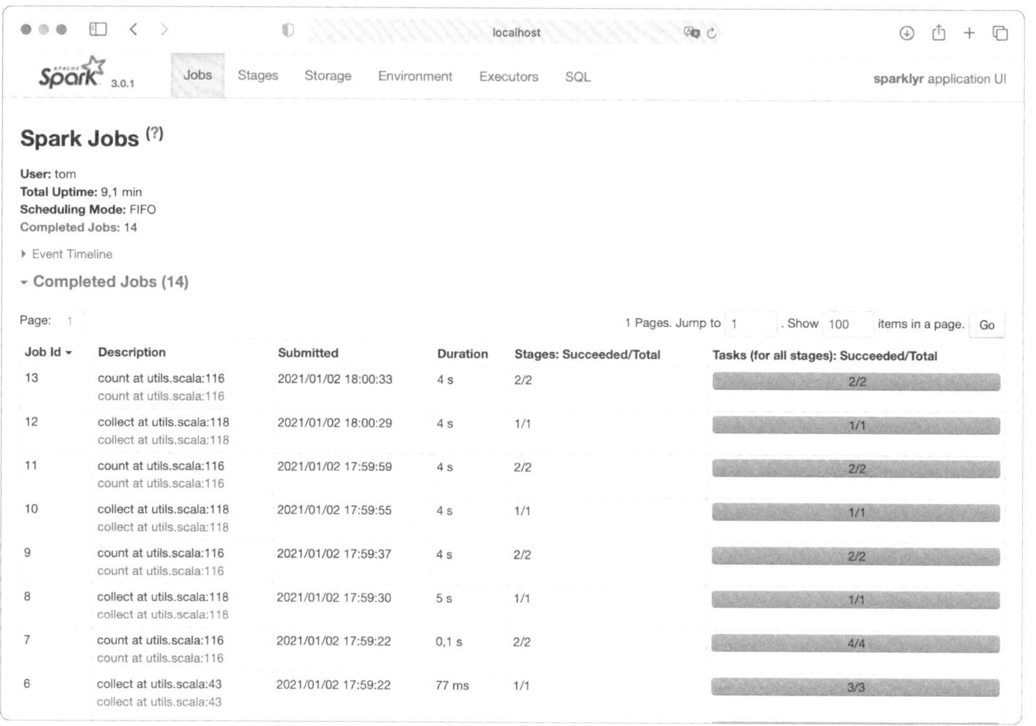

Abbildung 10.12 Die Weboberfläche von Spark

Spark bietet nach dem Start eine Weboberfläche, die unter der lokalen URL *http://localhost:4040/jobs/* aufgerufen werden kann. Diese Oberfläche ist nett, wenn Sie prüfen wollen, wo Ihr Cluster gerade steht beziehungsweise welche Jobs es gerade bearbeitet.

Diese Übersicht ist außerdem hilfreich, wenn Sie verstehen wollen, wie Spark mit Ihrem Speicher umgeht. Insbesondere wenn Sie sehr große Datensätze verwenden, wird auch Spark auf die Festplatte auslagern.

Den `flights`-Datensatz haben Sie eventuell noch aus Kapitel 5, »Explorative Datenanalyse«, installiert, wenn nicht, dann installieren Sie ihn bitte jetzt:

```
install.packages("nycflights13")
```

Sie können die dazu gehörige Library laden, mit dem folgenden Befehl ist das aber nicht notwendig:

```
flights_tbl <- copy_to(sc, nycflights13::flights, "flights")
```

Diese Zeile wollen wir uns einmal genauer ansehen. Wir erstellen ein neues Objekt `flights_tbl`, das zunächst einmal nur eine Liste ist. Diese Liste enthält Referenzen zu dem Spark Data Frame `flights`, den wir aus dem Original-Data-Frame `nycflights13::flights` über die Verbindung `sc` in das Spark-Cluster kopiert haben. Im Environment sehen Sie FLIGHTS_TBL, unter dem Reiter CONNECTIONS sehen Sie den Spark Data Frame FLIGHTS (siehe Abbildung 10.13). Das mag zunächst verwirrend sein, etwas klarer wird es hoffentlich, wenn Sie die beiden Objekte einmal in die Konsole eingeben, zunächst einmal `flights`:

```
> flights_tbl
# Source: spark<flights> [?? x 19]
```

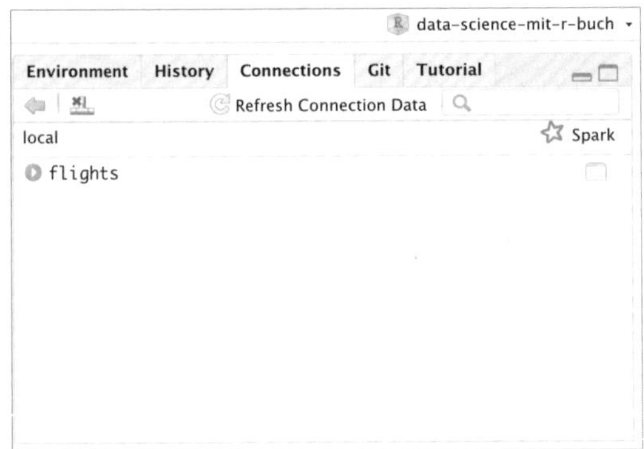

Abbildung 10.13 Der Spark Data Frame »flights« im Reiter »Connections«

Ich verzichte hier darauf, die ganze Tabelle auszugeben, Ihre Aufmerksamkeit möchte ich auf die erste Zeile der Ausgabe lenken. Denn was Sie sehen, ist, dass Sie mit diesem Befehl tatsächlich den Spark Data Frame `flights` ausgegeben haben. Und nun geben wir nur `flights` ein:

```
> flights
Error: object 'flights' not found
```

Wir können den Spark Data Frame also nur über unser gerade geschaffenes Objekt ansprechen. Denn der große Unterschied zu unseren normalen Data Frames ist, dass die Daten unseres Spark-Clusters nicht in den Arbeitsspeicher geladen werden, den R nutzt. Wenn Sie eine 2 GB große Datei in R laden, so werden Sie dies auch in der Speichernutzung von R sehen. Laden Sie eine solche große Datei in Ihr Spark-Cluster, so belasten Sie nicht den R-Arbeitsspeicher damit, R bekommt die Daten dann nur auf Abruf über einen Spark-Befehl, sie bleiben aber immer in Spark und sind nicht innerhalb von R selbst ansprechbar.

Die Tabelle des Spark Data Frames können Sie sich wie gewohnt auch ansehen, indem Sie auf das Tabellensymbol klicken, hier allerdings nicht im Environment, sondern bei dem Spark Data Frame unter CONNECTIONS, das Symbol findet sich wieder ganz rechts. Sie sehen hier allerdings maximal 1000 Zeilen, anders als bei einem Datensatz, den Sie in R geladen haben.

Nun wollen wir einmal mit den Daten arbeiten, wir verwenden ein Beispiel aus der Sparklyr-Dokumentation:

```
flights_delay <- flights_tbl %>%
  group_by(tailnum) %>%
  summarise(count = n(), dist = mean(distance), delay = mean(arr_delay)) %>%
  filter(count > 20, dist < 2000, !is.na(delay))
```


So weit nichts Besonderes; vielleicht wundern Sie sich ein wenig, wie schnell dieser Befehl ausgeführt wurde. Tatsächlich wurde er auch gar nicht wirklich ausgeführt. Denn wenn Sie nun

```
flights_delay
```

eingeben, dann erst beginnt die Rechenarbeit, und die Antwort lässt wahrscheinlich ein bisschen länger auf sich warten. Dieser Ansatz wird als *Lazy Loading* bezeichnet, und Sie sehen das Ergebnis in Abbildung 10.14. Oben links steht LAZY QUERY, und anstatt der Anzahl der Zeilen sehen Sie nur ein ??, wohingegen die Anzahl der Spalten genau angegeben wird. Spark weiß zu diesem Zeitpunkt noch nicht, wie viele Zeilen es wären, wenn alles einmal durchgerechnet ist.

Source: lazy query [?? x 4] Database: spark_connection

tailnum <chr>	count <dbl>	dist <dbl>	delay <dbl>
N24211	130	1330.2615	7.700000000
N793JB	283	1528.5972	4.722419929
N657JB	285	1285.8596	5.031802120
N633AA	24	1587.0417	-0.625000000
N9EAMQ	248	674.6653	9.235294118
N3GKAA	77	1246.5974	4.973333333
N997DL	63	867.7619	4.903225806
N318NB	202	814.3465	-1.120000000
N651JB	261	1407.5287	7.580769231
N841UA	96	1208.4271	2.104166667

1-10 of 1,000 rows   1 2 3 4 5 6 ... 100 Next

Abbildung 10.14 Die Ausgabe der Anfrage an das Spark-Cluster; auffallend ist hier die »lazy query«.

Daran muss man sich erst einmal gewöhnen, denn wenn die ganze Zeit irgendwelche Berechnungen durchgeführt werden (oder man zumindest denkt, dass sie durchgeführt werden), dann die Daten aber tatsächlich ausgegeben haben will und lange warten muss, verhält sich die Maschine anders als erwartet. Das Lazy Loading hat aber aus Effizienzgründen viele Vorteile, denn es werden zum Zeitpunkt der Berechnung nur noch die Daten geholt, die tatsächlich benötigt werden. Und bei dem ersten Ausdruck beansprucht `flights_delay` auch überhaupt keinen Arbeitsspeicher! Übrigens wird auch bei der Ausgabe von `flights_delay` kein Arbeitsspeicher von R beansprucht, nur Spark benötigt ihn.

Nun wollen wir die Daten einmal plotten:

```
flights_delay %>%
  ggplot(delay, aes(dist, delay)) +
  geom_point(aes(size = count), alpha = 1/2) +
  geom_smooth() +
  scale_size_area(max_size = 2)
```

Leider erhalten wir nun eine Fehlermeldung:

```
Error: Mapping should be created with `aes()` or `aes_()`. Run `rlang::last_
error()` to see where the error occurred.
```

Der Grund ist, dass `ggplot` einen R Data Frame oder ein Tibble erwartet, stattdessen aber eine Liste erhält, ein Objekt, das auf das Ergebnis der Spark-Datenbank referenziert. Was müssen wir tun, um das Ergebnis in R zu erhalten?

```
delay <- flights_tbl %>%
  group_by(tailnum) %>%
  summarise(count = n(), dist = mean(distance), delay = mean(arr_delay)) %>%
  filter(count > 20, dist < 2000, !is.na(delay)) %>%
  collect()
```

Hier sollte bereits alles bekannt sein, bis auf die letzte Zeile. Mit `collect` wird das Ergebnis unseres Ausdrucks in den R-Speicher kopiert und hier dem Objekt `delay` zugewiesen. Erst dann kann die Grafik aus den Ergebnissen erstellt werden.

collect oder collect()?

Sie können `collect()` in diesem Fall auch ohne Klammern schreiben, aber irgendwie fühlt sich das nicht richtig an, da es sich ja um eine Funktion handelt, und wir wollen uns sowas nicht angewöhnen, auch wenn es in diesem Fall erlaubt ist.

Vorsicht ist übrigens geboten bei manchen Funktionen, die mit `dplyr` funktionieren, in der Kombination mit `sparklyr` aber nicht. So gibt `unique()` etwas anderes aus, als Sie erwarten würden, und alle `stringr`-Befehle funktionieren auch nicht. Für `unique()` können Sie `distinct()` nutzen, für die regulären Ausdrücke die `regexp`-Familie, zum Beispiel `regexp_replace()`. Die Syntax ist ein wenig anders. Beispiele finden Sie in dem Notebook zu diesem Kapitel.

Über Spark und Sparklyr könnte man ein eigenes Buch schreiben, wir haben hier nur die Spitze des Eisbergs berührt. Aber sollten Sie einmal auf eine größere Datenmenge stoßen, dann haben Sie auf diese Weise zumindest einen Einstiegspunkt in die Welt des Cloud-Computings.

10.2.3 data.table

Mit dem *Tidyverse* (Kapitel 5, »Explorative Datenanalyse«) habe ich bereits eine mächtige Erweiterung zu R vorgestellt. Dies ist aber nicht die einzige Erweiterung zu R, und *data.table* wird von manchen, die `dplyr` als »overhyped« ansehen, als Gegengewicht zum Tidyverse gesehen. data.table wurde von Matt Dowle ins Leben gerufen und hat eine eigene Website unter *https://rdatatable.gitlab.io/data.table*.

Auch wenn sich die jeweiligen Anhänger streiten, welche Erweiterung nun besser ist, Tidyverse oder data.table, Sie können den Versuch einfach einmal selbst starten und prüfen, was für Sie schneller ist. Denn data.table hat zwei Ziele: zum einen die Zeit des Programmierens zu reduzieren, zum anderen die Zeit zur Berechnung zu minimieren. Im Repository zu diesem Kapitel finden Sie auch einige Beispiele zu data.table.

10.3 Applikationen via API bereitstellen

Soll das Ergebnis eines Data-Science-Projekts in eine andere Software integriert werden, muss in der Regel eine *API* her. Das Akronym *API* steht für *Application Programming Interface*, im Gegensatz zu *GUI*, dem *Graphical User Interface*, auf Deutsch auch einfach graphische Benutzerschnittstelle Der Unterschied ist ganz einfach erklärt: Sie als Nutzer interagieren mit einem Computerprogramm in der Regel mit einer GUI, sie klicken auf Icons oder tippen etwas in einen Texteditor. Wenn ein Computerprogramm mit einem anderen Programm interagieren möchte, so fehlen ihm die Möglichkeiten, von der graphischen Benutzerschnittstelle Gebrauch zu machen.[1] Um von Maschine zu Maschine

1 Tatsächlich gibt es auch das, wenn man an Robotics denkt. Dies wird vor allem dann eingesetzt, wenn sogenannte Legacy-Systeme keine API anbieten.

beziehungsweise Programm zu Programm kommunizieren zu können, ist eine Schnittstelle nötig, und das ist die sogenannte API.

Ein Beispiel, das hilfreich für das Verständnis ist: Nicht jede Nachrichten-Website, die eine Wettervorhersage enthält, verfügt über eigene Wetterstationen und Meteorologen. Die Daten werden von Anbietern von Wetterdaten geholt. Anstatt dass nun ein Praktikant den Wetterbericht von diesen Anbietern abtippt, können die Wetterdaten über eine API automatisch von der Nachrichten-Website bei dem Wetterdienstservice abgefragt werden.

10.3.1 Was ist eine REST API?

Eine *REST API* ist eine populäre Form einer Schnittstelle, die gängige Methoden der Webentwicklung nutzt, um einem anderen Programm Ressourcen zur Verfügung zu stellen. In R können mit wenigen Hilfsmitteln Modelle oder Ergebnisse von Modellen über eine REST API verfügbar gemacht werden. Eine solche API beziehungsweise eine *RESTful API* – zu dem Unterschied komme ich gleich – folgt den Prinzipien des *REpresentational State Transfer* und damit den Paradigmen des World Wide Web. Eine REST API bietet kein eigenes Protokoll und ist tatsächlich auch kein eigener Standard, verwendet aber bekannte Standards wie HTTP oder JSON, weswegen solche APIs als RESTful bezeichnet werden. Dazu gehört, dass bei jeder Anfrage eines Clients (des Programms, das die Anfrage stellt) alle vom Server benötigten Informationen vorhanden sind, da der Server nicht auf andere Informationen, die vorher gesendet wurden, zugreifen kann. Viele Dienste im Netz funktionieren so, zum Beispiel indem Parameter an eine URL angehängt werden. Ein Beispiel ist die SISTRIX API, die bei jedem Aufruf den API-Key (sozusagen das Passwort zur Benutzung der API) erfordert:

https://api.sistrix.com/credits?api_key=[API_KEY]

REST APIs haben weitere Prinzipien, die aber für unsere kleinen Experimente hier nicht weiter relevant sind.

10.3.2 Eine API mit dem Package »plumber« bereitstellen

Der zurzeit komfortabelste Weg, eine API bereitzustellen, funktioniert mit dem Package `plumber`. Hier werden die notwendigen Informationen für die API in Kommentaren festgehalten. Wir schauen uns zunächst ein einfaches Beispiel aus der Vignette des Packages an.

Zunächst einmal erstellen wir eine Datei mit dem Code für die verschiedenen Endpunkten der API:

```
# plumber.R

#* Echo back the input
#* @param msg The message to echo
#* @get /echo
function(msg="") {
  list(msg = paste0("The message is: '", msg, "'"))
}

#* Plot a histogram
#* @serializer png
#* @get /plot
function() {
  rand <- rnorm(100)
  hist(rand)
}

#* Return the sum of two numbers
#* @param a The first number to add
#* @param b The second number to add
#* @post /sum
function(a, b) {
  as.numeric(a) + as.numeric(b)
}
```

Die API bietet hier drei Endpunkte – `echo`, `plot` und `sum` –, die jeweils Funktionen sind. Das Spannende kommt in den Zeilen davor, die mit `#*` beginnen. Schauen wir uns das letzte Beispiel etwas genauer an.

In den ersten beiden Zahlen werden zwei Parameter bestimmt, `a` und `b`. In der dritten Zeile sehen Sie eine Anfragemethode des HTTP-Protokolls.[2] Die zwei häufigsten Anfragemethoden sind POST und GET. Mit GET erhalten Sie Inhalte von Websites, mit POST werden Daten auf dem Server verändert, zum Beispiel durch das Absenden eines Formulars. Tatsächlich hätte im dritten Beispiel auch die GET-Anfragemethode gewählt werden können, aber vermutlich wollte der Entwickler demonstrieren, dass die API mehr als nur GET beherrscht.

2 Eigentlich ist es unsinnig, hinter HTTP noch »Protokoll« zu schreiben, denn das »p« in »http« steht für »protocol«.

Speichern Sie den gerade gezeigten Code in einem R-Skript ab (das Sie natürlich auf meiner Website finden), idealerweise mit dem Namen `plumber.R`. Nutzen Sie zu diesem Zweck kein Notebook.

Nun geben Sie in der Konsole den folgenden Befehl ein:

```
> library(plumber)
> pr("plumber.R") %>%
+     pr_run(port=8000)
```

Sie sehen die folgenden Antworten:

```
Running plumber API at http://127.0.0.1:8000
Running swagger Docs at http://127.0.0.1:8000/__docs__/
```

Außerdem sollte sich ein neues Fenster geöffnet haben, das so aussieht wie in Abbildung 10.15. Dies ist ein Swagger-Service, eine Sammlung von Tools zur Erstellung und Dokumentation von Web Services wie unserer API. Das Tolle ist, dass Sie hier bereits Ihre API testen können.

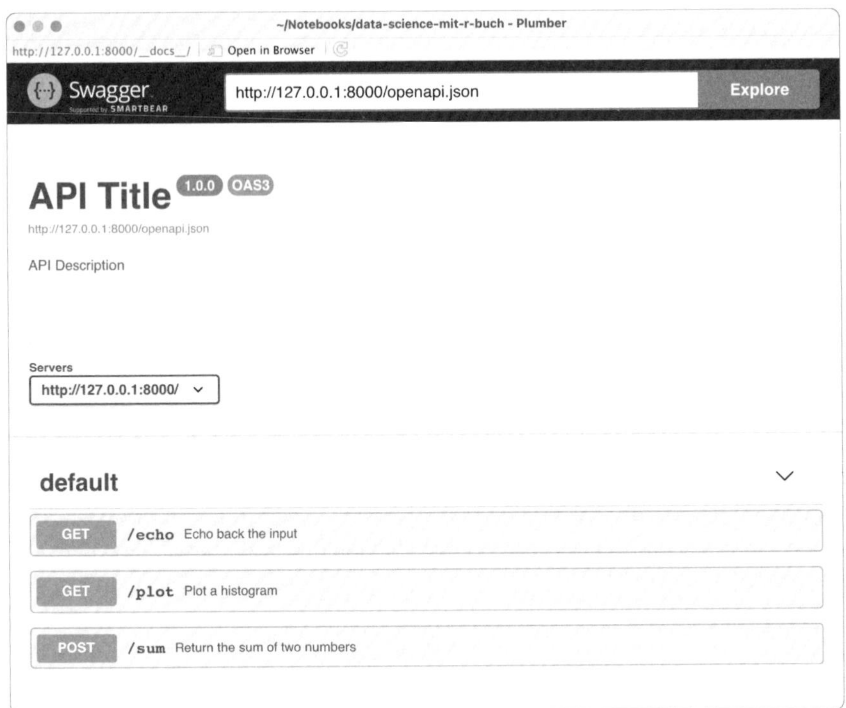

Abbildung 10.15 Das Swagger-Fenster zum Testen der API

Sie können die API natürlich auch im Browser testen. Geben Sie zum Beispiel

»http://127.0.0.1:8000/echo?msg=Hello«

ein. Sie sehen dann die Antwort der API im Browserfenster (Abbildung 10.16). Diese ist im JSON-Format gehalten. Geben Sie allerdings

»http://127.0.0.1:8000/echo?sum?a=5&b=6=Hello«

ein, dann werden Sie mit hoher Wahrscheinlichkeit eine Fehlermeldung erhalten. Und das liegt daran, dass hier die POST-Anfragemethode verwendet wird. Ändern Sie den Code um in GET, dann wird auch dieses Beispiel einwandfrei funktionieren.

Abbildung 10.16 Die Antwort der API mit Ihrem Endpunkt »msg«

Bisher lebt die API nur auf Ihrem Rechner. Das ist natürlich unpraktisch, denn wenn ein anderes Programm irgendwo im Netz auf Ihre API zugreifen will, dann wird das höchstwahrscheinlich schwierig (Sie können natürlich den Port an Ihrem Router freigeben, aber davon möchte ich Ihnen aus Sicherheitsgründen dringend abraten).

Sie können Ihre API auf RStudio Connect publizieren, allerdings ist dies mit einem teuren kostenpflichtigen Service verbunden. Alternativ können Sie es für wenige Euro pro Monat mit einem Service wie DigitalOcean versuchen. Dafür bietet das Package `plumber` ein Begleiter-Package namens `plumberDeploy`.

10.3.3 Der nächste Schritt: Docker

Wer Software entwickelt, kennt dieses Problem zu Genüge: Sie entwickeln ein tolles Programm, es läuft phantastisch auf dem eigenen Rechner, dann wird es veröffentlicht, jemand anders probiert es aus und sagt, dass es auf seinem Rechner nicht läuft. »Works for me« ist zwar eine beliebte Antwort, aber nur für die Entwicklerseite – wer die Software verwenden soll oder möchte, will die Verantwortung dafür, dass etwas nicht funktioniert, nicht auf diese Art zugeschoben bekommen. Auch »Das Problem sitzt meistens vor dem Bildschirm« ist keine sinnvolle Antwort auf Probleme bei der Benutzung. Allerdings haben andere Systeme häufig eine andere Konfiguration als das Entwicklungssystem, die das Funktionieren einer Software auf diesem System verhindert.

Dieses Problem wird, zumindest im Kontext von Serverapplikationen, mit Docker gelöst. Hier werden Applikationen in Containern bereitgestellt, die alle notwendigen Pakete enthalten. Die sogenannte *Laufzeitumgebung*, auch *Runtime Environment*, wird in dem Container bereitgestellt, die Applikation mit ihrer Umgebung ist virtualisiert. Das können Sie sich ungefähr so vorstellen, als ob Windows 10 auf einem Mac läuft. Tatsächlich geht das mit zusätzlicher Software. Windows 10 läuft dann in einer virtuellen Maschine, die auf dem Mac läuft. Die virtuelle Maschine stellt für das Windows-Betriebssystem alles bereit, was es benötigt, um zu denken, dass es auf einem PC installiert sei. Genau so funktioniert ein Docker-Container: Es ist alles vorhanden, damit eine Applikation das hat, was sie zum Funktionieren benötigt.

Ein Image für die Erstellung eines Containers für R und `plumber` stehen bereit unter *https://hub.docker.com/r/rstudio/plumber*. Sie können hiermit einen Container zur Verfügung stellen, der Ihre API enthält. Weitere Informationen zu Docker finden Sie auf *docker.com*.

10.4 Applikationen erstellen mit Shiny

Das Ergebnis eines Modells oder einer Analyse kann wie bereits gezeigt als Notebook, reiner Code in einem Repository oder über eine API bereitgestellt werden. Eine andere Möglichkeit ist die Bereitstellung in einer interaktiven Webanwendung.

10.4.1 Was ist Shiny?

Shiny ist ebenso wie RStudio eine Entwicklung aus dem Hause RStudio PBC und sowohl ein Package als auch eine Serverumgebung. Ein Shiny-Server bietet die Möglichkeit, Dashboards und Modelle zur Interaktion für Nutzer auf einem Webserver bereitzustellen, so dass sie unter einer URL erreichbar sind. Der Aufwand für eine Applikation ist gering, schon mit wenigen Zeilen Code ist ein Dashboard oder eine Applikation erstellt.

Als Beispiel soll eine Shiny-Applikation genutzt werden, die mit RStudio sozusagen mitgeliefert wird. Dazu wählen Sie in der Menüleiste von RStudio einfach FILE • NEW FILE • SHINY WEB APP. Im Editor wird dann der Code einer App geöffnet, die ein simples Interface zur Manipulation eines Histogramms der Daten des Old Faithful Geysirs enthält (siehe Abbildung 10.17).

Abbildung 10.17 RStudio verändert sich, wenn eine Shiny-App in den Code-Editor geladen wird.

Worum geht es in dem Old-Faithful-Geysir-Datensatz?

Dieser Geysir befindet sich im Yellowstone-Nationalpark in den Vereinigten Staaten von Amerika. Der Datensatz enthält 272 Beobachtungen eines Ausbruchs des Geysirs sowie die Länge des Ausbruchs und die Wartezeit auf einen Ausbruch, beides in Minuten. Übrigens ist nicht unbedingt klar, in welche Richtung man hier denken muss: Geht es um die Wartezeit vor oder nach einem Ausbruch?

Selbstverständlich kann eine Shiny-App auch in eine leere R-Skript-Datei geschrieben werden. Die Endung für ein Skript wie auch für ein Skript ist *.R*, denn eine Shiny-App ist nichts anderes als ein R-Skript. Allerdings ist die Vorlage komfortabel, da bereits die wichtigsten Elemente einer Shiny-App vorhanden sind.

Egal, welche Shiny-App Sie im Editor öffnen, es ändert sich das RUN im Interface in RUN APP (siehe Abbildung 10.17). Klicken Sie darauf, so wird die App aus dem Editor gestartet, sofern kein Fehler auftritt. Ein neues Fenster öffnet sich, in dem die laufende App zu sehen ist (Abbildung 10.18).

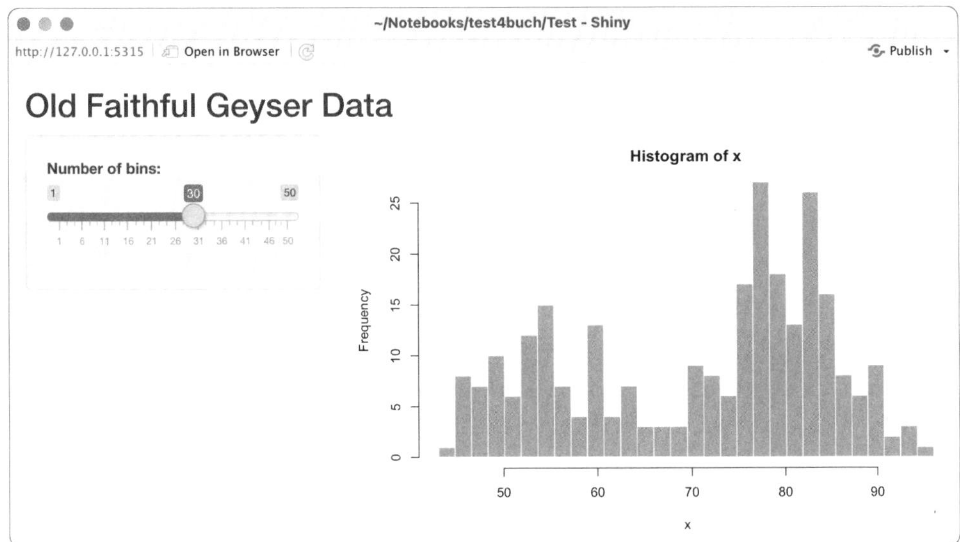

Abbildung 10.18 Die erste Shiny-App

Spielen Sie nun etwas mit dem Slider, um ein Gefühl dafür zu bekommen, wie sich der interaktive Umgang mit dem kleinen Datensatz anfühlt.

Was soll mir das Diagramm sagen?

Falls Sie sich fragen sollten, was Sie in Abbildung 10.18 genau sehen: Ein Histogramm ist die grafische Darstellung einer Häufigkeitstabelle, das heißt. man sieht auf der x-Achse die Wartezeit auf den Ausbruch und auf der y-Achse die Häufigkeit der jeweiligen Wartezeiten. Die große Frage bei einem Histogramm ist, wie grob oder granular die Werte unterteilt werden sollen. Die Anzahl der »bins« ist eine solche Einteilung. Mehr zu Histogrammen erfahren Sie in Kapitel 5, »Explorative Datenanalyse«.

Unter bestimmten Umständen kann es passieren, dass sich ein grauer Schleier über eine Shiny-App legt und unten links eine Meldung zu sehen ist: DISCONNECTED FROM THE SERVER (siehe Abbildung 10.19). Diese Fehlermeldung kann verschiedene Gründe haben:

- Es ist eine Zeitüberschreitung eingetreten, die in den Anwendungseinstellungen definiert ist.
- Es fehlen Objekte, die für das Laufen der App benötigt werden.
- Es dauert zu lange, um etwas zu laden, zum Beispiel Daten.
- Es ist ein anderer, eher seltener Fehler aufgetreten.

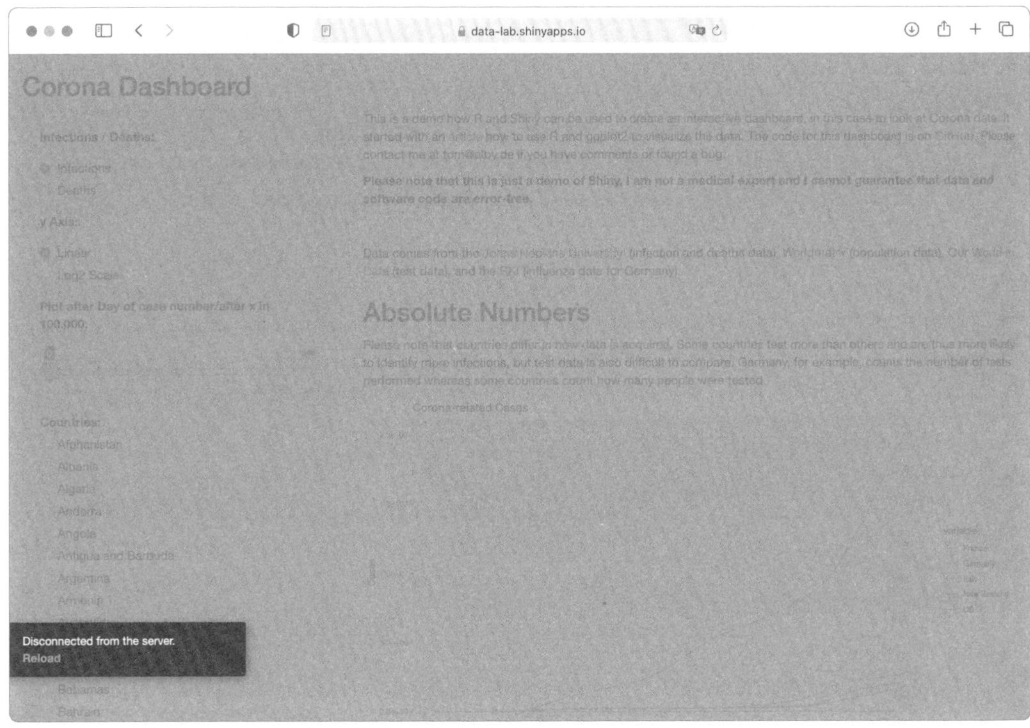

Abbildung 10.19 Not a bug, but a feature: »Disconnected from the server«

Das mit der Zeitüberschreitung passiert auch einfach so, wenn Sie nichts getan haben, oder eben genau deswegen. Nach 10 Minuten oder was auch immer definiert ist, erscheint diese Meldung automatisch, weil kein Benutzer-Input mehr registriert wurde. Wie man so schön sagt: »It's not a bug, it's a feature.«

10.4.2 UI and Server

Den Code für dieses einfache Beispiel schauen wir uns nun genauer an. Eine Shiny-App besteht aus zwei Komponenten, einer UI und einem Server. Dies ist ein wichtiges Konzept, da eine Wechselwirkung zwischen den beiden Komponenten stattfindet. Die UI-Komponente nimmt Eingaben entgegen, übergibt sie an den Server und stellt dann die Ausgabe des Servers wieder in dem Interface dar. Der Server nimmt die Eingaben entgegen, führt Operationen durch und übergibt das Ergebnis wieder an die UI.

Zunächst wird die Library `shiny` geladen:

```
library(shiny)
```

Nun wird das User Interface definiert:

```
ui <- fluidPage(
```

Der hier definierte Titel ist später im Browser-Tab zu sehen:

```
    # Application title
    titlePanel("Old Faithful Geyser Data"),
```

Für die linke Seite wird eine Sidebar definiert, in der ein Slider definiert wird. Der Slider hat den Namen »bins«, der Name `sliderInput()` ist vordefiniert.

```
    # Sidebar with a slider input for number of bins
    sidebarLayout(
        sidebarPanel(
            sliderInput("bins",
                        "Number of bins:",
                        min = 1,
                        max = 50,
                        value = 30)
        ),
```

In der `sliderInput`-Funktion wird außerdem definiert, wo der Slider beginnt (`min`), wo er aufhört (`max`) und was der Startwert ist (`value`). Dann wird für die rechte Seite des Browser-Fensters ein Main Panel definiert. Dort gibt es einen Plot-Output, hier wieder mit einer vordefinierten Funktion, `plotOutput()`, deren Output den Namen `distPlot` hat:

```
        # Show a plot of the generated distribution
        mainPanel(
           plotOutput("distPlot")
        )
    )
)
```

Ab hier wird nun die Serverlogik definiert. Der Server ist eine Funktion, die einen Wert als Eingabe (`input`) verwendet und Werte ausgibt (`output`):

```
server <- function(input, output) {
```

Und nun wird es spannend: Der Input, den wir über die Funktion `sliderInput()` im UI erhalten hatten, wird hier zum Input für den Server. `input$bins` enthält die Eingabe aus dem UI und wird für die Erstellung des Histogramms verwendet. Der Output des Servers wird als neues Objekt definiert, output$distPlot, das – Überraschung – im UI bereits definiert wurde:

```
    output$distPlot <- renderPlot({
        # generate bins based on input$bins from ui.R
        x    <- faithful[, 2]
        bins <- seq(min(x), max(x), length.out = input$bins + 1)

        # draw the histogram with the specified number of bins
        hist(x, breaks = bins, col = 'darkgray', border = 'white')
    })
}
```


Die Funktion shinyApp() erstellt zum Schluss ein Shiny-App-Objekt aus einem UI-Server-Paar:

```
shinyApp(ui = ui, server = server)
```

Fertig ist die erste Shiny-App! Klicken Sie auf RUN APP im RStudio-Interface, und schon können Sie Ihre erste App bewundern.

Natürlich ist hier der eigene Anteil noch gering, und in der Regel wollen Sie vielleicht etwas anderes als ein Histogramm darstellen. Inspiration finden Sie in den Demo-Applikationen von Shiny, die Sie nach dem Laden der Library starten können:

```
runExample("01_hello")
runExample("02_text")
runExample("03_reactivity")
runExample("04_mpg")
runExample("05_sliders")
runExample("06_tabsets")
runExample("07_widgets")
runExample("08_html")
runExample("09_upload")
runExample("10_download")
```

Wenn Sie Lust auf eine Aufgabe haben: Bauen Sie doch eine Shiny-App, bei der Nutzer Alter, Geschlecht und Passagierklasse eingeben können und Ihre App sagt, ob der Nutzer auf der Titanic überlebt hätte (siehe Kapitel 8, »Klassifikation«). Dazu müssen Sie Ihr vorab erstelltes Modell speichern und dann in der App laden. Wie das genau funktioniert, sehen Sie in den Notebooks zu diesem Buch unter *https://alby.link/datascience*.

Kleiner Tipp bei der Erstellung von Shiny-Apps: Achten Sie auf den Output in der Konsole. Wenn irgendetwas schiefläuft, dann sehen Sie es hier – allerdings nur für den lokalen Betrieb.

10.4.3 Veröffentlichen einer Shiny-App aus RStudio

Läuft die Shiny-App auf dem Desktop, kann sie nicht anderen Anwendern zur Verfügung gestellt werden. Das Problem kennen wir schon von der API. Für die Bereitstellung der Shiny-App ist ein Server notwendig. Hierzu bieten sich mehrere Möglichkeiten an.

Die einfachste Möglichkeit ist die, dass bereits ein Shiny-Server zur Verfügung steht. In diesem Fall reicht es, sich in RStudio einzuloggen und in dem eigenen Verzeichnis ein neues Verzeichnis *ShinyApps* anzulegen und die App hier hineinzukopieren. Die App ist dann zu finden unter *<servername>/shiny/<benutzername>*. Es ist empfehlenswert, die App auf dem Server zunächst vom eigenen Benutzerverzeichnis aus zu testen, zusätzlich aber von der URL, unter der die App dann für alle zur Verfügung steht. Nicht selten funktioniert eine App nämlich nur dann, wenn sie von dem Nutzer innerhalb von RStudio ausgeführt wird. Das liegt daran, dass die App unter der URL nicht vom RStudio-Nutzer ausgeführt wird und somit eventuell nicht alle Ressourcen zur Verfügung stehen. Besonders auf absolute Pfade müssen Sie hier achten. Es lohnt sich, sich die Logdateien anzusehen, denn wenn Sie die App über die URL aufrufen, sehen Sie keinen Output in der Konsole. Sie sehen also erst gar nicht, was schiefgelaufen ist. Die Logdateien befinden sich je nach Server an unterschiedlichen Orten, ich würde auf UNIX-Systemen zunächst unter */var/log/* schauen.

Eine weitere Möglichkeit besteht darin, eines der Produkte von RStudio zu nutzen, zum einen RStudio Connect, zum anderen Shiny-Apps. Letzteres erläutere ich in Abschnitt 10.4.5. Dies dürfte die einfachste Möglichkeit sein, eine Shiny-App auf einem Server zu testen und bereitzustellen.

10.4.4 Beispielapplikationen

Im März 2020 war Corona endgültig in Deutschland angekommen. Zu dieser Zeit wurden viele verschiedene Zahlen in den Raum geworfen mit jeweils eigenen Interpretationen. Da die Daten in der Regel öffentlich verfügbar waren, war es ein Leichtes, ein eigenes Corona-Dashboard mit Shiny zu erstellen. Zunächst einmal werden alle Daten geladen, die von der Johns Hopkins University in einem eigenen GitHub Repository zur Verfügung gestellt werden. Dann werden die Daten transformiert, bevor die eigentliche Shiny-App gestartet wird.

Schonend mit Ressourcen umgehen

Das gerade beschriebene Verfahren ist kein optimales Vorgehen, da die Daten dann wirklich bei jedem Aufrufen des Dashboards geladen werden, was die beteiligten Server unnötig belastet. Da das Dashboard aber nur eine Fingerübung war, für das nicht viele Nutzer zu erwarten waren, habe ich keine weitere Anstrengung unternommen, dies zu optimieren. In einer idealen Welt würden die Daten nur einmal täglich heruntergeladen, das Skript müsste also schauen, ob die aktuellen Daten schon auf den eigenen Server heruntergeladen wurden, und sie nur dann aus dem GitHub Repository laden, wenn das nicht der Fall ist. Da die Daten aber in beiden Fällen auf GitHub liegen, sollte dies nicht so das große Problem sein.

Das Ergebnis ist sowohl in Abbildung 10.20 als auch unter dem Link *https://alby.link/coronashiny* zu sehen. Der Code liegt auf GitHub, Sie finden ihn über den Kurzlink *https://alby.link/coronashinygithub*.

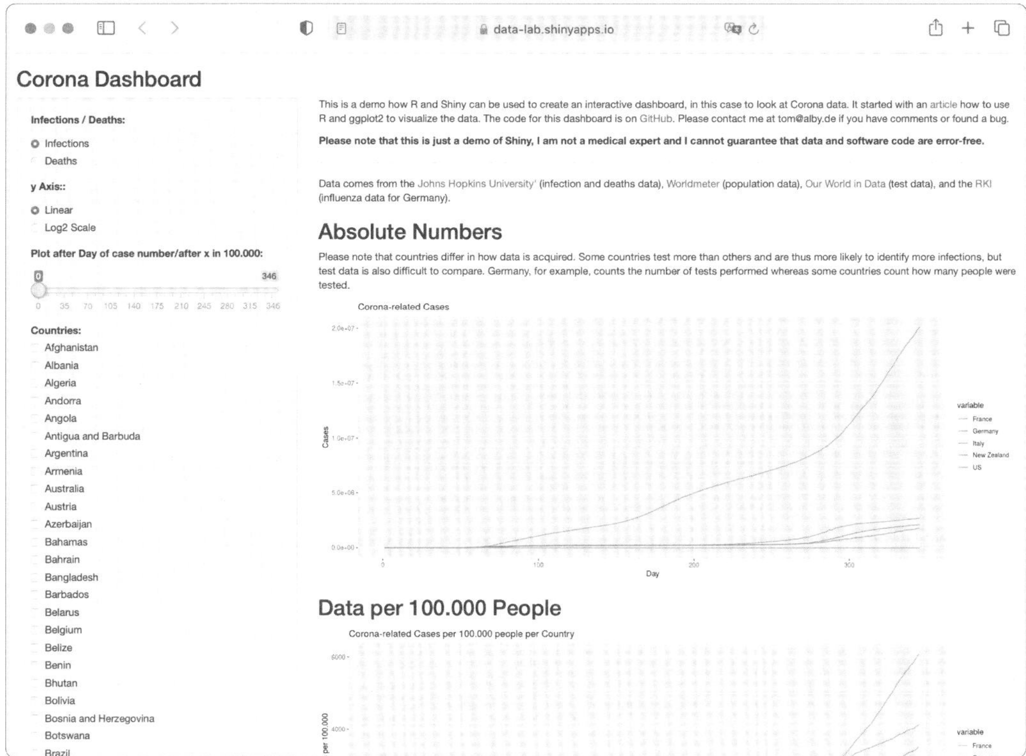

Abbildung 10.20 Das Corona-Dashboard

Ein anderes Beispiel ist der Signifikanzrechner von *abtestguide.com*. Auf dieser Website finden sich mehrere verschiedene Rechner, von denen einige mit Shiny erstellt wurden. Aus dem in Abbildung 10.21 gezeigten Beispiel wird deutlich, wie einfach sich das Design an die eigenen Ansprüche anpassen lässt.

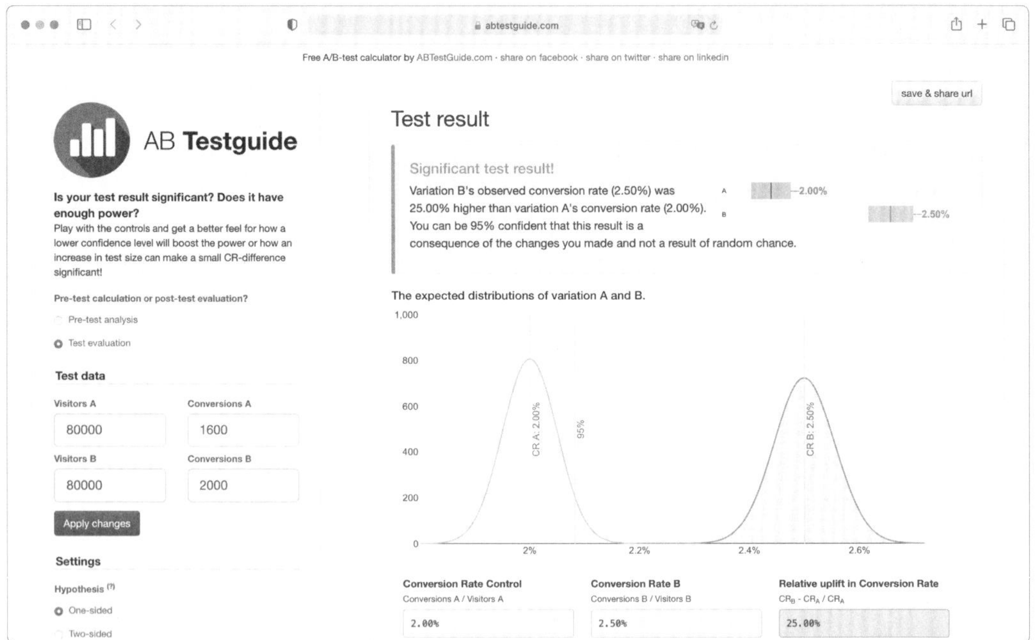

Abbildung 10.21 ABtestguide.com bietet verschiedene Rechner, die mit Shiny realisiert wurden.

10.4.5 ShinyApps.io

Vielleicht haben Sie im vorherigen Abschnitt bereits bemerkt, dass das Corona Dashboard nicht auf meiner Website gehostet wird, sondern auf *shinyapps.io*. Dies ist ein weiteres Angebot von RStudio PBC, der Firma, die auch RStudio und RStudio Cloud entwickelt hat. Anstatt einen eigenen Server installieren und pflegen zu müssen, ist hier bereits für alles gesorgt.

Zur Zeit der Manuskripterstellung existiert ein kostenloses Paket, in dem fünf Applikationen untergebracht werden können. Diese Möglichkeit ist empfehlenswert, da Sie damit alle hier im Buch beschriebenen Schritte über das reine Erstellen der App hinaus nachvollziehen können.

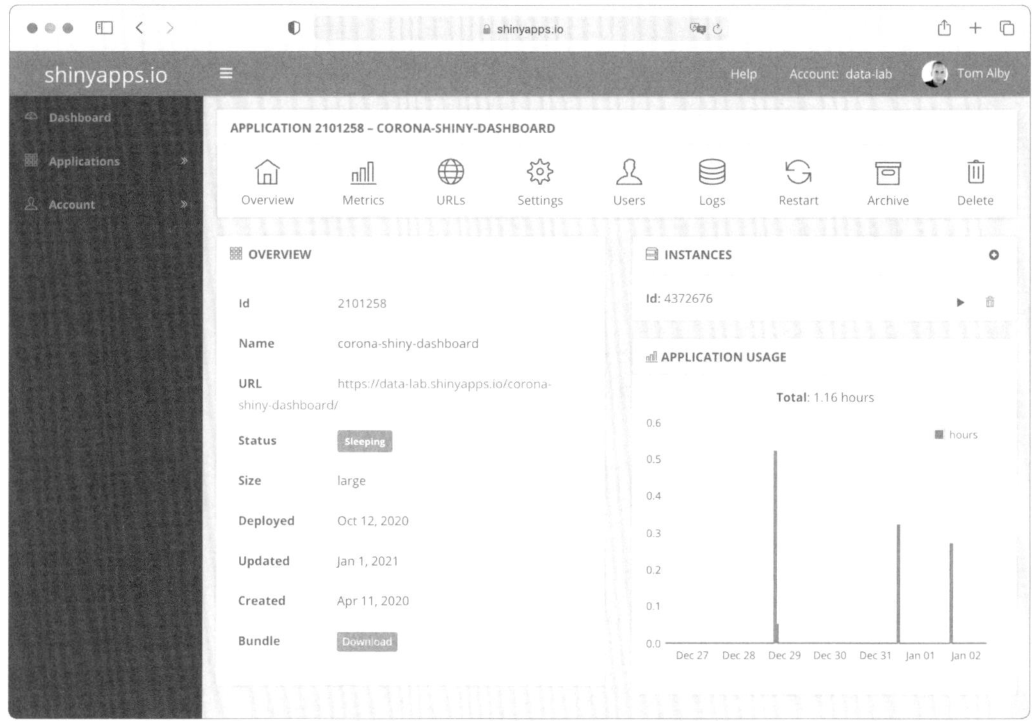

Abbildung 10.22 Das Administrations-Interface von shinyapps.io

In größeren, zahlungspflichtigen Paketen ist es zum Beispiel möglich, eine eigene Domain zu verwenden oder eine Benutzerauthentifizierung bei einem Zugriff zu verlangen. Auch können hier verschiedene Größen der Instanz gewählt werden, auf denen die Shiny-Applikation läuft. Zudem können Sie die Zeitüberschreitungsgrenze modifizieren.

All diese Einstellungen müssten bei einer eigenen Installation mühsam in den Servereinstellungen oder bereits bei der Wahl der Instanz getroffen werden. Hier können Sie sogar relativ einfach von einer Instanzgröße auf eine andere wechseln.

Das kostenlose Paket bietet aber auch bereits einige tolle Möglichkeiten, eine professionell wirkende App zu erstellen. Außerdem existieren Debugging-Möglichkeiten. So können Sie über das Webinterface von *shinyapps.io* die Log-Dateien jeder App einsehen und somit relativ einfach überprüfen, was wohl schiefgelaufen ist, wenn Ihre App einmal nicht richtig laufen sollte.

Der Vorgang, eine App aus RStudio zu veröffentlichen, geht fast automatisch. Sie richten lediglich einen Account bei dem Zielservice ein, und dann können Sie Ihre App auf Knopfdruck veröffentlichen.

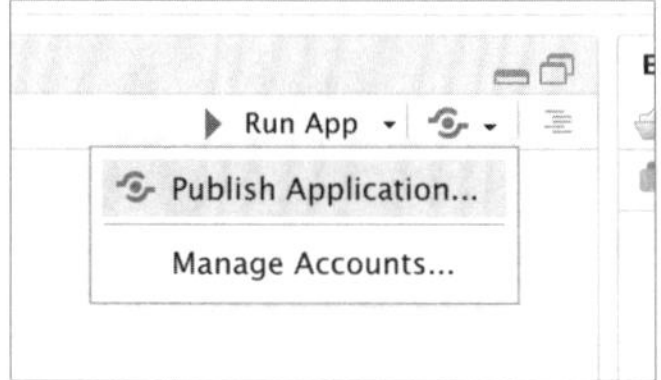

Abbildung 10.23 Im RStudio Interface neben »Run App« befindet sich etwas unscheinbar die Schaltfläche zum Veröffentlichen einer Shiny-App.

Ist noch kein Service oder Account eingerichtet, so wird dieser Schritt automatisch eingefügt, sobald Sie auf die Schaltfläche zur Veröffentlichung einer App geklickt haben (Abbildung 10.24).

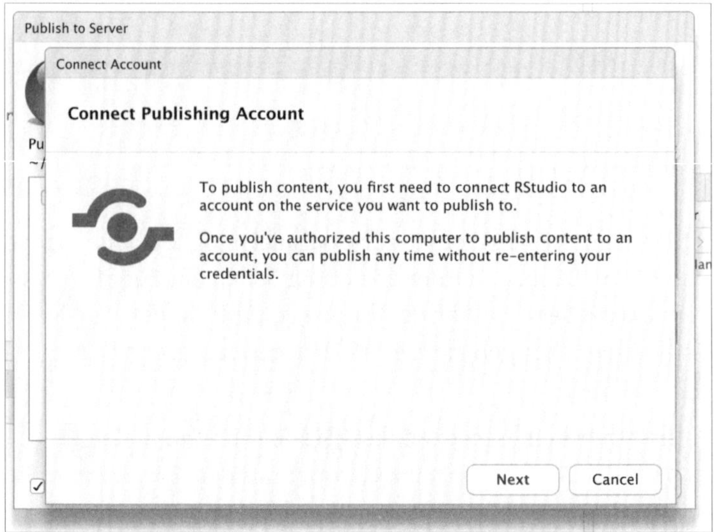

Abbildung 10.24 Ist noch kein Account eingerichtet, so wird dieser Schritt nun eingefügt.

Sie können mehr als ein Konto in RStudio einrichten, was sehr nützlich ist, wenn eine App zum Beispiel erst mal auf einem Staging-Server eingerichtet werden soll. Ein solcher Staging-Server wird genutzt, um eine Software in einer Umgebung zu testen, die der eigentlichen Live-Umgebung gleicht. Ebenso können Sie mehrere verschiedene Accounts für unterschiedliche Projekte nutzen.

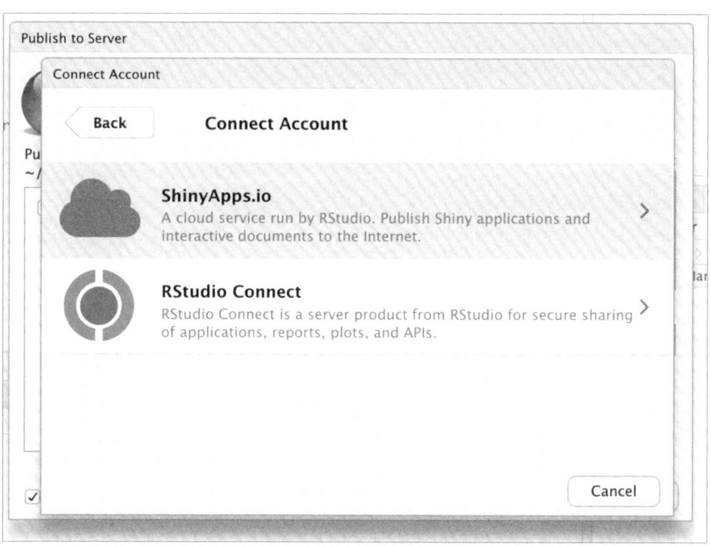

Abbildung 10.25 Auswahl zwischen ShinyApps.io und RStudio Connect

Damit sich RStudio mit shinyapps.io verbinden kann, wird ein Token benötigt. Dieses finden Sie in der shinyapps.io-Oberfläche unter ACCOUNT • TOKENS. Sie können mehrere Tokens erstellen. Ein Token enthält ein »Secret«, das Sie nur sehen, wenn Sie auf SHOW und dann SHOW SECRET klicken (siehe Abbildung 10.26)!

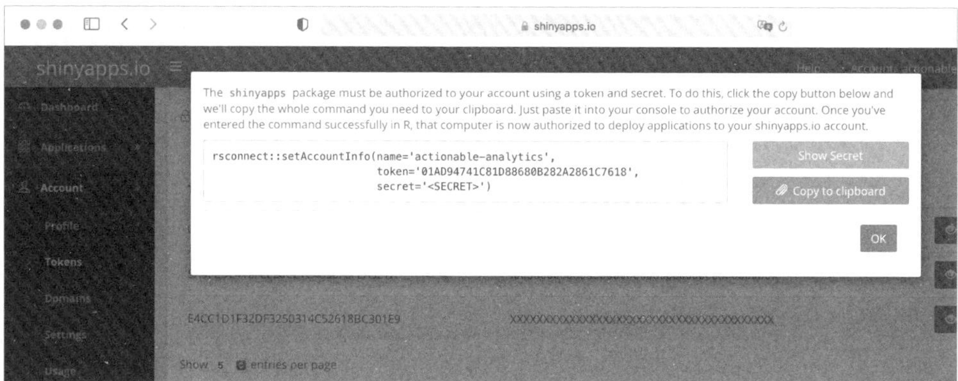

Abbildung 10.26 Das Token, hier mit dem nicht sichtbaren Secret

Den gesamten Text in dem nun zu sehenden Fenster müssen Sie kopieren und später in RStudio einfügen (siehe Abbildung 10.27, in diesem Beispiel habe ich mein Token natürlich entfernt).

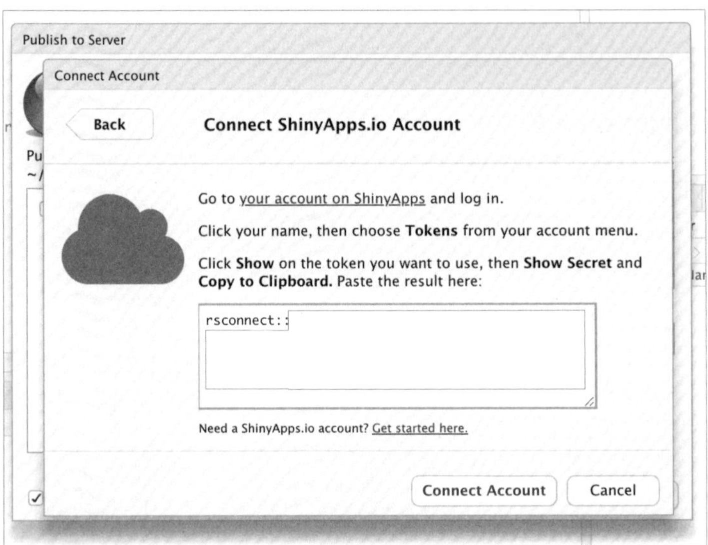

Abbildung 10.27 Das Token wurde aus dem Bildschirmfoto entfernt.

Klicken Sie auf CONNECT ACCOUNT, so dass überprüft werden kann, ob die Verbindung funktioniert.

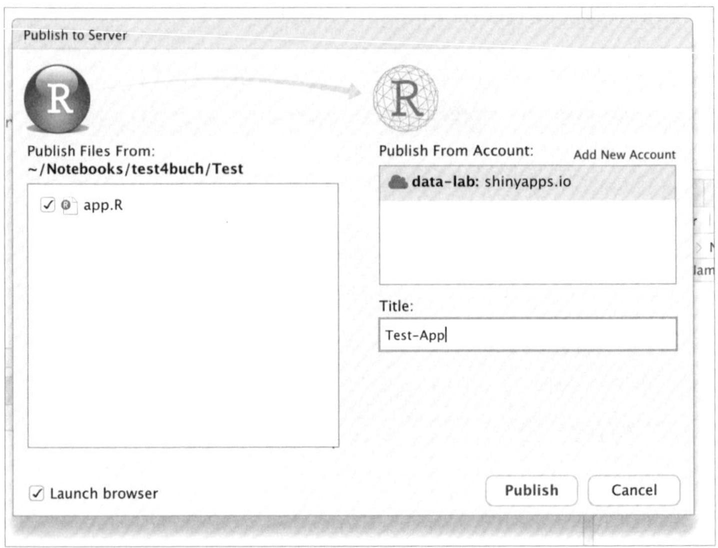

Abbildung 10.28 Auswahl der Dateien, die ausgewählt werden, und eines Namens für die App

Zu guter Letzt geben Sie der App einen Namen und wählen aus, welche der Dateien veröffentlicht werden soll. Drücken Sie dann den PUBLISH-Knopf, so kann es einige Minuten dauern, bis die App auf shinyapps.io unter ihrer eigenen URL aufgerufen werden kann. Auch auf diesen letzten Metern kann es noch zu Problemen kommen; so kann es passieren, dass ein Image nicht auf einer Instanz läuft. In diesem Fall lohnt sich wie oben beschrieben der Blick in die Logs, um herauszufinden, woran dies liegen kann.

Läuft alles, dann werden Sie sich eventuell bei einem späteren Aufruf der URL wundern, warum es so lange dauert, bis Ihre Applikation sichtbar ist. Dies liegt daran, dass Ihre App nicht ständig läuft, sondern bei Nichtbenutzung »schlafen gelegt« wird. Sie sehen das im Interface von shinyapps.io: Apps sind entweder »running«, »sleeping« oder »archived«. Je nachdem, welches Paket Sie genommen haben, dauert das Aufwecken Ihrer App etwas länger, beim kostenlosen Paket dauert es am längsten. Die Zeit, die Ihre Apps »running« sind, fließt in die Berechnung der »Active Hours« ein. Jedes Paket bietet nur eine bestimmte Anzahl von »Active Hours« an. Für die ersten Experimente sollten die 25 Stunden des kostenlosen Pakets aber auf jeden Fall ausreichen.

Kapitel 11
Ethischer Umgang mit Daten und Algorithmen

»Zu sagen, dass man keine Privatsphäre benötigt, weil man nichts zu verbergen hat, ist so, als würde man sagen, dass man keine freie Meinungsäußerung braucht, weil man nichts zu sagen hat.« (Edward Snowden, 2015, eigene Übersetzung)[1]

11

11.1 Datenschutz

Als Data Scientists haben wir eher ein Verständnis davon, was mit Daten geschieht und was aus ihnen werden kann, als der Normalbürger. Dies bringt auch eine Verantwortung mit sich, denn egal, was für Daten Sie verarbeiten wollen, nur weil Ihnen die Daten zur Verfügung stehen oder weil etwas technisch funktioniert, bedeutet das nicht, dass es auch rechtlich erlaubt war, diese Daten zu erheben, geschweige denn, sie überhaupt zu nutzen. Egal, ob Sie Daten für ein Unternehmen oder den Staat sammeln, ob Sie die Daten auswerten, oder ob Sie selbst das »Untersuchungsobjekt« sind, Datenschutz erfordert die Mitwirkung aller Parteien.

Die Diskussionen um die Corona-Warn-App und die Luca-App in Deutschland zeigen, wie zwiespältig die Verwendung von persönlichen Daten ist. So gilt die Corona-Warn-App als Musterbeispiel für Datenschutz, für die Luca App forderte der Chaos Computer Club eine Bundesnotbremse.[2] Dass digitale Mittel helfen können, die Kontaktverfolgung zu vereinfachen, ist offensichtlich, aber heiligt der Zweck die Mittel?

11.1.1 Die Entwicklung des Datenschutzes am Beispiel von Deutschland

Deutschland gilt als besonders streng in Bezug auf Datenschutz, zumindest ist das die Außensicht.[3] Aber woher kommt diese Sicht? Auch hier lohnt ein Blick zurück in die

1 Das Zitat stammt aus einem Reddit-Thread, siehe *https://alby.link/snowden*.

2 *https://www.ccc.de/de/updates/2021/luca-app-ccc-fordert-bundesnotbremse*

3 *https://www.dotmagazine.online/issues/security/germany-land-of-data-protection-and-security-but-why*

Vergangenheit. Denn hierzulande wurde in den 1980er-Jahren eine Volkszählung des Staates durch Initiativen von Gruppen aus einer breiten politischen Allianz aufgehalten und dann auch noch durch das Bundesverfassungsgericht gestoppt. Hintergrund des Boykotts war vor allem, dass die geplante Volkszählung personenbezogene Angaben enthielt und eine Anonymität nicht gewährleistet werden konnte. Der Staat sollte nicht so viele Informationen über jeden einzelnen erhalten, so der Wunsch der Protestierenden. Wenige Jahrzehnte vor der Volkszählung 1983 hatte das Nazi-Regime in Deutschland sensible Daten über seine Bürger gesammelt, bereits vorher existierten zum Beispiel Listen über Homosexuelle bei Polizeibehörden (»Rosa Liste«). Zum Zeitpunkt der geplanten Volkszählung existierte zudem die Deutsche Demokratische Republik, in der staatliche Stellen ebenso alles sammelten, was über angeblich verdächtige Bürger in Erfahrung gebracht werden konnte. Die Deutschen waren demnach sensibilisiert und fühlten sich wegen der Sammelwut des Staates unwohl.

Das bis zu dem Volkszählungsurteil geltende Bundesdatenschutzgesetz wurde vom Bundesverfassungsgericht als nicht ausreichend eingeschätzt. Die Richter begründeten ihre Entscheidung damit, dass Menschen sich anders verhalten, wenn sie vermuten, dass sie beobachtet werden (*Panoptismus*). Aus der Urteilsbegründung:

> *Freie Entfaltung der Persönlichkeit setzt unter den modernen Bedingungen der Datenverarbeitung den Schutz des Einzelnen gegen unbegrenzte Erhebung, Speicherung, Verwendung und Weitergabe seiner persönlichen Daten voraus. Dieser Schutz ist daher von dem Grundrecht des Art. 2 Abs. 1 in Verbindung mit Art. 1 Abs. 1 GG umfasst. Das Grundrecht gewährleistet insoweit die Befugnis des Einzelnen, grundsätzlich selbst über die Preisgabe und Verwendung seiner persönlichen Daten zu bestimmen.*

Das Bundesverfassungsgericht formulierte damit das Recht auf *informationelle Selbstbestimmung*. Jeder Einzelne soll selbst entscheiden können, welche seiner Daten preisgegeben werden und wie sie verwendet werden sollen. Die für 1983 geplante Volkszählung fand 1987 mit einem reduzierten Fragenkatalog statt. Immer noch lief diese Volkszählung so ab, dass Beamte oder Beauftragte die Bürger zu Hause besuchten, um die Daten zu erheben. Einige der Fragen in diesem Fragebogen sind auch aus heutiger Sicht höchst sensibel, zum Beispiel die nach der Religion.

Was aber bedeutet das für Data-Science-Projekte, wenn ein Mensch selbst entscheiden kann, ob seine Daten gesammelt und wie sie verarbeitet werden dürfen? Wenn ein Teil der Population in den Daten fehlt, also der Teil, der keine Daten teilen möchte, wie kann dann noch eine Vorhersage über die gesamte Population erstellt werden?

Verzerrungen

Was also tun, wenn nur ein Teil der Untersuchungsmenge Daten bereitstellt? Genau diese Herausforderung hat zum Beispiel die Webanalyse (siehe vor allem Alby 2019). Wenn Nutzer bei einem Besuch auf einer Website vorab die Wahl haben, ob sie getrackt werden wollen, und ihr Einverständnis aktiv durch einen Klick kundtun müssen, dann ist die Wahrscheinlichkeit, dass dies auch passiert, wahrscheinlich geringer als der Fall, dass jemand nicht extra ein Häkchen setzt. Was aber sagen die dann gesammelten Daten aus über die Gesamtmenge aller Nutzer? Sind diese Nutzer dann nicht irgendwie »anders« als andere Nutzer? Hier können zum Beispiel Logdateien helfen, das Delta zu identifizieren. Dies wird allerdings selten durchgeführt, so dass nur die Daten analysiert werden, die bequem erhoben werden konnten.

In der Statistik wird dies auch als *Convenience Sampling* bezeichnet, auf Deutsch etwa Bequemlichkeitsstichprobe. Dies ist keine repräsentative Stichprobe, so dass von ihr auch nicht auf die Grundgesamtheit geschlossen werden kann. Handelt es sich bei denjenigen, die sich nicht tracken lassen, um einen kleinen Anteil, so spielt dies weniger eine Rolle.

Eine andere relevante Verzerrung in diesem Zusammenhang ist die zugunsten der Überlebenden (*Survivorship Bias*), bei der nur diejenigen in die Stichprobe kommen, die ein Kriterium erfüllen, daraus dann aber Fehlschlüsse gezogen werden. Der Begriff stammt aus dem Zweiten Weltkrieg, als britische Bomber, die aus der Schlacht zurückkehrten, an den Stellen verstärkt werden sollten, an denen die meisten Einschusslöcher gefunden wurden. Ein Statistiker widersprach, dass es viel sinnvoller sei, die Stellen zu verstärken, an denen es keine Schäden gab, denn dortige Schäden scheinen Flieger davon abgehalten zu haben, zu ihrer Basis zurückzukehren.

11.1.2 Gesetze sind das eine, das eigene Verhalten das andere

Fast jeder zweite Deutsche nutzt Facebook zumindest selten,[4] 97 % der 18- bis 29-Jährigen nutzen WhatsApp, selbst bei den 50- bis 69-Jährigen liegt der Anteil noch bei 79 %,[5] und der Marktanteil von Google bei den Suchmaschinen liegt bei über 90 %, wobei fast

4 *https://de.statista.com/statistik/daten/studie/771429/umfrage/weitester-nutzenkreis-von-facebook-in-deutschland*

5 *https://de.statista.com/statistik/daten/studie/1020886/umfrage/whatsapp-nutzung-nach-altersgruppen-in-deutschland*

die Hälfte der Deutschen mindestens einmal die Woche eine Suchmaschine nutzt.[6][7] Diese Daten sehen für andere Länder sehr ähnlich aus. Bei all diesen Diensten ist offensichtlich, dass Daten über die Nutzer gesammelt werden. Mehr als die Hälfte der Deutschen macht sich immer noch große bis sehr große Sorgen vor einem Missbrauch persönlicher Daten im Netz, doch sprechen die Nutzungsdaten der großen Dienste eine andere Sprache. Natürlich bekommen Nutzer der großen Internetkonzerne einiges zurück, kostenlose Suche, kostenlose E-Mail, kostenlose Videos, aber, wie es so schön heißt, wenn ein Service kostenlos ist, dann ist der Nutzer selbst die Ware. Aber ist es wirklich so, dass die Nutzer gerne bereit sind, ihre Daten zu teilen, wenn sie dafür nur etwas kostenlos bekommen können?

Heute wird ein Vielfaches der Daten gesammelt im Vergleich zu früheren Volkszählungen. Daten werden heute schneller gesammelt, in größeren Mengen, und eventuell auch viel länger, als einem Nutzer das eventuell klar ist, gespeichert. Während die Konsequenzen einer Volkszählung im Jahr 1983 vor allem die Angst schürte, was der Staat mit solchen Daten anfangen könnte, sind die Konsequenzen eines laschen Umgangs mit den eigenen Daten heute eher abstrakt. Gesellschaft, Politik und Gesetzgebung sind sich der Langzeitfolgen dieser neuen Datensammlungen und der daraus entstehenden Möglichkeiten nicht im Klaren, zumal sich die Technologie zur Datensammlung und -auswertung schneller weiterentwickelt, als wir und insbesondere die Rechtsprechung hinterherkommen können.

In den folgenden Abschnitten finden Sie einige Beispiele für Datenschutzverletzungen, die sich auch aus Problemen mit Machine-Learning-Algorithmen ergeben haben.

Was das Sammeln von Nutzungsdaten konkret bedeutet, können Sie bei Google transparent nachvollziehen, sofern Sie diese Funktion nicht deaktiviert haben. In Abbildung 11.1 sind die Interessen zu sehen, die ich angeblich habe, zusammengestellt von Google auf Basis der Nutzung der Suchmaschine, YouTube und Websites, auf denen Google-Produkte eingebunden sind, sei es Google Analytics, sei es Google AdSense, ein Programm zur automatischen Ausspielung von Werbung. So werden Präferenzen für bestimmte Inhalte protokolliert und daraus ein Profil erstellt, dass dann Werbetreibenden zur Verfügung gestellt wird. Natürlich anonym, die Werbetreibenden können lediglich *Targeting*-Optionen spezifizieren, zum Beispiel »männlich, zwischen 40 und 50, interessiert an Computerhardware«.

6 *https://de.statista.com/statistik/daten/studie/1758/umfrage/aussagen-zum-thema-datenschutz-in-deutschland*

7 *https://de.statista.com/statistik/daten/studie/183133/umfrage/nachrichten-und-informationen---internetnutzung/#statisticContainer*

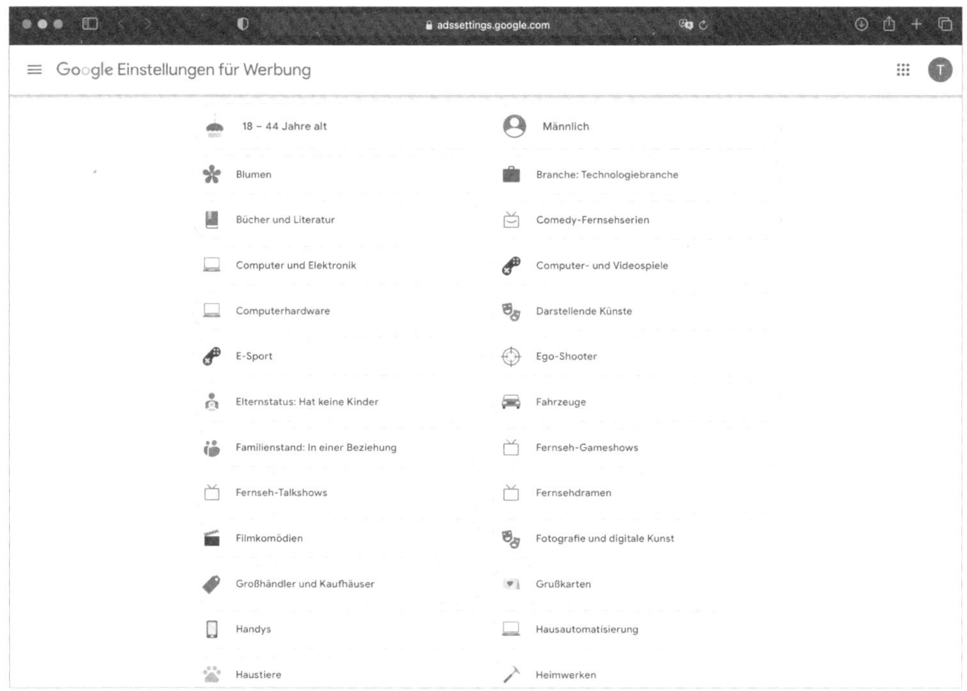

Abbildung 11.1 Google Ad Preferences – in diesem Fall nicht besonders treffsicher

Aus Machine-Learning-Sicht ist diese Einteilung in Interessenskategorien hochinteressant, siehe Kapitel 7, »Clustering«, und Kapitel 8, »Klassifikation«, schließlich werden hier unterschiedliche Datenpunkte zu Mustern gewebt, auch wenn sie in diesem Fall nicht sehr treffgenau sind.[8] Erstaunlich ist, wie viele Datenpunkte Google hier für alle Nutzer und Nutzerinnen im Web auswertet, die irgendwo im Netz auf einen Punkt treffen, der mit Google verdrahtet ist, und das ist sehr häufig. Milliarden von Datenpunkten jeden Tag, die dazu verhelfen, dass wir relevantere Werbung sehen. Aber in diesem Abschnitt sollen vor allem die Datenschutz-Aspekte beleuchtet werden.

Wer meint, dass sich Google dieser Daten ohne Ihr Einverständnis bemächtigt hätte, der irrt. Denn vor der Nutzung von Google und auch vieler Websites hat man sich mit der Sammlung dieser Daten einverstanden erklärt, das stand alles in den Nutzungsbedingungen und Datenschutzerklärungen, die zumindest im Normalfall vor der Nutzung

8 Was sehr wahrscheinlich an der geringen Nutzung des Google-Accounts liegt, den ich hier als Beispiel genutzt habe. Ich spiele keine Computerspiele, ich habe keinen Fernsehanschluss, dafür aber Kinder. Ich interessiere mich kein bisschen für Fahrzeuge, Blumen oder Haustiere. Beim Alter fühle ich mich geschmeichelt.

der Dienste bestätigt werden müssen. Dass es die meisten Leute nicht so genau nehmen mit der Lektüre dieser mitunter wenig unterhaltsamen Texte, zeigt das Beispiel der allgemeinen Geschäftsbedingungen eines WLAN-Betreibers: Durch die Zustimmung erklärten sich die Nutzerinnen und Nutzer damit einverstanden, die Toiletten bei einem Musikfestival zu putzen; 22000 Personen hatten damit entweder kein Problem oder die AGB nicht durchgelesen (Burfeind 2017). Nicht immer kann eine Einverständniserklärung so einfach widerrufen oder eine Datensammlung mit einem Klick gestoppt werden wie in dem Beispiel des Dashboards der Google Ad Settings.

Kann aber wirklich nichts Schlimmes passieren, wenn Internetkonzerne unsere Daten haben? Ein bekanntes Phänomen, das durch das Erstellen von Profilen ermöglicht wird, ist das des sogenannten *Differential Pricings*, bei dem manchen Nutzern basierend auf ihrem Profil höhere Preise angezeigt werden als anderen Nutzern (Clifford 2012). Cookies löschen hilft, so der häufige Rat, aber heutzutage sind Cookies nicht einmal mehr notwendig, um einen Nutzer *tracken* zu können. Und die oben beschriebenen Mechanismen, die zum Beispiel Google bietet, haben Nebenwirkungen. Datta et al. haben dazu 2015 einen bemerkenswerten Artikel veröffentlicht, in dem sie Experimente beschreiben, wo Websites über Drogenmissbrauch besucht wurden, woraufhin sich die angezeigte Werbung änderte, aber nicht die Google Ad Settings. Schlimmer noch, wenn ein Profil von »männlich« auf »weiblich« geändert wurde, so waren weniger Anzeigen für hochbezahlte Jobs sichtbar im Vergleich zu vorher. Dieses sogenannte *Profiling* werde ich in Abschnitt 11.2 detailliert behandeln.

Doch nicht nur Google und Co. sammeln Daten. Der Grünen-Politiker Malte Spitz hatte 2019 T-Mobile[9] verklagt, die über ihn gesammelten Vorratsdaten herauszugeben (Wilkens 2011). Herausgekommen ist nach der Herausgabe ein Bewegungsprofil, das die Wochenzeitung DIE ZEIT in einer prämierten Analyse interaktiv zur Verfügung gestellt hat.[10] Man sieht, wann sich Spitz wo wie lange aufgehalten hat, und zwar mit mehreren Aktualisierungen pro Stunde, ein halbes Jahr lang. In dieser Darstellung fehlen die Daten, mit wem Spitz kommuniziert hat, aber wäre er in den Fokus von Strafverfolgungsbehörden geraten, stünden diese Daten auch zur Verfügung.

Dass Internet-Provider für mehrere Monate speichern, mit welcher IP-Adresse wir im Netz unterwegs sind, sollte bekannt sein. Im Falle eines Falles kann auch hier verlangt werden, dass die Person hinter einer IP-Adresse den Ermittlungsbehörden mitgeteilt wird. Doch nicht jeder, der Telekommunikationsdienste nutzt, ist sich genau dieser Datensammlungen bewusst, denn nicht jeder ist sich auch der technischen Möglichkeiten bewusst, die heute existieren, um eine vermeintlich anonyme Person doch zu iden-

9 Heute Telekom.

10 *https://www.zeit.de/datenschutz/malte-spitz-vorratsdaten*

tifizieren. Wir hinterlassen nicht nur willentlich eine Datenspur, indem wir auf Facebook etc. unterwegs sind, sondern auch einen Datenschatten, das heißt, wir hinterlassen Daten, von denen wir vielleicht nicht einmal wissen, dass sie gesammelt werden.

Das Argument, dass man ja nichts zu verbergen habe, hält sich leider hartnäckig in der Debatte um Datenschutz. In jedem Semester und in jedem Kurs, den ich gebe, lasse ich die Teilnehmer und Teilnehmerinnen einmal aufschreiben, wo sie an dem jeweiligen Tag schon »getrackt« wurden. Früher führte das zu einer teilweisen Verhaltensänderung, heute wird diese Übung mit einem müden Lächeln erwidert. Aber jeder von uns hat etwas zu verbergen, auch wenn man das vielleicht zunächst nicht glauben mag.[11] Und wie schnell etwas danebengehen kann, wenn Daten in falsche Hände kommen, hat man im Oktober 2020 gesehen, als in Finnland psychotherapeutische Krankenakten gehackt wurden, darunter die von hochrangigen Politikern (Reinvere 2020).

Daten müssen auch nicht unbedingt von externen Hackern entwendet worden sein, die Gefahr kann auch von innen lauern. So meldete der RoboAdvisor Scalable Capital im Oktober 2020, dass es Zugriff auf Kundendokumente gab durch Zuhilfenahme von unternehmensinternem Wissen (von Westernhagen 2020). Und wer glaubt, dass das alles Ausnahmen sind: Auch Google hatte ein *Leak*, bei dem die in der Google Cloud gespeicherten Fotos zum Teil in die Bibliotheken anderer Nutzer wanderten (Brewster 2020).

11.1.3 Was bedeutet Datenschutz für Data-Science-Projekte?

Kein Data Scientist möchte, dass sein Auftraggeber oder er selbst verklagt wird, weil Nutzerdaten plötzlich im Netz heruntergeladen werden können oder weil sich herausstellt, dass Daten genutzt wurden, die gar nicht hätten erhoben werden dürfen. Auch die Vorstellung, dass ein entworfenes Modell Menschen diskriminieren könnte wie in dem genannten Beispiel, wird hoffentlich allen Datenwissenschaftlern bewusst machen, welche Verantwortung hier auf einem lastet.

Diesen Kasten bitte nicht überspringen

Das Thema Datenschutz ist so komplex, dass es mindestens ein eigenes Buch füllen würde. Dieses Kapitel stellt auch keine Rechtsberatung dar, es bietet Hintergrundinformationen und Impulse, die zum Nachdenken über den Umgang mit Daten und den Rechten der Betroffenen anregen sollen. Jede Datenschutzfrage, die sich in einem Projekt ergibt, muss mit einem sachkundigen Fachmann beraten werden.

11 Und wenn Sie nichts zu verbergen haben, dann schicken Sie mir doch bitte per E-Mail alle Ihre Zugänge und Passwörter für die Dienste im Netz, die Sie nutzen. Ich werde das gerne für Sie überprüfen.

In diesem Abschnitt werde ich Fragestellungen beleuchten, die in den letzten Jahren in meinen Projekten aufgetaucht oder in der Fachliteratur diskutiert worden sind. Darüber hinaus kann es viele weitere Fragestellungen geben, die hier nicht behandelt werden. Und natürlich können seit der Fertigstellung dieses Manuskripts Gerichtsurteile gefällt worden sein, die die hier dargestellten Sachverhalte noch einmal anders beleuchten.

Doch es müssen gar nicht so drastische Beispiele für Datenschutzverletzungen und schädliche Modelle sein, auch »kleinere« Datenschutzvergehen können zu empfindlichen Strafen führen. Unwissenheit schützt vor Schaden nicht. Und auch wenn das Google-Beispiel den Anschein macht, dass im Prinzip alle Daten gesammelt werden dürfen, wenn man nur die Einwilligung eingeholt hat, so ist dies ein Missverständnis.

Die Datenschutzgrundverordnung (DSGVO), die 2016 verabschiedet wurde und nach einer Übergangszeit in Kraft trat, geht von mehreren Prinzipien aus. Personenbezogene Daten müssen, laut Artikel 5:

> *auf rechtmäßige Weise, nach Treu und Glauben und in einer für die betroffene Person nachvollziehbaren Weise verarbeitet werden (Verordnung EU 2016/679)*

Es ist also notwendig, dass Betroffene, deren Daten erhoben werden sollen, um Erlaubnis gebeten werden und ihnen in verständlicher Sprache erläutert wird, was mit den Daten geschieht. Hier können keine oberflächlichen Gründe angegeben werden, warum die Daten gesammelt werden. Das bedeutet auch, dass für Daten, die zu einem früheren Zeitpunkt gesammelt wurden, aber ohne diese DSGVO-konforme Einwilligung, keine Möglichkeit besteht, sie zu verwenden.

Die »nachvollziehbare« Weise wirft Fragen auf. Wie kann zum Beispiel die Arbeit von künstlichen neuronalen Netzen noch nachvollziehbar sein? Und wer zum Beispiel wissen möchte, wie der eigene Schufa-Score zustande kommt, der möge bitte einmal die Schufa kontaktieren und danach fragen, wie der Algorithmus nachvollziehbar funktioniert. Transparente Modelle habe ich schon in Kapitel 2, »Machine Learning, Data Science und künstliche Intelligenz«, diskutiert.

Weiter heißt es: Personenbezogene Daten müssen:

> *für festgelegte, eindeutige und legitime Zwecke erhoben werden und dürfen nicht in einer mit diesen Zwecken nicht zu vereinbarenden Weise weiterverarbeitet werden*

Wurde die Genehmigung der Datennutzung also für einen bestimmten Zweck erteilt, so dürfen die Daten im Prinzip nicht für einen anderen Zweck verwendet werden. Beispiel: Ein Onlinehändler muss offensichtlich Daten über verkaufte Produkte und deren Käufer verarbeiten, um eine Rechnung stellen und gegebenenfalls zu einem späteren Zeitpunkt auch Gewährleistungsansprüche bearbeiten zu können. Ist nicht die Erlaubnis für weitere Zwecke wie die Verarbeitung der Daten zur Verbesserung von Empfehlungen auf der Website erteilt worden (oder etwas oberflächlicher »zur Verbesserung des Angebotes«), so dürfen die Daten zunächst einmal nicht genutzt werden. Und das gilt auch, wenn die Daten für eine Warenkorbanalyse verwendet werden, aus der gar keine Angebote für den Betroffenen generiert werden sollen, sondern nur die Qualität der Empfehlungen für andere Kunden verbessert wird. Die Frage ist, ob die Nutzung wiederum erlaubt ist, wenn die Daten komplett anonymisiert werden. Wie kann sichergestellt werden, dass keine Empfehlung auf einen einzelnen Nutzer zurückgeführt werden kann? Dass das gar nicht so einfach ist, zeigt das Beispiel des AOL-Datensatzes, den ich in einem der vorherigen Kapitel kurz beschrieben habe. Die Nutzerdaten waren komplett anonymisiert, doch allein auf Basis der Suchanfragen konnten Nutzer identifiziert werden.

Darüber hinaus müssen personenbezogene Daten

> *dem Zweck angemessen und erheblich sowie auf das für die Zwecke der Verarbeitung notwendige Maß beschränkt sein (»Datenminimierung«).*

Dies bedeutet, dass es in der Regel nicht gesetzlich erlaubt ist, alle Daten zu sammeln, die man interessant findet. Man muss sich vorab also sehr genau überlegen, warum man welche Daten sammelt. Daten, die zuvor gesammelt wurden, ohne diese Bedingung zu erfüllen, dürfen im Prinzip also auch nicht genutzt werden.

Weiter heißt es, dass personenbezogene Daten

> *sachlich richtig und erforderlichenfalls auf dem neuesten Stand sein [müssen]; es sind alle angemessenen Maßnahmen zu treffen, damit personenbezogene Daten, die im Hinblick auf die Zwecke ihrer Verarbeitung unrichtig sind, unverzüglich gelöscht oder berichtigt werden (»Richtigkeit«).*

Es wäre sicherlich spannend zu wissen, ob Google die offensichtlich falsch eingeordneten Präferenzen auf meinen Wunsch hin korrigieren würde, als ehemaliger Google-Mitarbeiter sehe ich die Chance hierfür als gering an. Aber ein falscher Eintrag in anderen Datenbeständen kann zu viel größeren Problemen führen als nur zu irrelevanter Werbung. So macht auch die Schufa Fehler, die ernste Konsequenzen für die Betroffenen haben (Kollenbroich 2018).

Gleichzeitig dürfen Daten lediglich:

> *in einer Form gespeichert werden, die die Identifizierung der betroffenen Personen nur so lange ermöglicht, wie es für die Zwecke, für die sie verarbeitet werden, erforderlich ist*

Im Beispiel des Händlers können die Daten zu der Person also zum Beispiel so lange gespeichert werden, wie es zum Beispiel für die Durchführung eines Umtauschs im Rahmen der gesetzlichen Gewährleistung notwendig ist, sofern keine andere Einwilligung gegeben wurde. Ob die Daten danach anonymisiert in einem Data-Science-Projekt verwendet werden können, ist jedoch von einem Datenschützer zu beantworten.

Daten müssen außerdem

> *in einer Weise verarbeitet werden, die eine angemessene Sicherheit der personenbezogenen Daten gewährleistet, einschließlich Schutz vor unbefugter oder unrechtmäßiger Verarbeitung und vor unbeabsichtigtem Verlust, unbeabsichtigter Zerstörung oder unbeabsichtigter Schädigung durch geeignete technische und organisatorische Maßnahmen (»Integrität und Vertraulichkeit«).*

Im vorherigen Abschnitt habe ich mehrere Beispiele genannt, wo Daten »geleakt« wurden. Data Scientists sind nicht unbedingt zugleich Sicherheitsexperten, und wenn Daten und Modelle in einer Cloud liegen, so ist auch hier von Experten zu prüfen, ob sie so gesichert ist, dass nicht von Externen auf sie zugegriffen werden kann.

Hinzu kommen besonders schützenswerte personenbezogene Daten, auch »besondere Kategorien« von Daten genannt:

> *Die Verarbeitung personenbezogener Daten, aus denen die rassische und ethnische Herkunft, politische Meinungen, religiöse oder weltanschauliche Überzeugungen oder die Gewerkschaftszugehörigkeit hervorgehen, sowie die Verarbeitung von genetischen Daten, biometrischen Daten zur eindeutigen Identifizierung einer natürlichen Person, Gesundheitsdaten oder Daten zum Sexualleben oder der sexuellen Orientierung einer natürlichen Person ist untersagt.*

Auch hier gibt es Ausnahmen, jedoch in sehr engen Grenzen.

11.1.4 Die Datenschutz-Folgeabschätzung

Um die Risiken für Betroffene einschätzen zu können, haben sich die Datenschutz-Aufsichtsbehörden europaweit auf Kriterien zur Einschätzung dieser Risiken geeinigt; treffen aus dem folgenden Katalog mindestens zwei Kriterien zu, so besteht ein hohes Risiko. Die Kriterien sind, extrahiert von Rost (2019):

- Bewerten oder Einstufen
- automatische Entscheidungsfindung
- systematische Überwachung
- vertrauliche oder höchst persönliche Daten

- Datenverarbeitung im großen Umfang
- Abgleichen oder Zusammenführen von Datensätzen
- Daten zu schutzbedürftigen Betroffenen
- innovative Nutzung oder Anwendung neuer technologischer oder organisatorischer Lösungen
- Betroffene werden an der Ausübung eines Rechts oder der Nutzung einer Dienstleistung beziehungsweise Durchführung eines Vertrags gehindert.

Ist ein hohes Risiko identifiziert worden, so muss eine Datenschutz-Folgeabschätzung (DSFA) durchgeführt werden. Diese muss mindestens umfassen (Artikel 35, DSGVO):

- »eine systematische Beschreibung der geplanten Verarbeitungsvorgänge und der Zwecke der Verarbeitung, gegebenenfalls einschließlich der von dem Verantwortlichen verfolgten berechtigten Interessen;
- eine Bewertung der Notwendigkeit und Verhältnismäßigkeit der Verarbeitungsvorgänge in Bezug auf den Zweck;
- eine Bewertung der Risiken für die Rechte und Freiheiten der betroffenen Personen gemäß Absatz 1 und
- die zur Bewältigung der Risiken geplanten Abhilfemaßnahmen, einschließlich Garantien, Sicherheitsvorkehrungen und Verfahren, durch die der Schutz personenbezogener Daten sichergestellt und der Nachweis dafür erbracht wird, dass diese Verordnung eingehalten wird, wobei den Rechten und berechtigten Interessen der betroffenen Personen und sonstiger Betroffener Rechnung getragen wird.«

Hier ist offensichtlich die Hilfe eines Experten in Form eines ausgebildeten Datenschutzbeauftragten notwendig. Als Data Scientist könnte man die Vorschriften lästig finden und meinen, um ein Problem zu lösen, sei aus akademischer Sicht jedes Mittel recht. Die Beispiele in den vorherigen Abschnitten mögen als Warnung dienen.

11.2 Ethik: Gegen Profiling und Diskriminierung

Daten zu schützen, ist das eine. Doch selbst wenn alle Daten rechtmäßig erhoben wurden, ist die Arbeit des Teams noch nicht beendet. Und mit Team meine ich nicht nur die Data Scientists selbst, sondern, je nach Größe des Unternehmens, alle Stakeholder eines Projekts. Sobald öffentlich wird, dass der Algorithmus eines Unternehmens zu Profiling-Zwecken genutzt wird oder diskriminiert, steht die Reputation des Unternehmens auf dem Spiel und damit auch sein Überleben. Nicht jedes Unternehmen hat Verantwortliche für Ethik (manchmal unter dem Begriff *Compliance* tätig), und nicht selten fehlt ihnen die Qualifikation, die Auswirkungen eines Algorithmus zu testen. Daher ist jeder im Team dafür verantwortlich, Profiling und Diskriminierung zu verhindern.

11.2.1 Was ist Diskriminierung?

Algorithmen können diskriminierende Entscheidungen treffen, die ein Mensch (hoffentlich) niemals treffen würde, weil diese Entscheidungen nicht richtig sind oder sogar gegen Gesetze verstoßen. Was genau aber ist Diskriminierung? Das Allgemeine Gleichbehandlungsgesetz spricht nicht von *Diskriminierung*, sondern von *Benachteiligung*, da

> *nicht jede unterschiedliche Behandlung, die einen Nachteil zur Folge hat, diskriminierend sein muss. In sehr engen Grenzen sind unterschiedliche Behandlungen in Bezug auf das Berufsleben zulässig, wenn die geforderte Eigenschaft für die Ausübung der Tätigkeit wesentlich und fast unerlässlich ist.*[12]

Weiter heißt es, dass

> *[e]ine unmittelbare (direkte oder offene) Benachteiligung [vorliegt], wenn eine Person eine weniger günstige Behandlung als eine Vergleichsperson erfährt, erfahren hat oder erfahren würde. Das ist zum Beispiel der Fall, wenn eine Person mit Migrationshintergrund trotz gleicher Qualifikationen nicht zu einem Bewerbungsgespräch eingeladen wird, Personen ohne Migrationshintergrund hingegen schon.*

Wie aber kann nun ein Algorithmus benachteiligen? Ein Algorithmus hat schließlich keine Vorurteile, die ein Mensch haben könnte. Allerdings können Benachteiligungen aus den Trainingsdaten und aus der Gewichtung des Algorithmus entstehen. Das Problem ist also nicht der Algorithmus selbst, sondern die Tatsache, dass Diskriminierung in der Welt existiert. Daten aus einer Welt, in der Diskriminierung existiert, enthalten dementsprechend diese Diskriminierung, so dass ein Algorithmus diese aufnimmt. Dafür finden sich leider einige Beispiele in der jüngeren Vergangenheit.

Im November 2019 veröffentlichte die New York Times den Fall eines Softwareentwicklers, David Hansson, Erfinder von Ruby on Rails und Gründer von Basecamp, der ein Vielfaches des Kreditlimits auf seiner Apple-Kreditkarte bekam als seine Frau. Diese hatte aber einen besseren »Credit Score«, ein Pendant zum Schufa-Score in Deutschland. Auch in weiteren Fällen sollen Frauen, die mehr Geld verdienten als ihre Männer, trotzdem ein geringeres Kreditlimit bekommen haben.

Die Apple-Kreditkarte wird von Goldman Sachs ausgegeben, Apple ist also nicht selbst das Kreditkarteninstitut. Das Problem, nicht nur in diesem Fall, ist, dass der Kundenservice sowohl von Apple als auch von Goldman Sachs insistierte, dass der Algorithmus

12 Antidiskriminierungsstelle des Bundes (*antidiskriminierungsstelle.de*)

nicht verzerrt oder diskriminiert, der Algorithmus aber auch nicht überprüft werden könne. Den ganzen Thread auf Twitter können Sie unter *https://alby.link/applecreditcard* nachlesen. Der Schaden ist immens. Nicht nur, weil das New York State Department of Financial Services (eine Art Aufsicht) den Fall kurz darauf zu untersuchen begann, sondern auch, weil das Problem in den amerikanischen Medien einiges an Aufmerksamkeit bekam und die Reputation von Apple und Goldman Sachs angriff.[13]

Abbildung 11.2 Tweet von David Hansson

11.2.2 Wie kann Diskriminierung verhindert werden?

Es gibt einen einfachen Weg, zu testen, ob ein Algorithmus diskriminiert oder nicht. Das Kreditkartenbeispiel in Abschnitt 11.2.1 enthält unfreiwillig einen möglichen Test, denn es hätte ausgereicht, zu prüfen, ob eine Frau, nur weil sie eine Frau ist, eine andere Entscheidung erhält als der Mann. In diesem Fall geht der Test sogar weiter, denn die Frau hatte ja einen besseren Credit Score als der Mann. Es würde aber reichen, zwei komplett gleiche Identitäten zu vergleichen, die nur einen Unterschied haben, die eine ist ein Mann, die andere eine Frau. Beide verdienen dasselbe Geld, beide haben dieselbe Adresse. So ließe sich sehr schnell herausfinden, ob der Algorithmus die Frau nur deswegen diskriminiert, weil sie eine Frau ist. Dieser Ansatz ist auch auf andere Eigenschaften anwendbar, die potenziell zu einer Benachteiligung führen können.

13 In den USA spielt das Kreditlimit eine größere Rolle als bei uns: In Deutschland sind viele Kreditkarten keine Kreditkarten im engeren Sinne, sondern reine Debitkarten, so dass eine Ausgabe mit einer Kreditkarte sofort vom Konto abgebucht wird. Eine »richtige« Kreditkarte bucht den Betrag nicht direkt ab, sondern ermöglicht einen sogenannten »revolvierenden Kredit«. Die aufgelaufenen Beträge innerhalb eines Monats werden in Rechnung gestellt, der Kreditkarteninhaber muss sie aber nicht komplett tilgen, sondern kann sie in Raten abbezahlen, alles innerhalb des Kreditlimits. Diese Art der Kreditkarte ist in Deutschland nicht besonders üblich, in den USA aber schon. Dies erklärt auch die Schulden, die Privathaushalte mit Kreditkarten anhäufen, da meistens nicht nur eine, sondern mehrere Kreditkarten verwendet werden.

Keine gute Idee ist es allerdings, das Problem so zu lösen, dass Features wie Geschlecht einfach nicht genutzt werden, auch wenn zum Beispiel in den USA das Geschlecht nicht in den Algorithmus einbezogen werden darf (Knight 2019). Denn andere Features können auch durch das Geschlecht beeinflusst sein, so dass diese Features dafür sorgen, dass das Geschlecht dennoch eine Rolle spielt. Ein etwas an den Haaren herbeigezogenes Beispiel ist die Schuhgröße, die natürlich bei Kreditanträgen keine Rolle spielen sollte. Aber wenn die Variable Geschlecht nicht in das Modell einbezogen wird, so kann die Schuhgröße dennoch dafür sorgen, dass Frauen anders behandelt werden, da die meisten Frauen in der Regel kleinere Füße haben als Männer. Zieht man den Pay Gap in Betracht, also dass Frauen in gleicher Position weniger verdienen als Männer, so muss nicht mal die Schuhgröße dafür herhalten. Es ist also notwendig, dass die einzelnen Features darauf untersucht werden, ob sie als Proxy für ein Feature funktionieren, das diskriminierend sein könnte.

11.2.3 Was ist Profiling?

Während vermutlich jeder sich etwas unter Diskriminierung vorstellen kann, sieht die Lage beim Profiling schon anders aus. Die DSGVO, Artikel 4, definiert Profiling wie folgt:

> *[...] jede Art der automatisierten Verarbeitung personenbezogener Daten, die darin besteht, dass diese personenbezogenen Daten verwendet werden, um bestimmte persönliche Aspekte, die sich auf eine natürliche Person beziehen, zu bewerten, insbesondere um Aspekte bezüglich Arbeitsleistung, wirtschaftliche Lage, Gesundheit, persönliche Vorlieben, Interessen, Zuverlässigkeit, Verhalten, Aufenthaltsort oder Ortswechsel dieser natürlichen Person zu analysieren oder vorherzusagen*

Artikel 22 verdeutlicht dann, dass Profiling zunächst einmal nicht erlaubt ist:

> *Die betroffene Person hat das Recht, nicht einer ausschließlich auf einer automatisierten Verarbeitung – einschließlich Profiling – beruhenden Entscheidung unterworfen zu werden.*

Ein Beispiel für unerlaubtes Profiling ist, dass die Arbeit von Mitarbeitern in einem Call Center überwacht wird und darauf basierend automatisiert Entscheidungen getroffen werden. In diesem Beispiel wird davon ausgegangen, dass die Mitarbeiter ihr Einverständnis gegeben haben, dass diese Daten erhoben werden. So könnte die Anzahl der angenommenen Anrufe, die Zufriedenheit der Anrufer, die Anzahl der Krankheitstage usw. für jeden Mitarbeiter erhoben und in einen Performance-Score überführt werden, der automatisch über eine Gehaltsanpassung entscheidet. Diese Art von Profiling ist offensichtlich nicht akzeptabel. Anders sähe es mit einem Menschen zwischen dem

Score und der Entscheidung aus, vorausgesetzt, er kann wirklich selbst etwas entscheiden und kommuniziert nicht nur die Entscheidung des Algorithmus.

Ebenso dürften Daten einer Auskunftei nicht dazu verwendet werden, automatisiert Entscheidungen über eine Kreditvergabe oder Vertragsbereitschaft zu treffen. Auch hier gibt es Ausnahmen, zum Beispiel wenn eine automatisierte Entscheidung für den Abschluss oder die Erfüllung eines Vertrages notwendig ist, eine Rechtsvorschrift vorliegt oder die Einwilligung der betroffenen Person dazu erfolgt ist.

Bei der personalisierten Onlinewerbung findet zwar auch ein Profiling statt, allerdings fällt sie nicht unter das Verbot, weil sie keine rechtliche Wirkung entfaltet und auch keine erheblichen Konsequenzen entstehen.[14] Allerdings ist in dem Beispiel von Datta et al. zu sehen, dass auch hier negative Konsequenzen entstehen können, die bei der Gesetzgebung eventuell nicht bedacht wurden. Auch hier zeigt sich, dass sich die Gesetzgebung nicht so schnell wie die Realität entwickelt.

Im Kontext der Werbung existiert noch ein weiteres Beispiel, dass in Data-Science-Kreisen eine gewisse traurige Berühmtheit erlangt hat: Es geht um die Vorhersage eines Algorithmus, der bei der Supermarkt-Kette Target eingesetzt wurde, um Schwangere zu identifizieren anhand ihres Einkaufsverhaltens (Duhigg 2012). Eine Schülerin bekam Offlinewerbung für Schwangere, was ihren Vater dazu veranlasste, sich bei Target zu beschweren, denn er wusste nichts von einer Schwangerschaft seiner Tochter und befürchtete, dass Target sie ungünstig beeinflussen würde. Kurze Zeit später fiel dann auf, dass die junge Dame tatsächlich schwanger war, es aber ihren Eltern noch nicht gesagt hatte. Allein aufgrund des Einkaufsverhaltens hatten die Target-Algorithmen eine hohe Wahrscheinlichkeit für eine Schwangerschaft festgestellt, was die Schülerin wahrscheinlich in eine schwierige Situation gegenüber ihren Eltern gebracht hatte.

Dass Facebook-Likes sehr viel mehr über eine Person aussagen als zunächst vermutet, hatten Kosinski, Stillwell und Graepel 2013 in einem Artikel beschrieben. Sie wiesen nach, dass neben sexueller Orientierung, religiösen Ansichten, politischer Präferenz und dem Gebrauch von Betäubungsmittel sogar nachvollzogen werden kann, ob jemand in jungen Jahren von der Scheidung der Eltern betroffen war. Der Skandal um Cambridge Analytica hat diese Möglichkeiten zwar weiter ins Bewusstsein der Öffentlichkeit gerückt, geändert hat sich aber anscheinend nichts in der Nutzung von Facebook.

Wohl etwas greifbarer als das Klicken auf Likes und seine Konsequenzen ist eine andere Art des Profiling: Die Vorhersage von Kriminalfällen, auch *PredPol* für *Predictive Policing* genannt.[15] Es geht darum, Verbrechen vorherzusagen, bevor sie passieren. Auch hier

14 *https://www.srd-rechtsanwaelte.de/blog/profiling-neuerungen-dsgvo-bdsg*

15 PredPol ist zugleich eine Firma, die ein Predictive-Policing-Produkt anbietet.

werden historische Daten für Vorhersagen genutzt. Dass in der Folge bestimmte Orte in einer Stadt stärker überprüft werden und auch bestimmte Arten von Personen, ist zumindest nicht unwahrscheinlich. Aber genau darin liegt die Gefahr, und zwar die einer selbsterfüllenden Prophezeiung. Denn durch die verstärkten Patrouillen könnten auch mehr Verbrechen festgestellt werden. Natürlich könnten hier auch tatsächlich mehr Verbrechen stattfinden als anderswo, aber nur weil man in einer bestimmten Straße wohnt oder die Eltern aus einem anderen Land kommen, heißt das noch lange nicht, dass man dazu neigt, ein Verbrecher zu sein.

Die Polizei in Chicago ging sogar noch weiter (Gorner 2013) und erstellte eine »Heat List«, auf die Menschen gerieten, die nicht einmal unbedingt selbst eine Straftat begangen haben mussten, aber allein deswegen, weil sie Kontakt zu einem Straffälligen hatten, in Verdacht kamen, irgendwann ein Verbrechen begehen zu können. Die Menschen auf der Heat List wurden dann gewarnt, dass sie auf dieser Liste sind und dass sie besser aufpassen sollten, nichts mehr zu tun, was sie in Schwierigkeiten bringen könne. Auch hier wurden Daten aus sozialen Netzwerken genutzt.

11.2.4 Wie kann Profiling verhindert werden?

Zwei Ansätze können Profiling verhindern und gleichzeitig für mehr Datenschutz sorgen: *Differential Privacy* und föderales Lernen, häufiger *Federated Learning*.

Differential Privacy versucht, dafür zu sorgen, dass die Daten eines Einzelnen keinen Einfluss auf das Endergebnis haben. Er basiert darauf, dass *Noise*, sozusagen bedeutungslose Daten, in einen Datensatz injiziert wird, der auf einer aggregierten Ebene wieder entfernt werden kann. Ein Beispiel von Kelleher und Tierney funktioniert so, dass die Teilnehmer an einer Umfrage bei einer delikaten Frage wie »Haben Sie schon einmal ein Verbrechen begangen?« nach dem folgenden Prinzip antworten:

1. Wirf eine Münze und behalte das Ergebnis für dich.
2. Wenn du eine Zahl hast, dann antworte »Ja«.
3. Wenn du einen Kopf hast, dann sag die Wahrheit.

Die Wahrscheinlichkeit für Kopf oder Zahl ist jeweils ½. Ich gehe davon aus, dass Sie noch kein Verbrechen begangen haben, Sie würden aber dennoch mit einem »Ja« antworten, wenn Sie eine Zahl haben. 50 % der Teilnehmer würden also schon mal mit einem »Ja« antworten, egal, ob Sie eines begangen haben oder nicht. Bei den anderen 50 % erfahren wir aber die Wahrheit, nämlich genau den Anteil derer, die ein Verbrechen begangen haben. Natürlich wissen wir nicht, wer Kopf oder Zahl gewürfelt hat, denn dann könnten wir auf eine einzelne Person zurückschließen, zumindest bei den Kopf-Werfern. Und wir wissen daher hinterher auch nicht, ob jemand die Wahrheit gesagt hat oder nicht, aber dennoch kennen wir den Anteil derjenigen, die schon mal ein Verbrechen begangen haben.

Beim *föderalen Lernen* werden die Daten eines Knotens, zum Beispiel eines Smartphones, nicht auf einen zentralen Server geladen und dort ausgewertet, sondern ein initiales Modell anhand lokaler Daten auf dem Gerät trainiert und dann die Ergebnisse des Modells an einen zentralen Server übermittelt. Die Schritte im Detail:

- **Schritt 1**
  Der Server wählt ein statisches Modell für das Training aus.

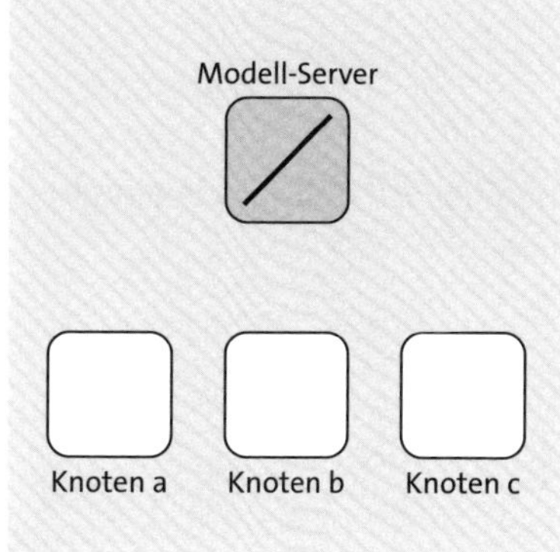

- **Schritt 2**
  Das Modell wird ohne Training an die Knoten verteilt.

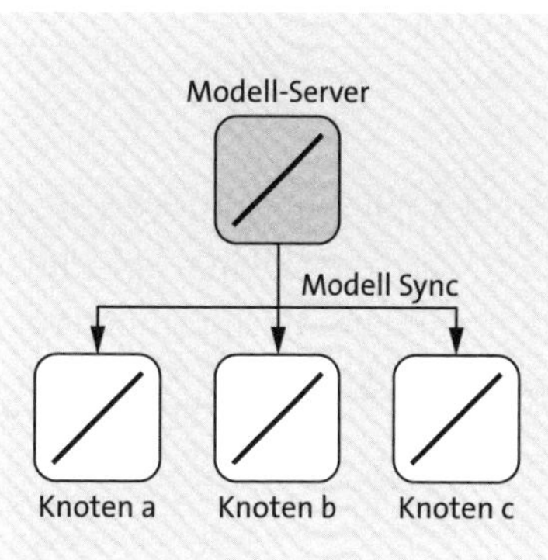

- **Schritt 3**
  Die Knoten verwenden jeweils lokale Daten, um das Modell zu trainieren.

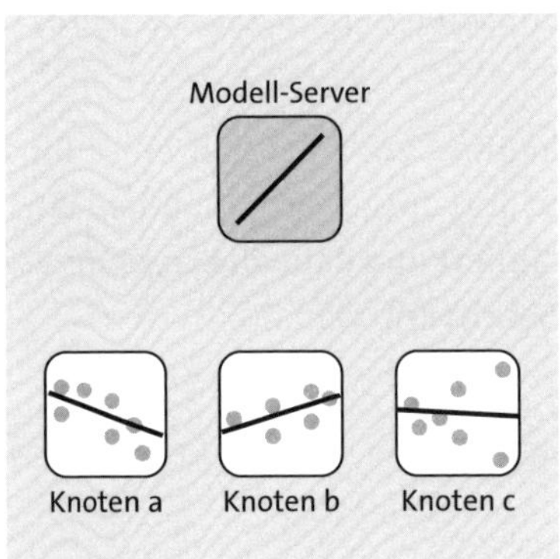

- **Schritt 4**
  Die Trainingsergebnisse werden auf dem Server aggregiert, der daraus ein globales Modell baut, ohne die lokalen Daten gesehen zu haben.

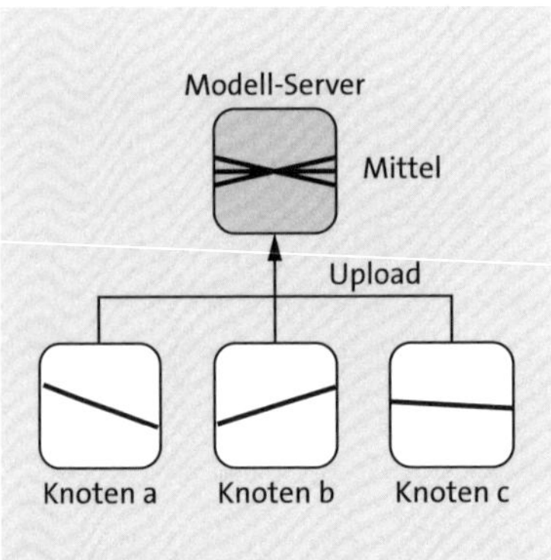

Zu den Anwendern dieses Ansatzes gehört zum Beispiel Apple (siehe hierzu vor allem Bhowmick 2019). Angeblich wird sogar Siri so trainiert, dass die eigenen Sprachdaten nicht mehr auf einen zentralen Server geladen werden, sondern die Spracherkennung lokal optimiert wird. Auch Google nutzt diesen Ansatz für das Google Keyboard auf Android.

Kapitel 12
Was kommt nach diesem Buch?

You'll never walk alone. (Gerry and the Pacemakers)

Sie haben das ganze Buch durchgearbeitet – herzlichen Glückwunsch! Nun fragen Sie sich wahrscheinlich, wie Sie Ihren Wissensdurst weiter stillen können. Darum geht es in diesem Kapitel.

12.1 Projekte, Projekte, Projekte

Übung macht den Meister; doch woher bekommt man Projekte, wenn man keinen Job als Data Scientist hat? Tatsächlich existieren viele Möglichkeiten, tiefer in die Materie einzutauchen. Eine regelmäßige Praxis ist notwendig, da jedes Projekt, jede Fragestellung und jeder Datensatz anders ist. Dementsprechend können Sie bei jedem Projekt lernen. Kein Buch, kein Studiengang und kein Tutorial der Welt wird Sie zu einem guten Data Scientist ausbilden, das geht allein über die Praxis. Aber – wo anfangen?

12.1.1 Ein Projektportfolio zusammenstellen

Zunächst einmal habe ich in diesem Buch viele Problemstellungen behandelt, die weitere Schritte ermöglichen. Was passiert zum Beispiel, wenn man bei einem Training andere Parameter nutzt? Warum passiert es? Dies zu verstehen, bringt Sie viel weiter als irgendein Beispiel, das Sie einfach nachprogrammieren.

Auch die vielen Datensätze, die R schon von Haus aus mitbringt, laden zu weiteren Sitzungen mit R und zu eigenständigem Experimentieren ein. Mit dem Befehl

```
library(help = "datasets")
```

erhalten Sie eine Übersicht über alle Datensätze, die in R bereits vorhanden sind. Nicht alle Datensätze sind für jede Art von Machine Learning nützlich, sondern sind jeweils für bestimmte Aufgaben vorgesehen. Und am Beispiel von `arules` ist zu sehen, dass manche Packages auch ihre eigenen Datensätze mitbringen.

Ein weiterer Weg zur intensiveren Beschäftigung mit Data Science besteht darin, die Augen dafür offen zu halten, welche Probleme oder Fragestellungen im Umfeld existieren. Probleme existieren zur Genüge, die Frage ist lediglich, welches zu lösen sich lohnt. Die folgenden Beispiele stammen aus meinem Projektportfolio:

- Als die Corona-Krise ihren Lauf nahm, waren die Medien voll von Daten, die meistens von der Johns-Hopkins-Universität stammten. Nicht alle Daten-Visualisierungen waren nützlich für mich, und so war die Entscheidung einfach, selbst ein Dashboard zu bauen. Dies ist weniger ein Beispiel für Data Science als eine gute Übung, wie verschiedene Daten zusammengeführt, transformiert und in einer interaktiven Shiny-Applikation bereitgestellt werden. Ich habe das Dashboard in sozialen Medien geteilt und dann gutes Feedback erhalten, welche Funktionen noch fehlen, und diese dann in weiteren Schritten entwickelt.
- Vor einigen Jahren wollte ich eine gebrauchte Spiegelreflexkamera kaufen, und zwar die damals noch populäre Canon 5D Mark III. Doch die aufgerufenen Preise in den Kleinanzeigen waren so unterschiedlich, dass ich unsicher war, was wirklich ein angemessener Preis ist.

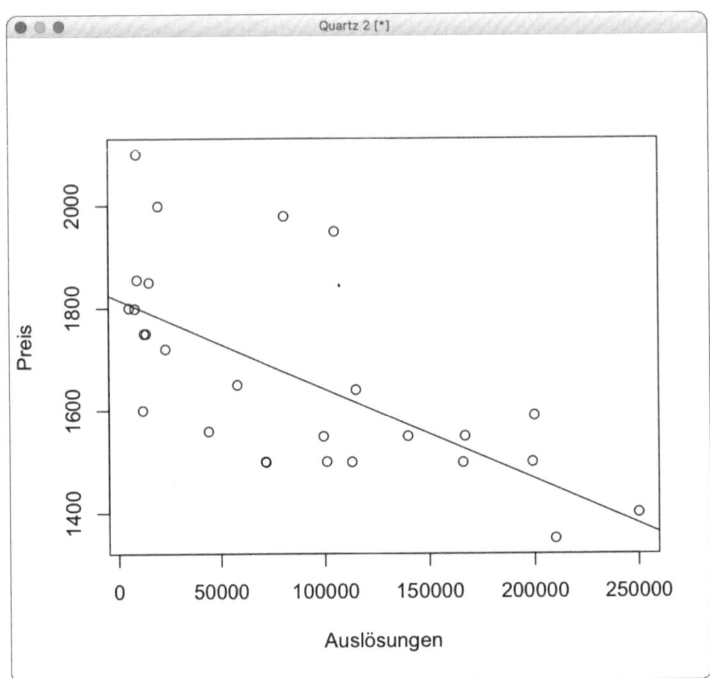

Abbildung 12.1 Lineare Regression zur Identifikation des angemessenen Preises für eine gebrauchte Canon 5D Mark III

Bei Spiegelreflexkameras ist es so, dass sich der Auslöser mit der Anzahl der Auslösungen abnutzt und irgendwann ersetzt werden muss. Je nach Modell und Nutzung ist das früher oder später. Bei Profikameras, die zum Beispiel von professionellen Sportfotografen verwendet werden, kommt man schnell auf mehrere 100000 Auslösungen bei gebrauchten Kameras. Hier ist die Wahrscheinlichkeit, dass der Auslöser nicht mehr lange hält, relativ hoch, auch wenn die Kamera noch nicht sehr alt ist. Die Anzahl der Auslösungen sollte also einen Einfluss auf den Preis haben, neben dem Zubehör, und sehr wahrscheinlich handelt es sich hier um eine lineare Funktion, die mit einer linearen Regression identifizierbar ist. Das Ergebnis der damaligen Analyse sehen Sie in Abbildung 12.1. Zwar ist die Datensammlung recht klein und die *Heteroskedastizität* offensichtlich, dennoch hat das Modell bei meiner Kaufentscheidung immens geholfen. Denn da zum Beispiel die gebrauchten Kameras mit einer hohen Abweichung von der Regressionslinie kein Zubehör enthielten, was die Abweichung rechtfertigte, war für mich klar, dass die Verkäufer unrealistische Vorstellungen hatten. Ich entschied mich daher für eine gebrauchte Kamera, deren Preis nah an der Regressionslinie war. Zubehör spielt bei der Preisfindung übrigens weniger eine Rolle als zuvor gedacht. Den ganzen Artikel können Sie auf meinem Blog unter *https://alby.link/regression* lesen.

- Ich hatte mich immer gefragt, nach welchen Kriterien bei Spiegel Online entschieden wird, ob ein Artikel hinter einer Paywall ist oder nicht. In diesem Fall habe ich (natürlich ganz behutsam) einige Artikelüberschriften und Teaser »gescrapt« (mit Python, weil es wirklich einfacher war) und markiert, was ein Bezahlartikel ist oder nicht.

  Im nächsten Schritt habe ich einen Klassifikator entwickelt, der anhand der Wörter in der Überschrift und im Teaser vorhersagen kann, ob ein Artikel ein Pay-Artikel wird oder nicht. Tatsächlich hat das sehr gut funktioniert, wobei immer wieder neue Artikel in das Korpus aufgenommen werden müssen, um das Modell aktuell zu halten. Corona war 2016 noch nicht aktuell, so dass mein Modell damit zunächst nicht umgehen könnte. Zusätzlich habe ich Word Clouds erstellt, um zu sehen, was die Unterschiede in den Themen in den beiden Gruppen sind. Was ich neben der Auffrischung verschiedener Natural-Language-Processing-Techniken aus diesem Projekt mitgenommen habe? Ich habe meine Zeit auf Nachrichten-Seiten radikal reduziert. Zwischenzeitlich hat Spiegel Online das Modell geändert. Es werden nicht mehr einzelne Artikel verkauft, sondern ein ganzes Abo.

Man mag diese kleinen Projekte als Spielerei oder Bastelei ansehen, aber sie sind wunderbare Fingerübungen, auch um neue Libraries auszuprobieren. Vor allem aber führen sie von einem theoretischen Wissen zu einer Praxis. Ein potenzieller Arbeitgeber interessiert sich mehr für das, was Sie tatsächlich schon gemacht haben, und nicht für das, was Sie irgendwo gelesen und welchen Kurs Sie besucht haben.

Ein privates Projektportfolio ist auch dann sinnvoll, wenn über Arbeitsprojekte wenig oder gar nicht gesprochen werden kann. So habe ich einige spannende Dinge in meiner Karriere entwickelt, über die ich aber aufgrund von Geheimhaltungsvereinbarungen nicht sprechen darf. Manche dieser Projekte hatten aber auch Nebenaspekte, die nicht im Projekt behandelt wurden, die ich aber dennoch so interessant fand, so dass sie dann zu privaten Projekten wurden. Das Spiegel-Online-Projekt ist eines davon.

Ganz wichtig ist bei diesen Projekten, dass kein falscher Respekt vor der Aufgabe davon abhält, es einfach mal auszuprobieren. Häufig sind die Dinge, die einem schwierig erscheinen, viel einfacher, als man denkt, und die Dinge, die einem einfach erscheinen, kosten viel mehr Zeit als geplant. Auch hier hilft Erfahrung, um in Zukunft genauere Abschätzungen abgeben zu können.

12.1.2 Kaggle

Kaggle wurde 2010 gegründet und führt seitdem Wettbewerbe für Datenwissenschaftler durch. Seit 2017 gehört Kaggle zur Google-Familie. Die Wettbewerbe sind zum Teil mit beachtlichen Preisgeldern ausgestattet. So hatten Kaggle und Google einen Wettbewerb zur Klassifikation von YouTube-Videos ausgelobt, der mit 100000 US$ Preisgeld versehen wurde, der erste Preis waren 30000 US$. Netflix hatte sogar 1000000 US$ in einem Wettbewerb ausgelobt.

Aber, anders als in dem bekannten Frank-Zappa-Song, sind Datenwissenschaftler nicht nur wegen des Geldes dabei. Manche Wettbewerbe fokussieren sich darauf, wie bestimmte Krankheiten besser erkannt werden können. Unter anderem existierte ein Wettbewerb mit Datensätzen mit Tausenden von Fotos von Muttermalen, die zum Training dienen sollten, ob Hautkrebs mit Algorithmen besser erkannt werden kann.

Aber Kaggle bietet auch abseits der Wettbewerbe wunderbar viele Datensätze an, die zur Bearbeitung einladen. Zudem teilen andere Datawissenschaftler ihre Notebooks, so dass auch von diesen gelernt werden kann. Allerdings ist auch hier Vorsicht geboten, denn nicht jeder Nutzer von Kaggle ist ein erfahrener Datenwissenschaftler. Ein Blick auf das Profil zeigt, wie erfahren die Beitragenden wirklich sind. Zu den Notebooks existieren zusätzlich Diskussionen, in denen Modelle und Ansätze erörtert werden.

Die Standardsprache auf Kaggle ist Python, aber die Notebooks können auf R umgestellt werden. Es kommen Jupyter-Notebooks zum Einsatz, die ich bereits in Kapitel 5, »Explorative Datenanalyse«, erwähnt habe. Eine Kombination beider Sprachen in einem Notebook ist in einem Jupyter-Notebook nicht möglich. Jupyter ist nicht in allen Aspekten so komfortabel wie die Notebooks in RStudio, auch sind die Tastenkombinationen andere (zum Beispiel [⇧]+[↵] um eine Codezeile auszuführen), so dass etwas Umgewöhnung notwendig ist. Aber die zur Verfügung gestellte Computing-Power ist nicht zu verachten, zur Zeit der Fertigstellung dieses Manuskripts stehen zum Beispiel 16 GB Arbeitsspeicher zur Verfügung, also doppelt so viel wie bei RStudio Cloud, und das kostenlos. Auch das Hinzuschalten einer GPU als »Accelerator« ist möglich.

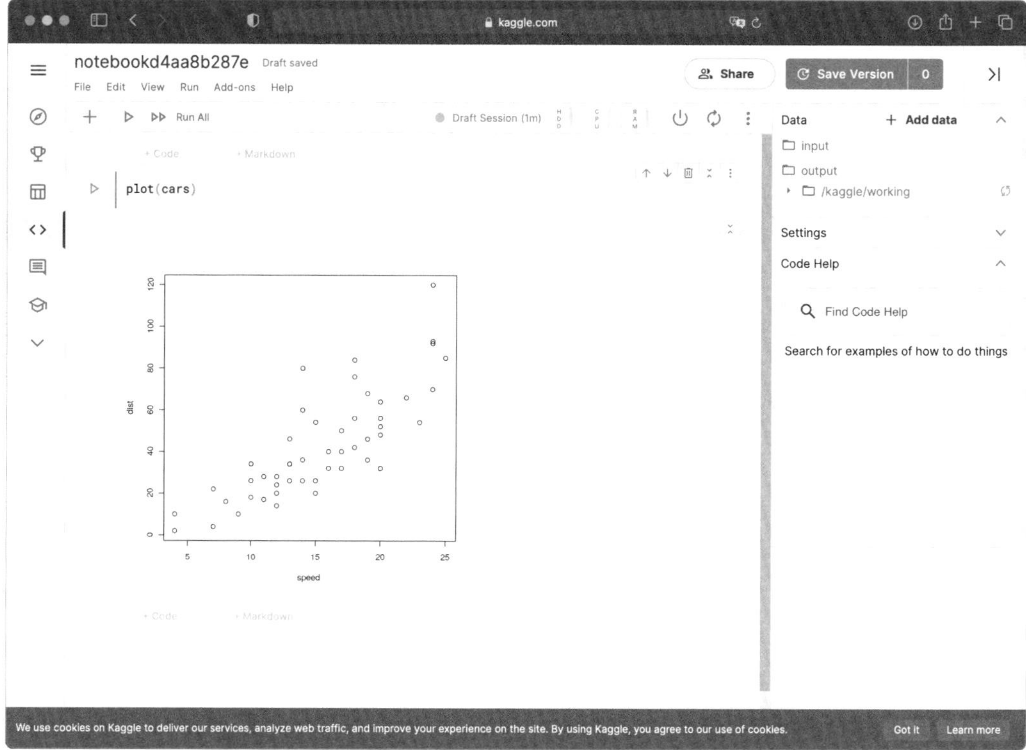

Abbildung 12.2 Auch Kaggle bietet R an.

12.2 Wer hilft Ihnen jetzt weiter?

12.2.1 RTFM

Eine typische Reaktion eines Nerds auf eine Frage eines Nutzers ist »RTFM«, ein Akronym, das für »Read The Fantastic Manual« steht (nun ja, nicht ganz, aber sicherlich ahnen Sie sowieso, wofür das F steht). Das Handbuch ist zunächst einmal die Hilfe zu einem Befehl, die, wie schon in Kapitel 4, »Einführung in R«, beschrieben, mit `?befehl` gestartet wird.

Zu vielen Packages existieren zusätzlich Vignetten, die eine ausführliche Dokumentation bieten. Mit dem Befehl

```
browseVignettes()
```

lassen Sie die installierten Vignetten anzeigen. Geben Sie in der Klammer den Namen des Packages plus Anführungszeichen an, so wird genau diese Vignette angezeigt, zum Beispiel:

```
browseVignettes("arules")
```

Nicht alle Vignetten sind von hoher Qualität, in manchen Fällen steht nicht mehr drin als in der Hilfe, andere sind fast schon wissenschaftliche Papers, die sehr ausführlich die Herangehensweise des Packages beschreiben. Die Vignette zu `arules` ist zum Beispiel positiv hervorzuheben, ein zurzeit 38 Seiten langes Dokument, das gesamtheitlich in das Thema Assoziationsalgorithmen einführt. Es ist also viel mehr als nur eine Anleitung für das Package selbst.

Eine andere Möglichkeit ist, nach einzelnen Begriffen oder Konzepten zu suchen, zum Beispiel mit

```
help.search("tibble")
```

Mit

```
RSiteSearch("tibble")
```

wird die ganze *r-project.org*-Seite durchsucht. Sehr zu empfehlen ist auch die »Introduction to R«, die Sie in der Literaturliste im Anhang finden. Sie wird kontinuierlich aktualisiert.

Die größte Herausforderung in der Hilfe und auch in den Vignetten kann sein, dass dort so viele Fachbegriffe verwendet werden, dass man nach der Lektüre noch weniger versteht als vorher. Um es kurz zu machen: Es liegt nicht an Ihnen. Nicht jeder Mitwirkende beherrscht eine adressatengerechte Kommunikation oder ist der Überzeugung, dass der Einstieg jedem so einfach wie möglich gemacht werden sollte. Die meisten der Begriffe sollte ich in diesem Buch erklärt haben.

In einer Zeit, in der das Verlangen nach »Instant Gratification« steigt und die Aufmerksamkeitsspanne sinkt, mag die Empfehlung, zunächst einmal das Handbuch zu lesen, seltsam altbacken erscheinen. Data Science ist aber kein einfach zu erlernendes Handwerk, es erfordert Konzentration und viel Zeit. Aber wenn Sie es geschafft haben, sich durch dieses Buch zu arbeiten, so werden auch die Hilfeseiten und Vignetten kein Hindernis für Sie darstellen. Das Selbststudium der Hilfeseiten ist zudem eine absolute Voraussetzung für die in den nächsten Abschnitten vorgestellten Schritte.

12.2.2 Stack Overflow

So mancher Programmierer behauptet, dass er seine Karriere Stack Overflow verdankt, und man fragt sich, wie früher ohne Stack Overflow programmiert werden konnte.

Abbildung 12.3 Ein typisches Meme über Stack Overflow

Es ist unwahrscheinlich, dass Sie ein Problem haben, das es so vorher noch nie gegeben hat und nicht schon irgendwo auf Stack Overflow aufgetaucht ist. Unwahrscheinlich heißt nicht unmöglich. Wenn Sie neue Packages nutzen oder bereits sehr viel Erfahrung haben, steigt die Wahrscheinlichkeit natürlich. Allerdings existieren zwei Hürden:

- Sie müssen Ihre Frage auf Englisch stellen.
- Sie müssen vorab Ihre »Hausaufgaben« machen.

Die Community auf Stack Overflow ist nicht ohne, denn die Menschen hier schenken Ihnen ihre Lebenszeit, obwohl sie selbst kaum etwas davon haben (was sie genau bekommen, dazu später mehr). Das bedeutet, wenn Sie nicht Ihre Hausaufgaben machen, dann verschwenden Sie die Zeit anderer Nutzer, und das wird Ihnen übelgenommen. Das bedeutet: Bevor Sie eine Frage stellen, RTFM!

Als zweiter Schritt nach der Lektüre der Hilfe oder des Manuals ist es absolut notwendig, dass Sie erst einmal gründlich recherchieren, ob eine ähnliche oder eventuell sogar genau dieselbe Frage schon einmal auf Stack Overflow gestellt wurde. Ansonsten wird Ihre Frage geschlossen und als Dublette markiert werden. Das ist kein schönes Gefühl. Noch schlimmer fühlt es sich an, wenn Ihre Frage als unnütz markiert wird und neben der Wertung ein Minus auftaucht.

Im dritten Schritt sollten Sie darauf achten, dass Sie die richtige Sparte von Stack Overflow nutzen. Es existiert nicht nur die Hauptseite *stackoverflow.com*, sondern auch noch Unterseiten für fast jedes Thema, zum Beispiel:

- Cross Validated für Statistik, Data Mining, Datenanalyse und Machine Learning unter *https://stats.stackexchange.com*
- Data Science unter *https://datascience.stackexchange.com* für Machine Learning
- Artificial Intelligence unter *https://ai.stackexchange.com* für alles rund um das Thema künstliche Intelligenz
- Computer Science unter *https://cs.stackexchange.com* für Informatikinteressierte

Die einzelnen Bereiche sind nicht überschneidungsfrei, wie Sie hier bereits sehen. Die Suche auf *stackoverflow.com* durchsucht alle Sites, daher sollte das auch der Anfang sein. Die gesamte Übersicht aller Sites können Sie sich unter *https://stackexchange.com/sites* ansehen.

Die Suche sollte idealerweise auch die Programmiersprache enthalten, für die Sie eine Lösung suchen, denn Data Frames und andere Konzepte existieren auch in Python und weiteren Sprachen.

Der vierte Schritt besteht darin, dass Sie ein *reproduzierbares Beispiel* bieten. Beschreiben Sie Ihre Frage so genau wie möglich, und stellen Sie Ihren bisher verwendeten Code sowie Daten zur Verfügung. Selbstverständlich dürfen Sie keine sensitiven Daten preisgeben, es reichen Dummy-Daten, und davon auch nur wenige Zeilen, damit die Stack-Overflow-Community Ihnen schnell helfen kann und will. Die Daten und Ihr Code sollten einfach herauskopierbar sein, so dass jeder das Beispiel sofort in einer eigenen R-Installation nachvollziehen kann. Idealerweise zeigen Sie anhand Ihrer Beispieldaten auch, wie das gewünschte Ergebnis aussehen soll. Sprache ist mehrdeutig, ein Beispiel kann das Verständnis beschleunigen.

Ihr Beispiel wird übrigens in einer Art Markdown-Sprache eingegeben, die sehr nah an das herankommt, was Sie bereits in Kapitel 5, »Explorative Datenanalyse«, kennengelernt haben.

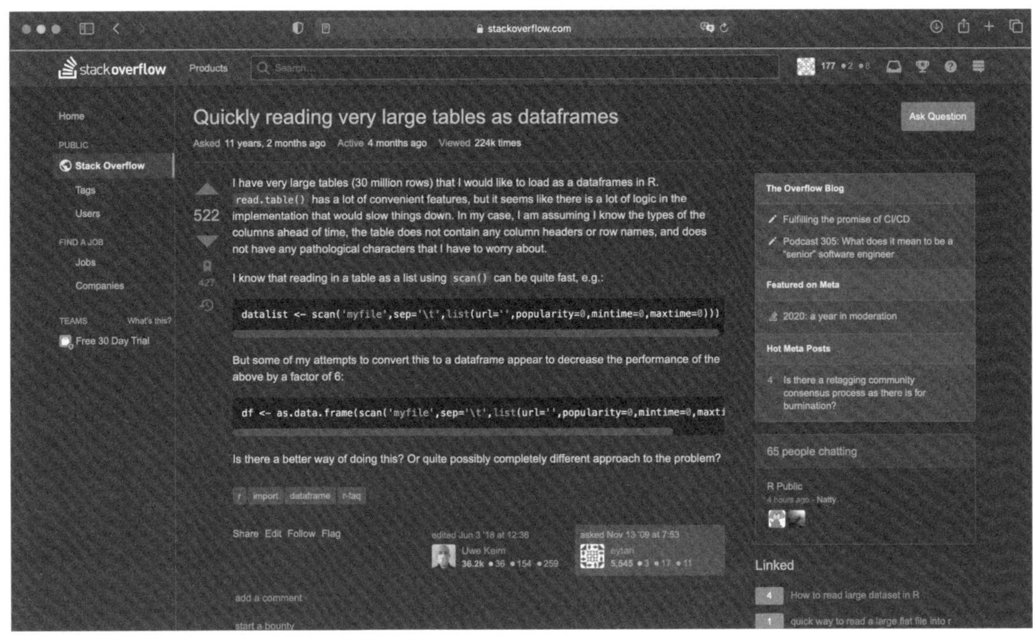

Abbildung 12.4 Die Anatomie einer Stack-Overflow-Frageseite

In Abbildung 12.4 ist ein Beispiel für eine Stack-Overflow-Seite, die ein paar interessante Details enthält. Zunächst einmal ist links neben dem Fragetext eine Zahl zu sehen; sie gibt an, wie häufig für oder gegen diese Frage votiert wurde. Ein Klick auf den Pfeil über der Zahl drückt aus, dass dieser Frage zuvor Rechercheaufwand vorausgegangen ist und sie klar und nützlich ist. Ein Klick auf den Pfeil unter der Zahl bedeutet das Gegenteil. Dem Fragensteller wird also sofort Feedback gegeben, wie gut die Frage ist und ob die Hausaufgaben erledigt wurden. Sollten Sie mit Ihrer Frage gleich im Negativbereich landen, dann wissen Sie, dass Sie das nächste Mal mehr Zeit in Ihre Hausaufgaben investieren müssen. Es kann Ihnen auch passieren, dass Ihre Frage geschlossen wird, entweder weil die gleiche Frage schon einmal woanders gestellt wurde oder weil sie Antworten hervorruft, die mehr auf Meinungen basieren könnten als auf Fakten.

Für angemeldete Nutzerinnen und Nutzer sind oben rechts weitere Daten zu sehen. Zunächst einmal eine Zahl, mit der die Reputation eines Nutzers ausgedrückt wird. Für verschiedene Aktionen gibt es Punkte, zum Beispiel:

- für eine Frage, die von vielen Nutzern angeschaut wird
- für eine Frage, die von vielen Nutzern »hochgevotet« wird
- für eine Antwort, die als hilfreich markiert wurde

Je nachdem, wie viele Punkte ein Nutzer hat, bekommt er oder sie Privilegien, zum Beispiel weniger Werbung zu sehen oder überhaupt Fragen hoch- beziehungsweise herunterzuvotieren. Umgekehrt bedeutet das, dass man selbst erst einmal ein paar gute Fragen oder Antworten publiziert haben muss, um bei Stack Overflow überhaupt aktiv an etwas teilnehmen zu können. Ebenso kann man Reputation verlieren, auch für schlechte Antworten gibt es Negativpunkte. Das Stack-Overflow-System ist also sehr smart, weil es diejenigen, die sinnvolle Fragen stellen und gute Antworten geben, mit mehr Autorität versieht. Es ist schwer bis unmöglich, sich nach oben zu »faken«.

Es ist normal, dass Sie sich nach ein paar Jahren für die Fragen schämen, die Sie anfangs gestellt haben. Das ist okay. Jeder fängt einmal an. Aber bitte machen Sie keine Anfängerfehler wie nicht ausreichend vorab zu recherchieren oder das Handbuch Manual nicht zu lesen.

12.2.3 Die R-Help-Mailingliste

Die Mailingliste mag neben Stack Overflow antiquiert wirken, sie ist es aber nicht. Auch hier kommen täglich einige Fragen zusammen, und es antworten R-Experten.

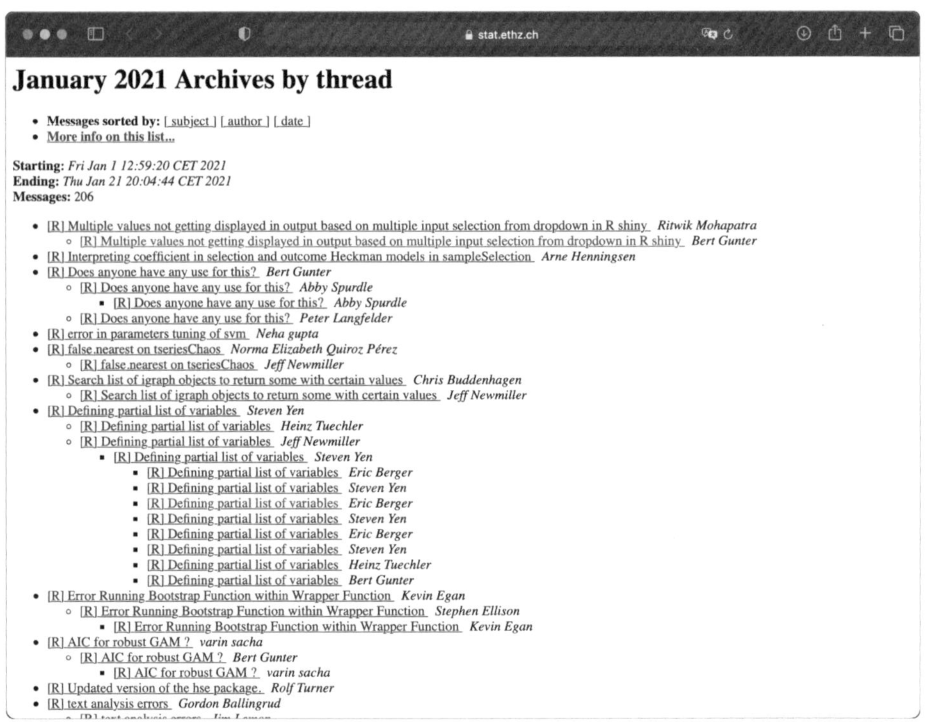

Abbildung 12.5 Wie in alten Zeiten: die R-Help-Mailingliste

Ein weiterer großer Vorteil der Mailingliste ist, dass Sie nicht der Werbung ausgesetzt sind, die Sie auf Stack Overflow definitiv sehen werden. Und wo Stack Overflow eher ein Pull-Medium ist – das heißt, Sie nutzen es, wenn Sie es brauchen –, so bringt Ihnen die Mailingliste jeden Tag neue Fragen, die Sie sich vorher nie gestellt hatten, und Sie lernen so nebenbei mit. Der Effekt ist nicht zu unterschätzen, denn so erweitern Sie Ihren Horizont und lernen neue Methoden kennen.

Auch die R-Help-Mailingliste hat ihre Regeln, und die meisten von Stack Overflow können hier übernommen werden. Es wird Ihnen aber nicht übel genommen, wenn eine Frage schon einmal gestellt wurde. Allerdings ist der Umfang der Fragen limitiert: Statistikfragen werden nur dann beantwortet, wenn Sie sie wirklich gut formulieren und sie auch für den Rest der Gruppe interessant sind. Für Statistikfragen generell existieren eigene Mailinglisten. Die Mailingliste ist auch nicht dafür geeignet, Aufgaben für die Schule oder die Uni von anderen erledigen zu lassen. Ebenso sind Fragen zu Plattformen wie macOS oder zu Packages in den jeweiligen Hilfeforen zu stellen. Die Regeln für gute Fragen sehen ungefähr so aus:

- Der Betreff sollte bereits spezifisch genug sein, damit die Teilnehmer der Liste wissen, worum es geht.
- Alle »Hausaufgaben« sollten vorab erledigt worden sein, also alles, was ich oben bereits erwähnt habe.
- Es sollte mehr in der Mail stehen als »dieser Befehl funktioniert nicht«.
- Es sollte auch nicht zu viel in der Mail stehen, vor allem aber sollte das Ziel klar sein, das Sie eigentlich verfolgen.
- In bestimmten Fällen, wenn es um unerwartetes Verhalten geht, sollten Sie auch die Versionsnummer von R und des Betriebssystems nennen.
- Sie sollten sicherstellen, dass Sie tatsächlich die gegenwärtig aktuelle Version von R nutzen.

Sie finden die Anmeldeseite für die Mailingliste unter *https://stat.ethz.ch/mailman/listinfo/r-help*.

12.3 RSeek

RSeek ist eine speziell für R ausgerichtete Suchmaschine, die unter *https://rseek.org* erreichbar ist. Leider ist nicht transparent, wie häufig gecrawlt wird und wie das Ranking eingestellt ist. Aber aus der eigenen Beobachtung kann ich sagen, dass die wichtigsten R-Seiten erfasst sind. Anscheinend basiert die Suche auf einer Google Site Search.

Anhang

Anhang A
Typische Fehlermeldungen und geeignete Lösungen

R ist leider nicht gerade dafür berühmt, besonders verständliche Fehlermeldungen anzuzeigen. Daher werde ich in diesem Abschnitt einige häufige Fehler behandeln und ausführlich besprechen.

A.1 Ganz typische Fehler und wie man sie vermeidet

Die häufigste Fehlerart ist: Tippfehler! Aber auch andere Fehler werden in dieser Liste behandelt:

- Variablen- oder Funktionsname falsch geschrieben: Das ist tatsächlich der häufigste Fehler, den ich im Seminarraum sehe.
- Groß- und Kleinschreibung: R unterscheidet zwischen Groß- und Kleinschreibung, so dass `library()` funktioniert, `Library()` aber eine Fehlermeldung ausspuckt.
- Zwar kann R sowohl amerikanisches als auch britisches Englisch, wie wir bei `summarize()` und `summarise()` sehen, aber keine Funktion mag es, wenn sie falsch geschrieben wird. Leider gibt es keine Rechtschreibprüfung, aber es sollte Ihnen zu denken geben, wenn R keinen Vorschlag macht, nachdem Sie drei Zeichen eingetippt haben.
- Haben sie eine schließende Klammer oder ein schließendes Anführungszeichen vergessen?
- Fehlendes Komma oder fehlende Pipe: sehr häufiger Fehler, der erste vor allem in Shiny-Applikationen, der zweite in `dplyr`-Code. Fehlt die Pipe (`%>%`), so wird der Rest des Codes nicht ausgeführt. Bonusfehler: Ist hinter der letzten Zeile auch noch eine Pipe, dann kann es auch zu einer Fehlermeldung kommen. Oder es passiert rein gar nichts.
- Library nicht geladen. Auch ein sehr häufiger Fehler. Lieber einmal mehr als einmal weniger laden
- Nicht definiertes oder geladenes Objekt: Ist ein Objekt im Arbeitsspeicher, weil es auf der Konsole definiert wurde, aber nicht im Notebook, so ist es das nächste Mal beim Laden von R oder RStudio nicht mehr vorhanden. Damit entsteht der erste Fehler. Es kann aber auch passieren, dass beim Definieren des Objekts bereits etwas schiefgegangen ist.

Um ein solches Problem zu beheben, ist es sinnvoll, immer nur eine Zeile des Codes zu testen und nicht gleich ein ganzes Skript durchlaufen zu lassen. Besteht ein Programm im `dplyr`-Dialekt aus 10 Zeilen, so lassen Sie erst die erste Zeile laufen, dann die ersten beiden, dann die ersten drei und so weiter, bis Sie die Zeile identifiziert haben, bei der das Problem aufgetreten ist. Hier offenbart sich ein weiterer Vorteil des Tidyverse: Bei komplexen Ausdrücken in Base R kann es ungemein schwerer sein, den Fehler zu finden. Durch die Aufteilung in Zeilen hingegen können Fehler viel leichter debuggt werden.

A.2 R beziehungsweise RStudio reagieren nicht

Wenn R oder RStudio nicht reagieren, kann es dafür mehrere Gründe geben. Der häufigste Grund ist, dass ein Skript ausgeführt wird, das R blockiert. Das kann an einem Programmierfehler liegen, eventuell aber auch an der Datenmenge, die Sie verarbeiten wollen.

Ein weiteres Problem kann auftreten, wenn ein Notebook sehr groß wird. Dieser Fehler trat vor allem bei früheren RStudio-Versionen auf, kann aber auch an dem Notebook selbst liegen.

Abbildung A.1 RStudio und R können auch auf die brutale Art beendet werden, nur sind dann alle Ihre ungespeicherten Daten verloren.

Wenn alles nichts hilft: Jedes Betriebssystem bietet die Möglichkeit, ein Programm zu stoppen (siehe Abbildung A.1 für ein Beispiel auf dem Mac). Der große Nachteil: Alles, was Sie bis dahin eingegeben und nicht gesichert haben, ist verloren. Daher sollten Sie sich angewöhnen, die linke Hand immer auf [⌘]+[S] (oder wie auch immer Ihre Tastenkombination auf Ihrem Betriebssystem lautet) zum Sichern zu haben und dies nach jedem funktionierenden Schritt auch zu tun.

A.3 Typische Fehlermeldungen

Diese Fehlermeldungen sind die, die ich am häufigsten sehe bei den Teilnehmern und Teilnehmerinnen meiner Kurse:

- `konnte Funktion XXX nicht finden`: Mit hoher Wahrscheinlichkeit ist eine Library nicht geladen worden. Sollten Sie bereits eine eigene Funktion geschrieben haben, dann könnte es auch sein, dass diese noch nicht geladen wurde.
- `konnte Funktion "%>%" nicht finden`: Wie oben beschrieben. Sie haben das Tidyverse noch nicht geladen, das Sie anscheinend verwenden wollten.
- `no applicable method`: Dieser Fehler tritt auf, wenn Sie eine objektorientierte Funktion auf einem Objekt anwenden wollen, das dafür nicht geeignet ist.
- `nicht-numerisches Argument für binären Operator`: Sie haben versucht, ein Objekt, das nicht aus Zahlen besteht, auf eine Funktion zu werfen, die nur Zahlen annimmt.
- `objekt XXX nicht gefunden`: Sie haben das Objekt noch nicht geladen, oder es wurde noch gar nicht definiert.
- `Kann Verbindung nicht öffnen`: Der häufigste Grund für diesen Fehler ist, dass eine Datei nicht geöffnet werden konnte, zum Beispiel weil ihr Pfad nicht korrekt angegeben wurde. Dieser Fehler tritt nicht selten deswegen auf, weil der Arbeitsbereich von R und das gegenwärtige Arbeitsverzeichnis sich unterscheiden. Auch wenn ein Skript von einem Rechner auf einen anderen übertragen wird, können solche Fehler vorkommen.

Anhang B
Glossar

A/B-Test Siehe *Split-Testing*.

API API steht für *Application Programming Interface*, zu Deutsch Anwendungsprogrammierschnittstelle. Anstatt in einer graphischen Benutzerschnittstelle (GUI) mit einer Anwendung zu interagieren, kann eine Anwendung über eine API mit einer anderen Anwendung kommunizieren. So können zum Beispiel Berichtsdaten täglich aktualisiert abgerufen und dann in einer anderen Applikation abgebildet werden.

AUC Bezieht sich auf die *Receiver Operating Characteristics Curve* (ROC Curve). Je größer die Fläche unter dieser Kurve, desto besser funktioniert ein Modell. Siehe Kapitel 3, »Ablauf eines Data-Science-Projekts«.

Bernoulli-Verteilung Eine Verteilung von Ereignissen, bei denen es nur zwei mögliche Ausgänge gibt. Das häufigste Beispiel ist ein Münzwurf, bei dem entweder ein Kopf oder eine Zahl herauskommen kann. Dies wird auch als *Bernoulli-Versuch* bezeichnet.

Bestätigungsfehler/Confirmation Bias Die Tendenz, nur solche Informationen zu suchen und wahrzunehmen, die der eigenen Meinung entsprechen.

Big Data Buzzword; Big Data ist selten in der freien Wildbahn anzutreffen. Siehe Kapitel 2, »Machine Learning, Data Science und künstliche Intelligenz«.

Binary Data Variablen, die nur zwei Werte annehmen können; siehe auch Bernoulli-Verteilung.

Binomialverteilung/Binomial Distribution Spezialfall der *Bernoulli-Verteilung*, bei der n Bernoulli-Versuche durchgeführt werden.

Blindstudie Wenn die Teilnehmer einer Studie nicht wissen, ob sie ein Medikament oder ein Placebo bekommen haben, spricht man von einer Blindstudie. Wenn auch die behandelnden Personen nicht wissen, welche Medikamente sie verabreichen, dann spricht man von einer *Doppelblindstudie*.

Bootstrapping Stichproben nehmen mit Zurücklegen.

Categorical Variable Siehe *Kategoriale Variable*.

Central Limit Theorem Siehe *Zentraler Grenzwertsatz*.

Confidence Interval Siehe *Konfidenzintervall*.

Continuous Variable Siehe *Stetige Variable*.

Control Group Siehe *Kontrollgruppe*.

Convenience Sampling Bezeichnet eine Art des Samplings, bei dem man zum Beispiel einfach vor die Tür geht und sich ein paar Passanten schnappt, um sie danach zu fragen, welche Partei sie am nächsten Sonntag wählen würden, wenn denn Bundestagswahlen wären. Offensichtlich hat der Ort, an dem man fragt, einen Einfluss. Um ein repräsentatives Bild zu erhalten, kann keine Umfrage aus Bequemlichkeit vor der Tür veranstaltet werden.

Cross Validation In der Cross Validation wird ein Teil der Daten für das Training genommen und ein anderer für das Testen, häufig wird ein Fünftel zum Testen verwendet. Dieser Vorgang wird mehrmals durchgeführt und dabei immer andere Fünftel des ganzen Datensatzes zum Testen verwendet.

Data Lake Datenspeicherungskonzept, in dem die Rohdaten einfließen und nicht vorstrukturiert werden wie für ein *Data Warehouse*.

Durchschnitt/Arithmetisches Mittel/Mean Mittelwert, bei dem die Summe der Werte durch ihre Anzahl geteilt wird. Anfällig für Ausreißer. Siehe auch *Median* und *Modus*.

Durchschnitt der Stichprobe/Mean (of a sample) Der Durchschnitt einer Stichprobe unterscheidet sich insofern, als ja nicht bekannt ist, wie der tatsächliche Durchschnitt der Population aussieht. Dieser Ungenauigkeit wird Genüge getragen, indem durch n-1 geteilt wird und nicht durch n, also der Anzahl der Elemente einer Stichprobe.

Feature Engineering Die Anwendung von Domain-Wissen auf die Extraktion von Features, die für die Modellbildung geeignet sind.

Fehler 1. Art Ein Fehler 1. Art liegt vor, wenn eine *Nullhypothese* verworfen wird, obwohl sie eigentlich wahr ist. Beispiel: Ich verteile in meinem Unterricht ein Statistikbonbon an die Hälfte der Teilnehmer. *Alternativhypothese*: Die Teilnehmer haben einen größeren Erfolg bei der Abschlussprüfung. Nullhypothese: Das Bonbon hat gar keine Wirkung. Nun schreiben tatsächlich die meisten Teilnehmer, die das Bonbon bekommen haben, einen besseren Test, allerdings nicht, weil das Bonbon gewirkt hätte, sondern weil sie einfach besser aufgepasst hatten. Dann würde ich die Nullhypothese fälschlicherweise ablehnen und etwas sehen, was gar nicht da ist.

Fehler 2. Art Ein Fehler 2. Art liegt vor, wenn die *Nullhypothese* fälschlicherweise beibehalten wird, obwohl die *Alternativhypothese* wahr ist. Um bei dem Beispiel zum *Fehler 1. Art* zu bleiben, könnte es sein, dass mein Statistikbonbon tatsächlich funktioniert. Die Alternativhypothese lautet, dass das Statistikbonbon eine positive Wirkung auf das Prüfungsergebnis hat, die Nullhypothese lautet, dass das Bonbon keinerlei Wirkung hat.

F-Verteilung Die F-Verteilung ist eine Wahrscheinlichkeitsverteilung, die zum Varianzvergleich zweier Stichproben verwendet wird. Sie wird nur zum Testen verwendet und ist nach Ronald Fischer benannt.

Heteroskedastizität Siehe Kapitel 6, »Anwendungsfall Prognosen«.

Hypothesentest Siehe *Statistischer Test*.

Kategoriale Variable Eine kategoriale Variable liegt vor, wenn zwei oder mehr Kategorien vorliegen (zum Beispiel divers, männlich und weiblich), es aber keine Reihenfolge gibt. Manchmal wird eine solche Variable auch als *nominal* bezeichnet.

Konfidenzintervall Gibt mir einer Wahrscheinlichkeit an, in welchem Bereich ein Parameter einer Zufallsvariable liegt, zum Beispiel das arithmetische Mittel. Wird manchmal mit *KI* abgekürzt (im Englischen CI), sollte dann aber nicht mit Künstlicher Intelligenz verwechselt werden.

Kontrollgruppe In einem *Split-Test* wird der einen Hälfte der Probanden ein *Treatment* verabreicht, der anderen Hälfte ein *Placebo*. Diese zweite Gruppe wird auch Kontrollgruppe genannt. Im Data-Science-Bereich wird ein Split-Test vor allem dann angewendet, um zu sehen, ob die Ergebnisse des Modells tatsächlich signifikant bessere Ergebnisse bringen als kein Modell.

Modus/Mode Der Modus ist der häufigste Wert in einer Datenmenge. Es kann mehr als einen Modus geben.

Nominale Variable/Nominal Variable Siehe *Kategoriale Variable*.

Normalverteilung/Normal Distribution Die Normalverteilung ist die Voraussetzung für einige statistische Verfahren, zum Beispiel den t-Test. Wird auch als *gaußsche Verteilung* bezeichnet. Andere Verteilungen sind allerdings nicht unnormal, die Normalverteilung heißt einfach nur so.

Nullhypothese/Null Hypothesis In einem Hypothesentest gibt es zum einen die Alternativhypothese, also das, was wir eigentlich beweisen wollen, und zum andern die Nullhypothese, die sozusagen das Gegenteil behauptet. Wir wollen die Nullhypothese widerlegen, um somit sagen zu können, dass unsere Alternativhypothese zu stimmen scheint.

Ordinalvariable Eine auf einer Ordinalskala klassifizierte Variable. Im Gegensatz zu einer *kategorialen Variablen*, bei der die Kategorien keine Reihenfolge besitzen, ist dies bei einer ordinalskalierten Variable anders. Sind die Kategorien zum Beispiel Schulabschlüsse, so kann in diesem Fall eine Rangfolge erstellt werden.

Overfitting Erstellen eines Modells, das so sehr an die Trainingsdaten angepasst wurde, dass es nur noch bei diesen gute Ergebnisse abliefert.

Placebo Ein Placebo ist in der Medizin ein Medikament, das keinerlei Wirkung hat und vor allem in *Split-Tests* verwendet wird, um zu sehen, ob ein Medikament tatsächlich etwas bringt.

Probability Distribution Siehe *Wahrscheinlichkeitsverteilung*.

p-Wert (p-Value) Die Wahrscheinlichkeit, dass die vorliegenden Werte zu sehen sind, wenn die Nullhypothese wahr ist. Angenommen, der durchschnittliche deutsche Mann ist 1,80 Meter groß und wir wollen wissen, ob die Menschen in Berlin größer sind. Unsere Nullhypothese lautet, dass es keinen Unterschied gibt. Wir gehen in ein Kaufhaus in Berlin und fragen eine Gruppe Männer, ob wir kurz mal ihre Größe überprüfen können. Interessanterweise sind diese Männer alle über 2 Meter groß. Es ist sehr unwahrscheinlich, dass wir aus Versehen eine Basketballmannschaft zur Teilnahme gebeten haben, aber es ist möglich (wie in diesem Beispiel). Genau diese Wahrscheinlichkeit gibt der p-Wert wieder. In diesem Fall sagen wir, dass es sehr unwahrscheinlich ist, dass wir aus Versehen nur sehr große Männer in die Stichprobe einbezogen haben, und lehnen die Nullhypothese fälschlicherweise ab. Dies ist übrigens auch ein Beispiel für einen *Fehler 1. Art*.

Receiver Operating Characteristic (ROC) Curve Kurve, die die Häufigkeitsverteilung von *Sensitivität* und *Spezifität* abbildet. Wird zusammen mit dem *Area Under the Curve* verwendet.

Regression zur Mitte Der Effekt, dass nach einem extremen Wert wieder ein Wert kommt, der näher am Durchschnitt liegt.

Residuum/Residual Manchmal auch als *Fehler* bezeichnet; Unterschied zwischen einer Beobachtung und einem statistischen Modell.

Sensitivität Gibt die Wahrscheinlichkeit an, dass ein Test eine Krankheit auch tatsächlich erkennt. Wird berechnet mit 1 – *Beta-Fehler*. Siehe auch *Spezifität*.

Spezifität Gibt die Wahrscheinlichkeit an, dass ein Test einen gesunden Menschen auch als solchen erkennt. Wird berechnet mit 1 – *Alpha-Fehler*. Siehe auch *Sensitivität*.

Split-Testing Auch *A/B-Testing*. Eine Gruppe von Teilnehmern wird in zwei Untergruppen geteilt, die eine ist die *Kontrollgruppe*, die andere die *Testgruppe*. Die Testgruppe erhält ein Treatment, die Kontrollgruppe ein *Placebo*. Ist das Treatment tatsächlich wirksam, so müsste ein statistisch signifikanter Effekt messbar sein.

Standardabweichung Vereinfacht gesagt die mittlere Abweichung der Datenpunkte vom Mittelwert. Bei einer Normalverteilung befinden sich 95 % der Population innerhalb von plus/minus 1,96 Standardabweichungen.

Standardfehler/Standard Error Der Standardfehler gibt an, wie weit der Mittelwert der Stichprobe vom tatsächlichen Mittelwert abweicht.

Standardisierung Siehe *z-Score*.

Statistischer Test Auch *Hypothesentest* oder *Signifikanztest* genannt. Statistische Verfahren, anhand derer man auf Basis einer Stichprobe Rückschlüsse auf die Grundgesamtheit ziehen möchte. In der Regel wird hier eine Hypothese erstellt und ihre Gültigkeit oder Ungültigkeit bestimmt. Ein bekanntes Beispiel ist der *t-Test*.

Statistische Signifikanz Ein Ergebnis wird als statistisch signifikant bezeichnet, wenn der *p-Wert* unter einem vorher spezifizierten Grenzwert liegt.

Stetige Variable Eine Variable, die beliebige Werte innerhalb eines Intervalls annehmen kann.

Supervised Learning Seltener *überwachtes Lernen*. Machine-Learning-Ansatz, bei dem bereits bekannte Klassen (Spam/kein Spam) für das Training verwendet werden, damit sie bei neuen Daten automatisch erkannt werden können. Typische Verwendung in der Klassifikation und Regression.

t-Verteilung Auch *Student-t-Verteilung*. Bei einer Stichprobe ist die *Standardabweichung* der Grundgesamtheit meistens unbekannt, so dass sie aus der Stichprobe berechnet werden muss. In diesem Fall wird die t-Verteilung genutzt. Diese ist abhängig von der Anzahl der *Freiheitsgrade* (auch *Degrees of Freedom*, häufig als *df* abgekürzt in R). Früher musste man den t-Wert in Tabellen nachschlagen, heute zeigen die Statistikprogramme diesen Wert automatisch an, genau wie den dazugehörigen *p-Wert*.

Type I Error Siehe *Fehler 1. Art*.

Type II Error Siehe *Fehler 2. Art*.

Unsupervised Learning Seltener *unüberwachtes Lernen*. Machine-Learning-Ansatz, bei dem die verschieden Klassen nicht bekannt sind und der Algorithmus eigenständig Muster findet. Ein Beispiel ist das Clustering.

Wahrscheinlichkeitsverteilung Gibt die Wahrscheinlichkeit jedes möglichen Werts bei einem Zufallsexperiment an. Beispiel: Wie wahrscheinlich ist es, dass ich 1 Mal, 3 Mal oder 6 Mal hintereinander eine 6 würfle? Dieses Beispiel kann mit einer *Binomialverteilung* beschrieben werden.

Z-Score Der Z-Score ist ein standardisierter Wert einer Variablen. Haben wir zum Beispiel eine Datenmenge von Menschen, deren Größe und deren Gewicht gemessen wurde, so sind die Zahlenbereiche dieser Daten sehr unterschiedlich und nicht vergleichbar, zum Beispiel 1,71 Meter versus 68 Kilo. Wird nun von jedem Datenpunkt das arithmetische Mittel der jeweiligen Variable abgezogen und das Ergebnis durch die Standardabweichung geteilt, so erhält man einen vergleichbaren Wert. Einige Machine-Learning-Algorithmen benötigen standardisierte Werte, insbesondere wenn diese Algorithmen Distanzen verwenden.

Zentraler Grenzwertsatz Werden aus irgendeiner Verteilung Stichproben gebildet und von diesen Stichproben jeweils das arithmetische Mittel, so ergeben diese Mittelwerte eine Normalverteilung, unabhängig von der Verteilung, aus der sie stammen. Wahrscheinlich einer der wichtigsten Ansätze in der Statistik, da hieraus viele andere Ansätze abgeleitet werden.

Anhang C
Literatur

Aggarwal Charu, C.; Hinneburg, Alexander; Keim, Daniel A. On the Surprising Behavior of Distance Metrics in High Dimensional Space. In: Van den Bussche, J., Vianu, V. (eds). Database Theory – ICDT 2001. In: ICDT 2001. Lecture Notes in Computer Science, vol 1973. Springer 2001. *https://doi.org/10.1007/3-540-44503-X_27.*

Agrawal, Rakesh u. a. Mining Association Rules between Sets of Items in Large Databases. In: ACM SIGMOD Record, Bd. 22, Nr. 2, Juni 1993, S. 207–16. DOI.org (Crossref), *https://doi.org/10.1145/170036.170072.*

Alby, Tom. Data Science: Von der Sprache der Daten zur Sprache der Algorithmen. In: API Magazin, Bd. 2, Nr. 1, *https://doi.org/10.15460/apimagazin.2021.2.1.52.*

Alby, Tom. Einführung in die Webanalyse. Rheinwerk Computing 2019.

Alby, Tom. Project Management in Data Science. projectmanagement.com, 7. August 2017, *https://www.projectmanagement.com/articles/398882/Project-Management-in-Data-Science.*

Alby, Tom. Web 2.0. Konzepte, Anwendungen, Technologien. 3. Aufl. Carl Hanser 2008.

Anscombe, F. J. Graphs in Statistical Analysis. In: American Statistician, Bd. 27, Nr. 1, 1973. S. 17–21.

Baldridge, Jason. Machine Learning And Human Bias: An Uneasy Pair. In: Techcrunch, 2. August 2015, *https://techcrunch.com/2015/08/02/machine-learning-and-human-bias-an-uneasy-pair.*

Bhowmick, Abhishek u. a. Protection Against Reconstruction and Its Applications in Private Federated Learning. 2019, *https://arxiv.org/abs/1812.00984v2.*

Bortz, Jürgen; Schuster, Christof. Statistik für Human- und Sozialwissenschaftler. 7. Aufl. Berlin Heidelberg: Springer 2010.

Bowne-Anderson, Hugo. What Data Scientists Really Do, According to 35 Data Scientists. August 2018, *https://hbr.org/2018/08/what-data-scientists-really-do-according-to-35-data-scientists.*

Brandt, Siegmund. Data Analysis. Statistical and Computational Models for Scientists and Engineers. 4. Aufl. Springer International Publishing 2014.

Brewster, Thomas. Google Guilty Of »Big Screw Up« That May Have Leaked Your Videos To A Random Stranger. In: forbes.com, 4. Februar 2020, *https://www.forbes.com/sites/thomasbrewster/2020/02/04/google-photos-makes-big-screw-up-and-mayve-leaked-your-videos-to-a-random-stranger/?sh=5dcfebde5486*.

Bruce, Peter; Bruce, Andrew. Practical Statistics for Data Scientists. 50 Essential Concepts. O'Reilly 2017.

Bryan, Jenny; Hester, Jim. Happy Git and GitHub for the useR. *https://happygitwithr.com* [04.01.2021].

Burfeind, Sophie. 22 000 Menschen willigen ein, Klos zu putzen. In: sueddeutsche.de, 17. Juli 2017, *https://www.sueddeutsche.de/digital/agbs-22-000-menschen-willigen-ein-klos-zu-putzen-1.3589917*.

Chapman, Chris; McDonnell Feit, Elea. R for Marketing Research and Analytics. Springer International Publishing 2015.

Chen, Tianqi; Guestin, Carlos. XGBoost: A Scalable Tree Boosting System. CoRR, Bd. abs/1603.02754, 2016, *http://arxiv.org/abs/1603.02754*.

Clifford, Stephanie. Shopper Alert: Price May Drop for You Alone. In: The New York Times, 9. August 2012, *https://www.nytimes.com/2012/08/10/business/supermarkets-try-customizing-prices-for-shoppers.html*.

Clocksin, W. F.; Mellish, C. S. Programming in Prolog. 4. Aufl. Springer 1994.

Datta, Amit u. a. Automated Experiments on Ad Privacy Settings: A Tale of Opacity, Choice, and Discrimination. In: Proceedings on Privacy Enhancing Technologies, Bd. 2015, Nr. 1, 2015. S. 92–112.

Davenport, Thomas H.; Harris, Jeanne G. Competing on Analytics: The New Science of Winning. Harvard Business School Press 2007.

Davenport, Thomas H., Patil, D. J. Data Scientist: The Sexiest Job of the 21st Century. Harvard Business Review, October 2012, *https://hbr.org/2012/10/data-scientist-the-sexiest-job-of-the-21st-century*.

de Jonge, Edwin; van der Loo, Mark. An introduction to data cleaning with R. Discussion Paper. Statistics Netherlands 2013.

Dhar, Vasant. Data Science and Prediction. Communications of the ACM. Bd. 56, Nr. 12, 2013. S. 64–73, *https://doi.org/10.1145/2500499*.

Donoho, David. 50 Years of Data Science. Journal of Computational and Graphical Statistics, Bd. 26, Nr. 4, 2017. S. 745–766.

Duarte, Nancy. DataStory: Explain Data and Inspire Action Through Story. Ideapress Publishing 2019.

Duhigg, Charles. How Companies Learn Your Secrets. In: The New York Times, 16. Februar 2012, *https://www.nytimes.com/2012/02/19/magazine/shopping-habits.html.*

Fahrmeir, Ludwig u. a. Statistik. Der Weg zur Datenanalyse. Springer 2011.

Field, Andy. An Adventure in Statistics. The Reality Engima. Sage 2016.

Field, Andy. Discovering Statistics Using R. Sage 2012.

Fitzgerald, Michael. Einstieg in Reguläre Ausdrücke. O'Reilly 2012.

Foreman, John W. Data Smart: Using Data Science to Transform Information into Insight. Wiley 2013.

Gorner, Jeremy. Chicago police use »heat list« as strategy to prevent violence. In: Chicago Tribune, 21. August 2013, *https://www.chicagotribune.com/news/ct-xpm-2013-08-21-ct-met-heat-list-20130821-story.html.*

Grolemund, Garret; Wickham, Hadley. R for Data Science. O'Reilly 2016.

Guido, Sarah. Introduction to Machine Learning with Python. A Guide for Data Scientists. O'Reilly 2016.

Hanley, J. A.; McNeil, B. J. The Meaning and Use of the Area under a Receiver Operating Characteristic (ROC) Curve. In: Radiology, Bd. 143, Nr. 1, April 1982. S. 29–36. DOI.org (Crossref), *https://doi.org/10.1148/radiology.143.1.7063747.*

Hastie, Trevor; Tibshirani, Robert; Friedman, Jerome. The Elements of Statistical Learning. Data Mining, Inference and Prediction. 2. Aufl. Springer 2017.

Hayashi, C. u. a., Herausgeber. Data Science, Classification, and Related Methods. In: Proceedings of the Fifth Conference of the International Federation of Classification Societies. Japan: Springer 1996, *https://doi.org/10.1007/978-4-431-65950-1.*

Kelleher, John D.; Tierney, Brendan. Data Science. The MIT Press 2018.

King, Nancy J.; Forder, Jay. Data Analytics and Consumer Profiling: Finding Appropriate Privacy Principles for Discovered Data. In: Computer Law & Security Review, Bd. 32, Nr. 5, Oktober 2016. S. 696–714. DOI.org (Crossref), *https://doi.org/10.1016/j.clsr.2016.05.002.*

Knaflic, Cole Nussbaumer. Storytelling with Data: A Data Visualization Guide for Business Professionals. Wiley 2015.

Knight, Will. The Apple Card Didn't »See« Gender – and That's the Problem. In: Wired, November 2019, *https://www.wired.com/story/the-apple-card-didnt-see-genderand-thats-the-problem*.

Kofler, Michael. Python: Der Grundkurs. Rheinwerk Computing 2022.

Kollenbroich, Philipp. Wie ich bei der Schufa zum ›deutlich erhöhten Risiko‹ wurde. In: spiegel.de, 9. März 2018, *https://www.spiegel.de/wirtschaft/service/schufa-wie-ich-zum-deutlich-erhoehten-risiko-wurde-a-1193506.html*.

Kosinski, Michal u. a. Private traits and attributes are predictable from digital records of human behavior. In: Proceedings of the National Academy of Sciences of the United States of America, Bd. 110, Nr. 15, April 2013. S. 5802–5805, *https://doi.org/10.1073/pnas.1218772110*.

Kurzweil, Ray. *How to create a mind. The secret of human thought revealed.* Penguin Books 2012.

Loshin, David. Data Quality and MDM. In: Master Data Management, Morgan Kaufmann, 2019, *https://doi.org/10.1016/B978-0-12-374225-4.X0001-X*.

Müller, Andreas C.; Guido, Sarah. Introduction to Machine Learning with Python. A Guide for Data Scientists. O'Reilly 2016.

Naisbitt, John. Megatrends. Ten New Directions Transforming Our Lives. Warner Books 1982.

Papp, Stefan u. a. Handbuch Data Science. Mit Datenanalyse und Machine Learning Wert aus Daten generieren. Hanser 2019.

Peng, Roger D. R Programming for Data Science. 3. September 2020, *https://bookdown.org/rdpeng/rprogdatascience*.

Project Management Institute, Herausgeber. A Guide to the Project Management Body of Knowledge (PMBOK Guide). 6. Aufl. The Stationery Office Ltd 2017.

Provost, Foster; Fawcett, Tom. Data Science for Business: What you need to know about data mining and data-analytic thinking. O'Reilly 2013.

R Language Definition. *https://cran.r-project.org/doc/manuals/r-release/R-lang.html*.

Reinvere, Jüri. Tausende von Menschen öffentlich entblößt. In: faz.net, 28. Oktober 2020, *https://www.faz.net/aktuell/feuilleton/debatten/finnland-hackerangriff-auf-psychotherapeutische-krankenakten-17022624.html*.

Rosenberg, Daniel. Data before the fact. In: Raw Data is an Oxymoron, herausgegeben von Lisa Gitelman. The MIT Press 2013.

Rost, Martin. Künstliche Intelligenz trifft Datenschutz. heise Developer, März 2019, *https://www.heise.de/developer/artikel/Kuenstliche-Intelligenz-trifft-Datenschutz-4337027.html?seite=all.*

Sauer, Sebastian. Moderne Datenanalyse mit R. Daten einlesen, aufbereiten, visualisieren, modellieren und kommunizieren. Springer Gabler 2019.

Searle, John. R. Minds, brains, and programs. In: The Behavioral and Brain Sciences, Bd. 3, Nr. 3, 1980. S. 417–424, *https://doi.org/10.1017/s0140525x00005756.*

Spiegelhalter, David. Die Kunst der Statistik. Redline 2020.

Strickland, Eliza. How IBM Watson Overpromised and Underdelivered on AI Health Care. In: IEEE Spectrum, 2. April 2019, *https://spectrum.ieee.org/biomedical/diagnostics/how-ibm-watson-overpromised-and-underdelivered-on-ai-health-care.*

Tanenbaum, Andrew S. Moderne Betriebssysteme. Pearson Studium 2009.

Tippman, Sylvia. Programming tools: Adventures with R. A guide to the popular, free statistics and visualization software that gives scientists control of their own data analysis. Dezember 2014, *https://www.nature.com/news/programming-tools-adventures-with-r-1.16609.*

Tukey, John W. Exploratory Data Analysis. Pearson 1977.

Tukey, John W. The Future of Data Analysis. In: The Annals of Mathematical Statistics, Bd. 33, Nr. 1, März 1962. S. 1–67. DOI.org (Crossref), *https://doi.org/10.1214/aoms/1177704711.*

Tufte, Edward R. The Visual Display of Quantitative Information. 2. Aufl. Graphics Press 2001.

Turing, Alan M. Computing Machinery and Intelligence. In: Mind, Bd. LIX, Nr. 236, Oktober 1950. S. 433–460, *https://doi.org/10.1093/mind/LIX.236.433.*

Venables, W. N. u. a. An Introduction to R. Notes on R: A Programming Environment for Data Analysis and Graphics. 10. Oktober 2020, *https://cran.r-project.org/doc/manuals/r-release/R-intro.pdf.*

Verordnung (EU) 2016/679 des europäischen Parlaments und des Rates vom 27. April 2016 zum Schutz natürlicher Personen bei der Verarbeitung personenbezogener Daten, zum freien Datenverkehr und zur Aufhebung der Richtlinie 95/46/EG (Datenschutz-Grundverordnung). *https://datenschutz-hamburg.de/assets/pdf/EU-Verordnung_2016-679_vom_27.4.2016__Datenschutz-Grundverordnung_.pdf.*

Vigdor, Neil. Apple Card Investigated After Gender Discrimination Complaints. In: New York Times, 10. November 2019, *https://www.nytimes.com/2019/11/10/business/Apple-credit-card-investigation.html*.

von Westernhagen, Olivia. Scalable Capital: Robo-Advisor meldet unbefugten Zugriff auf Kundendaten. In: heise online, 20. Oktober 2020, *https://www.heise.de/news/Scalable-Capital-Robo-Advisor-meldet-unbefugten-Zugriff-auf-Kundendaten-4932863.html*.

Vorndran, Edgar P. Entwicklungsgeschichte des Computers. 2. erweiterte Auflage. VDE-Verlag 1986.

Watson, Thomas Jr. Der Vater, der Sohn und die Firma. Heyne 1999.

Wheelan, Charles. Naked Statistics. Stripping the Dread from the Data. Norton & Company 2014.

Wickham, Hadley. A Layered Grammar of Graphics. In: Journal of Computational and Graphical Statistics, Bd. 19, Nr. 1, Taylor & Francis, Januar 2010. S. 3–28, *https://doi.org/10.1198/jcgs.2009.07098*.

Wickham, Hadley. Advanced R. 2. Aufl. Chapman and Hall 2019, *http://adv-r.had.co.nz*.

Wickham, Hadley. ggplot2. Elegant Graphics for Data Analysis. 2. Aufl. Springer 2016.

Wilke, Claus O. Fundamentals of Data Visualization. A Primer on Making Informative and Compelling Figures. O'Reilly 2019, *https://clauswilke.com/dataviz*.

Wilkens, Andreas. Vorratsdaten: Sechs Monate im Leben des Malte Spitz. In: heise online, *https://www.heise.de/newsticker/meldung/Vorratsdaten-Sechs-Monate-im-Leben-des-Malte-Spitz-1197178.html*.

Wilkinson, Leland; Wills, Graham. The Grammar of Graphics. 2nd ed. Springer 2005.

Will, Kurt. Bayesian Statistics The Fun Way. Understanding Statistics and Probability with Star Wars, Lego, and Rubber Ducks. No Starch Press 2019.

Wollschläger, Daniel. *Grundlagen der Datenanalyse mit R. Eine anwendungsorientierte Einführung*. Springer Spektrum 2017.

Yudkowsky, Elizer. Artificial Intelligence as a Positive and Negative Factor in Global Risk. In: N. Bostrom & M. Ćirković (ed.), Global Catastrophic Risks (pp. 308–345). Oxford University Press 2008.

Index

A

B

C

D

E

F

G

H

I

J

K

L

M

N

O

P

Q

R

T

U

V

W

X

Y

Z